现代司法文丛

夏锦文◎主编

司法现代性
及其超越

韩德明◎著

人民出版社

总　序

　　改革开放三十多年来,中国在全球化浪潮中展开了波澜壮阔的创新实践,经济建设、政治建设、文化建设和社会建设取得了举世瞩目的成就。在经济增长、社会转型的宏大背景下,我国的各项司法改革渐次展开,开启了当代中国司法现代化的崭新历程,有力推动了中国特色社会主义法治国家建设的发展步伐。经过二十多年的司法改革,中国的司法领域发生了历史性的深刻变化,逐步走出了一条具有鲜明中国特色的自主型司法改革道路。中共十七大报告进一步明确将建设公正高效权威的社会主义司法制度作为司法改革的目标要求,为司法改革指明了新的方向,注入了新的动力。作为法律学人,我们以高度的热情和强烈的使命感关注着当下中国法治生活所展示的新特点,所涌现的新问题,以及在此新形势之下司法改革向纵深发展的复杂进程。

　　我们关注司法,是因为司法领域正日益成为中国法治建设的重中之重。在当下中国,一个以宪法为核心的中国特色社会主义法律体系已经形成。由宪法及相关法、民商法、行政法、经济法、社会法、刑法、诉讼和非诉讼程序法七个法律部门和法律、行政法规和地方性立法三个层级的法律规范组成的法律体系奠定了法治的基本框架。改革开放之初无法可依的状况已经得到根本性的改变,人们越来越多地关注法律的实施,尤其关注司法活动中的各种矛盾与问题。在法学理论界,我们也观察到一些微妙的转向,即由偏重立法的研究视角转向立法与司法并重的研究视角,由法条主义的规范分析转向法律适用的动态分析。近年来,最高人民法院提出了"能动司法"的司法理念。这表明,司法过程不是立法条文的机械演绎,其中交织着规范与事实之间、法律关系与社会关系之间的复杂互动关系,蕴涵着独特的司法规律、司法原理、司法价值与司法理念。法学注定是一门经世致用的学科,而其实用性或实践性在司法活动中将会得到最为充分的彰显。因此,关注司法,既是法治发展的时代需求,也是法学固有的学科性质使然。

我们关注现代司法,是因为中国司法仍然处于由传统走向现代的发展进程之中。"现代"本是一个时间范畴,它与传统或前现代相对,代表了一个更为高级的文明发展阶段。当代中国司法体制正处于由传统的价值——规范体系向现代的价值——规范体系的历史转型时期,这一过程就是中国的司法现代化。如何建立与现代社会相适应的司法制度仍然是一项非常艰巨的任务。因此,我们需要借鉴世界各国法治发展的先进经验与优秀成果,梳理司法现代性的具体标准与目标模式,把握司法现代化的共同规律,为中国司法制度的改革寻找可资参考和借鉴的思路。但是,我们也注意到,现代性的司法往往寓于多样性的法律制度与文化之中,在这个意义上,"现代"又包含着空间的要素,换言之,所谓的现代司法必须依托于特定的法律传统与文化语境才能展开其基本脉络。因此,司法现代化不等于西方化,我们关注的是能够与中国社会传统相对接、与中国普通百姓的现实观念相调适的现代司法。中国的社会传统与正在生动、恢弘和全方位展开的现代化进程,构成了当下中国司法现代化的现实背景,只有认真考察这一背景的性质特征,才能构建出富有活力的、体现中国特色的现代司法。西方的司法现代化经验确实能为我们提供多方位的启示和帮助,但是,我们也不能忘记,本土资源中仍然存在不少值得挖掘和改造的优秀成分。深入研究中国司法文化的传统与现代性,揭示中国司法文化从传统向现代转型变革的基本走向、条件和发展阶段,这是当代中国法律学人必须担当的历史使命。

于是,我们认为有必要系统地梳理和总结中国司法改革的经验与教训,透视当下中国司法改革存在的突出问题,反思理论界关于司法知识的生产范式,完善司法原理,揭示司法规律,构建司法学科体系,进而探寻在全球化时代建立中国式现代司法的基本路径和方法。基于这一宗旨,我们编辑出版这套"现代司法文丛"。

为了能够更好地回应时代需求,我们努力使这套"现代司法文丛"成为一个开放、多元的学术平台。在文丛的体裁上,她应当是不拘一格的。除了学术专著之外,我们也欢迎高质量的司法调研报告,以及见解深刻、文笔优美的司法随笔文集。

在论域范围上,她应当是包容性的。司法改革包含着从观念到制度、从理论到实践各方面的变革与创新,因而文丛的选题将逐步涵盖与司法活动相关的各个领域,包括司法基本原理、司法理念与价值、司法政策、司法体制、司法程序、司法文化、司法伦理、司法管理、司法技术、司法行为、司法心理等,以多维度的论域展示司法活动的各个侧面。

在研究方法论上,她应当是多样化的。方法论的多样会带来研究视角的独特与新颖,促成观点上的创新。文丛以辩证唯物主义与历史唯物主义为总方法论,并积极倡导具体方法论上的创新,在更为有效而精到应用规范分析、比较研究、历史分析、文献整合、实证研究、结构分析、反思诠释等法学方法论的基础上,密切关注法学和相关学科学术方法论的最新发展和创新方向,尤其重视当今世界哲学社会科学正在发生的由"学科综合"到"问题综合"的方法论范式创新和转向,深刻洞悉和准确捕捉现代司法理论和实践的真正问题,通过多元化学术方法的有效综合应用,对现代司法领域的各种宏观与微观问题进行多角度、多层面的揭示、分析、阐释和论证。

总之,我们将努力使"现代司法文丛"拥有丰富多姿的样式和兼容并蓄的内涵,为深化现代司法理论、推进当代中国的司法现代化作出我们的学术努力。

夏锦文

2011 年 11 月 18 日

目　录

引论　司法现代性的理论语境和时代际遇

　　司法现代性论题关涉现代司法的根本理念和制度范式,司法现代化作为法制现代化运动的一个重要维度,不从现代性语境中追问现代司法的理念要旨、孕育条件以及制度实践范式演化机理,将无法评价当下司法实践并难以预见和引导现代司法的发展方向。

　　现代性绝非仅仅是一个理论话语对象,它作为"一种普世性的转换每一个体、每一民族、每种传统社会制度和理念形态之处身位置的现实性力量",❶已然渗入乃至完全左右了一切社会现象和关系领域。在这场现代性际遇中,法律既参与了现代性的理念确立和价值荡涤工程,也成为现代性精神的一个落定场域。法律的现代性及其现代化理论研究自然可以按照一种宏大叙事模式,归结和分析法律的现代性精神,描述和阐释法律的现代化过程。不过,法律的现代性精神及其现代化过程根本上只能通过具体的法律交往领域得以表达和表现,笼统地谈论法律的现代性和现代化不能说不得要领,至少很容易有大而无当之弊,理论家对法律现代性和现代化论题的探讨,也始终需要将研究视阈对准法律交往诸具体领域(立法、行政、司法等),或从中寻求证立理论的素材,或阐释纷繁多样的法律交往诸领域中的现象。由于主张所有的法律交往应具有可诉性,事实上绝大部分中断的法律交往也是通过司法途径加以解决的,从而司法制度及其程序为分析法律系统提供了极其重要的路径,法律理论也因此而赋予司法和法官以特别地位。❷ 因此,本书试图将研究焦点对准司法这一具有突出重要性的法律交往领域,加入法制现代化理论研究阵营,从丰富和充实法制现代化理论研究

---

❶ 刘小枫:《现代性社会理论绪论》,上海三联书店 1998 年版,第 2 页。
❷ [德]哈贝马斯:《在事实与规范之间:关于法律和民主法治国的商谈理论》,童世骏译,生活·读书·新知三联书店 2003 年版,第 243 页。

目标出发,在对司法的现代性精神及其现代化历程作出归结的基础上,面对全球化时代中的"风险社会"(risk society)秩序的形成趋势,参照当代社会理论、政治理论和法律理论等学术领域对后现代社会之秩序与规范之关系的前沿理论探讨(尤其是法律范式的未来转向),梳理现代司法的理念形成、价值转型和制度架构等一般化问题,进而结合近年来西方社会理论的前沿领域所提出的"反思现代性"(reflective modernity)理论和"法律商谈论"(discourse theory of law)思想,针对深度现代化阶段风险社会秩序的规范期待,初步设计一个反思性司法现代化的理论方案,并对中国司法现代化进程的深入推进从反思性法学的方法论角度提出初步建议。

本课题研究注重对司法基本理念和宏观制度的抽象化思考,并不将实用性标准奉为圭臬,研究对象也很少涉及微观和具体的司法制度问题。当然,笔者并不赞同法国哲学家福科的那种主张理论无涉于实践的学术立场,❶之所以将研究视角落定于抽象的司法理念和宏观的司法制度,一是因为笔者的学术兴趣使然,二是出于笔者的一种或许应当视为"偏见"的认识。笔者以为,学术这项事业,说它是自由的,其核心含义在于,学术对象的选择和学术风格的表现应当是自由的。既不该质疑那些注重特定实践细节性探究式学术的深度,也不该实用主义地评价和要求那种理论抽象式宏大叙事学术的实际功效。波斯纳在反讽美国那些认为学术性文献于法律事业没有意义的批评者时指出:"有什么地方写着,所有的法律学术文献都应当为法律职业服务? 也许,一切学术文献的最终标准是效用,但这也不必是对某个具体听众甚或是对当代听众的效用。""学术著作,就如同野生繁殖的大马哈鱼,是一种高风险低回报的活动。"❷因此,本课题的内容或许很难有什么可以立刻转化为实践方案的可能性,但是谁又知道它就将一定是没用的呢? 抽象性学术之于实践的价值,或许有些类似于康德所说的那个作为人的认识能力的先验条件,认识主体在认识活动中是很少会去省思自己为什么能够认识的条件的,实践也是这样,实践行动也几乎很少在其过程中深度追问其理论基础问题。

---

❶ 福科认为,理论既不表达实践、传达实践,也不是为了实践目的而存在,相反,它本身正是实践。
Michel Foucault, Language, Counter - Memory, Practice, D. Bouchard, Oxford: Blackwell, 1977, p. 208.

❷ [美]波斯纳:《超越法律》,苏力译,中国政法大学出版社 2001 年版,第 115 页。

一、司法现代性研究状况简评

思想大家们的法律现代性前沿理论为司法现代化研究提供了极为重要的理论语境和阐释学"前见"（prejudices），本书的一个根本思维向度就是借助法律现代性前沿理论解释现代司法现象的性质，进而梳理司法现代性精神的理论脉络，最后思考未来司法的演化方向。本课题研究同样离不开对司法现代性理论研究已然取得的相关成果的借鉴和反思，尽管专门探索司法现代性的法学成果并不丰硕，不过，下列法学家关于司法现代性的相关研究成果还是会对本书具有极为重要的借鉴和启发价值。

司法现代性理论研究与韦伯关于现代法律和司法的形式合理性、实质合理性理论存在一种路径依赖关系，司法现代性理论至今并没有完全跳开韦伯之现代法之形式合理性和实质合理性理论命题。"现代性就是合理性"之韦伯命题下的司法现代性的精神要旨是司法形式主义，对于这种司法形式主义的基本内涵，韦伯作出了如下概括：任何具体的法律判决都是把一条抽象的法的规则"应用"到一个具体的"事实"上；对于任何具体的事实，都必须采用逻辑的手段，从适用的抽象的法的规则中得出判决；法学上不能理性地"构想"的东西，在法律上也无关紧要的；司法过程是和平解决利益斗争的一种特殊形式，它让利益斗争受固定的、信守不渝的"游戏规则"的约束。❶ 应当认为，韦伯按照一种"理想型"方法对早期现代法的形式合理性和司法的形式主义的界定比较准确地揭示了自由竞争资本主义社会阶段法律和司法的基本面貌及其根本性质，但是，他对这种现代法律和司法类型的形成原因过于强调了政治的支配性地位，韦伯将这种政治的支配性因素归结为三个方面：优越于其他社会权力的最高统治权、神权政治相对于世俗权力的优势、法律绅士阶层对法律教育的决定性意义。❷ 他对法律类型的分析与他关于统治的类型分析融合在一起，他注重对实在法的建构因素分析，注重法律制度构成的政治因素，认为政治形态的基本因素是强制性的

---

❶ 参见［德］韦伯：《经济与社会》（下卷），林荣远译，商务印书馆1997年版，第18、140页。

❷ 参见［德］韦伯：《经济与社会》（下卷），林荣远译，商务印书馆1997年版，第201～202页。

支配,法律履行的是一种政治功能。❶ 对此,伯尔曼评述道:"韦伯仍局限于他所属的经济和政治历史的传统之内,……他将历史中基本的因素归因于——尽管有时不承认——政治而不是经济。"❷这样,韦伯在否定了马克思对现代法律和司法之经济决定论基础的同时,又将这种基础单一地归结为政治权力,这显然片面化了现代法律和司法的生成基础。

昂格尔因循韦伯路径并继续了韦伯论题的探讨:近代欧洲为什么会形成这种现代法秩序和形式主义司法?昂格尔为这一论题提供了两个答案。其一,法律秩序(自治型法)和形式司法的社会——政治环境:没有任何一个社会集团拥有永恒的支配地位或与生俱来的统治权利;其二,法律秩序和形式司法的法理念基础:一种更高的、普遍而神圣的自然法法则成为实在法的衡量标准。❸ 然而,与其说昂格尔为现代法律和司法的生成基础提供了两个答案,还不如说他只是描述了现代法律和司法条件下的社会结构特征和价值观念状况,即,将法律秩序和形式司法条件下的社会结构特征和价值观念状况赋予其前提和原因的地位,这种解释显然是失之偏颇的。在解释学语境中,法律(司法)与社会条件是互为条件和相互解释的。伯尔曼在大量史料考订的基础上深刻诠释了西方法律传统的形成原因,并对韦伯等思想家关于现代法律和司法之生成基础的单向度式解释进行了批判。在伯尔曼看来,西方现代法律和司法的生成条件不是唯一的,它应当从以下三个方面加以理解:立法者意志(法律实证主义)、道德准则的理性表达(自然法);社会习惯的派生之物(历史法学)。❹ 这种多成因论的重要意义不仅仅在于它有效解释了西方现代法律和司法的生成条件,其深远意义在于,发端于欧洲国家的法律和司法的现代性及其社会实践的现代化模式未必就是中性的(neutral)和普适的(universal),对于中国等非西方国家而言,按照这种逻辑,非西方国家法律和司法的现代性及其现代化实践应当可以合理剥离其与西方理性主义之间的因袭和依赖关系。

追问现代司法之生成条件有效引出了司法现代性和现代化的普适性(中性

---

❶ 参见刘小枫:《现代性社会理论绪论》,上海三联书店1998年版,第120~121页。

❷ [美]伯尔曼:《法律与革命——西方法律传统的形成》,贺卫方等译,中国大百科全书出版社1993年版,第678页。

❸ 参见[美]昂格尔:《现代社会中的法律》,吴玉章、周汉华译,译林出版社2001年版,第63页以下。

❹ 参见[美]伯尔曼:《法律与革命——西方法律传统的形成》,贺卫方等译,中国大百科全书出版社1993年版,第683~684页。

化)——地方性(本土化)关系问题,但是这还远远不够,司法现代性论题探讨更需要对司法现代性精神的具体内涵、语境条件及其演化历程进行深入思考。

诺内特和塞尔兹尼克从社会科学视角将社会历史中的法律范式概括为压制型法、自治型法和回应型法三种基本类型,其中关于从专制社会中变革而出的自治型法被界定为现代社会早期阶段的法律范式。诺内特和塞尔兹尼克归结了自治型法的基本属性:法律与政治的分离、法律秩序采纳"规则模型"、"程序是法律的中心"、"忠于法律"被理解为严格服从实在法规则。❶ 对自治型法以上基本属性的归结也内在表达了现代司法的一些重要特征:基于法律与政治分离前提下的司法独立、司法形式主义和规则至上、司法过程对法定程序的严格遵守、实在法规则的严格解释构成判决的法律根据。不过,现代司法的这些基本特征还不能被认作司法现代性的精神要旨,它们还仅仅只是司法现代性精神的外在表现形态,其内在的现代性精神要旨还有待于深入追问。

由于司法现代性根本上是一个现代性精神在司法领域的渗入和蔓延问题,因此,通过现代司法之基本特征追问其现代性精神要旨的理路必须以充分认识现代性精神的基本内涵为前提,将后者作为探问司法现代性精神的理论语境和解释学视阈。

(一)现代性精神要旨

现代性理论话语虽然异质多元和纷呈多样,不过,我们还是可以对诸多现代主义理论思潮所共同表达的现代性精神作出如下归结。

1. 个人主义。几乎所有的现代性解释者都赋予个人主义以现代性精神的中心地位,"现代性总是意味着对自我的理解由群体主义向个人主义的一个重大转变。现代性不是把社会或共同体看成是首要的东西,'个人'只是社会的产品,仅仅拥有有限的自主性;而是把社会理解为为达到某种目的而自愿地结合到一起的独立的个人的聚合体"。❷ 个人主义意识的自觉所带来的是人的主体性地位的获得,因为个人主义意识按照二元论方法区分了人的精神与客观自然世

---

❶ 参见[美]诺内特、塞尔兹尼克:《转变中的法律与社会:迈向回应型法》,张志铭译,中国政法大学出版社2004年版,第60页。

❷ [美]格里芬:《后现代精神》,王成兵译,中央编译出版社1998年版,第5页。

界的范畴性异质,并且后者成为驾驭和掠夺的对象,获得主体性的个体开始超越纯粹的自在自发的日常生活的阈限而同科学技术、理性自觉的精神再生产发生实质性关联,进而现代社会才与传统社会发生断裂并从中脱域而出。

2. 理性主义。有论者指出:"当主体性、个性、自由、自我意识、创造性、社会参与意识、批判精神等成为现代人的生存方式的本质性特征和规定性时,整个社会普遍心理、价值取向和文化精神必然发生根本性的变化,经验式、人情式的宗法血缘的前现代文化基因让位于自觉的、理性化的人本精神。"❶在人类生活和文化层面,韦伯将现代性进程视作一个文化"祛魅"过程,这一"祛魅"过程的实质在于充满迷幻力的思想和实践从世界上消失,"世界的'祛魅'使传统世界观分裂成不同专业知识的各具特色的专家领域,特别是那些科学、道德和艺术中的诸领域。"❷文化祛魅和世界观解咒所带来的理性主义的本性,韦伯将其界定为目的理性,并赋予其现代理性主义精神的核心地位。目的理性的内涵要旨在于:"通过对外界事物的情况和其他人的举止的期待,并利用这种期待作为'条件'或者'手段',以期实现自己合乎理性所争取和考虑的作为成果的目的。"❸在这种目的理性精神驱动下,现代社会中人的行动表现出功利谋划的本性,目的实现通过精确的可计算性过程完成,效率标准获得了优先性。

3. 世俗主义。世俗主义的生成基础是个人主义和理性主义文化。个人主义否认个体主要由他与其他人的关系、与自然、历史抑或是神圣的造物主之间的关系所构成,社会也仅仅只是一种一个个个体为实现各自的目的而自愿结合的聚合体,那么,人就只是为自身而活着。结合目的理性主导的个体意识,"自我利益看作至少是生活的某个层面(譬如说经济层面)的可接受的基础"。"只有在非理性决策的基础上,才可以接受终极性的目的或价值。"❹文化祛魅和世界观解咒既将客观自然世界摆脱了神灵基础并确认为人所利用和改造的对象,又将人的欲望和需求从宗教禁欲主义中解放出来,目的追求不再成为一种罪恶,从而世俗主义成为个人主义和理性主义的必然逻辑延伸,对此,有论者指出:"一方面,外部自然'洗刷掉罪恶的污染,摆脱了一切恶魔势力的羁绊',成为人类观

❶ 衣俊卿:《现代性的维度及其当代命运》,《中国社会科学》2004 年第 4 期。
❷ [英]多德:《社会理论与现代性》,陶传进译,社会科学文献出版社 2002 年版,第 43 页。
❸ [德]韦伯:《经济与社会》(上卷),林荣远译,商务印书馆 1997 年版,第 56 页。
❹ [美]格里芬:《后现代精神》,王成兵译,中央编译出版社 1998 年版,第 9 页。

察、认知和改造的客观对象；另一方面，肉体生命也从禁欲主义的压抑下解放出来，获得独立自足的价值。于是，珍爱自我，美化生活，追求纯感性的陶醉和愉悦，成了一种新的时尚潮流。"❶

4. 民主主义。个人主义否认任何超验权力，而理性主义则推崇经济运行的市场规则和目的理性，进而发展为对处理相互关系的程序合理性的依赖。❷ 个人主义以天赋人权对抗超验权力，无神论的唯物主义的盛行不只是在真理和认识论领域孕育了科学主义和实证主义，也在价值、道德、伦理、权利、权力等领域推进了民主主义思潮。由于价值准则、道德良知、伦理规范和自由权利的根基预设不再源自某种超验的神权力量，从而"个人之道德自主的人权，只有通过公民的政治自主才能获得实证的形式"。❸

（二）现代司法的形式特征

现代司法的形式特征其实只不过是现代性精神在司法领域得以确证的一类表现形态罢了，经过以上关于现代性精神的简要梳理，我们不难看出，司法现代性精神的真正内涵在于以下几个方面。

1. 司法成为权利保障的国家主要机制。现代性个人主义的法学表述就是自然权利论和社会契约论，社会契约论者强调个体之于国家的优越地位，洛克指出："政治社会都起源于自愿的结合和人们自由地选择他们的统治者和政府形式的相互协议。"❹自然权利论者强调个体具有自然赋予的与生俱来的人权，霍布斯指出，自然权利"就是每一个人按照自己所愿意的方式运用自己的力量保全自己的天性——就是保全自己的生命——的自由"。❺ 这种法学启蒙运动对司法的重大推进作用在于司法逐渐成为保障个体权利的现代国家的一种主要机

---

❶ 张凤阳：《现代性的谱系》，南京大学出版社 2004 年版，第 36 页。
❷ 哈贝马斯指出："现代经验科学和早已自律的道德只相信自身行为和方法的合理性，亦即科学认识的方法或道德认识得以可能的抽象前提。由于理性畏缩成了形式合理性，因此内容合理性变成了结果有效性。而这种有效性又取决于人们解决问题所遵守的操作程序的合理性。"［德］哈贝马斯：《后形而上学思想》，曹卫东、付德根译，译林出版社 2001 年版，第 34 页。
❸ ［德］哈贝马斯：《在事实与规范之间：关于法律和民主法治国的商谈理论》，童世骏译，生活·读书·新知三联书店 2003 年版，第 117 页。
❹ ［英］洛克：《政府论》（下篇），叶启芳、瞿菊农译，商务印书馆 1964 年版，第 63 页。
❺ ［英］霍布斯：《利维坦》，黎思复、黎廷弼译，商务印书馆 1996 年版，第 97 页。

制。个人主义与资本主义的交织,一方面突出了个人自愿结合构成市民社会的自由权利,另一方面则要求个人在经济市场中的利益追求必须获得身份平等的保证。这样,个人的权利要求和纷争利益就不再可能通过威权建制得以实现,需要一种脱离政治威权的法律规范体系作为契约关系的行为规则,并且需要一种意志中立并依据既定规则裁决纠纷的司法机制保障权利和实现利益。

2. 形式主义成为司法兑现理性主义的路径选择。为笛卡儿所促就的理性主义采取"怀疑一切"的态度,"拒绝把任何不能以逻辑的方式从'清晰而独特的'明确前提中推导出来的从而也不可能加以怀疑的东西视为真实的东西。"理性在笛卡儿那里被界定为"根据明确的前提所作的逻辑演绎"。❶ 现代主义的知识基础不再源自神启或自然法准则,而是源自怀疑精神和演绎逻辑,这样,法律和司法的形式主义获得了理性主义的名分,崇尚普遍而永恒法律原则的自然法不再是理性主义的,法律是主权者的命令,法律形式主义者(典型代表如兰德尔主义者)恪守这样的信条:"谈论一方面的规则和原则与另一方面的社会现实之间的纯粹的演绎逻辑关系并不一定是有意义的。但是,讨论不同的抽象命题之间的——也就是不同的规则和原则之间的——演绎逻辑关系确实是有意义的。"❷司法形式主义成为对理性主义的承诺和兑现,"法律被设想为一个连贯的整体,一个融为一体的系统,一个'实体'"❸。法官的任务就是严格适用法律,将既定的规则适用到具体的案件事实之上。

3. 司法在世俗国家中获得独立地位。伯尔曼的出色研究说明了世俗国家及其法律体系孕育于1050～1150年时期的教皇革命阶段,教皇革命在使一个独立自主的教会国家和教会法体系得以形成的同时,也使得各种非教会职能的政治实体及其世俗法体系开始形成并发展。关于世俗法的实质,伯尔曼作出了如下界说:"从本质上讲,世俗国家的观念和现实也就是法律统治的国家或'法治国'(Rechtsstaat)的观念和现实。"❹由于世俗主义消解了神灵基础和威权意志

---

❶ [英]哈耶克:《法律、立法与自由》,邓正来等译,中国大百科全书出版社2000年版,第4、5页。

❷ [美]菲尔德曼:《从前现代主义到后现代主义的美国法律思想》,李国庆译,法律出版社2005年版,第180页。

❸ [美]伯尔曼:《法律与革命——西方法律传统的形成》,贺卫方等译,中国大百科全书出版社1993年版,第10页。

❹ [美]伯尔曼:《法律与革命——西方法律传统的形成》,贺卫方等译,中国大百科全书出版社1993年版,第362页。

的统治合法性,从而在现世事务面前,统治的合法性基础的论证就必须求助其他合法化策略,将法律从政治中分离而出,要求统治者的行为同样服从法律规则的约束既成为限定并减轻政治责任的一项策略,也为政治统治的合法化找到了一条化解矛盾的新路。这样,司法就以一种"历史交易"的方式获得一定的独立于国家政治的地位——"法律机构以实体服从换得程序自治。虽然政治共同体赋予法官一种免受政治干预而行使的有限的权威,但是这种豁免条件是法官使自己脱离公共政策的形成过程。这就是司法赢得其'独立'的代价"❶。

4. 司法程序的民主性。民主目标的实现要有实现民主的方法保证,亚里士多德主义传统下的民主目标实现要求实现目标的过程本身也是民主的,对于司法这一"第三部门",恩格斯早就将其界定为"国民的直接所有物",并且指出:"国民通过自己的陪审员来实现这一权力,这一点不仅从原则本身,而且从历史上来看都是早已证明了的。"❷因此,作为实现民主目标之方法的司法过程本身也应该兑现民主精神。内在民主精神的法律现代化进程中,司法不但要促进民主目标的实现,而且司法程序本身就是表现民主过程的一种形式。司法独立是一种实现民主的方法,而独立的司法权力运作本身也应该是一个民主过程,这是司法独立与司法民主的基本关系。司法独立是以摆脱非法律因素(尤其是政治威权)的影响为方法论特征的,其功能在于制约并监督立法和行政权力并通过解决纠纷实现社会主体的权利和自由,因此,司法独立追求司法权力的自主行使。司法民主是对司法独立所附加的一个条件限制,即司法权力的独立性仅仅只是表现在该种权力与政治权力的关系维度,在司法与社会主体的关系维度则要求司法必须兑现民众的意志,民众意志是司法权力的合法性前提。

(三)现代司法理念的演变

然而,源自启蒙精神的司法现代性并非为一种一劳永逸的价值预定,哈贝马斯指出:"启蒙的前提已经死去,惟有启蒙的后果仍在奏效。"❸司法现代化运动因为两个根本动力使得司法现代性精神不断获得新的内涵表述。一方面,社会

---

❶　[美]诺内特、塞尔兹尼克:《转变中的法律与社会:迈向回应型法》,张志铭译,中国政法大学出版社2004年版,第64页。

❷　《马克思恩格斯全集》第41卷,人民出版社1982年版,第321页。

❸　[德]哈贝马斯:《现代性的哲学话语》,曹卫东等译,译林出版社2004年版,第3页。

现代化进程为现代司法实践不断制造着崭新的社会环境,迫使现代司法必须不断重塑价值理念并重构制度体系以适应社会关系的新型状况;另一方面,司法实践总是不断受到关于这种实践本身的新认识的检验和改造,从而在结构上不断改变着自己的特征。二战以后,随着国家福利主义的兴起,司法的现代性精神逐步背离了形式主义,完成了实质主义司法的范式转型。

现代司法由形式主义向实质主义的范式转型一方面是内在于司法实践(一种反思性实践)之中的,这一性质和迹象早就为韦伯所洞悉:"现代法的发展包含着有利于瓦解法的形式主义的倾向。""受单纯解释法律条文和契约约束的法律自动机器,人们从表面上放进事实和费用,以便让它从底下吐出判决和说明理由,这种情况使现代的法律实践者们感到处于从属地位,而且恰恰是随着编纂了的、形式的、制订为法律的法的普遍化,愈来愈感到处境尴尬。他们要求应该让法官能'创造性地'进行法律工作,至少是在法律不灵的地方。"❶不过,韦伯认为现代司法的实质化趋向是非合理的,因为实质主义司法因过多考虑政治、道德、功利、效率的多种要求,将使得司法和法律不再可以按照理性的智识逻辑加以理解和处理。

显然,将司法现代性精神限定于形式主义(形式合理性)视阈是失之偏颇的,霍姆斯箴言式的宣告无疑就是对这种逻辑实证主义的有力反击:"法律的生命从来都不是逻辑,法律的生命在于经验。"现代司法实践既在不断检视和反思自身的知识逻辑,也在崭新的社会关系秩序面前顺应着时代语境的变革要求。现代化进程的一个重要后果是迫使现代国家不断扩张公权干预的范围并强化权力介入社会关系的力度,社会福利工程在二战后的西方国家逐步启动,国家渐渐改变了早期自由竞争资本主义阶段所履行的维护既有秩序的守夜人国家职能,开始通过一系列社会发展计划并采取全方位的社会控制策略,改变因形式平等和主观自由权利维护战略本身所促就的实质不平等和社会分化,力图掌控复杂难解的社会关系,最终实现社会正义。正是在这种时代背景下,司法现代性精神开始悄悄嬗变,对于这种现象,卡佩莱蒂进行了如下阐述:"在这些新的领域中,对司法部门而言具有明显的意味。既面对仅载明目标和原则的立法,也面对主要旨在逐渐塑造未来的社会权利,法官当然可能如同往常那样,否定此类'规划

---

❶ [德]韦伯:《经济与社会》(上卷),林荣远译,商务印书馆1997年版,第203、206页。

性'法律和权利的'自我实现'之特征。然而,他们迟早不得不接受变化了的法律概念和国家新的作用的现实,而他们归根结底还是国家的一个'部门'。于是他们将会发现,很难在国家努力促使那些项目的有效实现方面无所作为,而应赋予那些'目标的原则'以具体内容,并控制和敦促国家在社会领域采取积极的行动履行法定义务。"❶

为司法实践的自我反思和福利国家的外部环境所共同作用的司法现代性精神由此而获得新的内涵。

1. 以司法审查为核心的司法能动主义。司法能动主义(judicial activism)所表达的是一种关于司法如何面对实在法规则以及怎样回应社会主体之平等和自由权利的价值立场。沃尔夫指出:"司法能动主义的基本宗旨就是,法官应该审判案件,而不是回避案件,并且要广泛利用他们的权力,尤其是通过扩大平等和个人自由的手段去促进公平——即保护人的尊严。"❷司法能动主义的焦点在于司法权与立法权、行政权的关系处理。在司法抑制主义(judicial restraint)时代,司法是对制定法的严格适用,三权分立原则下的司法权一般不能介入和干预立法和行政权力领域,法官并不对立法和行政权力的合宪性和合法性进行司法审查。随着社会福利工程的推进、大规模立法运动的深入和行政权力的日益膨胀和扩张,以宪法解释、违宪审查、行政审判、司法解释为主要形式的司法能动主义既得到理论上的鼓吹也被付诸司法实践,司法成为立法和行政权力的有力制衡力量,并开始介入公共政策的制定领域,司法在国家权力结构中获得了更加显著的地位。

2. 以社会正义为目标的司法实质主义。司法实质主义(judicial substantialism)意味着不再过分强调司法判决中纯粹和机械的逻辑要求,开始重视法官的意志自主性和自由裁量权。按照诺内特和塞尔兹尼克的观点,法律和司法的实质主义是自治型法向回应型法的范式转型,"从自治转向回应的关键一步,就是法律目标的普遍化。特殊的规则、政策和程序逐渐被当作是工具性的和可牺牲的。它们虽然可能作为长期积累下来的经验受到尊重,但却不再表明

---

❶ [意]卡佩莱蒂:《比较法视野中的司法程序》,徐昕、王奕译,清华大学出版社 2005 年版,第 21~22 页。

❷ [美]沃尔夫:《司法能动主义》,黄金荣译,中国政法大学出版社 2004 年版,第 3 页。

法律秩序的承诺。取而代之的是,重点转至那些包含了政策前提并告知'我们真正要干的事'的更为普遍的目的。因此,回应型法的一个独特特征就是探求规则和政策内涵的价值"。❶ 由于司法实质主义所追求的目标是社会的公平和正义,从而司法逐渐被纳入国家管理和控制社会的权力资源序列,司法不再是一种奉行保障消极自由、仅仅为解决纠纷而设置的中立性功能装置,它逐步成为贯彻国家政策的一种机构,司法程序成为一种社会管理和控制机制,对此,达玛什卡指出:"诉讼程序都必定会被安排得适合于寻求对突发事件的最佳政策回应。……受其司法目的观的鼓动,一个能动主义的国家必定会认真地考虑将其法律程序设计成一项由国家官员控制的调查。"❷

3. 以效益原则为中心叙事的司法现实主义。司法现实主义(judicial positivism)是对司法形式主义之理论之知识基础——抽象理性主义(逻辑实证主义)的怀疑和否定。司法现实主义是法律现实主义运动的一个重要维度,法律现实主义者认为形式化的法律将导致法律与社会失去联系的后果——人们不去关心法律存在的社会基础,法律形式主义这种抽象的、非语境化的理性主义,"同有意义的社会现实没有关系,同人类对外在世界的体验没有关系"❸。司法现实主义者将法律适用和判决结果的决定条件从逻辑规则转变为经济学、政治学、伦理学、社会学、心理学规则,其中,经济学的效益规则经常成为决定法律适用和判决结果的主导因素。

二、司法现代性研究的理论语境预定和方法论性质

司法现代化是法制现代化运动的一个分支领域,因此,司法现代化理论研究必须置于法制现代化理论研究的背景语境中进行。同时,法制现代化又是现代化运动的法律表征,因此,司法现代化理论研究也必须密切关注社会现代化理论研究的前沿学说,将这些前沿学说作为指导司法现代化理论研究的思想源泉。

---

❶ [美]诺内特、塞尔兹尼克:《转变中的法律与社会:迈向回应型法》,张志铭译,中国政法大学出版社2004年版,第87页。

❷ [美]达玛什卡:《司法和国家权力的多种面孔》,郑戈译,中国政法大学出版社2004年版,第130页。

❸ [美]菲尔德曼:《从前现代主义到后现代主义的美国法律思想》,李国庆译,法律出版社2005年版,第204页。

　　"现代性"（modernity）一词与"现代"（modern）一词有一定的关联,不过要合理处理,作为历史时间的"现代"概念与作为理论问题的"现代性"概念是不同的。"现代"一词在语义上更多的是一个时间概念,其对立概念是"往古"。如果说"现代"概念所表述的是时间和年代,那么"现代性"则是一个表达现代社会生活所具有的品质、状态、精神之类含义的概念。"现代性"是一个动态而流变的概念,既不能从时间上界定它的始初,也不能在构造上限定它的内涵,德国社会理论家西美尔（Georg Simmel）甚至认为"现代性"并没有本质,因此,有关学者关于现代性理论的系统论述中便合理地没有对"现代性"概念加以定义,而是对表征"现代性"内涵的"现代现象"进行了释义:"一种普世性的转换每一个体、每一民族、每种传统社会制度和理念形态之处身位置的现实性（社会化的和知识化的）力量,导致个体和社会的生活形态及品质发生持续性的不稳定的转变。"并进而指出:"现代现象是人类有'史'以来在社会的政治——经济制度、知识理念体系和个体——群体心性结构及其相应的文化制度方面发生的全方位秩序转型。"❶

　　"现代化"（modernization）作为一种理论思潮,发轫于20世纪60年代,其背景是原殖民帝国主义体系的崩溃和以欧洲为中心的旧世界秩序的崩溃,以及战后第三世界国家的发展。"现代化"概念与"现代性"概念紧密关联,不过,"现代化"只是作为理性化概念的"现代性"理论和精神的一种实践形态和实在表征,它是"现代性"话语的一种社会历史实践现象。对此,有学者指出:"相对于'现代'和'现代性','现代化'是一个晚近的学术概念。这个概念直到20世纪中叶才被提出,但它旋即在风行一时的'现代化理论'中得到了广泛的运用。按照一般的看法,'现代化'一词有某种'动态'意蕴,它通常用来描述从前现代社会向现代社会的历史变迁。在一定意义上,可以把'现代性'看作'现代化'所要达成的目标,而把'现代化'看作是'现代性'目标的实现或展示过程。"❷"现代化的理论目标之一,就是探求不同文化背景下由传统社会向现代社会转化的共同特征,以揭示现代化进程的普遍意义。"❸正是在这种理论目标下,学者们从不同的

❶　刘小枫:《现代性社会理论绪论》,上海三联书店1998年版,第2、3页。
❷　张凤阳:《现代性的谱系》,南京大学出版社2004年版,第5页。
❸　公丕祥:《法制现代化的理论逻辑》,中国政法大学出版社1999年版,第6页。

角度对现代化概念进行了释义。众多关于现代化概念的界定，美国普林斯顿大学国际研究中心的 C. E. 布莱克在历史发生学意义上对该概念的解释是颇有特色且较具影响的：(现代化)反映着人控制环境的知识亘古未有的增长，伴随着科学革命的发生，从历史上发展而来的各种体制适应迅速变化的各种功能的过程。❶ 我国学者罗荣渠将众多视角的现代化概念含义概括为四类：(1)指在近代资本主义兴起后形成的特定关系格局中，经济落后国家在经济与技术方面赶上世界先进水平的历史过程；(2)指经济落后国家实现工业化的过程；(3)指自科学革命所带来的人类社会急遽变动的过程的总称；(4)认为现代化是一种心理态度、价值观和生活方式的改变过程。❷ 由于"现代化"概念所描述的是由于科学技术、经济等的发展所带来的一定社会从物质到精神、从价值观念到生活方式的跃进和变革过程，从而法律这一调整社会行为的核心规范势必也将因为科学技术、经济、文化、价值观念、生活方式等因素的发展而发展。法律这一独特的社会行为规范系统相对于社会经济等因素的发展而言还具有其自身的相对独立性，这是由法律自身所具有的独特价值所决定的。因此，因为外在因素和法律自身因素的共同作用，法律也存在一个发展和变革问题，这种法律的发展和变革的过程如果是从传统型法制向现代型法制进行转型的过程，那么它就是一个"法制现代化"(modernization of law)过程。对此，有学者对法制现代化概念进行了这样的界说："法制现代化是一个从人治社会向现代法治社会的转型过程，是人治型的价值——规范体系向法治型的价值——规范体系的变革过程。""应当把人治的衰微、法治的兴起作为法制现代化过程的基本评估系。"❸"法制现代化是一个包含了人类法律思想、行为及其实践各领域的多方面进程，其核心是人的现代化。"❹

"现代性"概念所要表达的社会生活的状态、人的精神品质和主导价值立场是探讨司法现代化的理论话语背景，现代化所关涉的科学技术、经济、法律、文化、生活方式等基本社会范畴由传统向现代转型的过程，势必也是司法现代化置身其中的过程。同时，法制现代化所表达的法律制度由传统向现代转型的法律

---

❶ 参见公丕祥：《法制现代化的理论逻辑》，中国政法大学出版社 1999 年版，第 7 页。

❷ 参见罗荣渠：《现代化新论》，北京大学出版社 1993 年版，第 8 页以下。

❸ 公丕祥：《法制现代化的概念架构》，《法律科学》1998 年第 4 期。

❹ 公丕祥：《法制现代化的概念架构》，《法律科学》1998 年第 4 期。

发展运动本身就必然地要求一个司法现代化进程的出现。

　　强调现代性概念没有本质内涵，在于说明现代性不是一个时间概念，而是一个指称一种普世性的转换每一个体、民族、传统社会制度和理念形态之处身位置的现实性（社会化的和知识化的）力量，因此，现代性概念只有在当今世界和社会这一特定的历史语境中才能赋予其实质性内涵，这种被赋予实质内涵的过程就是一个现代化过程，而这个本性上属于社会历史实践的现代化过程在法律领域的表征就是法制现代化过程。因此，对当今世界和社会的生活现实形态所蕴涵或表征的价值精神的把握和提炼，实为我们理解和确认司法现代化的概念工具和价值尺度。按照现代西方社会理论的相关分析，现代性的总体特征包括以下几个方面：经济的工业化、政治的民主化、社会的城市化、文化的世俗化、组织的科层化、观念的理性化。❶ 其中，观念的理性化成为现代性精神之核心，相应地，法制现代化理论的核心就是法律的理性化。法律的理性化需要兑现于法律现象的多个领域，其中，法律职业化和司法现代化就是法制现代化发展的两个极其重要且紧密关联的维度。

　　在韦伯看来，现代性与合理性之间存在极为紧密的关系，法律现代性的核心内涵就是法律的形式合理性。韦伯洞悉到了形式合理性法律的实质化趋向，但是实质合理性法律本质上是非合理的，因为形式法律一旦受到政治、经济、伦理、实用等外在因素的实质化瓦解和破坏，就意味着法律失去了自身的独立性，法律的合理性就无法单一而确定地从法律自身获得根据，这种观点其实是韦伯从其所处时代的局限性而提出的。当前，法律发展遭遇一个社会急剧变革的秩序格局，现代化模式的中性化、全球化进程的深入、社会秩序的后现代状况和风险社会的形成，已然成为现代法律之发展和变革的现实语境，对现代法律的两个基本维度——理念和制度——产生了极其深重的影响。如果说现代法在从传统法脱域而出之后，经历了早期自由资本主义时期的形式法范式和福利国家时期的实质法范式两个基本阶段的发展和演化，那么，在当下这个依然内在于现代性精神，并为现代化进程所逐渐造就出的后现代秩序和风险社会时代，现代法便面临一个重大的范式转型问题。尽管这个新的现代法范式的名分理论上尚没有达成一致，其理论内涵尚没有得到系统而充分的阐释。不过，诸多哲学家、社会理论

---

❶　参见张凤阳：《现代性的谱系》，南京大学出版社 2004 年版，第 9 页。

家和法学家已根据各自的理论旨趣在多个学术领域开始触及这个后现代社会中的秩序与法律之关系的一些根本性问题。

利奥塔尔针对后现代社会中知识的状况和性质与权力和社会秩序之间的关系进行了分析。他揭示了后现代知识之反元叙事、反基础主义、多元化和个体化的性质，反对宏大叙事，拥护知识（认识论和科学）的异质性，否定"共识"（consensus），倡导话语的多样性，认为"歧见"（dissensus）是知识的源泉。❶ 利奥塔尔颠覆了现代性的理性主义知识论基础预设的有效性，这种后现代知识论立场所隐含的对未来法律秩序的预见和启示意义在于：没有确定的知识或自负的理性可以成为法律的合法性基础——临时契约正在取代永久的制度。❷

贝克提出了"风险社会"（risk society）学说。风险社会是现代化进程的高度深入阶段，贝克等社会理论家将其定性为"自反性现代化"（reflexive modernization）社会阶段，与工业社会相对。所谓"自反性现代化"，是指"创造性地（自我）毁灭整整一个时代——工业社会时代——的可能性"。"在这个新阶段中，进步可能会转化为自我毁灭，一种现代化削弱并改变另一种现代化，这便是我所说的自反性现代化阶段。"❸风险社会是一个与工业社会相对的概念，工业社会根本上是一种财富生产压制和掩盖风险生产的秩序逻辑，在这种秩序逻辑中，财富增长决定了整个社会的秩序状况和方向，实现财富增长的科学和技术无须任何辩护理由而自我合法化。然而，财富增长逻辑下的"技术——资本"在不断创造财富的同时，也渐渐成为现代社会的一种风险生产方式，财富创造过程本身也是一个风险制造过程，这种风险生产方式的根本性质是因科学技术的深入发展和广泛运用而对于植物、动物、生态环境以及人类生命伦理秩序的无法预见也无法抗拒的危险。这种风险社会学说对法制现代化研究的重要启示在于：法律不再可能是主流政治中心——议会的制定之物，法律的基础也不再可能建立在系统、明晰的因果证据之上，❹亚政治逐步替代了传统政治中心的议会政

❶ 参见［法］利奥塔尔：《后现代状态——关于知识的报告》，车槿山译，生活·读书·新知三联书店1997年版，第138页。
❷ 参见［法］利奥塔尔：《后现代状态——关于知识的报告》，车槿山译，生活·读书·新知三联书店1997年版，第139页。
❸ ［德］贝克：《再造政治：自反性现代化理论初探》，载贝克、吉登斯、拉什：《自反性现代化》，赵文书译，商务印书馆2001年版，第5、6页。
❹ 参见［德］贝克：《风险社会》，何博闻译，译林出版社2004年版，第285页。

治,对特定利益的追求主要通过媒体和法院系统进行,亚政治"一点一点地叩开并战胜了对普遍有效的基本法的选择性解释"。❶

吉登斯提出了"能动政治"(generative politics)学说。在吉登斯看来,历史目的论本质的现代性工程不再可行,社会纽带不再是从过去继承而来,而是必须被制造出来,社会不再有权威中心,一切都开始聚焦于新型的相互依赖关系。❷ 吉登斯深入分析了现代与传统之间的关系,指出"后传统秩序不是——根本不是传统消失的秩序,它是传统的地位发生了改变的秩序。传统必须自我解释,公开接受质问或对话"。❸ 他在将当今世界界定为后传统社会的前提下,揭示了这种社会秩序的根本性质——个人必须习惯过滤所有和他们的生活状况有关的信息,并且有条理地根据信息的过滤过程来行动。❹ 吉登斯之能动政治学说的核心精神在于现代化进程已步入反思性现代化阶段,这种反思性现代化要求提高个体、地方、社会组织等非传统政治权威对权力的分享以及对社会秩序运行、公共政策制定的影响力,始源于个体行动者向国家权力上层的信息流动如何得到保证畅通和有效利用,是实现社会秩序和团结的根本要害所在,而保障这种信息之流动和利用的根本政治制度是对话式民主(deliberative democracy)。吉登斯之能动政治学说之于法制现代化研究的重要理论意义在于:对话式民主是法律的唯一合法性基础,是后传统社会法律治理的政治基础,这种对话式民主并不仅仅限于传统的法律民主领域,它也不是一种哲学构想,而是具有现实的经验性,它在私人生活、社会运动、经济组织和国际关系等主要场所已然成为一种事实,❺对话成为反思性现代化阶段中法律秩序的必要条件,它既是法律的形式,也是法律的实质。

如果说利奥塔尔、贝克、吉登斯等理论家的现代性学说为法制现代化理论研

---

❶ [英]多德:《社会理论与现代性》,陶传进译,社会科学文献出版社2002年版,第242页。

❷ [英]吉登斯:《生活在后传统社会中》,载贝克、吉登斯、拉什:《自反性现代化》,赵文书译,商务印书馆2001年版,第134页。

❸ [英]吉登斯:《超越左与右——激进政治的未来》,李惠斌、杨雪冬译,社会科学文献出版社2003年版,第5页。

❹ 参见[英]吉登斯:《超越左与右——激进政治的未来》,李惠斌、杨雪冬译,社会科学文献出版社2003年版,第6页。

❺ 参见[英]吉登斯:《超越左与右——激进政治的未来》,李惠斌、杨雪冬译,社会科学文献出版社2003年版,第121~127页。

究提供了阐释学语境,具有重要的启示性价值,那么,哈贝马斯、考夫曼等思想家的学术贡献则直接涉及对法律的现代性和现代化本身的深入探索方面。

哈贝马斯之于法制现代化理论的杰出贡献在于他创立了"法律商谈论"(discourse theory of law)。法律的现代性和现代化本来并没有成为哈贝马斯理论视阈中的主题,显见不争的是,哈贝马斯的最大理论成就在于"交往行为理论"(The theory of communicative action)。交往行为理论的核心精神在于强调真理的标准和社会关系整合的条件建立在主体间性的、通过平等而无强制的对话而达成的共识之上。交往行为理论根本上是一种关于真理标准和价值选择的程序主义理论,这种理论如欲真正担负起主体间关系整合和社会团结的使命,势必有一个实践落实工程。哈贝马斯面对一个关系日趋复杂化、价值日益多元化的后现代社会,最终理论方案是将关于真理和价值的交往行为理论话语兑现为关于关系和规范的社会实践话语,从而提出了法律商谈论。在哈贝马斯看来,现代法律契合交往行为理论要求的独特之处在于它恰恰就是一种对策略互动(主观行动自由和私人自主权利的行使)进行调节的规范系统,在现代性的祛魅化、世俗化和威权化进程中,法律的形式和实质之范畴对立就必须通过合理性程序予以化解和整合,法律是否有效,既不因为它是主权者的命令,也不因为它导源于某种超验的自然法价值预定,形式上存在并实质上有效的法律必须获得合理性辩护理由,而提供这种理由的唯一途径就是产生法律的程序的合法性。这样,"在法律的有效性模态中,国家对法律之施行的事实性,与法的制定程序——这种程序被认为是合理的,因为它保障自由——的论证合法性力量,彼此结合了起来。"❶进而,哈贝马斯对形式合理性法律和实质合理性法律同时进行了批判,认为将社会整合和团结的机制落定于工具合理性的形式法和价值合理性的实质法都没有可能,前者试图通过规则前提下的策略性行动(strategic action)自行生成社会秩序,后者则将政府福利计划依据某种价值原则和政策强加于社会主体。在哈贝马斯看来,支撑形式法治的形式合理性和支撑实质法治的价值合理性都没有摆脱意识哲学的影响,这种意识哲学影响下的形式法"把公民的自决实践赋予一个全社会范围的主体",实质法则"把匿名的法治加于彼此竞争的众多单

---

❶ [德]哈贝马斯:《在事实与规范之间:关于法律和民主法治国的商谈理论》,童世骏译,生活·读书·新知三联书店2003年版,第34页。

个主体之上"。❶ 总之,两种传统法治范式都将法律的合法性建立在意识哲学的主体性精神之上,形式法治的主体性意识在于将全体公民视作一个集体行动的主体,实质法治则将主体性赋予抽象的政治国家,这样,两种法律范式要么将法律的合法性理解成实在法的实际存在(事实性),要么理解成正当性(规范性),割裂了事实性与规范性之间的必要联系,法律的事实性与规范性之间失去张力。最后,哈贝马斯提出了程序法范式理论,所谓程序法范式,其核心内涵可以作如下概括:兑现交往理性的意见形成和意志形成过程的社会交往和立法程序交往是法律合法性的唯一基础,法律不再完全是议会立法的产物,市民社会和政治公共领域中的交往行动关系是国家法律的根本来源,弥散于社会交往领域的意见形成和意志表达获得重要地位并通过建制性法律保障,社会交往的信息之流能够向国家正式立法部门传输,法律的制定和执行必须兑现对话民主和论辩原则的理想要求——所有论辩参与者机会均等、言论自由、没有特权、真诚、不受强迫。

考夫曼之于法律现代性的理论贡献在于他提出了多元风险社会中法律哲学的"宽容原则"。可以认为,考夫曼是一个法律程序主义者,他重点考察并吸收了罗尔斯和哈贝马斯的法律程序主义思想,同时也对两者进行了必要的批判和扬弃。在考夫曼看来,"纯粹程序理论的缺陷在于它以为可以放弃内容和经验"。❷ 为此,考夫曼在法律程序主义的论证原则和合意原则的基础上添加了缺陷原则——"没有任何合意是最终的定论,相反,每个表述、每个结论、每个论点原则上都是有缺陷的;换句话说,都是可以修正的——但有一例外:合意原则本身,即没有达成合意是最终的定论这个规则,却不是有缺陷的"。❸ 这种论调颇有些波普尔证伪主义色彩,有所改进之处是突出了论证程序的重要性。至于程序主义在理想的论辩条件和达成共识的程序目标方面存在的理论缺失,考夫曼在加以批判的基础上,对程序主义的对话条件和共识达成两个论点分别进行了完善。在考夫曼看来,理想的论辩(对话)条件(无论是哈贝马斯意义上的"理想的对话情境"还是罗尔斯意义上的"原初状态"和"公共理性")抽象掉了经验要

❶ [德]哈贝马斯:《在事实与规范之间:关于法律和民主法治国的商谈理论》,童世骏译,生活·读书·新知三联书店2003年版,第371页。
❷ [德]考夫曼:《后现代法哲学——告别演讲》,米健译,法律出版社2000年版,第41页。
❸ [德]考夫曼:《后现代法哲学——告别演讲》,米健译,法律出版社2000年版,第42页。

求,对话条件设置应该考虑"事实上存在的论证群体",论辩条件应该是"历史的",理想的对话始终不可回避"作为共同土壤的传统和文化'遗产'"。❶ 关于共识的达成问题,考夫曼则认为共识并不表示真理的最后说明,程序的真正目标应该是"趋同":"多个互相独立的主体从其本身的'对象'出发达到实际上趋同的认识"。❷ 可见,考夫曼在坚持现代法发展方向的程序主义立场的同时,也竭力赋予程序主义的经验成分、时代条件和语境性质。正是在这种思想立场上,考夫曼面对一个关系日趋复杂、理论日益多元、科技无孔不入、民主化浪潮高歌猛进、风险如影随形的后现代社会,提出了法律哲学的宽容原则:在高度复杂的社会中,没有人可以既要负责行事却又不冒着错估行动情势的危险;于此情形下,若要树立一个有内涵的原则,在遇有风险而无法事先明确评估行为方式时,作出不作为的要求,是完全不可能的;如果伦理与法律无法提供解决冲突的合理决定标准,那么依循以往方式所作成的决定,就必须加以容忍。❸

探讨司法的现代性这一既针对现代司法理论和实践,又需要把握现代性精神要旨在司法领域的弥漫程度和特定要求,还需要从当代政治哲学、社会理论等前沿学术领域获得关涉司法对象和环境的理论启示,从而,在此需要交代本课题研究的方法论属性。笔者愿意称其为一种"反思性解释法社会学方法",之所以如此冠名的理由简述如下。首先,司法现代性论题的探讨是在现代性社会理论语境中进行的,当代西方社会理论的一些前沿学说构成了本课题研究对象的理论"前见",从而这种研究方法论就体现着解释学性质。其次,本课题对司法现代性精神的揭示始终将社会现代化发展状况作为客观背景,将现代司法的理念内涵及其发展历程置于社会现代化的宏观环境中加以认识,从而本课题研究的方法论无疑又体现法社会学性质。第三,本课题的研究目标在于探讨司法现代性精神的未来变革和当代中国司法现代化的理念塑造方向和路径,这种研究目标的实现首先需要检视并反思西方国家司法现代性精神的演化历程,针对后现代社会秩序的规范期待重塑未来司法的现代性精神,进而切入中国司法现代化题域,针对当代中国司法现代化的现实状况和客观条件,将西方国家司法现代性

---

❶ [德]考夫曼:《后现代法哲学——告别演讲》,米健译,法律出版社2000年版,第51~53页。

❷ [德]考夫曼:《后现代法哲学——告别演讲》,米健译,法律出版社2000年版,第46页。

❸ 参见[德]考夫曼:《法律哲学》,刘幸义等译,法律出版社2004年版,第437页。

精神的演化历程和未来趋势作为中国司法现代化理念确立和制度建构的借鉴资源,从而本课题的研究方法论又表现出反思性特征。

三、司法现代化的时代际遇和问题引出

司法现代性精神的演化始终决定于两种根本动力:一方面是司法理论之知识逻辑的自我检视、证伪、修正和创新;另一方面是社会现代化进程所促就的新型社会关系秩序状况对司法的社会功能所提出的调适和变革要求。当前,在司法理论的知识逻辑维度,司法现代性精神正遭受着后现代主义思潮的无情解构和消解(unmaking),司法现代性精神的知识基础面临后现代法学的责难,司法现代化理论必须直面这种理论责难并作出理论回应和思想创造。在司法理论的社会学维度,无论是形式主义司法还是实质主义司法都遭遇到一个全新的社会秩序语境,深度现代化阶段所出现的风险社会(后现代社会、后传统社会、后自由主义社会)秩序状况,使得司法现代化的两种范式——形式主义和实质主义——都不再切合其置身其中的社会形态,司法现代性精神必须完成一次艰难炼狱和彻底重塑。

后现代主义根本上是一种对自启蒙运动以来的西方理性主义知识论基础的发难和无情颠覆,如果说以理性主义为内涵要旨的现代性是作为一种许诺并践行把人类从愚昧和非理性状态中解放出来的主体性精神力量,那么,"后现代主义者们断定,有理由怀疑有关现代性的道德主张、传统规范和'深刻解释'。他们认为,现代性已经不再是一种解放力量;相反,它是奴役、压迫和压抑的根源"。❶ 后现代主义卷入法律和司法领域有一个复杂而漫长的哲学思潮背景,这个背景的一根主线大致是按照结构主义、解释学、法律与文学学派、解构主义的前后相继而逐步浮现的。在结构主义理论中,法律文本尽管能够被读解其意义(中心理念),但是这种意义并非来自某种主体性意志的赋予,而是决定于文本的结构自身,结构主义消解了主体性,宣告了"人的死亡",渐渐引发了对以主体性为核心精神的法律和司法的现代性危机。解释学则从人类的理解机理入手,提出理解(解释)的本质是一种"效果历史"(effective history)的理论:"真正的历

---

❶ [美]罗斯诺:《后现代主义与社会科学》,张国清译,上海译文出版社1998年版,第5页。

史对象根本就不是对象,而是自己和他者的统一体,或一种关系,在这种关系中同时存在着历史的实在以及历史理解的实在。"❶按照这种"效果历史"理论理路,伽达默尔也将视域具体触及了法律领域,认为法官在解释法律时,"某个法律的原本意义内容将与该法律被应用于法律实践的意义内容区分开来。……法律的规范内容却必须通过它要被应用的现存情况来规定。为了正确地认识这种规范内容,他们必须对原本的意义有历史性的认识,并且正是为了这一点法律解释才关注法律通过法律实践而具有的历史价值。但是,他不能使自己束缚于例如国会记录告诉他的当时制定法律的意图。他必须承认以后所发生的情况变化,并因而必须重新规定法律的规范作用"。❷ 哲学解释学对现代法律和司法的重大理论影响在于将法律文本的意义确认导入历史感、主观性、实在性的多维度交融和影响路线,动摇了现代主义理路中法律文本意义确定性的坚定立场。解构主义则更进一步,它通过对语义开放性和不确定的极度张扬,通过对理性主义之"逻各斯"中心主义理论本质的竭力驳斥,通过对现代学知识论立场所内在预设的"二元对立"结构的拆解,彻底否定了理性主义基础的现代性精神的合法性。解构行动之于现代法律和司法的突出影响表现在主张放弃对法律文本的意义确定性立场,认为人们"并无精确的标准去确定法律规则的固定含义,并依此作为标准,去察断执法机构司法机构的行动是否属于真正的执法与司法"。"研究法律则恰恰成了文学理解的一种特殊方式"。❸ 这样,如果法律文本的意义确定都成了一个没有可能的问题,又何谈法律和司法的现代性精神?

后现代主义对法律和司法之现代性精神采取消解行动的策略选择是从对法律文本的意义读解入手的。现代主义法学假定,法律判决能够也应该注重事实,注重分析,不抱偏见和客观公正。判决具有确定的意思,法规构成了一个自给自足的体系。但是,后现代主义者推翻了这些假定,"他们认为在法律中不存在确定的意思,……法律是政治的、主观的、有争议的、仅仅因人而异的解释。……有关法律的任何一种解释都不是真正合法的。法律文本被说成是自我指称的;其

---

❶ [德]伽达默尔:《真理与方法》(上卷),洪汉鼎译,上海译文出版社 1999 年版,第 384～385 页。

❷ [德]伽达默尔:《真理与方法》(上卷),洪汉鼎译,上海译文出版社 1999 年版,第 420 页。

❸ 刘星:《西方法学中的"解构"运动》,《中外法学》2001 年第 5 期。

意义,正如文学文本一样,是完全不确定的,在语言上是相对的,可以有为数众多的解释的,而其中没有一种解释是特许的"。❶ 既然法律文本可以进行后现代式阅读,那么判决标准就不再可能是"规则模型",政治权力、经济学规则、道德伦理要求、文化传统知识等非法律因素势必就能够成为司法判决参考标准,演绎逻辑主导的判决思维方法也失去了重要意义,司法未必就是一种兑现公正和实现权利的场合,司法基于严格适用法律和中立裁判而获得的司法权威便将丧失,声称通过被动性、中立性、公开性、参与性、终局性、科学性要求而兑现的司法程序的正义性将只能是一个良好的愿望。

如果说后现代法学消解司法现代性精神的话语策略是从对现代司法的知识论基础的有效性怀疑路径切入的,那么,为现代性精神所鼓动并为现代化进程所制造的这个后现代社会则又在语境论意义上对司法现代性的精神变革提出了迫切要求。

今天,西方社会已然步入一个深度现代性阶段,贝克称其为"自反性现代化"阶段,吉登斯称其为"反思性现代化"阶段。贝克以一种客观性态度对"自反性现代化"概念进行了如下界说:"自主的、不受欢迎的、看不见的从工业社会向风险社会转化的过程称为自反性。""自反性现代化指导致风险社会后果的自我冲突,这些后果是工业社会体系根据其制度化的标准所不能处理和消化的。"❷自反性即自我对抗和自我颠覆,它意味着为传统现代性精神所鼓动和推进的现代化运动已经进入晚期,但是这并不像后现代主义者所宣称的那样——现代性已经终结,而是现代性以一种"开始理解自身,而不是对其本身的超越"❸的自反性秩序状态表现出来,是现代性的激进化。对于"反思性",吉登斯作出了如下定义:"对进行中的社会生活的监控性。"其基本含义是指:"我们作为参与者而对社会行动进行监控,并在此过程中动态地影响——他(吉登斯)称之为参与式改变——它的特点。"❹

由此可见,"自反性"概念更多地用于描述现代性的一种新型面貌,这种新

---

❶ [美]罗斯诺:《后现代主义与社会科学》,张国清译,上海译文出版社1998年版,第185页。

❷ [德]贝克:《再造政治:自反性现代化理论初探》,载贝克、吉登斯、拉什:《自反性现代化》,赵文书译,商务印书馆2001年版,第10页。

❸ [英]吉登斯:《现代性的后果》,田禾译,译林出版社2000年版,第42页。

❹ [英]多德:《社会理论与现代性》,陶传进译,社会科学文献出版社2002年版,第234~235页。

型现代性根本上是由以倡导资本市场化和产业技术化的传统现代性所促成的,传统现代性精神通过自主的现代化过程、按照财富增长实现权利和自由的生产主义逻辑,推进了现代社会的工业化进程,这种工业化进程的不断深入导致现代社会步入一个全新阶段——风险社会,在这个风险社会"出现在对自身的影响和威胁视而不见、充耳不闻的自主性现代化过程的延续性中。后者暗中累积并产生威胁,对现代社会的根基产生异议并最终破坏现代社会的根基"。❶ 这种新型现代性的实质就是:技术经济型的财富增长同时也是风险生产。

面对这个自反性现代化趋势(风险增殖趋势),如果人们继续奉行传统现代性理念行事显然已问题重重,这也是现代性日益备受责难和攻击的根本原因所在。韦伯早就以一种十分悲观的口吻表达了他对现代性命运的怀疑,认为祛魅化本质的现代性孕育并推进了一个持续性物质主义路线,一个由工具效率和认知专门化作标准来支配的社会和文化,就有可能制造这样一个铁笼:人们的精神被推入其中而没有任何逃脱的希望。韦伯的担忧并非完全多余,尤有甚者,晚期现代性不仅仅只是一个人类精神生活的困惑和价值迷失问题,它更是一个关涉人类命运维系的紧迫性问题。因此,社会理论家和社会科学(尤其是社会学、政治学和法学)应该如何回应时代、如何作出积极努力? 不说完全改变人类命运,至少也能够有效介入风险预见、决策和防范过程?

对此,吉登斯否定了那种将社会学的使命仅仅限于为现代社会生活提供普遍性知识的立场,他进一步发展了马克思所提出的"用历史创造历史"的社会学说,提出了"反思社会学"学说。吉登斯认为,仅仅将社会学使命定位为改造客体的学说所内在的反思性过于简单,吉登斯指出:"社会学与其所对应的主题(现代性条件下的人类行为)之间的关系,必须进而用'双向诠释'(double hermennutic)才能加以理解。"这种"双向诠释"既是一个理论概念和知识从社会生活领域得以抽象化提炼的过程,也是一个重新返回到社会生活领域并对其加以描述、解释和阐发的过程。"在此过程中,它既重构着社会学知识自身,也重构着作为该过程的整体的一个部分的社会生活领域。"❷因此,吉登斯倡导社会

---

❶ [德]贝克:《再造政治:自反性现代化理论初探》,载贝克、吉登斯、拉什:《自反性现代化》,赵文书译,商务印书馆2001年版,第10页。

❷ [英]吉登斯:《现代性的后果》,田禾译,译林出版社2000年版,第13页。

科学对现代性的"反思性的自我认同",主张现代性的反思性重在对专家系统的信任和依赖;贝克也揭示了现代性的反思性,但是,和吉登斯形成一定差异的是,贝克主张"现代性中的反思性需要一种不断增长的自由和对专家系统的批判"。❶

反思性现代性理论所旨在追求的根本目标在于:风险社会中社会团结和整合的规范性基础何在?反思现代性理论认为社会的结构性质不是社会关系的结果,而是使那些关系成为现实的媒介,现代性并没有终结,风险社会中的关系秩序仍指向现代性目标,只是表现出一种现代性的激进化、全球化特性。这种激进化、全球化特性的现代性是由现代性进程自身所促就的,并且由于时空逐渐分离而使得"脱域"(disembededing)❷机制日益形成,社会关系的发生开始脱离特定场景,主体间关系被抽象化、虚拟化了,特定事件经常具有全球性效果,"其结果是,反思性得以制度化。这就是说,在整个当代社会中,反思监控过程变成了制度那起限定作用的组织特征。"❸自此,几乎所有的社会制度都成为一种反思现代性制度,在解释社会学意义上,制度既是行为的条件,也是反思改造的对象;在风险社会理论意义上,制度很大程度上成为风险决策和监控制度。

正是在这种反思性现代性理论语境和自反性现代化实践语境中,我们提出反思性法制现代化(reflective modernization of law)概念:法制现代化进程的一个新型阶段,一种区别于形式法治和实质法治的新型法治范式创生和实践过程;反思性法制现代化运动的法治范式是程序法范式(paradigm of procedural law),这种法治范式的社会历史际遇是风险社会,其政治和社会功能区别于通过对契约平等和消极自由的维护而保障自由竞争的市场秩序的形式法,也区别于通过国家对社会财富的再分配和补偿而实现实质平等和社会正义的福利国家秩序的实质法;反思性法制现代化旨在克服已有两种法治范式各自内在的缺陷,既不寄希望于通过市民社会的自律保证形式平等和契约自由的市场秩序,也不将社会团

---

❶ [英]德兰逊:《社会科学——超越建构论与实在论》,张茂元译,吉林人民出版社 2005 年版,第 135 页。

❷ 吉登斯对"脱域"概念作出了如下定义:"所谓脱域,我指的是社会关系从彼此互动的地域性关联中,从通过对不确定性的时间的无限穿越而被重构的关联中'脱离出来'。"[英]吉登斯:《现代性的后果》,田禾译,译林出版社 2000 年版,第 18 页。

❸ [英]多德:《社会理论与现代性》,陶传进译,社会科学文献出版社 2002 年版,第 238 页。

结和利益整合的使命交由政治国家以家长式干预予以解决;反思性法制现代化奉行程序法范式,这种程序法范式以商谈政治为前提,并将交往理性在法律的多个领域和多种维度予以建制化兑现;❶反思性法制现代化阶段中的法律成为风险社会中社会整合和团结的重要规范资源之一,并且积极介入社会风险的预见和监控,以一种反思性、激进化建构机制促进现代性的自我完善和法治范式的不断进化。

反思性法制现代化之关键在于法律的反思性机制,但是,这种反思性机制虽然得益于法律本来所固有的反思本性,但是又与这种一般意义上法律的反思性能存在重大差异。

在一般意义上,法律天然地内在着一种常规意义上的反思性,也正是因为这种反思性因素,法律才获得作为一门科学的必要条件,避免沦为一个僵化、教条和生硬的规则系统。法律作为一种对既有秩序和行为关系予以确认和调整、对未来行为关系加以导引的规范形态,重点是将"过去"和"既有"作为其思维方向和对象,即便在个案的程序处置和法律适用上,也是将作为结果的行为事实作为重构对象,只是在这种事实重构和法律适用决定或影响了责任(权益)主体的未来处境以及既定实在法引导其他社会主体将来行为的意义上,法律才具有一定的影响未来的功能意义。因此,我们通常将法律视作一种回溯性规范,法律程序是一种回溯性程序,正是因为这种性质,我们才将法律视为一种反思性规范。但是,这种反思性是不完善的反思性,因为它是一种消极式的反思,它只留恋以往,冷漠未来,而消极式反思性法律的一大缺陷在于:法律还仅仅只是发挥着"寻找社会规则的初级功能",并且这些初级规则(正式规则)"总是那些源于人类社会生活的规则",是"蕴藏在人类社会秩序下面的社会规则"。❷法律不经由反思而主动参与对社会秩序和关系之未来结果的预见和决策,未来不是法律的功能方向。

反思性法制现代化所要求的法律反思性,与传统现代化阶段两种法律范式

❶ 有论者对程序主义法概念作出了如下界定:"所有利害相关的人们,借助人们语言交流的有效性和达成特定规范共识的可能性,通过平等、自由的理性协商与话语论证,通过意志协调达成规则共识,从而形成作为法律的规则。"高鸿钧、马剑银:《社会理论之法:解读与评析》,清华大学出版社2006年版,第328页。
❷ 喻中:《法学的社会功能》,《光明日报》2005年11月8日。

所呈现出的法律反思性质形成明显异同。

形式法范式中的法律反思性在于对社会关系(社会事实)的理性构想,理性构想的对象则是既有的社会关系和秩序事实。这种反思性与法律在一般意义上所内在的反思性(回溯已往)已经明显不同,它在反思的价值目标上添附了权利平等和契约自由的成分——对专制秩序中的身份等级和神权至上合法性的知识论否证,在反思的意志上表现出规制一切有必要规制的社会关系及其内在秩序的理性自负——系统而融贯的法律规则体系的架构。

实质法范式中的法律反思性是对形式法范式的进一步反思。通过法律原则而构思社会事实的形式法律和法学将必然遭遇使法的利益相关者希望落空的窘境,通过形式法律一般化地处置生动的社会生活事件的愿望,将永远无法避免基于政治的、功利的、实用的、伦理的、宗教的、习俗的理由而提出的多样化要求,法律这台"自动售货机"经常遭遇法律不灵的尴尬,这种尴尬也促使法律机构产生了不满,他们不愿意在形式法面前处于从属地位,要求法官造法。

哈贝马斯从法律商谈论立场出发,对这场法律反思运动进行了司法诠释学判断。在哈贝马斯看来,形式法向实质法的转向,"首先是在法院的典范性判决中发现的,并且通常等同于法官默认的社会图景"。因为:"专家对单个规范命题的诠释,不仅仅从整套法律的语境出发,而也从时代社会之具体的占主导地位的前理解的视域出发。就此而言,对法律的诠释也是对以一定方式感受到的社会情境的挑战的一种回应。"❶因此,实质法范式的兴起,其理论根据在于:广阔的社会生活背景已经发生了变化并异常复杂,这种变化和复杂性根源于形式法治所放纵的市场机制对权利的形式平等要求所固有的颠覆性力量,通过个人的消极自由和利益追求方式所表现出的权利实现路径,恰恰必须建立在实质性权利平等的基础之上,因为权利的形式平等倘若没有事实平等的现实性支撑将是没有可能的,这显然为形式法范式所始料未及。从而,政府介入社会、倡导福利国家主义便成为实质法范式的时代趋向。

在那些无须考虑和预见未来并影响未来秩序状态的时代,法律着实功不可没:固化着既有的社会秩序关系。然而,倘若社会演化步入一个对未来不得不加

---

❶　[德]哈贝马斯:《在事实与规范之间:关于法律和民主法治国的商谈理论》,童世骏译,生活·读书·新知三联书店 2003 年版,第 484～489 页。

以方向预见和后果防范的时代,法律还沉醉于固化既有秩序或修补利益失衡局面的历史功绩之中,难免令人滋生一种期待法律这种规范资源或许还应该得到更好发掘和利用的愿望。否则,我们将无法解释法律何以要不断修订乃至彻底转型,也将会对我们生存于既有法律规范秩序下的原有的良好感受开始变得怀疑甚至不满起来,我们会觉得法律及其他社会规范总是将我们的行动预先进行着边界限定,无所作为的感受日重,尤其在一个危机处境和风险如影随形的时代。

反思性法制现代化运动所面对的秩序状况毋宁是,由于风险社会中那些现代化后果不再能够按照工业社会体系中的制度和标准加以处理、消化和防范,从而法律不再能够像传统现代化阶段那样确定有效,责任条款经常难以适用,规则标准变得难于统一或根本无法确立,经由立法程序而获得的规范性文件经常失去权威性,传统意义上立法机关和政党政治渐渐失去权威中心地位,甚至只能充当多种利益集团和社会功能系统之间的利益调停者,或根本只能向它们作出妥协,政府导控任务虽然日益增长却又要么有逐渐滑向干预过度的危险、要么力不从心,从而法律不再能够像早期资本主义阶段那样仅仅只需形式法律确保契约自由和形式平等便能确保市民社会的自律和团结,也不再可能像福利国家时期那样,法律完全可以以社会正义的名义而成为国家介入和掌控社会的工具。

反思性法制现代化的根本性质在于:它是反思性现代性的法律建制化,是反思性现代性的法律确证和回应,是现代性的自我认同的法律形态,法律逐渐成为"激进化现代性"之"行动的反思性监测"(吉登斯语)的一种有力机制,在这种机制中,目的以一种新的意旨重新回归于法律,这种目的既非法律工具主义式的维护既存秩序(既得利益)意义上的目的,也非传统现代性所许诺的诸如解放和自由叙事意义上的目的,而是一种随时需要求助于知识论证和合理性、有效性证明的目的,这种目的一般没有一个统一性叙事基础,从来不将人类历史视作一种按照预定目标行进的秩序过程并最终能够到达目的地。❶

---

❶ 吉登斯在界说后现代性之意义时指出:"除了在一般意义上指经历着与过去不同的一般时期外,这个术语通常还具有下列一种或多种涵义:既然所有过往认识论的'基础'都显得不牢靠,那么我们发现没有什么东西能够被确定无疑地加以认识;'历史'并不是有目的性的,因此所有关于'进步'的看法都不能得到合理的支持。"[英]吉登斯:《现代性的后果》,田禾译,译林出版社2000年版,第40～41页。

　　反思性法制现代化的方法论性质上是"反思的反思",既是对作为行动根据的历史经验条件的合理性、有效性追问,也是对社会行动秩序的同步监测。由于风险社会关系的秩序及其性质不再能够通过理性构想性的体系化规范予以完整表述,也无法按照某种社会正义目标和单一价值序列经由某种权力意志主体予以设计和建构,为了对抗"怎样都行"(费耶阿本德语)的虚无主义和相对主义的幽灵回归,也为了有效回应后现代性在事实上所表现出的不确定性风险的增殖趋势,反思性法制现代化必须对法制现代化的两个范式(形式法和实质法,尤其是后者)作出进一步反思。这种反思是法制现代化进程的第三阶段,催生这种反思性的动力或者说是源自启蒙理性的固有能量,或者说是为现代性所发动的社会现代化运动造就的崭新而更为复杂的环境所外在地提出的要求。哈贝马斯概括了现代化进程三阶段中法律反思性的基本内涵:"起初是古典的维护秩序任务,然后是对社会补偿的公正分配,最后是应付集体性的危险情况。制约绝对主义的国家权力,克服资本主义产生的贫困,预防由科学技术引起的风险,这些任务提供了各个时代的议题目标:法律确定性,社会福利和风险预防。"❶

　　通过以上关于反思性法制现代化理论的初步思考中,本课题研究将尝试提出"反思性司法现代化"(reflective modernization of justice)理论,这种理论的一个基本目标是在对司法现代化的两个历程——司法形式主义和司法实质主义——作出总结和评述的基础上进行理论反思,这种理论反思一方面是对两种司法现代性精神的知识立论基础的质疑,另一方面则是针对深度现代性阶段风险社会秩序对司法理念变革所提出的迫切要求,结合近年来西方社会理论家界所创立的协商式民主和法律商谈论的前沿学说,探讨司法现代性精神的变革和重塑,进而结合中国现代化运动现状及其文化、政治、经济等传统和现实条件,既将中国的司法现代化纳入全球化视角,也切实考虑中国司法现代化的传统文化背景和语境现实,探讨中国司法现代性的理念塑造和基本制度架构方向。

　　现代性精神构成了现代司法的语境条件,司法现代性作为现代性精神的一种回应和兑现,突出体现在司法独立性、司法公正性和司法职业化等主要方面。司法现代化作为司法现代性的制度确认和实践展开,始终与现代社会的经济、政

---

❶　[德]哈贝马斯:《在事实与规范之间:关于法律和民主法治国的商谈理论》,童世骏译,生活·读书·新知三联书店 2003 年版,第 537 页。

治、文化等现实条件密切关联。因此,本书将首先对现代性的精神要旨作出提炼,进而对现代法的生成动力及其基本性质作出追问和归结,为探讨司法现代性精神内涵界定语境背景和决定条件,进而对司法现代性的基本内涵作出认定。

因应西方现代化进程的自由竞争和福利国家两个阶段,司法现代化实践形成了形式主义和实质主义两种司法范式。本书将对西方社会司法现代化进程中两种司法范式的性质及具体内涵进行界定和阐述,揭示司法范式演化的内在原因和外在条件,结合当前西方社会的秩序性质,根据司法与社会的基本关系预见性地也倡导性地初步说明未来社会中司法范式的演化趋势。

后现代主义对现代司法的立论基础、运行逻辑和价值目标进行了非难和解构,但由于后现代主义并没有摆脱对现代主义的路径依赖,从而后现代主义并没有为现代司法的理念重塑和范式突破提示一个合理性方向。针对司法后现代主义的思潮涌动,本书将对司法后现代主义的基本话语策略作出归类的基础上,对司法后现代主义的可欲性作出评价批判,说明司法后现代主义为什么不可能成为未来司法发展方向的有效学术思潮。

社会现代化进程的深入和风险社会的形成,现代化进程日渐呈现出自反性,现代性精神进一步激发出反思性。后现代社会秩序和全球化趋势要求现代法通过自我反思实现范式创新,要求现代司法重塑理念并重构制度。因此,笔者将重点立足于现代性前沿理论和现代化实践语境,思考和论证法律商谈理论对于重塑现代法理念的合理性以及程序法范式对于法制现代化发展方向的重要意义,进而将交往理性引入现代司法理念,并在对未来社会中的司法权能作出理论界定的基础上,从现代司法实践的多个维度提出并论证制度修正方案。最后,笔者将研究焦点对准中国司法现代化主题,从反思现代性理论出发,纲要性地阐述了中国司法现代化的反思性要求及其反思重点,明确指出中国反思性司法的基本方法。

第一章 解释学断裂:现代司法的
理念基础和内涵要旨

一、现代法的性质及其孕育语境

探讨现代司法论题,极有必要对西方法律传统的基本性质及其形成的历史条件作一概览,因为现代司法的生成显然只能是西方法律传统语境中的一个实践事件,现代司法的基本理念和基本制度无疑是西方法律传统的一种表现维度,西方法律传统的形成,其实就意味着现代司法也随之而生。

历史并不像梅特兰所理解的那样确实是"一张无接缝的网",历史的"断裂"(discontinuities)现象其实再为常见不过,甚至所谓历史的发展或进化本身就由一个个"断裂"事件构成。福科指出:"不连续性曾是历史学家负责从历史中删掉的零落事件的印迹。而今不连续性却成为历史分析的基本成分之一。"❶在现代性问题上,吉登斯特别强调了用历史"断裂"观取代社会进化论的必要性,因为"现代性以前所未有的方式,把我们抛离了所有类型的社会秩序的轨道,从而形成了其生活形态"。在吉登斯看来,"解构社会进化论,意味着不能把历史看成是一个统一体,或者,不能认为它体现了某种组织与变革的统一性原则"。❷

在西方法律传统之形成问题上,就凸显出一种历史断裂性质。庞德以法律的根据或基础为标准对现代社会中的法律与传统社会中的法律之间的性质差异作出了精要总结。在庞德看来,前现代社会中的法律决定于诸神,或是受神灵感召的圣人,或是古希腊和古罗马时代的立法者,法律的潜在基础是神启、惯例和

---

❶ [法]福科:《知识考古学》,谢强、马月译,生活·读书·新知三联书店1998年版,第9页。
❷ [英]吉登斯:《现代性的后果》,田禾译,译林出版社2000年版,第4、5页。

权威;在现代社会,法律建立在一种永恒的、内在的理性基础之上。❶ 西方现代法传统的形成,意味着此前的一种法律形态的演化进程不再延续,这种法律形态通常被界定为专制社会中的法律,诺内特和塞尔兹尼克将其称作"压制型法",并且对其特征进行了如下总结:法律机构容易直接受到政治权力的影响;法律被认同于国家,并服务于以国家利益为名的理由;权威的维护是法律官员首先关注的问题,官方观点对现行体制进行善意解释,行政的便利性具有重要意义;警察等专门控制力量成为独立的权力中心,它们与起调节作用的社会环境因素相隔离,并且能够抵制政治权威;二元法体制通过强化社会服从模式并使它们合法正当,把阶级正义制度化;刑法典反映居支配地位的道德态度,法律道德主义盛行。❷ 西方现代法与专制型法在特征上形成鲜明差异,伯尔曼从十个方面系统总结了西方法律传统的主要特征:法律制度开始与宗教、政治、道德、习惯等制度类型区分开来;职业法律家专职从事法律的施行工作;法律成为一种高级学问,法律职业者在独立机构中接受培训;法律学术成为法律制度的构成部分,法律学术描述法律制度,法律制度通过学术阐述而概念化、系统化并得以改造;法律被设想为一个融贯的系统;法律体系内在一种不断发展的机制;法律以一种满足当时和未来需要而对过去进行重新解释的内在逻辑推进自身的发展,法律有自己的历史;法律高于政治作为一种理想而被经常叙述;法律体系的多元论与司法管辖权之间的矛盾冲突既促进法律技术的进化,也使得法律成为解决政治和经济冲突的一种手段;法律的理想与现实、能动性与稳定性、超越性与内在性之间存在着紧张关系,这种紧张关系导致革命对法律体系周期性的剧烈冲击,但这种冲击并不毁灭法律体系的基础。❸ 不过,伯尔曼将视角主要聚焦于现代法的外在特征方面,在此,需要加以补充的一个重点,即现代法截然有别于传统法的一项实质内容:社会主体的主观权利既得到实在法的确认,其行为界限也为实在法所予以限制。对此,哈贝马斯指出:"(现代社会)所要求的那种规范,必须同时通过事实性的强制和合法的有效性,才能使人们愿意遵守。……这个谜语的谜底,

❶ 参见[美]庞德:《普通法的精神》,唐前宏等译,法律出版社2001年版,第22页。

❷ 参见[美]诺内特、塞尔兹尼克:《转变中的法律与社会:迈向回应型法》,张志铭译,中国政法大学出版社2004年版,第35页。

❸ 参见[美]伯尔曼:《法律与革命——西方法律传统的形成》,贺卫方等译,中国大百科全书出版社1993年版,第9～13页。

在于这样一种权利体系之中,它赋予主观行动自由以客观法强制。因为,从历史的角度来看,也正是主观的私人权利——它们划分出个人行动的合法领域、并因此而适合于对私人利益的策略性追求——构成了现代法的核心。"❶

作为影响重大而意义深远的西方法律传统,其形成并非如某些社会进化论者所理解的那样,属于西方法律历史连续性演化的产物,恰恰相反,伯尔曼经过历时漫长和系统深入的研究,所得出的结论是:"西方法律传统产生于一次革命。"❷这次革命就是格利高里七世在1075年发动的教皇革命。伯尔曼论述道:

> 在11世纪后期和12世纪早期以前的这个阶段,西欧各种法律秩序中被使用的法律规则和程序,在很大程度上与社会习惯、政治制度和宗教制度并无区别。没有人试图将当时的法律和法律制度组成为一种独特的结构。法律极少是成文的。没有专门的司法制度,没有职业的法律家阶层,也没有专门的法律著作。法律没有被自觉地加以系统化。它还没有从整个社会的母体中"挖掘"出来,而仍然是其中一部分。不存在独立的、完整的、发展中的法律原则和法律程序的体系,这样的原则和程序不仅明显不同于社会组织的其他方法或步骤,而且还由一批为此受到专门训练的人加以自觉、清晰地表达。

> 11世纪后期和12世纪早期,上述情况发生了梅特兰所谓"不可思议的突变"变化。专职法院、立法机构、法律职业、法律著作和"法律科学",在西欧各国纷纷产生。这种发展的主要动力在于主张教皇在整个西欧教会中的至上权威和主张教会独立于世俗统治。❸

可以认为,伯尔曼关于西方法律传统之形成的研究贡献是极为重大的,其见

---

❶ [德]哈贝马斯:《在事实与规范之间:关于法律和民主法治国的商谈理论》,童世骏译,生活·读书·新知三联书店2003年版,第33页。

❷ [美]伯尔曼:《法律与革命——西方法律传统的形成》,贺卫方等译,中国大百科全书出版社1993年版,第1页。

❸ [美]伯尔曼:《法律与革命——西方法律传统的形成》,贺卫方等译,中国大百科全书出版社1993年版,第58页。

解也是较为独特的,这种独特性不仅表现在他将现代西方法律传统的形成时期
界定于 11 世纪末至 13 世纪末的二百年之间,远远早于其他学者所界定的现代
西方法律传统形成的历史时期,更为独特之处还在于,伯尔曼将现代西方法律
传统之形成的核心动力来源界定为革命。伯尔曼认为,1075～1122 年的教皇革命
所促成的教会组织与世俗国家的分离孕育了西方法律的基本传统,后续的五次
革命——德国新教改革、英国光荣革命、美国革命、法国革命、俄国革命——逐步
变革也日益丰富了西方法律传统。伯尔曼宣称:"从西方法律史的观点来看,承
认以下事实是特别重要的:西方历史中周期性地诉诸这样的非法暴力来推翻既
定的秩序,而且作为这种结果最终产生的权威已经创设了新的和持久的政府法
律制度。西方每个国家的政府和法律体制都源于这样的革命。"❶这种关于西方
法律传统形成的历史时期以及动力来源的理论认定显然具有较大的独特之处。
在伯尔曼看来,教皇革命是催生西方现代法之生成的根本事件和原动力,教皇革
命所造成的教会法与世俗法的二元分立和紧张关系,使得现代法的生成和演化
才具有了可能:

> 教皇革命像一颗原子弹的爆炸,将日耳曼人的基督教世界分裂成两部
> 分:其一是被看做独立的、可见的和共同的法律结构的教会;其二是被看做
> 划分为各类政治体的世俗秩序。教会组成了由单一法律体系即教会法调整
> 的单一国家结构。由于教会和它由此成为精神的领域,所以它被认为是人
> 类在尘世尽可能密切地接触上帝的领域。教会的法律无疑是人法;但它也
> 被认为是自然法和神法的反映。但是世俗秩序是更欠完善、更原始和更囿
> 于尘世之见。所以,它的法律与非理性的因素、权力、迷信和堕落有更多的
> 联系。但是,它能够重生,能够得到补救;它具有积极的意义。教会有助于
> 使它更充分地与自然法并最终与神法相一致。教会法可用作各种世俗法律
> 秩序仿效的样板。❷

---

❶ [美]伯尔曼:《法律与革命——西方法律传统的形成》,贺卫方等译,中国大百科全书出版社 1993 年
版,第 23～24 页。
❷ [美]伯尔曼:《法律与革命——西方法律传统的形成》,贺卫方等译,中国大百科全书出版社 1993 年
版,第 654 页。

伯尔曼的深入研究和独到见解将教皇革命界定为西方法律传统形成的根本动因和历史起点,表面上看来,这种观点透现着历史演化的偶然性质,但是,西方法律传统之形成的偶然性质岂不恰恰就是历史断裂论的一个有力佐证? 偶然性抑或断裂论并非用于说明法律演化历程的不可把握性,真正需要追问的问题在于,诸如教皇革命等突发性历史事件之所以催生了西方法律传统的形成,其根本原因何在? 即导致法律演化史出现断裂的社会事件为现代法的孕育和真正形成提供了怎样的可能性和现实性? 或者,我们可以进行反向设问:为什么不是别的重大事件促就了西方法律传统的形成?

对以上问题的回答,在伯尔曼的论述中,一个核心答案是教皇革命所带来的教会法与世俗法之间的紧张对立与彼此衔接,即以自然法和神法为精神要旨的教会法始终成为以俗世事务和现世关系为调整对象的世俗法的效法榜样和价值准则。刘小枫指出:"神法(教会自然法)与现世法之间的紧张,是西方法律形态演化的决定性动力因素。"❶用哈贝马斯的话说,法律的实在性与有效性之间的张力,才是催生现代法的真正动力源泉。需要指出的是,倘若将现代法之生成动力仅仅界定为教会法与世俗法之间的紧张互动作用,显然还只是一种抽象的法哲学表达,伯尔曼并没有局限于这种形而上思辨,他还从历史社会学层面细致考察和分析了推进西方现代法律传统之形成的众多事件和因素。需要指出的是,伯尔曼并没有将现代法完全理解为一个为多种社会事件所建构的对象,而将法律理解为现代社会结构之所以得以形成的一个极其重要的独立要素。伯尔曼既不像实证主义法学那样把现代法理解成纯粹的实现统治者意志的手段,也不像自然法理论那样将现代法完全理解为人类理性所发现和把握的自然法准则的一种表达,也不像历史法学那样将现代法理解成彻底的历史价值和社会习惯。在伯尔曼看来,西方法律传统部分形成于社会基层团体内部及相互之间的关系结构,这种结构最初通过惯例、进而通过习惯获得架构,习惯经中央集权的政治威权而被确认和转化为法律。因此,在伯尔曼看来,在西方,法律既是物质基础的一部分也是上层建筑的一部分,"法律实质上既是物质的又是意识形态的这一事实是与以下事实相联系的:法律既是从整个社会的结构和习惯自下而上发展而来,又是从社会中的统治者们的政策和价值中自上而下移动。法律有助于这

---

❶ 刘小枫:《现代性社会理论绪论》,上海三联书店 1998 年版,第 124 页。

两者的整合"。❶

伯尔曼关于现代西方法律传统之形成动因的历史社会学考察功绩在于突出了教皇革命的意义,他也鲜明地指出了教皇革命以后的一系列重大事件在推进西方法律传统之逐步成型过程中的重要功效。但是,伯尔曼的缺失在于,他更多地注视了西方法律传统形成的决定性动力(事件)之事实,较少地追问这类事实的意义。按照伯尔曼的历史社会学叙述,我们着实能够更为清晰地把握引发并推进西方法律传统之形成及其演化的客观状况以及现代法治之于西方现代社会之形成的重要建构性功能,但是,我们并不能据此而对西方法律传统进行意义追问和价值评价,尤其是为伯尔曼本人也已经明确指出的——西方法律传统在 20世纪正经历着一场前所未有的危机,关键问题在于,西方现代法传统为什么会遭遇危机? 所谓西方现代法的危机,根本上是指西方法律传统的普适性意义不仅在当代西方世界面对着质疑和挑战,而且在其向非西方社会进行示范式推行移植过程中更是备受非难乃至对抗。这种现象促发我们必须思考的问题是:我们除了要客观考察西方法律传统之形成的事实过程,更应该以一种恰当的理论语境对这个事实过程作出评价和解释。这种思考作为一种问式,韦伯的表达是:这种独一无二的形式合理性法律为什么只出现在中世纪以后的欧洲?

回答以上问题,我们只有从现代性精神或现代主义的理论语境中进行才具有可能,因为所谓现代法,根本上就是一种判然有别于传统法(古代法、专制法、封建法)的法律范式,这种法律范式既是现代性精神的一种制度确证形态,也成为建构现代社会的一种重要制度功能装置。

为了更加清晰地把握现代法孕育的那种语境条件,在此有必要对这种语境条件的主要构成因素及其作用过程进行简要的梳理。

首先,教皇革命所带来的教会法与世俗法的分立,为现代社会的形成创造了契机。按照伯尔曼的历史考证,教皇格利高里七世袭尔德布兰德在 11 世纪 70年代的教会改革根本上就是对皇帝权威的挑战,他宣布,教皇在法律上凌驾于所有基督徒之上,僧侣受教皇统治,教皇可以废黜皇帝,所有主教由教皇指派,不再服从世俗权威。1075 年,教皇拟定了一份《教皇敕令》(*Dictatus Papae*)将以上主

---

❶ [美]伯尔曼:《法律与革命——西方法律传统的形成》,贺卫方等译,中国大百科全书出版社 1993 年
  版,第 685 页。

张分述为 27 条要求并通过给皇帝亨利四世的信件的形式进行了公开,引发了一场教皇与皇帝之间的权力斗争。斗争的结果是教皇和皇帝之间的权力妥协,并于 1122 年达成《沃尔姆斯协议》,这项协议所带来的实际结果包括:教皇统治教会,他是普遍的立法者,其权力只受自然法和神法的限制;教皇对世俗世界的统治主要在信仰和道德问题上,在世俗问题上,教皇与世俗权威分享统治权,但大量世俗问题主要是由世俗权威管辖。这种结果的法律性质我们可以进一步总结如下:宗教管辖权与世俗管辖权分立、并存并相互作用,自然法、神法与世俗法相互分离的同时,前者也成为评价和限制后者的价值尺度和前提准则。按照伯尔曼的研究,教皇革命对西方社会结构的现代转型产生了极其深刻的影响:"在政治方面,教皇革命可以看作是在教会内部以及在教会与世俗政治体之间的关系上的权力和权威的重大转变;并且伴随着在西欧与近邻列强的关系上的决定性政治变化。在社会经济方面,教皇革命也可以看作是对生产和贸易的巨大扩展以及数以千计的新城市和新城镇出现的一种反应和刺激。从文化和知识的角度考察,教皇革命可以看作是一种动力,它推动了欧洲第一批大学和艺术风格的创立以及一种新的社会意识的发展。"❶不过,我们应当认为,伯尔曼过分强调了教皇革命之于现代社会和现代法形成的决定性意义,仿佛教皇革命成为促就现代性精神之塑成的一种一劳永逸的历史动力,其实,教皇革命之于现代结构的形成而言,它仅仅只是提供了一种契机,这场革命本来并没有承诺开启现代主义之门的使命,甚至大有争夺世俗权力的企图,而这场权力角逐因为教会与皇帝的彼此妥协所造成的教会组织——世俗国家、教会法——世俗法二元结构格局,恰恰在无意间为现代性精神的萌发和现代社会的孕育提供了可能性条件。

其次,宗教改革通过对精神与世俗的绝对划分所发展形成的神学二元论极大地促成了世俗对神学的依附的彻底摆脱,经过启蒙运动的推进,主体性精神逐步张扬并成为现代性的根本原则。伯尔曼对教皇革命之于现代社会的形成功效过于钟情,从而他既没有深刻揭示教皇革命与现代性精神孕育的偶发性质,也淡化了教皇革命的权力斗争目的之于现代社会孕育的负面意义。其实,教皇革命在创造出教会法与世俗法分立格局的同时,也因为它的权力争夺本性使然,逐渐

---

❶ 〔美〕伯尔曼:《法律与革命——西方法律传统的形成》,贺卫方等译,中国大百科全书出版社 1993 年版,第 122 页。

演化成一种教会垄断世俗事务,或者至少是教会权力不断介入和干涉世俗事务的格局,世俗国家逐渐成为教会组织的附庸。扭转这种倒行逆施秩序的重大事件无疑是马丁·路德于1517年通过《九十五条论纲》而进行的宗教改革,这场改革通过批判免罪符发放之权力施行形式的天主教物质主义(materialistic),开始反抗和颠覆教会广泛介入和干预世俗事务的权威,将神学与世俗的关系再一次作为一个主题予以激进提出,其中,加尔文主义势大力沉。约翰·加尔文将精神与世俗的分立作为新教改革神学理论的一个基本原则予以提出,不过,加尔文并没有正面宣称精神领域与世俗国家彼此对立,相反,他认为世俗与精神如此绝对地分离以至于它们无法相互对立。加尔文的思想并不是彻底的革命式的对神学权威的挑战,恰恰相反,他旨在追求的目标依然是个人对精神力量的信奉和对教会教义的信守,只不过他的学说所强调的是一种个人以自由的精神和自主的心境体验基督的力量和基督教精神,他强调的恰恰是精神应当从世俗中获得解放,主张精神应当统治世俗。然而,加尔文的学说具有一种自反性效果,按照斯蒂芬·M.菲尔德曼的观点,"加尔文自己试图把精神从世俗中解放出来,但是在做到这一点的同时,他同时也把世俗从精神中解放了出来。一言以蔽之,加尔文的宗教改革神学可能具有一种特别反常的效果,即强有力地促进了即将出现的西方社会的世俗化"。"但并不是所有人都分享加尔文的强有力的宗教确信。在效果上,他的改革神学有助于推进向现代主义转变,因为它鼓励一些个人专注于今世的活动。对于这些人来讲,精神与世俗领域的完全分离提供了一个机会:世俗领域显然丧失了神的意义和目的,因此人类看起来就可以自由地施加他们的目的了。"❶

如果说神学传统中的世界是一个统一于超验力量中的世界,那么,宗教改革所引发的世俗取向则带来了这样一个秩序结构,在这种结构中,世俗生活逐步分化成诸如政治、经济、科学、艺术、道德、法律等众多合理性行为系统,每种行为系统只按照自身特有的逻辑运作并以独特的合理性标准评价行为的有效性。世俗生活的系统分化及多种合理性的彼此独立根本上则是一种被黑格尔称作"主体性"(subjectivity)现代意识结构的外在显现。在黑格尔看来,主体性是现代世界

---

❶ [美]菲尔德曼:《从前现代主义到后现代主义的美国法律思想》,李国庆译,法律出版社2005年版,第26页。

的原则,"说到底,现代世界的原则就是主体性的自由,也就是说,精神总体性中关键的方方面面应得到充分的发挥"。❶哈贝马斯将黑格尔关于现代性精神内涵的阐述概括为四个方面:个人主义、批判的权利、行为自由和唯心主义哲学自身。主体性原则所表达的是人对世俗事务的自由意志主宰,黑格尔用自由意志和反思精神来解释主体性,"事实上,我们时代的伟大之处就在于自由地承认,精神财富在本质上是自由的"。❷诚然,既然神意和天命不再是世俗生活的主宰力量,那么,万物的尺度和世界的秩序根据似乎只能从意志自由的主体意识结构那里获得,世俗化社会中行为系统的分化和相应的各种各具逻辑的合理性标准分化既因为主体性自由精神予以确立,也需要主体性反思意识予以统合,不像在传统社会中,一切都是从超验神学和天命启示那里获得保证的。

　　第三,科学活动在精神与世俗相互分离的二元论哲学背景下开始兴起,作为现代性精神之重要一维的理性主义成为驾驭客观世界的根本路径选择。精神与世俗相互分离的二元论哲学促发人们更加关注现世生活和此在命运,专注世俗、自我拯救和控制对象化的世界成了一种存在论目的,从而现代科学的兴起便获得了土壤,它逐渐成为人们实现世俗目的的一种知识和技术。有论者指出:"(当)上帝只是人的口头保障,人的价值的实现,尤其是社会生活之意义必须以世俗的手段为保障,科学的意义凸现出来。"❸科学主义的兴盛已经提供了实现现世目的的可能,无穷进步的希望已经日益成为近在咫尺的现实,新教神学的怀疑精神通过笛卡儿的省思和阐述转化为世俗领域的一种智识方法,这种智识方法不再需要从彼岸的精神力量那里获得,它对本原和基础的追问和寻求变成了一个主体自己可以自行把握的问题。"我思故我在"的第一哲学原则的确立,开始将传统社会中的"精神——世俗"对立结构的超验神学转化为现代社会中的"主体——客体"对立结构的主体性哲学,这种哲学的核心主张,在菲尔德曼看来就是:"个人自我进行推理和获得基础性知识的能力帮助人类控制了世俗世界,从而产生了无穷无尽的进步。"❹现代科学的理性主义内涵应当从两个向度

---

❶　转引自[德]哈贝马斯:《现代性的哲学话语》,曹卫东等译,译林出版社2004年版,第20页。
❷　转引自[德]哈贝马斯:《现代性的哲学话语》,曹卫东等译,译林出版社2004年版,第20页。
❸　杨大春:《文本的世界》,中国社会科学出版社1998年版,第293页。
❹　[美]菲尔德曼:《从前现代主义到后现代主义的美国法律思想》,李国庆译,法律出版社2005年版,第37页。

加以把握:始源于笛卡儿的唯理论向度和发端于培根的经验论向度。唯理论向度按照"普遍怀疑"法则将一切事务均作为理性检视的对象,将理性作为评价一切客体的至上标准,运用形式化的逻辑方法和精确化的数学工具实现知识发现的精确性和系统性。经验论向度本着"理性应当被运用于经验对象和目的"的原则,将理性思维运用于经验目标,以追求一种与虚幻相对的真实,一如巴伯的评述:"只有当理性被运用于我们称之为'经验'的目的——即对于我们的几种感官,或对于科学仪器的形式加以改进发展的感官来说,是可以达到客体——时,科学才存在。"❶唯理论向度所推崇的是理性至上,经验论向度注重理性方法的功利效用,现代理性主义的两个向度尽管各有旨趣,但并没有实质区别,有学者指出:"(经验论向度)就其与传统的对立来说,表现为祛除巫魅,追求一个清晰的可控世界。它讲究合理的分析、严格的计算、准确的预测、可靠的验证、规范的操作以及有效的控制。凡不符合进步标准的东西,都要大胆地加以怀疑。在这个意义上,启蒙精神究竟采取唯理论还是经验论的表达形式,并没有实质的区别。"❷

第四,以逻辑计算为方法和以功利谋划为目的的工具(目的)理性既契合于资本主义经济模式的运行,也有力地推进了它的深入发展,功利主义既成为这种经济模式的价值目标,也因为这种经济模式所赖以为据的方法而获得保证。经济行为与工具(目的)合理性之间似乎天然地存在着紧密关联性,对此,熊彼特作出过如下论断:"经济模式是逻辑的母体。""合理的态度大体上首先是由于经济必要性而强加于人类心灵的。正是日常经济事务,才使我们作为一个族类获得了合理思想和合理行为的初步训练。"❸但是,在神学精神统摄的传统社会,经济行为的合理性根本上还是通过朴素的经验积累得以保证的,确定的功利目标和精密的计算方法并没有成为神学教化时代经济行为合理性内涵的核心要素。真正促就工具(目的)合理性在经济领域大放光芒的前提条件,在韦伯的论述逻辑中,根本上在于作为新教伦理的基督教禁欲主义。本来,禁欲主义所倡导的伦理要求并不将物质财富的追求作为至上的价值目标,它所倡导的仅仅只是一种合理的生活方式,但是,恰恰因为这种生活方式的合理化要求正是关注现世行为的职业伦

---

❶ [美]巴伯:《科学与社会秩序》,生活·读书·新知三联书店1991年版,第8页。
❷ 张凤阳:《现代性的谱系》,南京大学出版社2004年版,第220~221页。
❸ [美]熊彼特:《资本主义、社会主义和民主主义》,绛枫译,商务印书馆1979年版,第153、154页。

理问题,从而基督教禁欲主义无意间反事实效果地强化了经济领域的精密计算和功利谋划的工具(目的)合理性要求。对此,韦伯有这样一段阐述:"在构成现代资本主义精神乃至整个现代文化的诸要素之中,以职业观念为基础的合理的生活方式这一要素,正是从基督教禁欲主义中产生出来的,——这就是本文力图论证的观点。……因为当禁欲主义从修道院的斗室里被带入日常生活,并开始统治世俗道德时,它在形成庞大的现代经济秩序的宇宙的过程中就会发挥应有的作用。"❶按照刘小枫的看法,正是因为新教哲学所带来的二元紧张,才"使得现世生活可能按照此世的经验理性的法则来营构"。❷ 显然,精密计算和契约自由所保证的资本市场化运作的根本目标是实现主体的物欲满足和功利目标。功利主义缔造者边沁就提出生命存在的避苦求乐原则并按照"经济人"假定开始构筑其精密的功利行为计算规则,在这种规则中,一切超验的神意启示和抽象的道德价值都被悬置了,自此,现代性的展开过程就成了一种工具(目的)理性的兑现过程,经济领域中的精密计算与人生目标上的功利谋划得到了完美的统一。

第五,国家治理权力通过一整套科层化的行政管理机构和责任化的制度体系运行,法理型统治构成了现代社会结构的重要一维。韦伯关于现代国家与传统统治的根本区别所在的论述提供了一个十分具有说服力的框架,他将现代国家的治理结构置于它所理想类型化的统治合法性模式理论中进行解释。在韦伯看来,现代社会之前的统治合法性基础要么基于神秘主义的超验力量,要么基于精英和君主的人格魅力和超凡禀赋,现代国家政治合法性根据在于"它将认同对象由人格化的君主或精英转换成了非人格化的法律典则"。❸ 这是现代国家实现统治权力的根本性质所在。国家治理模式之现代转型的合法性根据是世俗化的"此岸原则",即根据自行负责的理性来建构其法权的和统治技术的理据,按照现代学理论家特洛尔奇的研究,就是"现代国家以理性的、此岸的天命取代了非理性的、神意的天命"。❹ 国家统治之此岸原则的确立和理性的、此岸的天

---

❶ [德]韦伯:《新教伦理与资本主义精神》,于晓、陈维纲等译,生活·读书·新知三联书店1987年版,第141页。

❷ 刘小枫:《现代性社会理论绪论》,上海三联书店1998年版,第78页。

❸ 张凤阳:《现代性的谱系》,南京大学出版社2004年版,第265页。

❹ [德]特洛尔奇:《现代精神的本质》,转引自刘小枫:《现代性社会理论绪论》,上海三联书店1998年版,第90页。

命对非理性的、神意的天命取代依然仅仅只是一种现象特征,其真正的动力机制,在哈贝马斯看来,根本上在于政治秩序的合法性(legitimacy)要求。哈贝马斯论述道:"合法性意味着,对于某种要求作为正确的和公正的存在物而被认可的政治秩序来说,有着一些好的根据。""只有政治秩序才拥有着或丧失着合法性,只有它们才需要合法化。"❶类似于韦伯的统治型理论,哈贝马斯将现代国家的合法性政治秩序与传统社会中的权力统治的合法性基础进行了区分,哈贝马斯指出:"由于卢梭和康德,新自然律(法)理论的发展导致了下述结果:理性的形式原则在实践询问中取代了诸如自然或上帝一类的物(实)质原则,而实践询问涉及到规范和行为的证明。这里,证明并非仅仅以论证为基础,因为论证同样适用于以哲学形式出现的世界观框架。既然终极基础不再被认为是合理的,证明的形式条件自身就获得了合法化力量。"❷由此可见,现代国家治理方式向法理型统治的演化,动力源泉根本上在于那种合法化要求的驱动。与此同时,由于神学超验准则的失效和证明的形式条件构成的现代政治统治的合法性基础,那么就必须通过一整套符合和满足合法性证明之形式条件的国家管理机构和制度不断兑现那种合法性要求,科层制(bureaucracy)公共行政系统和职业化管理制度才应运而生。关于这种系统和制度的具体特征,我们可以按照韦伯的阐述作如下总结:法律明文规定每个职位的职权范围;各种职位组成一个上下有序的权力等级体系并接受监督;各级官员接受职业培训并根据技术规则或准则议论和管理事务;官员的任用、奖励和晋升根据是专业技能、资历和业绩;禁止行政机构和官员将管理资源占为己有以及禁止利用职权谋取私自利益;以书面形式进行行政决策、形成决议和处理公务并形成档案,等。❸

以上关于现代社会之形成的核心作用要素以及现代性精神的初步表征维度粗略阐述,目的在于大致交代一个现代法形成的背景以及说明现代法之基本性质的构成性条件。但是,这种语境条件的简要交代显然还无法说明这种条件下就必然产生具有以上性质的现代法,还无法清晰地把握现代性精神中的诸多维度怎样导致了法律演化历史的断裂和现代法的形成。因此,有必要对以上语境

---

❶ [德]哈贝马斯:《交往和社会进化》,张博树译,重庆出版社1989年版,第184页。
❷ [德]哈贝马斯:《交往和社会进化》,张博树译,重庆出版社1989年版,第190页。
❸ 参见[德]韦伯:《经济与社会》(上卷),林荣远译,商务印书馆1997年版,第243~245页。

条件下现代法的生成逻辑及其合理性基础作出进一步思考。

二、现代法的生成逻辑和合法性基础

梅因较早地将古代法向现代法的演化性质总结为"从身份到契约"的运动,这种运动形式的内在机制,梅因把它界定为"家族依附的逐步消亡以及代之而起的个人义务的增长",从而,促成现代法诞生的真正动力,梅因作出了以下判断:"在以前,'人'的一切关系都是被概括在'家族'关系中的,把这种社会状态作为历史的一个起点,从这个起点开始,我们似乎是在不断地向着一种新的社会秩序状态移动,在这种新的社会秩序中,所有这些关系都是因'个人'的自由合意而产生的。"❶尽管梅因没有明确界定催生西方社会现代法传统的确切动力到底是什么,他只是描述了法律的现代转型这个重大现象的表现形式,但是我们还是可以从他关于这种形式的描述中领略到,梅因理论中的现代西方法律传统的动力来源根本上则是作为社会主体的人对专制统治的抗争、对家族依附的摆脱和对独立地位和自由权利的追求。

韦伯将社会现代化进程理解为合理化进程,在这种合理化进程中,资本主义经济、科层制国家和形式法三者构成了社会合理化的核心内容。韦伯独到地总结了现代法的"形式品质",他的总结是对统治模式进行"理想类型"式划分以及法律与理性主义的关系界定的基础上进行的。在韦伯看来,合法的统治历史上出现过三种"纯粹的类型":

1. 合理的性质:建立在相信统治者的章程所规定的制度和指令权利的合法性质上,他们是合法授命进行统治的(合法型的统治);

2. 传统的性质:建立在一般的向心力来使用的传统的神圣性和由传统授命实施权威的统治者的合法性质上(传统型的统治);

3. 魅力的性质:(建立在)非凡的献身于一个人以及由他所默示和创立的制度的神圣性,或者英雄气概,或者楷模样板之上(魅力型的统治)。❷

---

❶　[英]梅因:《古代法》,沈景一译,商务印书馆1959年版,第96~97页。
❷　[德]韦伯:《经济与社会》(上卷),林荣远译,商务印书馆1997年版,第241页。

韦伯所理解的现代法传统就是这种作为"合法型统治"所赖以为根据的合理性法律,它区别于传统型统治和魅力型统治历史阶段中那种宗教神授型法律和主权者命令型法律。这种合理性法律,韦伯又将其划分为形式合理性法律(formal rational law)和实质合理性法律(substantively rational law)两种基本类型,它们是现代资本主义社会中的两种法律范式,并且两种合理性法律之间存在着前后承继和范式更新关系。韦伯对形式合理性法律的性质从两个方面进行了界定:(1)法律的概括化——把对判决个案有决定性意义的原因归纳为一条或若干条原则,这就是"法律原则"。(2)法律的体系化——建立所有由分析所获得的法的原则的联系,使它们相互之间组成一个逻辑上清楚的、本身逻辑上毫无矛盾的和首先是原则上没有缺漏的规则体系,这种体系要求,一切可以想象的事实在逻辑上都必须能够归纳到它的准则的名下,否则,它们的秩序就失去法的保障。❶ 在界定了形式合理性法律之性质的基础上,韦伯也从这种法律范式所内在逻辑理路预见了实质合理性法律的形成,认为现代法(形式法)的发展包含着有利于瓦解法的形式主义的倾向。所谓实质合理性法律,就是那些需要考虑或兑现伦理、功利主义、适当性、政治原则等实质性要求的法律。❷ 在韦伯看来,作为现代法范式之一种,实质合理性法律必将取代形式合理性法律。法律形式主义的不断升级意味着必须为逻辑抽象思维进一步提供实质理由,法律逻辑抽象思维将永远面对丰富多彩并不断翻新的社会关系现实,这是法律形式主义的宿命,"法律思想越来越多的逻辑的升华,到处都意味着用越来越多的逻辑的意向阐释,去取代在外表上一目了然的、形式的特征的拘泥,在法律准则本身也好,尤其是在法律事务的解释方面,都概莫能外"。❸

在探讨现代西方法律传统之生成的动力来源问题上,韦伯所采取的则是一种将西方法律传统与西方理性主义文化进行关联性考察的理论方式。韦伯设问道:"我们必须发问,这种法律从何而来? 如在其他情况下一样,资本主义利益毫无疑问也反过来有助于为一个在理性的法律方面受过专门训练的司法界及在法律和行政机关中取得统治地位铺平道路,但是,资本主义利益绝非独自地促成

---

❶ 参见[德]韦伯:《经济与社会》(下卷),林荣远译,商务印书馆1997年版,第15～16页。

❷ 参见[德]韦伯:《经济与社会》(下卷),林荣远译,商务印书馆1997年版,第17页。

❸ [德]韦伯:《经济与社会》(下卷),林荣远译,商务印书馆1997年版,第203页。

了这一点,甚至在其中也没起主要作用。因为这些利益本身并没有创造出那种法律。各种全然不同的力量在这一发展过程中都曾发挥过作用。那么,为什么资本主义利益没有在印度、在中国也做出同样的事情呢?为什么科学的、艺术的、政治的或经济的发展没有在印度、在中国也走上西方先进国家所特有的这条理性化道路?"❶对于这个问题的答案,韦伯在肯定了资本主义的经济和技术因素对形式合理性法律的形成所产生的重大影响的同时,强调了多种因素的作用。韦伯对法律的发展阶段从理论上进行大致划分:"法的先知们"进行魅力型的法的默示——法的绅士豪绅们经验的立法和司法——世俗的最高统治权和神权统治的权力进行强加的法律——专业法学家进行系统地制定法的章程和进行专业的、在文献的形式逻辑培训的基础上进行的法律维护。❷ 在这种关于法律发展阶段理论划分的逻辑中,我们不难看出,韦伯所理解的现代西方形式合理性法律的形成,很大程度上与专业法学家对法律的影响紧密关联,似乎现代西方形式合理性法律传统的形成,首先应当归功于专业法学家的贡献,对此,哈贝马斯对韦伯的这种观点作出了如下判断:"一般来说,韦伯把这个传统中严格地阐述的法律的形式特征解释为受过学院训练的法律专家的学理性研究的结果。"❸由此可见,韦伯视野中现代法传统之形成的动力来源根本上则是那种只有在西方世界不断演绎并经久不衰的理性主义文化。

昂格尔按照人类历史发展过程的阶段性将法律的发展形态大致区分为三种类型:习惯法(相互作用的法律)、官僚法(规则性法律)、法律秩序(法律制度)。昂格尔所指的法律秩序,就是现代西方社会中的法律传统或法律范式。昂格尔从两个方面界定了这种法律传统的根本性质:自治性和普遍性。所谓法律秩序的自治性,突出表现为以下几个方面:政府制定和强制实施的规则并不仅仅只是对经济、政治或宗教信念或标准的重复;法律规则由那些以审判为主要任务的专门机构加以适用;法律推理具有一种区别于科学理解以及伦理、政治、经济论证的方法或风格;法律职业的自治和法律职业集团的形成。所谓法制秩序的普遍

❶ [德]韦伯:《新教伦理与资本主义精神》,于晓、陈维纲等译,生活·读书·新知三联书店1987年版,第14~15页。
❷ 参见[德]韦伯:《经济与社会》(下卷),林荣远译,商务印书馆1997年版,第201页。
❸ [德]哈贝马斯:《在事实与规范之间:关于法律和民主法治国的商谈理论》,童世骏译,生活·读书·新知三联书店2003年版,第560页。

性,主要是指通过立法、行政和司法的相互分离而实现的服从于立法的普遍性目的和判决的一致性目标。❶

在界定了现代法传统——法律秩序的基本性质之后,昂格尔深刻追问并细致论证了形成这种现代法传统的根本动力来源,昂格尔称其为现代法治形成的两种历史条件:多元集团的形成和自然法的影响。昂格尔首先概括说明了这样两个历史条件对现代法的形成所发挥的根本作用:"法律秩序要发展,必须以这样一种环境为前提,即没有一个集团在社会生活中永恒地占据支配地位,也没有一个集团被认为具有一种与生俱来的统治权利。……(法律秩序)以一种'更高的'普遍的神圣的法则为依据,用它来论证或批判国家制定的实在法。"❷按照昂格尔的研究,中世纪后期的西方社会开始形成了以统治者(君主)、贵族阶层和第三等级(主要是商人集团和职业集团)为主要代表的多元利益和意志集团,不同集团因为各自的利益要求、意志倾向和社会地位而各自构想并积极争取着有利于自身的统治方式、政治和法律制度以及社会秩序,但是,社会秩序的形成和演化方向不可能按照以上任何一个社会阶层的利益要求和意志主张得到确定,"因此,彼此冲突的各方不得不选择一个次佳方案。这样,虽然在某些国家更为明显,但不管怎么说,自由主义国家是建立在君主制官僚政治、规则特权及中产阶级利益这三者之间的妥协之上。这种妥协对法律来说具有关键性意义"。"正是通过这种相互的调和和让步,法律秩序才得以出现"。❸ 在昂格尔看来,西方自然法理论有两个重要渊源,一是古希腊人和罗马法学家早就存在探讨建立在人性基础上的普遍性为原则的传统,罗马法学家所发展出来的万民法(ius gentium)就是一个典型例证。另一方面,超验宗教为自然法理论提供了另一重要理念源泉——现实世界必须兑现创世者的本愿。在昂格尔看来,自然法学说对现代法传统之形成以这样的机理发生作用:"由于人们相信自然法适用于一切国家和时代,因而,自然法命令的戒律必须适合非常广泛的不同种类的人与行为。因此,规定实在法则中的普遍性和适用规则的一致性也就成为效忠于高级法的证据而不是行政上的权宜之计了。从这个角度看,赋予模糊的普遍性和一

---

❶ 参见[美]昂格尔:《现代社会中的法律》,吴玉章、周汉华译,译林出版社 2001 年版,第 50~51 页。

❷ [美]昂格尔:《现代社会中的法律》,吴玉章、周汉华译,译林出版社 2001 年版,第 63 页。

❸ [美]昂格尔:《现代社会中的法律》,吴玉章、周汉华译,译林出版社 2001 年版,第 71~72 页。

致性概念以具体的内容成为政治和法律思想的主要内容就不奇怪了。"❶这实际上说明,自然法理论对法律秩序形成的根本作用力量在于借助高于世俗国家权力的普遍的权利和法则而促进实在法的普遍化和一般性。不过,多元集团的形成和自然法理论两者作为现代法传统之形成的必要条件,在昂格尔看来,它们并不能单独决定法律秩序的出现,只有将以上两个条件综合为一体,才可以共同促进法律秩序的真正形成。多元集团的形成尽管会促进彼此利益妥协和寻求利益平衡和权利平等的积极努力,但是由于在特定的情境中,普遍的法律原则都会经由特定的政治力量对比而适用于具体问题的解决。自然法理论作为超验的神意要求,始终存在一个依赖教会宣告和混同于宗教戒律的弊端。因此只有在多元集团的利益妥协所制定的具有普遍性和一般性的实在法不断接受自然法理论的检视和价值原则评价、而自然法理论要求又必须受制于保证多元集团利益妥协要求的现实制约的双向诠释循环中,真正的法律秩序的出现才成为现实。对此,昂格尔总结道:"通过强调存在着高于国家权力的普遍的权利和规则,自然法理论为欧洲文明中的超验因素提供了发展的机会,然而,它也承认社会多元的含义,因为它逐步地把自然权力看作是在绝对自由的领域内个人行为的权力,而不是什么确定实质利益的权利。反过来,它又导致这样的认识,权力不是社会的一套特殊安排而是一系列解决冲突的程序,这个认识后来成为许多西方政治法律思想的核心观念。"❷

　　以上思想家们关于现代西方法律传统形成机理的见解各有其独特的论证逻辑,到底应该怎样正确读解法律的现代转型这个重大历史事件?其生成机理及动力来源应该怎样作出正确的界定?这是摆在人们面前的一项重大课题,也是讨论法律和司法的现代性问题所无法绕开的屏障。

　　显而易见,梅因的答案仅仅只从人的社会地位的改变——从对家族的依附到社会独立性地位的获得——的角度解释了现代法的形成,从而梅因只看到了这个事实或现象,人的独立性社会地位为什么能够获得以及独立的身份到底是催生现代法形成的动力还是现代法形成的一个结果?这在梅因的论证内容中并不十分明了。导致这种结果并不奇怪,因为梅因批判了自然法理论家的理论假

❶　[美]昂格尔:《现代社会中的法律》,吴玉章、周汉华译,译林出版社2001年版,第77页。
❷　[美]昂格尔:《现代社会中的法律》,吴玉章、周汉华译,译林出版社2001年版,第81页。

说和历史阐释方法,他所采取的是一种类似于自然科学的实证考察的历史研究方法,❶从而梅因的结论很容易会将现象(身份到契约)判断为原因(现代法)。

韦伯对现代法(形式法)形成的论述策略是将其置于整个西方社会的现代化生成机理的阐释系统中进行的。韦伯所读解的西方社会现代化就是合理化,是在宗教历史的解神秘化和世界观的祛魅化过程中西方理性主义作用的必然结果。韦伯用目的合理性理论解释了社会现代化的两个根本维度——资本主义经济和科层制国家——的形成性质,而促就资本主义经济发展和科层制国家形成的根本动力来源是新教伦理(苦行主义责任伦理)所孕育的现代意识结构。但是,现代形式法作为社会现代化的重要一维,其生成机理在韦伯的解释中却显得十分矛盾。韦伯在将现代意识结构促就社会现代化的两个重要维度——资本主义经济和科层制国家之合理化进程的同时,对社会现代化的第三个重要维度——现代形式法的解释则遵循了另一种论证逻辑,这种论证逻辑,哈贝马斯作出了如下诊断:"对于现代法律,韦伯则变换了一种解释,使它同评价性的价值领域脱离开来,从一开始就能够表现为认知工具性的一种制度体现。""韦伯尽力单纯从目的合理性的角度去考察法律的合理化,并把法律的合理化建构成为认知——工具合理性在经济领域和国家管理领域获得体现的一种平行现象。"❷在韦伯的这种逻辑中,现代形式法的形成,所表现出的根本上是一种满足资本主义经济运行和官僚国家开展行政管理的便利性要求的性质,从而韦伯对现代法的形成进行了一种法律实证主义理解,这种理解理路中,现代法根本上就是一种满足经济运行和国家管理要求的手段,是目的合理性驱动下的经济和国家运行机制的一种制度表现形式。这种关于现代法的目的(工具)论解读,福科表达了与韦伯基本一致的立场:"从历史上看,资产阶级在18世纪变成政治统治阶级

❶ 梅因在《古代法》一书的开篇就批评了自然法理论家的理论假说方法并明确了自己的研究方法的取向:"我们的法律科学所以处于这样不能令人满意的状态,主要由于对于这些观念除了最肤浅的研究之外,采取了一概加以拒绝的草率态度或偏见。在采用观察的方法以代替假设法之前,法学家进行调查研究的方法真和物理学与生物学中所用的调查研究方法十分相似。凡是似乎可信的和内容丰富的、但却绝对未经证实的各种理论,像'自然法'或'社会契约'之类,往往为一般人所爱好,很少有踏实地探究社会和法律的原始历史的;这些理论不但使注意力离开了可疑发现真理的唯一出处,并且当它们一度被接受和相信了以后,就有可能使法律学以后各个阶段都受到其最真实和最大的影响,因而也就模糊了真理。"[英]梅因:《古代法》,沈景一译,商务印书馆1959年版,第2页。

❷ [德]哈贝马斯:《交往行为理论:行为合理性与社会合理化》(第一卷),曹卫东译,上海人民出版社2004年版,第233、243页。

的进程,是以一种明确的、法典化的、形式上平等的法律结构的确立为标志的,是由于组织起一种议会代表制才成为现实的。"❶在哈贝马斯看来,这种解释立场仅仅侧重了现代法的两个重要原则中的一个——"成文原则",拒绝了"论证原则"。

从韦伯关于法律理想类型的划分——"法的先知们"进行魅力型的法的启示,法的绅士豪绅们经验的立法和司法,世俗的最高统治权和神权统治的权力进行强加的法律,专业法学家进行系统地制定法的章程和进行专业的、在文献的形式逻辑培训的基础上进行的法律维护——方式使我们不难看出,法律的演化着实是踏上了一条"解神秘化"道路的,这条解神秘化路径可以简单地概括为从传统法的"神秘形式主义"到现代法的"逻辑形式主义"变革历程。问题在于,为什么会发生这种变革或法律演化的历史断裂和新型法范式的创生?按照哈贝马斯的观点,根本原因在于法律(规范)的有效性基础发生了变化。哈贝马斯指出:"原始法律当中还没有客观规范的概念,而在传统法律当中,规范是给定的,是流传下来的陈规;只有到了现代法阶段,规范才可以说是主观制定的,而且可以根据纯属假设的有效性原则加以判断。"❷这种判断所内在的一个重要原理在于:现代法的形成不应当按照工具—目的的合理性理论而解释为满足资本主义经济和官僚国家管理要求的手段,它必须建立在满足价值合理性要求之上,其形成必须从它所兑现的现代意识结构中获得解释。

诚然,如果现代法与传统法存在差别,那么这种差别应当是根本性质上的差别,不可能仅仅只是一个形式上的不同,因为专制社会中也存在成文的法律,只不过那种也具有形式的传统法律的有效性基础要么在于先知们的魅力,要么在于统治者的威权命令,从而解释现代法的理论出发点如果界定在像韦伯那样仅仅从满足经济秩序和国家管理需要的手段角度,理论张力显然存在缺陷。哈贝马斯指出,现代法的形成根本上在于它遵循"论证原则",所谓论证原则,其实就是现代法的合法性(legitimacy)基础问题,即现代法的形成根据问题。这种论证原则的要求,或这种合法性基础的根本所在,就是现代法的合法性基础不再从神

---

❶ [法]福科:《规训与惩罚》,刘北成、杨远婴译,生活·读书·新知三联书店1999年版,第248页。

❷ [德]哈贝马斯:《交往行为理论:行为合理性与社会合理化》(第一卷),曹卫东译,上海人民出版社2004年版,第233、247页。

意启示、社会惯习或专制统治者的命令意志那里获得。这就意味着,需要一种完全区别于传统的根据作为论证现代形式法的合法性论证前提,那么,这种前提到底是什么? 韦伯并非没有认识到这个问题,而是他坚持从目的合理性方向解释现代法的合理化过程。应当认为,韦伯关于法律的合法性基础的界定体现了一定的论证原则要求,韦伯进行了这样的阐述:"一切合法的法都是建立在章程的基础之上的,而章程又总是最终建立在理性的协议基础之上的;或者是现实的,建立在自由的个人一种真正的原始契约之上,它也调节着未来新的、制定为章程的法的产生方式;或者是在精神的意义上:即只有法的内容与一种理智的、通过自由的协议制定为章程制度的概念不相抵触时,它才是合法的。'自由权利'是这样一种自然法的基本组成部分,首先是契约自由。自愿的、理性的契约或者作为一切社会化包括国家和真正的、历史的原因,或者作为衡量价值的调节尺度,成为自然法构想的普遍形式之一。"❶由此可见,韦伯并没有否认法律的合法性经常会从某种抽象的价值理性前提上获得基础,但是,由于他奉行"价值无涉"的实证主义的法学立场,从而并没有把理性自然法归入现代法名下,他断然指出:"不可能存在一种纯粹形式的自然法。"❷这样,在韦伯的阐释就割裂了现代法的形式与实质之间的联系,这种理论立场既有自然法学中的契约论痕迹,也隐含了凯尔森所认定的"基本规范"是整个法律秩序的源泉和依据的实证主义论调,问题在于,作为法律秩序始源和有效性前提的契约内容及其确立原则为何? 作为原初契约的订立形式怎样? 这在韦伯的阐述中都是语焉不详的,甚至是内在矛盾的。

昂格尔关于现代法传统之形成的两个根本因素——多元利益集团的形成和自然法的批判力——的结合的学说着实是一个貌似有效的论证路径。但是,仅仅因为这样两个因素就必然导致现代法的产生,解释张力并不能完全令人信服,或者说,这样两个因素仅仅只是催生现代法的必要条件,它们并不充分,否则,现代法就变成了一个权力以及利益分配关系与自然法价值评价两者之间的双向诠释问题。这种关于现代法的催生动力机制的二元论界定并不能解释现代法的那种必然性质,也忽视了其他因素对现代法生成的促进力量,在这种解释框架中,

❶ [德]韦伯:《经济与社会》(下卷),林荣远译,商务印书馆1997年版,第190~191页。
❷ [德]韦伯:《经济与社会》(下卷),林荣远译,商务印书馆1997年版,第190页。

法律只不过是一个理性意志和利益调整的因变量和从属物,是现代资本主义社会的形成所带来的一种制度形态。按照刘小枫的看法,昂格尔并没有能够回答西方自治法律之形成的社会条件,而只是用自治法的社会结构来说明自治法形成的社会条件,因为正是"在中世纪晚期,自治法律的出现以各种世俗法(封建法、庄园法、城市法、王室法)的形成为标志,这些带有客观性和普遍性的世俗法为自由的多元利益集团的形成提供了法制和法治基础"。❶

探究现代法的生成逻辑,既不应当像韦伯那样仅仅将现代法律理解为一种回应政治统治和资本主义经济的工具理性的制度形态,也不应当像昂格尔那样将其理解为多元利益集团之间实现利益分配的社会秩序关系。追问现代法的生成逻辑,关涉到如何界定法律作为一种极其重要的社会关系规则范畴的根本性质问题,即能否按照传统理论范畴确认现代法的属性?法律与社会的关系到底应该怎样界定?

哈贝马斯关于现代法之核心精神(私人主观权利的法律确认和限制)的揭示所蕴涵的一个重要问题是现代法的确认标准,这个确认标准就是法律的"事实性"(Faktizität/facticity)与"有效性"(Geltung/validity)之间范畴整合的程度及其方法。何谓法律的"事实性"和"有效性"?对此,哈贝马斯是从其"交往行为"理论语境中加以详细阐释的,在此,我们只简要说明以上两个概念范畴的大致含义。所谓法律的事实性,主要指国家垄断了所有强制权力并通过制定法律而在事实上对社会主体的主观行动自由发生作用;所谓法律的有效性,指已经发生作用的法律必须具备合理的可接受性理由或根据。❷ 以此标准,哈贝马斯区分了传统法与现代法,在他看来,传统法的实质在于法律的事实性与规范有效性没有范畴性区隔而浑然一体,现代法的要旨在于法律不仅事实上得以接受,而且其接受的前提是这种法律具有合理的可接受性理由。哈贝马斯指出:"在以国家形式组织起来的社会中,成熟的规范秩序之上就已经加上了法律规范。但在这些传统社会中,法律仍然依赖于宗教上升华之神灵物的自我授权力量。比方说,在欧洲法律传统中有一个著名的法律等级秩序,根据这个等级秩序,由君主

---

❶ 刘小枫:《现代性社会理论绪论》,上海三联书店 1998 年版,第 123 页。

❷ 参见[德]哈贝马斯:《在事实与规范之间:关于法律和民主法治国的商谈理论》,童世骏译,生活·读书·新知三联书店 2003 年版,第 36 页以下。

所制定的法律仍然是从属于由教会来执行的基督教自然法的。这个等级秩序的根源,就是事实性和有效性之间的宗教混合。"❶

哈贝马斯对现代法性质的把握,与他对现代性精神的把握和对现代性概念的界定理路相互一致,方法论上所遵循的主要是一条哲学思辨路径,当然这种关于现代法确认标准的选择并非对伯尔曼路线的完全否定,而是避免了伯尔曼那种过于实证化的历史社会学方法所内在的缺陷。因为,按照伯尔曼的实证考察路线,现代法的形成问题只需追问诸如教皇革命之类的重大历史事件之于现代法生成的事实效果,放弃了对现代法的合法性基础的追问,尤其是没有重视那个经由文艺复兴、启蒙运动和宗教改革而孕育的现代性精神之于现代法形成的价值意义,因此,伯尔曼的历史社会学考证十分需要一种哲学思辨论证的形而上补充完善。

韦伯所理解的现代法是一种认知工具理性的制度体现,因此,现代法的合理性内涵所在,根本是指它能够满足资本主义经济关系和科层制政治统治的目的合理性,并且这种法律以形式合理性特征予以表现。这样,韦伯就将现代法与传统法区别了开来,尽管韦伯将传统法理解得在一定意义上也是合理的,但是传统法的合理性则是另一种性质,它要么通过法律先知们的魅力和神启迷幻力保证,要么为名士豪绅们的优势地位而宣告,要么为最高统治阶层和神权所强加。在此,需要追问的是,为什么现代法的合理性内涵发生了这种嬗变? 或者说,因为什么条件而引发并促成了现代法的这种合理性演化?

对以上问题的回答,韦伯的论述路线是将现代法的形成置于现代性意识结构中进行的。在韦伯看来,现代化是普遍历史"解神秘化"过程的继续,是一种世界的祛魅过程。何谓世界的祛魅? 尼格尔·多德对韦伯的这一概念从思想文化和制度两个维度进行了解读。在思想文化维度,"'祛魅'过程可被界定为那些充满迷幻力的思想和实践从世界上的消失。这一过程不仅表示宗教信仰的衰落,而且还标明宗教活动本身的理性化。世界的'祛魅'使传统世界观分裂成不同专业知识的各具特色的专家领域"。在制度维度,"世界的'祛魅'则表现为经济生活的理性化,尤其是科层化过程"。❷ 哈贝马斯指出,韦伯关于现代世界的

---

❶ [德]哈贝马斯:《在事实与规范之间:关于法律和民主法治国的商谈理论》,童世骏译,生活·读书·新知三联书店 2003 年版,第 31 页。

❷ [英]多德:《社会理论与现代性》,陶传进译,社会科学文献出版社 2002 年版,第 43~44 页。

祛魅过程的论断实际上突出了两个论题:其一,意义丧失的主题——新的多神论状况的出现;其二,自由丧失的主题——目的理性行为亚系统的不断独立。❶ 意义的丧失和自由的丧失作为韦伯阐释现代社会合理化过程的两个维度,实际上就是现代性主题的两个根本问题,也是现代法律得以形成并发展演化的语境条件。问题在于,韦伯对现代法的生成逻辑的解释却局限于自由丧失主题方面,将现代法解释成一个合理性亚系统之一,并且这个亚系统主要满足和服务于资本主义经济秩序和科层制国家政治统治。这样,对于资本主义经济秩序和科层制国家管理而言,现代法主要是一种目的(工具)合理性规范体系,结合法律职业化运动,满足利益追求和服务国家统治的现代法的目的(工具)合理性又得到法律职业家按照西方理性主义方法不断地加以合理化,最终形成一种形式合理性法律范式,现代法的合理化就成了功利谋划和科层统治手段之制度合法化。

哈贝马斯并没有将现代性理解为一个历史分期概念,而是与韦伯相近地将现代性理解为一个自 18 世纪以来主导西方社会和文化分化的主体性的不断丰富和自我完善过程,并且指出,这个过程最初以主体性(subjectivity)的客观认识范式得以实践表达,最终必须以主体间性(intersubjectivity)的理解范式加以取代。❷ 与韦伯一样,哈贝马斯关于现代法与传统法的区分所依据的也是合理性(rationality)标准,哈贝马斯的论证与韦伯的学说存在路径依赖关系,但是,他对现代法的合理性内涵的理解与韦伯的论证形成了鲜明的差异,他诊断了韦伯思想的问题所在并提出了独到的解释范式。

法律的形式化未必就是现代法的形成标志,达玛什卡的研究发现,早在 15 世纪的欧陆那个地方习惯法盛行一时的时代,君主就坚持要求以书面形式表述习惯法,有时甚至为习惯法汇编的颁布制定严格的形式化程序。❸ 在哈贝马斯看来,仅仅将形式特征界定为现代法之于传统法的区别所在,其理论缺陷是显而易见的,因为传统法并非没有形式特征,只不过传统法的形式性是一种神秘形式

---

❶ 参见[德]哈贝马斯:《交往行为理论:行为合理性与社会合理化》(第一卷),曹卫东译,上海人民出版社 2004 年版,第 237 页。

❷ 参见[德]哈贝马斯:《现代性的哲学话语》,曹卫东等译,译林出版社 2004 年版,第 347 页。

❸ 参见[美]达玛什卡:《司法和国家权力的多种面孔》,郑戈译,中国政法大学出版社 2004 年版,第 52～53 页。

主义,它并非没有形式化立法,只是这种法律的根据源自专断意志;现代法的形式性是一种逻辑形式主义,但在形式的表象背后获得了一种力量支撑,这种力量支撑就是理性主义。对此,庞德的观点非常鲜明:"我们的法律和欧洲大陆的法律在 17 和 18 世纪获得解放和现代化,但这成绩并不是立法和任何主权者意志实现的结果,而是由这样一个法律原则直接导致,即所有的法律规则及法律机构都以理性为尺度,任何事物都不能凌驾于法律和理性之上。"❶哈贝马斯进一步从法律的基础视角区分了现代法与传统法:"原始法律当中还没有客观规范的概念,而在传统法律当中,规范是给定的,是流传下来的成规;只有到了现代法律阶段,规范才可以说是主观制定的,而且可以根据纯属假设的有效性原则加以判断。"❷这段阐述对现代法与传统法的区分所涉及到的是一个法律的有效性条件问题。哈贝马斯总结了韦伯关于现代法特征的三个方面:实证性、正当性和形式性,认为具备这样三个形式特征的现代法是"策略行为领域在法律范围内制度化的一般特征",但是,对现代法从这种形式特征方面加以理解,仅仅只是说明目的理性获得了普遍化贯彻,"它没有说明的一点在于,这些法律结构本身是如何成为可能的。换言之,现代法律对于目的理性行为的制度化具有重要意义,这一点并没有解释清楚命令功能能够得到发挥的结构特征。相反,现代法律形式是用现代法律所体现的后传统意识结构来加以解释的"❸ 这就意味着,法律的形式特征并非区分现代法与传统法的根本标准,真正的标准在于那种形式现代法的解释学根据存在着怎样的差异。这种区分传统与现代的解释学立场同样为安东尼·吉登斯所倡导,吉登斯指出:"在传统文化中,过去受到特别尊重,符号极具价值,因为它们包含着世世代代的经验并使之永垂不朽。""随着现代性的出现,反思具有了不同的特征。……传统,只有用并非以传统证实的知识来说明的时候,才能被证明是合理的。"❹"后传统的秩序不是——根本不是传统秩序的消失,它是传统的地位发生了改变的秩序。传统必须接受自我解释,

---

❶ [美]庞德:《普通法的精神》,唐前宏等译,法律出版社 2001 年版,第 56 页。

❷ [德]哈贝马斯:《交往行为理论:行为合理性与社会合理化》(第一卷),曹卫东译,上海人民出版社 2004 年版,第 247 页。

❸ [德]哈贝马斯:《交往行为理论:行为合理性与社会合理化》(第一卷),曹卫东译,上海人民出版社 2004 年版,第 249 页。

❹ [英]吉登斯:《现代性的后果》,田禾译,译林出版社 2000 年版,第 32、33 页。

公开接受质问或对话。"❶按照这种理论逻辑,现代法区别于传统法的关键所在,则是那个赋予形式现代法以合法性的解释学根据问题。在此需要说明的是,韦伯并非完全没有认识到这个问题,他关于现代法的论述并非没有注意到理性自然法对于实证法的方向引领和价值评判作用事实,但是,他否定了现代法的实质化要求的合法性,对现代法完全从经济、政治的目的行为亚系统的组织手段层面进行了定位,对于这种学术立场,哈贝马斯作出了如下评述:

> 韦伯竭力强调现代法律的形式特征,认为有了这个特征,现代法律就可以充当目的行为亚系统的组织手段。但是,韦伯又从实证主义的角度对法律概念进行了严格的限制,以至于他可以忽视法律合理化的道德——实践内涵(论证原则),而只需要强调法律合理化的认知——工具内涵(成文原则)。韦伯仅仅从形式合理性的角度来考察现代法律的发展过程,所谓形式合理性,就是从价值中立的角度有计划地把目的和手段渗透到行为领域当中,而这些行为领域也适用于策略行为类型。这样,法律的合理化就不同于伦理的合理化和生活方式的合理化,再也不是用道德——实践价值领域的规律性来加以衡量了;法律的合理化直接和认知——工具价值领域中的知识进步建立起了联系。❷

由此可见,哈贝马斯对现代法的生成逻辑的思考关键在于他看到了法律的目的(工具)合理性与规范(价值)合理性之间的内在关联性,他与韦伯一样认为现代性进程是一个由理性一统向多元合理性分化的过程,并且将合理性范畴大致划分为认知——工具领域的目的(工具)合理性、道德——伦理实践领域的规范(价值)合理性、艺术——心灵领域的审美合理性三种基本类型。但是,在法律问题上,哈贝马斯与韦伯的区别所在,韦伯将现代法的合理性标准限定于目的(工具)合理性——形式合理性范畴,哈贝马斯则认为现代法的目的(工具)合理性——形式合理性范畴与规范(价值)合理性——实质合理性之间应当、也在事

---

❶ [英]吉登斯:《超越左与右——激进政治的未来》,李惠斌、杨雪冬译,社会科学文献出版社 2003 年版,第 5 页。
❷ [德]哈贝马斯:《交往行为理论:行为合理性与社会合理化》(第一卷),曹卫东译,上海人民出版社 2004 年版,第 257 页。

实上建立起联系。在哈贝马斯看来,现代法正是因为能够在目的合理性与规范合理性之间能够建立起联系,它才与传统法区别开来,现代法的事实性与有效性之间张力,既是划分其与传统法的界限的根据,也是促进现代法深入发展的根本动力所在。至于现代法的事实性——有效性、目的合理性——价值合理性之间建立联系的方法论要求,哈贝马斯所提出并深刻阐述的是论证原则,至于这项原则的具体内涵,以下将有详细介绍,在此只作简要概括:实在法建立在体现交往理性的主体间性对话所获得的共识基础之上,法律的制定和实施过程本身也应该是一种理性商谈过程。

三、司法现代性的基本理念及其塑成机理

韦伯指出:"任何法,按其本质都是一些抽象的、一般是有意制订成章程的规则的总体,司法就是把这些规则应用于具体的个案,行政管理就是在法律规则限制之内,并且根据一些得到团体制度认可的、甚至没有违迕团体制度的、可以普遍证明的原则,合理地维护团体制度所规定的利益。"❶这是韦伯关于合法型官僚统治的论述中对现代司法和行政权力形式的总结,这种总结对于理解现代司法的概念而言,至少具有两重含义。一是说明现代司法是一种沟通和整合一般法律规则与具体行为事实两种差异性范畴的制度装置;二是区分了司法权力与行政权力的作用对象及其方法。另外,韦伯的阐述还含蓄地说明了另一重含义,即划分了司法与立法的权力界限——适用法律和制定法律的权力分工。应当认为,韦伯的以上阐述道及了现代司法的要义,不过,仅仅满足于此,显然还不能对现代司法有一个更为深刻的把握。探讨现代司法基本理念主题,不能泛泛而论,不能过于抽象地加以把握,我们至少要进一步追问以下一些具体问题:在现代法秩序中,司法获得其地位的决定因素或关键事件为何? 司法权力与立法权力的界限如何勘明? 司法权力与行政权力之间关系怎样形成并基于何种价值理念? 现代司法的运作机制何以能够切合于现代社会秩序? 等。

司法概念所表达的最基本含义是对讼争的裁断,这既是一种一劳永逸的定义,也是一种几乎没有实际意义的定义,因为人类法律演化历程中,司法的表现

---

❶ [德]韦伯:《经济与社会》(上卷),林荣远译,商务印书馆1997年版,第243页。

形态可谓纷繁多样,并没有一种永恒不变的唯一样式,从而,司法其实也是一个需要从人类的法律实践历史中加以把握的概念。今天,人们对司法概念的理解通常会从解决纠纷、刑事审判、适用法律、解释法律、制约和监督行政等制度实践环节进行,司法成了一个与立法、行政相对而并列谈论的概念,并且经常会将司法理解成正义实现的主要方式,甚至司法就是正义本身。需要指出的是,司法概念其实是为人类法律/法学实践所不断进行解释性建构的一个概念,司法概念并没有一种永恒凝固的本质内涵。至于现代司法或司法的现代性精神主题,人们也自然会将其理解成现代法的一个构成要素或法律现代性的一个表征领域。这种理解并非存在什么差错,只是因为过于倚重对现代法精神的简单把握而容易忽视司法现代性精神的丰富内涵。

理解现代司法的一个合理视角是从现代法律与政治的关系入手,因为现代司法正是从法律与政治的博弈关系夹缝中应运而生的。

法律与政治的分离是现代法的一项重要特征,这种分离并不像韦伯所理解的那样,只是意味着法律以一种形式化的合理性系统满足科层政治统治意志,如果这样,法律并没有真正从政治中独立而出,相反,它依然还只是政治意志的形式化、逻辑化表达。哈贝马斯所理解的法律与政治的分离实质在于,作为现代形式法之逻辑演绎前提不再是永恒有效的基础,即便这种前提渊源于政治意志,它依然需要接受有效性质疑并通过合理性对话予以确认或重新修正。在哈贝马斯看来,现代法的关键所在或其合法性基础在于民主立法程序,这种民主立法程序既是保证法律合法性的前提,也是实现法律与政治分离的根本途径:“法律获得充分的规范意义,既不是通过其形式本身,也不是通过先天地既与的德道德内容,而是通过立法的程序,正是这种程序才产生了合法性。”❶按照这种逻辑,法律与政治的分离之关键在于政治意志必须转译为法律代码,而政治意志转译为法律代码必须通过民主的立法程序进行。

政治意志通过民主程序转译为法律代码对于现代司法的形成,其重要功能在于,法律的制定逻辑与法律的适用逻辑分属不同的语用学领域,哈贝马斯分别称它们为“规范的论证性商谈”和“规范的运用性商谈”,“规范的论证和规范的

---

❶ [德]哈贝马斯:《在事实与规范之间:关于法律和民主法治国的商谈理论》,童世骏译,生活·读书·新知三联书店 2003 年版,第 167 页。

运用的逻辑上的区别反映在论证性商谈和运用性商谈的交往形式上,它们必须以不同的方式在法律上建制化。在法律运用的商谈中,必须决定的是,在那些已被预设为有效的规范当中,哪个是适合于一个既定的、在所有相关特征上都被尽可能充分地描述了的情境的"。❶ 这种理论阐述揭示了现代司法区别于传统司法的关键:传统司法的规范确立逻辑与运用逻辑浑然一体。诺内特和塞尔兹尼克同样阐述了法律与政治的分离对于现代司法形成的促生功能,他们指出:"法律机构以实体服从以换得程序自治。虽然政治共同体赋予法官一种免受政治干预而行使的有限权威,但是这种豁免的条件是法官使自己脱离公共政策的形成过程。这就是司法赢得其'独立'的代价。"❷哈贝马斯与诺内特和塞尔兹尼克关于现代司法的生成逻辑的解释都修正了韦伯式立场,在韦伯那里,现代司法的形成仅仅只是科层统治意志和方法的一种形式化、便利化要求问题。不过需要指出的是,哈贝马斯的论述主要是按照一种理论逻辑的推演路径对司法的现代与传统划分的,这种逻辑过高地估量了现代司法的内在品质,更多的只是对韦伯式法律实证主义视野中关于现代司法性质之认定的一种价值理想化展望,不能说这种"规范的运用性商谈"与"规范的论证性商谈"之间的语用学逻辑要求就一定是现代司法最初形成历史阶段的实践事实。倒是诺内特和塞尔兹尼克的解释较为合理地说明了现代司法之最初形成的历史状况,这种解释透现着一种精神:现代司法的最初形成并不完全是一种理性的逻辑力量或理性自觉使然,它在很大程度上恰恰只不过是一种权力合法化和责任限定化的一个附带形成的权力实践产物。

为了更好地把握现代司法的基本精神,我们有必要从以下具体方面对司法现代性的基本理念及其塑成动力因素进行分别阐释。

(一)政治与法律的关系维度——司法独立性

法国学者彭纳德认为"争讼状态"的存在是司法作用存在的前提,一些美国

❶ [德]哈贝马斯:《在事实与规范之间:关于法律和民主法治国的商谈理论》,童世骏译,生活·读书·新知三联书店2003年版,第210页。
❷ [美]诺内特、塞尔兹尼克:《转变中的法律与社会:迈向回应型法》,张志铭译,中国政法大学出版社2004年版,第64页。

学者也认为,"案件和争议"是司法存在的前提,司法权只能基于案件和争议行使。❶ 如果将司法仅仅理解为那种争讼裁判的含义,那么,司法权力就已经有一个非常悠久的历史,甚至于司法是一个与人类社会的形成同步出现的现象。理解现代司法的关键之一,在于把握现代社会中的司法权力的地位及其界限。今天,我们将司法理解成一种独立于立法和行政的权力形态,但是,这种权力地位并不同步于司法(裁判)现象的出现。现代司法与传统司法的一个重要界分在于,司法现象在现代社会之前,并非为一种独立的权力范畴,司法权通常是一种混同于政治或依附于王权并兑现统治意志的现象,司法权要么作为民众大会直接掌控的权力,要么只是实现王权统治和封建专制的工具。司法独立的理念形成和制度确认,其实是多种因素和力量相互作用的结果,对司法独立的理解,我们应当从三个维度进行。

首先,启蒙思想家的宪政理论提出并论证了司法独立学说。洛克在其《政府论》一书中较早地阐述了分权理论,他将国家权力划分为立法权、执行权和对外权三种,认为法治社会中的国家政治权力应该是有限的、分立的和负责任的,国家的政治权力应当分由不同的部门执掌。在洛克的论述中所提倡的是一种立法权至上的法治理论,"立法权是指享有权利来指导如何运用国家的力量以保障这个社会及其成员的权力"。"立法权,不论属于一个人或较多的人,不论经常或定期存在,是每一个国家中的最高权力"。所谓执行权,是指"在社会内部对其一切成员执行社会的国内法"。❷ 洛克的学说企图通过对立法权至上理论的倡导提高国会地位而抑制王权,尽管他强调了司法权的重要性,不过,司法权属于执行权的范畴,应当对立法权负责,从而,洛克并没有明确提出司法独立理论,只是通过权力分立学说为司法独立理念的形成埋下了伏笔。"普通法之父"布莱克斯通在总结英国法经验时强调了司法权与立法权分立的重要性:"在所有暴虐的政府里,最后的行政长官,或制定和执行法律之权利置于同一人,或同一群人,或此两权结合在一起时,就没有公众的自由可言。"❸进而,布莱克斯通强调司法需要独立,法官的任务便是发现并宣告法律。孟德斯鸠是第一位明确提出并系统阐述司法独立学说的启蒙思想家,他的司法独立学说是在界定了权

---

❶ 参见王利明:《司法改革研究》,法律出版社 2000 年版,第 7 页。

❷ [英]洛克:《政府论》(下篇),叶启芳、瞿菊农译,商务印书馆 1964 年版,第 83、89、90 页。

❸ 转引自王利明:《司法改革研究》,法律出版社 2000 年版,第 92~93 页。

力的本性进而按照权力分立与制衡的逻辑进行论证的。孟德斯鸠指出:"国家的权力不被滥用的时候才存在。但是一切有权力的人都容易滥用权力,这是一条万古不易的经验。有权力的人们使用权力一直到需要遇有界限的地方才休止。""从事物的性质来说,要防止滥用权力,就必须以权力约束权力。"❶孟德斯鸠结合当时的英格兰政制实践,将国家权力划分为立法权力、有关国际法事项的行政权力和有关民众法规事项的行政权力,这种第三类权力就是司法权——惩罚犯罪或裁决私人纷争。进而,孟德斯鸠明确提出了司法独立学说:"如果司法权不同立法权和行政权分立,自由也就不存在了。如果司法权同立法权合而为一,则将对公民的生命和自由施行专断的权力,因为法官就是立法者。如果司法权同行政权合而为一,法官便将握有压迫者的力量。"❷

其次,现代国家政治实践推动了司法独立制度的确立。洛克、孟德斯鸠等启蒙思想家的分权和司法独立理论并非完全是在理论推演中提出的,他们主要是通过对英国政治实践状况进行总结并按照古典自由主义的哲学逻辑进行建构性演绎解释的。司法独立的制度实践发端于英国,今天,人们始终不会忘记谈论"星期日上午会议"事件之于现代司法获得独立地位的重要意义。1612 年 11 月10 日上午,国王詹姆斯一世应坎特布雷大主教的奏请,召见了英格兰的法官们,裁断教会法院与普通法院的管辖权限争议。教会法院主张王权至上,法官只是国王的代表;普通法院主张法律至上,法官根据法律而非按照国王的授权审判。为此,爱德华·科克大法官与国王之间就王权与司法权的关系进行了一场著名的辩论:

"但是",国王说,"朕以为法律以理性为本,朕和其他人与法官一样有理性。"

"陛下所言极是",科克回答,"上帝恩赐陛下以丰富的知识和非凡的天资,但微臣认为陛下对英王国的法律并不熟悉,而这些涉及臣民的生命、继承权、财产权的案件并不是按天赋理性(natural reason)来决断的,而是按人为理性(artificial reason)和法律判决的。法律是一门艺术,它需要经长期的

---

❶ [法]孟德斯鸠:《论法的精神》(上册),张雁深译,商务印书馆 1959 年版,第 184 页。
❷ [法]孟德斯鸠:《论法的精神》(上册),张雁深译,商务印书馆 1959 年版,第 185~186 页。

学习和实践才能掌握,在未达到这一水平之前,任何人都不能从事案件的审判工作。"

国王恼羞成怒,他说,按照这种说法,他应该屈于法律之下,这是大逆不道的犯上行为。科克则引用布莱克斯通的名言作答:"国王不应服从任何人,但应服从上帝和法律。"❶

这场关于王权掌控司法与司法遵从法律的著名辩论并不标志着现代司法独立制度的开始,它的真正意义在于,它作为一个历史事件鲜明地反映出 17 世纪早期的英国,随着教会神旨与世俗事务的二元分野,司法独立作为现代宪政制度实践的一项重要构成因素开始成为权力角逐的主题之一,司法独立的现代理念开始萌发。庞德概述了近代英国宪政实践历程背景下的司法独立地位的逐步确立。在庞德看来,近代英国司法独立地位得以确立的根本标志和基本理论前提是法律至上原则的确立。根据庞德的考证表明,在英国,17 世纪奉行王权至上原则,国王的意志就是法律,法官仅仅作为国王的代表进行审判;18 世纪奉行议会至上原则,议会制定的任何法律,法院都必须遵循;至 19 世纪末,政治权力转移到多数派手里,他们成为公众福祉的救星,法官开始代表人民进行审判。庞德论述道:"普通法对待国王、议会和多数派是一视同仁的,它只在法律所确认的范围之内遵从以上三者的意志,但他们要接受这样的警示:你们只能依据上帝和法律来统治这个世界! 一旦宪法对权力进行了限制或者对其行使规定了一定的程序,那么普通法院将拒绝执行这些限制的任何行为。普通法院的这一态度在法理上称为'法律至上原则'。"❷待到法律至上原则在英国普通法上的确立,司法独立作为现代法发展过程中的一个重要制度实践开始逐步运作。孟德斯鸠的分权和制衡学说更多地获益于英国的宪政实践,这种学说也很快影响了法国的政治制度,司法作为一种国家权力也开始获得了一定的独立地位。但是,由于孟德斯鸠坚持法官是"宣告法律的喉舌"的立场,也由于 1789 年法国制宪会议和 1799 年拿破仑执政的性质使然,司法权在国家基本权力序列中的独立性并没有真正得到兑现。权力分立制衡和司法独立学说真正得以发扬光大的场域是美

❶ [美]庞德:《普通法的精神》,唐前宏等译,法律出版社 2001 年版,第 41~42 页。
❷ [美]庞德:《普通法的精神》,唐前宏等译,法律出版社 2001 年版,第 44 页。

国,美国是司法独立学说的真正践行者,并且对司法的独立性进行了一场史无前例的建构性诠释。美国在建国之初宪政制度设计上对司法独立学说的倡导并没有像英国普通法传统那样确立法律至上原则,美国的宪政实践秉承了孟德斯鸠和卢梭思想,将人民主权作为一个根本原则加以确立。在共和主义理路中,人民主权原则的精神要旨在于人的权利的实现和自由的保障,从而,表达人民意志的议会所制定的法律将成为实现权利和保障自由的规范依据,这就势必在逻辑上要求议会及其所制定的法律必须被严格地予以执行。有趣的是,共和国的缔造者在倡导人民主权原则的同时,并没有将议会至上同样作为一个原则加以确立,他们却深刻地担忧和反思着这样一个问题:议会至上并不能承诺国家权力不会造成对自由的危险。詹姆斯·麦迪逊的思考流露出这种深深忧虑:"在组织一个人统治人的政府时,最大的困难在于必须首先使政府能管理被统治者,然后再使政府管理自身。毫无疑问,依靠人民是对政府的主要控制;但是经验教导人们,必须有辅助性的防范措施。"❶因此,美国的宪政实践在其一开始就将司法这个本来并不起眼的权力角色作为制约立法和行政权力的一种力量而推向国家权力剧场的前台,汉密尔顿为司法成为权力制衡的一种重要力量及其独立地位的获得所作出的努力功不可没:"司法机关为分立的三权中最弱的一个,与其他二者不可比拟。司法部门绝对无从成功地反对其他两个部门;故应要求使它能以自保,免受其他两方面的侵犯。同样可以说明:尽管法院有时有压制个别人的情况,但人民的普遍自由权利却不会受到出自司法部门的损害。这种提法是以司法机关确与立法、行政分离之假定为条件的。因笔者赞同这样说法:'如司法与立法、行政不分离,则无自由之可言。'"❷共和国缔造者的思想逐步兑现于美国的宪政实践,在这项宪政实践历程中,司法独立的内涵丰富经历了三个历程,对于这三个历程中司法独立内涵的丰富和演化,斯诺威斯进行了有效总结。第一阶段——从美国独立到《联邦党人文集》第 78 篇:司法对违宪行为的审查既为许多人倡导,同时其正当性却也为许多人强烈怀疑,司法权认为宪法是不同于普通法的政治工具,宪法不隶属于司法权的适用和解释,司法权还只是实施宪法的一项政治行动。第二阶段——从《联邦党人文集》第 78 篇到马伯里诉麦迪逊

---

❶ [美]汉密尔顿、杰伊、麦迪逊:《联邦党人文集》,程逢如等译,商务印书馆 1980 年版,第 264 页。
❷ [美]汉密尔顿、杰伊、麦迪逊:《联邦党人文集》,程逢如等译,商务印书馆 1980 年版,第 391 页。

案:对违宪行为的司法审查权得到广泛支持,司法权的独立性开始在权力分立制衡格局中逐步体现。第三阶段——从马伯里案到马歇尔就任大法官任期的结束:法院将对成文法规的解释规则运用到宪法解释之中,宪法成为司法适用和解释的对象之一。❶

　　第三,司法权力被按照"规则实施"要求予以限定。司法独立地位的获得所体现的是一个司法权与教会权、王权之间进行斗争博弈的过程。现代司法权力的最初基础和根据是成文宪法,但是,司法权并没有很快获得直接适用和解释成文宪法的地位,司法更多地还只是将实施宪法作为一项政治任务的权力形态,宪法对于现代早期司法而言,还不是直接适用和解释的对象,在此阶段,司法权力按照"规则实施"(rule of administration)或"顺从立法"(legislative deference)原则加以严格限制。所谓"规则实施",根本上是一种形式主义的法律适用三段论演绎逻辑,这项逻辑的主要内涵,韦伯将其概括为五个基本方面:第一,任何具体的法律决定都是将抽象的法律命题适用于具体的"实施情势";第二,在每一个案件中都必须能够通过法律逻辑的方法从抽象的法律命题中推演出具体的裁决;第三,法律必须是"完美无缺"的法律命题体系,或者被当做是完美无缺的制度;第四,不能以合理的术语,从法律上建构的问题,也没有法律意义;最后,人们的每一种社会行动都是对法律命题的"执行",或者是"侵权"。❷ 按照这种逻辑,司法权力的范围是被明确限定的,司法权的独立地位与其说是根据人民主权和分权制衡原则予以确认的,还不如说司法的演绎逻辑限定了司法权力自身的界限。"规则实施"原则对司法权力的限制意味着司法只能按照三段论演绎逻辑适用法律而无权创制法律,即便司法可以对违宪行为进行审查,那也只能是按照法律文本的确定意思进行,司法审查并不是要赋予意义含糊的法律条文一个确定含义,而仅仅只是执行宪法文本早已明确的意义,因此,司法对法律的适用和司法审查都只是对宪法的执行行动,是一项政治任务。在自然法盛行时期,如果出现过法律与宪法原则相符但与自然正义原则相悖的情形,那么法官可以按照自然正义原则要求宣告法律无效。但是,随着奉行人民主权和议会(立法)至

---

❶　参见[美]斯诺威斯:《司法审查与宪法》,谌洪果译,北京大学出版社2005年版,第1~4页。
❷　参见[德]韦伯:《论经济与社会中的法律》,张乃根译,中国大百科全书出版社1998年版,第62~63页。

上原则在现代国家早期历史上的确立,司法审查不再依据自然正义原则宣告法律无效,而是将其定性为疑难案件,在疑难案件上,司法权力不予介入。对于这种现象所内在的原因,根本上是一个权力与责任的关系问题,克里斯托弗·沃尔夫精到地解释道:"在很多案件中,法官认为,如果法律与宪法原则相符,但与自然正义相悖,那么该法律就仍然是无效的(并且可由法官宣布其无效)。这种形式的司法审查最后退出了历史舞台,至少其最明显的形式是如此。我想主要的原因在于,这种形式的审查使法官感到非常恐惧,因为他们必须根据自己的意志而不是基于对法律的判断宣布法律无效。"❶这种认识同样为诺内特和塞尔兹尼克所赞同:"法官的权力由于看来是有限的,其正当性就比较容易证明;对政治决策者的威胁也得以减轻。因此,当法官与机械法理学的范型最切近时,也就最为安全。"❷达玛什卡则从职业化法官的思维偏好方面解释了为什么法官愿意接受这种因为"规则实施"要求所带来的权力限制:"获得显赫地位的法官们觉得自由裁量空间的相对缩小是可以接受的:他们逐渐习惯于在井然有序的文件的基础上来进行决策,这些文件过滤掉了可能营造出决策中的回旋余地的、'杂乱的'情景性和个人性细微差异。"❸由此看来这种"规则实施"原则对司法权力范围的限定,既是统治集团寻求统治合法化的一种政治策略,也是法官和法律职业共同体试图为自身限定责任的一种安全保障屏障。在议会、法律至上原则、规则实施原则要求下,法官是法律的喉舌,而不是法律的大脑。这样,司法独立的含义还应当从法官因为希望减轻自身的政治责任的角度加以理解,独立并非完全的自主地位和权力,有时还指保持对外部政治环境的一种消极回避性的世外桃源式职业生活方式。

(二)权力与知识的博弈维度——司法公正性

司法概念与正义概念语出同源,司法俨然就是正义的化生。英文中,justice一词具有正义、公正的意思,也是对大法官的称谓,justice、judiciary 表示司法的意思,称谓法官的 judge 一词由拉丁词 judex 演化而来,judex 的本义为宣示何谓

---

❶ [美]克里斯托弗·沃尔夫:《司法能动主义》,黄金荣译,中国政法大学出版社 2004 年版,第 28 页。
❷ [美]诺内特、塞尔兹尼克:《转变中的法律与社会:迈向回应型法》,张志铭译,中国政法大学出版社 2004 年版,第 68 页。
❸ [美]达玛什卡:《司法和国家权力的多种面孔》,郑戈译,中国政法大学出版社 2004 年版,第 50 页。

公正(to declare what is just)。以上这些表示法官、司法、正义、公正的语词的词源全部原自拉丁文 jus。拉丁文 jus 一词的原意表示法的概念,同时,该词还内在着法律、权利、义务、审判的含义。海德格尔的名言"语言乃是存在之家,人以语言之家为家"所要启示我们的,语言其实就是人、社会和世界的一种存在状态。在这种意义上,法律和司法的历史实践面貌其实永远离不开语言的形式表达和实际运用,从而,从词源上追问司法与公正的关系并非没有意义,司法与正义之间的这种紧密关系甚至概念通用并非只在法的现代性问题中突然涌现,司法与正义的语词同源,其实说明了在人类历史早期阶段,司法与正义就结下了不解之缘,美好的生活愿望在现实的生存关系秩序中总是希望有一种制度实践形式予以保证和促进,即便神启的力量也需要通过实在的程式方可兑现为心灵的安全和稳定感。

　　司法获得社会的认同并逐步确立权威,关键在于司法担当了一种公正裁判者角色,通过公正的司法裁判,权利诉求得到了确认和恢复,犯罪得到了审判和惩罚。关键在于何谓司法公正以及如何实现司法公正? 要给司法公正下一个确切有效的定义是十分困难的,因为司法公正根本上是指通过司法制度对人类正义价值的实现。然而,关于何谓正义,至今并没有一个获得公认的唯一结论,按照博登海默的研究,政治哲学和法学理论家至少为正义的概念提供了多种答案:平等、自由、安全、秩序、共同福祉等,而且思想家们即便提出了同样的正义原则,却也经常会赋予其差异较大的具体内涵。❶ 不过,这并不意味着正义的内涵理解是一个虚无缥缈而没有确定答案的悬想。按照博登海默的看法,自然法学说所倡导的平等、自由、安全、秩序、共同福祉等正义价值目标对法律和制度提出了最低标准要求并构成了正义制度的基础,但是,正义概念必须在一个特定的政治和社会制度环境中予以理解。尽管某一特定国家的法律渊源并没有明文承认正义价值的有关具体原则,但是这并不意味着正义原则就没有对实在法提出要求,正义"是由一个更完美的和更理想的蓝图规划构成的,而这一规划则是一个国家的实在法所无力实现的。据此观点,正义概念所关注的既是法律有序化的和

---

❶　参见[美]博登海默:《法理学:法哲学与法律方法》,邓正来译,中国政法大学出版社 1999 年版,第 251 页以下。

即时的目的,也是法律有序化的较远大的和中期的目标"。❶ 司法公正的含义我们可以从两个向度予以理解:实体公正和程序公正。

按照棚濑孝雄的理解,法的实体公正含义可以按照普通人的朴素意识加以理解:"一般人所相信的,审判不过是忠实地把法律适用于事实这样一种忽视审判自身创造法律作用的'法律适用模式',使审判具有了安定、确实的外观。"❷这种常人方法学(ethnomethodology)立场着实有效地表达了许多人关于现代司法在如何实现实体公正价值目标问题上的理解——法律与事实的"等置"(Gleichsetzung)。然而,这是对现代司法的一种误读,这种误读因袭了韦伯式进路。如前文所论及,韦伯就将现代法的根本性质归结为成文原则——法律形式主义,那种基于自然法理性论证基础上的法律被韦伯排除在现代法之外,因为在韦伯看来,自然法学说的实质理性要求与神启的超验力量和专权意志在性质上没有什么不同,它们对现代形式法基础性、渊源性地位要求同样是不合理的。按照哈贝马斯的理解,现代法着实已经足够形式化了,但是,这并没有触及现代法的根本要旨——自然法理性论证构成了形式实在法的基础和前提,哈贝马斯客观地描述了现代形式实在法的与自然法理性论证之间的关系:"认为自然权利概念即便在17和18世纪还带有强烈的形而上学色彩。但是,所有的权利伙伴天生就是自由和平等的,他们通过契约来合理地均衡自己的利益,并调节相互的共同生活。就是因为有了这样一种契约模式,现代自然法理论家才提出,必须从程序的角度对法律加以论证,也就是说,根据原则对法律加以论证,而这些原则自身的有效性也是可以批判检验的。在这样一种语境当中,'自然'和'理性'所具有的不是一种形而上学内涵,相反,它们所描述的是一种共识所必须满足的形式前提。"❸这种学术立场对于认识现代司法在实现实体公正目标的意义是极为深刻,如果现代法的根本性质并非纯粹意义上的形式主义,那么,现代司法的实体公正内涵也就不会仅仅是将实在法规范适用于案件事实的僵化等置。庞德将法律形式主义作为"严格法"的根本特征,而"严格法"则是专制社会的法律范式,在这种"严格法"阶段,法律尽管已经成为社会的重要规范力量,但是,由于

---

❶ [美]博登海默:《法理学:法哲学与法律方法》,邓正来译,中国政法大学出版社1999年版,第278页。
❷ [日]棚濑孝雄:《纠纷的解决与审判制度》,王亚新译,中国政法大学出版社2004年版,第245页。
❸ [德]哈贝马斯:《交往行为理论:行为合理性与社会合理化》(第一卷),曹卫东译,上海人民出版社2004年版,第253页。

这个阶段的法律是由国家控制社会的工具,从而,"国家干预案件的方式和干预案件的途径均可用一种完全严格快捷的方法确定下来。法律规则完全是没有弹性的和不容变通的"。❶ 在普通法国家,17 世纪以后的以自然法和衡平法为主要渊源的自由法是现代社会的法律范式,这种现代法范式坚持道义、关心伦理意义上的正义、重在义务、依赖理性、倡导法律与道德统一,从而,作为现代法标志的自由法范式倡导"争端化解的伦理性和义务的履行观念","为法律和道义协调一致的努力,为每一个具体的争端的裁决都合乎道义的努力赋予司法裁量权以广阔空间"。❷

启蒙运动以来所倡导的正义价值和理性精神深刻影响并有力推进了现代司法对实体正义目标的追求,纠纷解决和犯罪审判中的实体公正并不仅仅意味着对形式实在法的机械适用,它还意味着必须有效确认抽象的一般性规则的确切含义,意味着必须面对不断涌现的新生事件的性质判断并赋予其概念内涵。韦伯也充分意识到了这种按照形式逻辑思维适用法律的尴尬境况:

> 但是,我们现在已经看到,纯粹专业法学的逻辑,根据抽象的"法律原则"在法学上"构思"生活的事实,而且在承认这条占主导地位的公理的情况下:法学家根据由科研工作得出的原则的尺度不能"设想"的东西,在法律上是不存在的,这就不可避免地一再导致一些使私人的、法的有关利益者的"期望"最彻底落空的结果。法的有关利益者们的"期望"是以某一项法律原则的经济的或者几乎是功利主义的、实际的意向为取向的;但是,从逻辑上看,后者是非理性的。❸

但是,韦伯并没有认为形式法作为现代社会的合法性法律范式、形式思维作为现代司法的合理性逻辑方法出现了什么问题,问题出在经济、功利目的对形式法律和司法所提出的实质合理性要求,这种实质合理性要求作为一类价值伦理要求是无法调和的,由于这种价值伦理要求的主观性使然,它们不是作为应当价

---

❶ [美]庞德:《普通法的精神》,唐前宏等译,法律出版社 2001 年版,第 97 页。
❷ [美]庞德:《普通法的精神》,唐前宏等译,法律出版社 2001 年版,第 98 页。
❸ [德]韦伯:《经济与社会》(下卷),林荣远译,商务印书馆 1997 年版,第 204 页。

值无涉的社会科学的讨论对象。韦伯立场的缺失前文已有讨论,在此不再赘述。问题的关键在于,一旦现代法的基础不再是专制权力意志,那么,司法实体公正目标的实现就不可视复杂多变关系中的现代法人个体的实用、功利诉求于不顾,司法的实体正义取向并没有放弃对一般化形式法的参照。虽然维护一般公正一直是实现法律正义的一个基本要求,但是,由于个别公正作为现代社会中个体主义的一种理论现实要求,决定了法官在具体判决中,无法放弃对一般化实在法的特殊思考,况且,实在法规范的普遍化、概括化和抽象化状况也必然地要求法官去准确确认其确切含义,普通法传统还要求法官必须从案件事实中提炼出一般规范。卡多佐借用布鲁特的话说:"法律应用体系的一个沉重工作是这样构成的,即更深入地发掘实在法的深层含义。然而,更重要的工作是这个系统所服务的第二项工作,即,填补那或多或少地见之于每一个实在法中的空白。""只是在宪法和制定法都沉默时,我们才踏上了这块神秘的土地,这时,法官必须从普通法中寻找适合案件的规则。"❶这实际上说明,实体公正始终是法官适用法律中的一个重要要求,对一般化法律的同等适用也并不意味着实体公正就不再具有必要性和可能性。也正是因为这个原理,法院不得拒绝裁判才成为现代司法的一项原则。

关于司法的程序公正,早在罗马法时代,就确立了"人不能裁判有关自己的诉讼"的法则。早期自然法学说也确立了"自然正义"(natural justice)原则,这项原则提出两项基本要求:(1)任何人不得担任自己案件的法官(nemo judex in parte sua);(2)应当听取双方当事人的意见(audi alterm partem)。博登海默则从正义与自然法关系的角度出发,从理论上将法律过程(程序)方面的自然公正要求总结为三条原则:原则一,未违反法律者不应被判有罪;原则二,在双方当事人间进行的法律争辩中,双方当事人都应当获得机会陈述己见;原则三,一个法律制度必须为保护权利和补偿损失提供公正的法庭,而且任何人都不应当在其自己的案件中充当法官。❷ 自然正义原则后来在英国的司法制度中得以牢固确立,被用来作为法官审理案件之必须遵循的最低程序标准。可见,司法对程序的

---

❶ [美]卡多佐:《司法过程的性质》,苏力译,商务印书馆1998年版,第5、7页。

❷ 参见[美]博登海默:《法理学:法哲学与法律方法》,邓正来译,中国政法大学出版社1999年版,第276页。

重视不仅仅只是现代社会中的一个现象,美国学者戈尔丁指出:"历史上最早的正义要求看来就是一种程序上的正义。"❶日本学者谷口安平则更加鲜明地指出:"程序是实体之母,或程序法是实体法之母。"❷不过,现代司法对程序公正目标的追求,已然超越了"自然正义"原则所体现的那种朴素要求,将程序上升为一种法律正义的价值范畴——内在价值。程序公正作为现代司法理念的重要一维,其思想源泉可以从现代性的两个向度予以回溯确认——自由主义的权力哲学和理性主义的认知哲学。

1. 自由主义的权力哲学向度。通常都将 1215 年的英国《大宪章》的颁布视作正当程序原则的制度源头。《大宪章》第 39 条规定:"除根据国内法律之外,任何自由民不受监禁人身、侵占财产、剥夺公民权、流放及其他任何形式的惩罚,也不受公众攻击和驱逐。"也有观点认为,在《大宪章》之前罗马帝国皇帝康德拉二世颁布过一个法令,该法令有关正当程序的规定较之《大宪章》更早,该法令规定:"不依帝国法律以及同等地位贵族的审判,不得剥夺任何人的封邑。"❸不管怎样,我们至少可以认为,中世纪向近代过渡阶段,司法程序的地位已经开始受到重视,自然正义传统对司法程序公正的影响一直甚为深远。不过,司法程序公正作为一项突出重要的法律正义价值目标的真正确立,根本上则是一个现代性问题,它是启蒙运动的产物,其根本要旨是对专制权力的一种限制方式和配置方法,按照福科的理解,是一种权力的"符号——技术"策略。❹ 按照诺内特和塞尔兹尼克的理解,程序在法律上中心地位的获得,其机制逻辑是对压制的控制:"对压制的控制开始于信奉规则统治这种观念的发展;程序则成为公正适用规则的显而易见的主要保障。从潜在意义上说,压制性权威为'正当程序'所约束。在解决公民之间的纠纷和评估各种有利或不利于国家的要求时,法律体系所提供的最显著、最别具一格的产品就是程序公平。"❺

由此可见,程序公正原则的最初确立主要是从限制专制政治权力对个人权

---

❶ [美]戈尔丁:《法律哲学》,齐海滨译,生活·读书·新知三联书店 1987 年版,第 235 页。

❷ [日]谷口安平:《程序的义与诉讼》,王亚新、刘荣军译,中国政法大学出版社 1996 年版,第 8 页。

❸ 哈萨尔:《早期中世纪的德意志(476—1025)》,英文版,伦敦,1908 年,第 146 页;转引自李昌道:《美国宪法史稿》,法律出版社 1986 年版,第 210 页。

❹ 参见[法]福科:《规训与惩罚》,刘北成、杨远婴译,生活·读书·新知三联书店 1999 年版,第 113 页。

❺ [美]诺内特、塞尔兹尼克:《转变中的法律与社会:迈向回应型法》,张志铭译,中国政法大学出版社 2004 年版,第 73 页。

利和自由的恣意干涉和非法剥夺角度发生作用的,这项原则的确立初步划清了政治权力与司法权力的界限。不过,我们还应当认识到,即便司法权力能够从政治权力中剥离而出,那也并不保证司法权力的运作就必然能够保证司法程序公正目标的实现,或者说,程序公正或正当程序原则是一个关涉权力运作全部方面的原则,它在限制政治权力的同时,也要求司法权力的运作过程本身必须是公正的。贝卡利亚较早地将视点对准刑事司法程序领域,在倡导无罪推定原则的基础上,深入阐述了关于刑事司法公正的思想。贝卡利亚细致论述了刑事程序中的许多重要环节或行为:逮捕、审判形式、证据制度、讯问、宣示、刑讯、刑罚等,相关论述的许多方面无疑都是程序公正的思想圭臬。关于逮捕,贝卡利亚批评了那种证据不足和法律上没有根据而任意监禁公民的现象;关于审判形式,提倡同等人审判、回避制度、审判公开和证据公开;关于作证,提出合理确定证人和建立合理证据制度要求;关于口供,反对提示性讯问方法,特别反对刑讯逼供,等。❶如果说贝卡利亚是从人道主义和自由主义理论立场就刑事司法程序的公正性提出了一些具体要求,那么福科则是从权力哲学的深处揭示了程序公正的理论本性。福科细致考察了法国革命前后司法权力的分配和实际运行状况,他将视角对准 18 世纪后期因为犯罪形态的变异而引发的刑罚宽松化现象之间的关系进而进行了独到的权力哲学审察。

按照福科的考察,17 世纪及以前一段时期的法国,刑事犯罪表现出一种极端暴力状况和严重流血性质,犯罪成为一个极其突出的社会问题,这与 18 世纪初期以后的刑事犯罪所表现出的逐步缓和、日益隐蔽、专业化、边际犯罪化形成了鲜明反差。相应地,国家在惩罚犯罪的形式上也发生了极为重大的变化,这种变化可以概括为由 17 世纪的极端酷刑转变为颇显人道精神和更显文明形态的温和性的刑罚方法,刑事司法的程序过程也更加重视法律的明文规定、更加注重遵循程序规则的约束。对此,福科进行了这样的设问:"这种人的尺度是如何用来反对传统的惩罚实践呢?它是如何成为改革运动的重要道德证明呢?为什么人们会对酷刑怀有普遍的恐怖和强烈要求惩罚应该'人道'?"❷福科思考这个问题的思路首先是从追问为什么刑事犯罪在 18 世纪较之在 17 世纪及以前时期

---

❶ 参见[意]贝卡利亚:《论犯罪与刑罚》,黄风译,中国大百科全书出版社 1993 年版,第 17 页以下。

❷ [法]福科:《规训与惩罚》,刘北成、杨远婴译,生活·读书·新知三联书店 1999 年版,第 83 页。

而表现得相对缓和的原因开始的。福科对这个问题的思考根本上是一种权力的
"技术——经济"学逻辑,在福科看来,所谓犯罪,根本上则是一个经由权力知识
话语进行解释和建构的对象,犯罪型态的嬗变其实只不过是知识的权力实践的
结果。因此,福科的结论是:"实际上,从流血的犯罪转向诈骗犯罪,是完整复杂
的机制的一部分,这个机制包括生产的发展,财富的增加,财产关系在司法和道
德方面获得越来越高的评价,更严格的监视手段,居民的划分日益精细,寻找和
获得信息的技术愈益有效。因此,非法活动的变化是与惩罚活动的扩展和改进
相互关联的。"❶在这种意义上,犯罪激化状况的逐步缓和趋势并非一个自行嬗
变和演化过程,而是因为定义犯罪、惩罚犯罪以及预防犯罪的国家权力逐渐按照
技术——经济——安全——秩序的新型话语实践机制运作的结果。在专制社
会,暴政和强制直面叛乱和犯罪,两者互为因果,双向同步升级;在现代社会,知
识和技术疏导秩序并重新定义犯罪,彼此寻求和谐。按照福科的设问和解释理
路,如果说刑事犯罪从 17 世纪向 18 世纪的型态演化根本上则是权力话语实践
主导和决定的,那么,追诉和惩罚犯罪的司法程序何以日益转变为一种更加人
道、更具尺度、更强调权力抑制和更注重对规则的遵循的过程,一言以蔽之,为什
么程序需要公正?

　　按照福科的考察,18 世纪初期一大批启蒙思想家、人道主义者对惩罚犯罪
形式的公开残酷状况进行了激烈的批判,进而倡导一种文明、人道、讲究尺度、遵
循法律、限制权力、设计规则的犯罪惩罚形式。与此同时,这些开明人士将犯罪
激化状况的根本原因指向君主权力至上原则,正是因为君主权力至上,导致了司
法权力运作的诸多严重弊病,它们包括:法官职位世袭制,可以出售,具有商业价
值,经常化公为私;判决权力与立法权力混淆;审判过程中的特权现象严重;法庭
五花八门,法出多门,重叠冲突;司法权缺乏监督机制,法官滥用权力;国王权力
直接介入或干涉案件审判,经常擅自改变或撤销判决,等等。❷ 鉴于司法权力的
这种混乱状况,那些启蒙思想家和人道主义者倡导司法权与君主权力的分离和
独立,要求划清司法权与立法权的界限,主张法官是介于君主与市民之间的裁断

❶　[法]福科:《规训与惩罚》,刘北成、杨远婴译,生活·读书·新知三联书店 1999 年版,第 86 页。
❷　参见[法]福科:《规训与惩罚》,刘北成、杨远婴译,生活·读书·新知三联书店 1999 年版,第 87~88
　　页。

人角色,是宣告法律的喉舌,司法是对法律的严格适用,审判过程应当是一个文明、人道、公开、注重证据、遵守规则的公正程序。

如果对司法程序公正的理由仅仅作出以上解释,那么我们只不过是再一次赘述了启蒙思想家的言论而已。福科并没有否认以上解释的有效性,也没有批驳否认那些人道主义者的价值立场,他的理论旨趣所在,是去追问那些开明人士关于司法公正的价值学说的提出将意味着什么,以及为什么在那个被称作启蒙和革命的时代,司法权力为什么在事实上演化为一种程序公正的司法范式。

在福科看来,刑事司法的现代转型产生于反对君主至上权力的斗争与反对司空见惯的非法活动的地下权力的斗争的汇合处,但是,这种转型并不意味着它是启蒙思想家和人道主义者思想学说的产物,司法权力型态和过程规则的嬗变,主要是直接执掌这种权力的从业者在其实践过程中自行完成的,"改革不是在法律机制外面酝酿的,也不是反对该机制的一切代表。它的准备工作大部分是在该机制内由许多司法官员完成的,他们之间既有共同目标,又有权力角逐"。❶这种立场意味着对司法程序公正价值目标的追求是内在于司法权力实践的自身逻辑之中的,现代司法对程序公正目标的倡导和追求过程的根本实质在于:司法权力应当按照知识的要求更加精细、更加弥散、更加稳定、更加规范、更加有效、更加经济、更加文雅、更加温情脉脉。权力,在福科看来,它既为政治力量以显眼的形态拥有和掌控,也弥散于无数个社会个体手中。政治国家是一种控制力,社会个体是一种反抗力,国家的控制力一旦以粗糙的强制暴力形式动用,其后果将是激发出社会个体反抗力的强大反弹,这就是刑事犯罪的暴力激化与政治强制之间的互动关系原理。从而,管理社会作为权力的一种目的,需要以碎化的、隐性的、微妙的、适度的、程序的方式动用,权力必须通过诸如理性化、文明化、人道化、程式化的司法权力程序实现刑罚的目标。

至此,有必要重点引述福科的一段文字结束本部分的讨论,以保持福科关于现代司法的程序公正作为一个权力——知识实践事件之理性本质的理论揭示的思想原貌:

改革运动的真正目标,即使是在最一般的表述中,与其说是确立一种以

---

❶ [法]福科:《规训与惩罚》,刘北成、杨远婴译,生活·读书·新知三联书店1999年版,第90页。

更公正的原则为基础的新惩罚权利,不如说是建立一种新的惩罚权力"结构",使权力分布得更加合理,既不过分集中于若干有特权的点上,又不要过分地分散成相互对立的机构。权力应该分布在能够在任何地方运作的性质相同的电路中,以连贯的方式,直至作用于社会体的最小粒子。刑法的改革应该被理解为一种重新安排惩罚权力的策略,其原则是使之产生更稳定、更有效、更持久、更具体的效果。❶

2. 理性主义的认知哲学向度。程序公正作为一种独立价值的论证根据导源于一场席卷西方世界的认识论——科学求真领域的思想危机。及至深度现代性阶段,"人们认识到基础性的知识可能是无法获得的,因为,不论理性主义和经验主义有多么地自命不凡,但是主体可能永远不能通约自己与外在世界之间的裂痕"。❷ 对于认识论——科学求真问题,利奥塔尔以一种后现代主义立场,指出现代科学只不过是一种陈述性语言游戏,这种语言游戏的性质主要包括共同体话语与日常生活话语的分离、价值无涉、可证伪性、历时性积累并猜想等,因此,"人们意识到,真理的条件,即科学游戏的规则,是内在于这个游戏的,它们只能在一个自身已经是科学的辩论中建立,只要这些规则能够让专家达成共识,它们就是好的,除此之外没有什么证据"。❸ 由此可见,现代认识论和科学问题根本上还是一个内在于认识论——科学的自身规则的程序问题。这场认识论危机同时也波及到价值论领域。

本来,经验取向的实证主义已然为法学研究提供了一种科学范式,可是,法学的特性在于,价值和规范命题所要求的证据很难获得清晰的经验证据支持。在实证主义视野中,科学命题的内涵根本上是一类指称性话语(assertive discourse),包括陈述、描述、归类、解释,尤其需要举证和论证。按照利奥塔尔的观点,科学命题的话语形态需要遵循两条规则:"第一条规则是辩证的,甚至是司法修辞的:一切可以在辩论中作为证据提出来的理由都是指谓。……第二条

---

❶ [法]福科:《规训与惩罚》,刘北成、杨远婴译,生活·读书·新知三联书店1999年版,第89页。

❷ [美]菲尔德曼:《从前现代主义到后现代主义的美国法律思想》,李国庆译,法律出版社2005年版,第212页。

❸ [法]利奥塔尔:《后现代状态——关于知识的报告》,车槿山译,生活·读书·新知三联书店1997年版,第54~55、62页。

规则是形而上学的:同一个指谓不可能提供几个矛盾的或不一致的证据。"❶这意味着,科学命题话语是一个对指谓(对象、客体)之本性或内容的描述宣称和举证论证问题。概括抽象言之,科学命题是一种"主体——指称——指谓——客体——论证"型的语用学结构。然而,法学命题是一种怎样的话语类别?其指谓、表述形式如果同样需要论证那么其论证要求及形式又是什么?德沃金指出:"对于法律应该允许或禁止的是什么,它赋予人们何种权利,人们对此所有的各种各样的生命或主张,我们姑且称之为'法律的命题'。"哈特在界定法律的概念时,秉承语用学话语类型的多样性路线,将法律初步认定为一种"命令",并将"作为强制性命令"的法律与强盗情境中的威胁命令进行了区分,初步得出"法律"的概念:"凡是存在法律制度的地方,就必定有这样一些人或团体,他们发布以威胁为后盾、被普遍服从的普遍命令;而且,也必定有一种普遍的确信,即确信如果拒不服从,这些威胁就可能被付诸施行。"❷并认为这种"以制裁为后盾"的命令式的法律主要表现为刑法,除此以外,法律命题的语用学话语类别还包括颁布、习惯、授权、承认、制裁、解释等多种类型。由于法律命题之话语形态的多样性及其与科学(社会科学)命题之话语性质的重大差异,决定了法学研究与科学(社会科学)研究在方法论方面所要求的重大不同。

另外,无可回避的是,为现代主义所促就的个人主义越是盛极一时,价值多元主义和道德相对主义就越是复杂难解。况且作为社会科学之一种的法学显然与声称只以经验世界中的客观事物为研究对象的现代自然科学本来就大异其趣。华勒斯坦指出:"与自然科学所界定的自然世界不同,社会科学的对象领域有其自身的特点:不仅研究对象包括了研究者本人,而且被研究的人还能够与研究者展开各种各样的对话和辩论。"❸因此,面对价值论——道德实践领域所呈现出的道德主观主义、价值相对主义困境局面,按照罗尔斯的方案,唯有设计一种以能够容忍各种完备性学说(宗教学说、哲学学说和道德学说)、并不以任何一种完备性学说为根据的、又能够为各种完备性学说所认可乃至支持(重叠共

---

❶ [法]利奥塔尔:《后现代状态——关于知识的报告》,车槿山译,生活·读书·新知三联书店1997年版,第52页。

❷ [英]哈特:《法律的概念》,张文显等译,中国大百科全书出版社1996年版,第27页。

❸ [美]华勒斯坦等:《开放社会科学》,刘锋译,生活·读书·新知三联书店1997年版,第54页。

识)的政治正义观念为内容的立宪政体。❶ 可以认为,这种作为或宽容、或整合各种完备性学说的政治正义观念中的立宪政体势必在性质上是程序性的,并且这种作为处置各种完备性学说以获得重叠共识的程序政体显然已经获得了独立价值。这样,在认识论和价值论危机之困境摆脱的理论方向探索上,现代自然科学和社会科学都不约而同地开始将目光投向作为追求真理和实现价值的程序之上,程序渐渐不再被看做实现目的的手段和工具,程序本身也是一种价值。

　　法律程序之独立价值思潮,很大程度上孕育于以上认识论——科学求真领域和价值论——道德实践领域的宏大话语秩序。法律程序之于法律的形式和实质而获得独立性价值地位,甚至仅仅只是以上宏大话语秩序中的一个事件。不过需要指出的是,法律程序独立价值的论证也有自己的一些特定经历和内在逻辑。❷ 以美国为例,法律程序主义是在经历自然法、法律实证主义、法律现实主义等多种法律范式的前赴后继而最终兴起的。建国初期,法律由自然法统领,至南北战争,出现了自然法与自然权利的理念界分。反对农奴制的北方人选择了自然权利道路,认为个人自由的自然权利与农奴制相互冲突。主张农奴制的南方人选择了自然法道路,认为自然法给社会强加了一种自然秩序,奴隶应该被继续固定在他们本来的社会角色之中。尽管在自然权利抑或自然法的论战中前者战胜了后者,但是也因此而暴露了自然法理念的缺陷:存在永恒的、普遍的自然法原则是值得怀疑的。这样,兰德尔实证主义法学在 19 世纪 70 年代的美国开始盛行起来。兰德尔主义者将伦理、社会和历史等因素排除在法学之外,运用归纳逻辑从已决案例中努力归结法律原则,构建规则体系,进而按照演绎逻辑适用法律原则和规则。但好景不长,及至霍姆斯时代,尽管法律原则和逻辑继续为霍姆斯所重视,但是霍姆斯开始更加重视经验,强调"法律的生命从来都不是逻辑,法律的生命在于经验",这样,以经验主义为基础的实证主义(实用主义)开始盛行,经过庞德、卡多佐等法学家的助阵,法律现实主义运动深入推进,法律真正成为杜威所界定的一门"经验科学"。至此,法律程序仍然没有纳入主流思想家的视线,更妄论法律和司法程序的独立价值。

　　法律和司法程序获得重视并赋予其独立价值的契机,一方面在于对经验主

---

❶　参见[美]罗尔斯:《政治自由主义》,万俊人译,译林出版社 2000 年版,第 13 页。

❷　以下关于美国法学范式的演化历程的描述,主要参考了[美]菲尔德曼:《从前现代主义到后现代主义的美国法律思想》,李国庆译,法律出版社 2005 年版,第 147 页以下。

义能否为正义的法律提供知识基础的深刻怀疑——伦理和规范问题的经验证据无法清晰明了;另一方面在于第二次世界大战前后关于政府合法性基础的一种思潮——民主政府因何优越于集权国家。对于第一个契机,结论非常简单:经验研究"可能为社会科学家发现价值中立的真理。但是,对于希望阐述和正当化实体价值和目标的法律和政治理论家来说,经验研究肯定不能提供必要的基础性知识"。❶ 对于第二个契机,情况则相对复杂。第二次世界大战前后,纳粹集权主义在美国政治哲学、法学等领域所引发的一个价值难题是:如果所有的价值都是相对的,那么民主美国何以要优于极权国家? 对于这个问题的回答十分有趣:民主美国优于极权政府的理由在于其民主本身。这种答问方式着实符合利奥塔尔的诊断:"现代性的普遍倾向是用一个关于条件的话语来定义一个话语的条件。"❷其实,要害就在其中——民主目标要用民主方法实现(杜威语),而民主过程本身就是一种价值。对此,杜威以及罗尔斯几乎非常一致地主张民主先于哲学和论证,民主离开了哲学前提仍可相安无事。❸ 罗尔斯政治自由主义所倡导的民主立宪政体和政治的正义观念要求避免获得任何一种完备性学说(宗教学说、哲学学说和道德学说)的论证支撑的立场,❹显然是突出赋予了民主(立宪政体)的独立性地位和价值。

可以认为,法律事业既具有认识论意义上的科学求真性质——寻求客观之法,又属于价值论意义上的道德实践性质——确立法的正义标准。在认识论领域的自然科学将真理的标准界定为对科学共同体的自我游戏规则之后,在价值论领域的道德实践评价尺度落实于民主政体及其过程之后,法律事业的结果同样不再是判断和评价其本来只是作为实现目的之手段的程序的条件标准。

在分析层面,司法程序结果的正确性与否无法完全替代司法过程而兑现法律的全部意义,达玛什卡指出:"程序规则,无论是由国家预先制定的还是由诉讼当事人临时约定的,都要求具备自身的完整性和相对于实体法的独立

---

❶ [美]菲尔德曼:《从前现代主义到后现代主义的美国法律思想》,李国庆译,法律出版社2005年版,第213页。

❷ [法]利奥塔尔:《后现代状态——关于知识的报告》,车槿山译,生活·读书·新知三联书店1997年版,第63页。

❸ 参见[美]罗蒂:《后哲学文化》,黄勇译,上海译文出版社2004年版,第161页。

❹ 参见[美]罗尔斯:《政治自由主义》,万俊人译,译林出版社2000年版,第38～39页。

性。……司法过程不可能完全分离于关于对与错的实体性观念,也不可能完全等同于一场游戏或辩论赛。"❶诚然,司法程序过程的要件——对立面的设置状况、关系人的参与程度、决定者的意志立场、证据的规则和标准、意见的表达方式、过程的繁琐与便利,等——势必不但不是可以忽略不计的影响结果的参数,而且它们本身就是一类独立的事项,具有独立价值。

(三)专业实践的社会维度——司法职业化

司法职业化尽管可以从利益和资源的垄断维度加以解释,但是,司法在现代逐渐成为一种职业的根本力量其实是知识。齐格蒙·鲍曼认为,现代社会中蓬勃兴起的职业化运动,"知识起着核心作用,这是一个使这些职业统一起来的要素"。❷ 通常认为,法律职业化的一个重要条件之一就是法律职业家群体"在深厚学识的基础上娴熟于专业技术,以区别于仅满足于使用技巧的工匠型专才"。❸ 现代性——知识——司法职业化三者之间存在着紧密的理论关联,也为现代化社会实践所促成。现代性就是理性主义的合理性分化,这种合理性分化逻辑是被不同的社会实践领域所现实地提出要求的。合理性既内在于特定的实践秩序之中,也需要并能够从具体的实践领域进行归结、提炼和改进,这种抽象性行为和结果,根本上就是一个知识问题。知识与权力之间内在着一种共生关系,权力需要知识,知识赋予权力以合法性和有效性,拥有知识就是拥有权力,拥有权力就意味着已经掌控着知识。正是因为知识与权力之间的这种紧密联系,从而通过知识逻辑的条件要求,就将司法这种权力引向职业化(共同体化)掌控道路,它意味着,在现代社会,不具备专门化、系统化法律知识的人,应当被排除在司法职业之外。

按照波斯纳的见解,明显的法律职业的开始形成出现于 13 世纪末期的英国;在美国,法律职业开始真正兴盛的时期始于 1870 年,这一年,兰德尔开始担任哈佛法学院院长,并开始将法律作为一门学科予以建设。❹ 司法职业化作为

---

❶ [美]达玛什卡:《司法和国家权力的多种面孔》,郑戈译,中国政法大学出版社 2004 年版,第 151～152 页。
❷ [英]齐格蒙·鲍曼:《立法者与阐释者》,洪涛译,上海人民出版社 2000 年版,第 27 页。
❸ 季卫东:《法治秩序的建构》,中国政法大学出版社 1999 年版,第 198 页。
❹ 参见[美]波斯纳:《超越法律》,苏力译,法律出版社 2001 年版,第 54 页以下。

法制现代化进程中的一种特定现象,有其深刻的知识论基础,也正是因为现代知识学逻辑,使得司法才真正成为一种职业。释明这种知识论基础的基本方面,对于现代法律职业的完善和发展而言具有十分重要的意义,甚至可以认为,法律职业建构其上的知识论基础一定程度上也是推进法制现代化进程的一种原初动力。

法律职业主义最初并不十分重视其知识论基础,知识性或专业性并非法律职业的根本性质。早期的法律职业受亚里士多德"政治责任"论和古罗马"贵族责任"理念的影响颇深,后来又受基督教伦理之"天职"观念影响深刻,在这种政治学说和宗教伦理观的影响下,欧洲早期的法律职业主义更加注重法律职业的公共性和社会奉献精神,更重视职业家的政治阶层和身份,而非其专业知识内涵和专业技能。❶ 在此历史阶段,法律职业主义的实质根本上是一种公共性职业主义。法律职业由注重公共性职业主义向崇尚专业性职业主义转变、重视其知识论基础的状况的出现,决定于两个重要因素。一是为现代性精神所推崇的工具理性、工业主义、科学主义和资本主义经济在催生复杂社会关系的同时,也对法律发展提出了要求并推进了法律发展的系统化、一般化、抽象化进程,而这种法律发展过程倘若缺失以法学学说和理论为内涵的知识论基础是没有可能的。二是现代大学的诞生和现代教育制度的建立促成了法律这类知识(scientia)最终成为一门学科,法律成为大学中的一个系别,法律一旦成为现代大学的一种知识单元和教学科目,那么作为职业的法律与作为知识的法律就必将紧密联系起来,法律(学)教育就不再仅仅只去传授从事法律实务的技能,它还需要追问这种技能的原因和根据,这种作为原因和根据的法学理论或学说,其实质就是法律职业的知识论基础。

对于法律职业化运动的知识论基础的基本内涵,我们可以从以下几个方面作出简要界说。

首先,法律职业化对应于法律知识的类别属性要求,是本性上属于实践理性知识的法律所要求的法律实践活动的一种社会组织形式。界说法律是一种实践理性知识,是将其与纯粹理性知识进行的一种必要区分。对于"实践理性",它是"理性"概念的衍生。"理性被认为是一个表达认识主体的认识能力及其所揭

---

❶ 参见李学尧:《法律职业主义》,《法学研究》2005 年第 6 期。

示的认识对象的普遍本质的概念,实践理性这一概念则意味着:理性不仅是一种理论观念或认识能力,而且也是一种行动者的实践能力和意志能力,是实践着的理性。"❶波斯纳则将实践理性概念很实用主义地理解为"不轻信者对无法为逻辑或精密观察证实之事物形成种种确信时使用的各种方法",❷它用于解决人们面对现实问题时如何作出行动。在波斯纳看来,法律作为一种知识类别系统,它更多地不是一个数学式、逻辑般和科学论证型的知识形态,而经常是一个依赖直觉、常识、记忆、习惯、内省、想象等力量资源的过程。对此,哈贝马斯指出:"法是一身兼二任的东西:它既是知识系统,又是行动系统;它不仅可以被理解为一个规范语句和规范诠释的文本,它还可以被理解为建制,也就是一套行动规则。"❸因此,作为实践理性知识的法律,如何创造知识和传播知识,势必需要通过一定的社会组织形式方得以可能,而法律职业化正是这种实践理性范畴的法律知识创造和传播的恰当社会组织形态,这种组织形态表现为一个共同经受法学理论教育和技能训练、并共奉法律信仰且专长于法律实务技能的法律职业家共同体的形成,他们坚持法律至上立场并恪守法律思维作出法律行动。

其次,法律职业共同体在认同法律知识之实践理性本质的同时,并不放弃对纯粹理性知识本性的应然法律的追寻。什么是应然之法? 法律如何正义? 诸如此类的本属纯粹理性知识范畴的思辨和追问活动,始终没有为法律职业家共同体成员所漠视或放弃,法律职业建立在将法律作为一门科学学科和知识体系的基础之上,系统的法学理论学习作为一种经历是法律职业家区别于行业匠人的根本标志,"学识法律家集团的内部尽管存在着职能分工,甚至存在着(例如检察官与律师之间)对抗活动,但是他们具有共同的知识背景,必须以共同的法理语言来交谈。他们构成了一个有关法律的解释共同体"。❹ 这个具有共同知识背景的法律解释共同体的形成,没有经过正统的大学法学理论思维训练是不可想象的。在这个法律家共同体内部,作为成员之一的法学家更是注重对应然之法的追问,没有发达的法学理论根据,便不可能出现一个共享法律价值的法律家

---

❶　葛洪义:《法律与理性——法的现代性问题解读》,法律出版社 2001 年版,第 297 页。
❷　[美]波斯纳:《法理学问题》,苏力译,中国政法大学出版社 2002 年版,第 71 页。
❸　[德]哈贝马斯:《在事实与规范之间:关于法律和民主法治国的商谈理论》,童世骏译,生活·读书·新知三联书店 2003 年版,第 139 页。
❹　季卫东:《法治秩序的建构》,中国政法大学出版社 1999 年版,第 221 页。

共同体。因此,法律职业化正是因为这种对纯粹理性属性的法学理论的开放,才得以区别于以单一的技能传授为本质特征的行业匠人。尤其重要的是,法律职业家对应然之法或正义法律的追问,并非一种思想实践或形而上学游戏,因为法律职业家追问应然之法和正义法律的过程重合于法律实践行动,即便是法学家的学理思辨,也是很实用主义的,他们或通过理论话语的影响力量,或直接参与到现代法的制定过程之中,推动了现代社会形式法的真正形成,对此,韦伯指出:"倘若没有有学识的法律专家决定性的参与,不管在什么地方,从来未曾有过某种程度在形式上有所发展的法。"❶

第三,法律职业化顺应社会经济发展所引发的法律知识增长要求,担负起市场条件下国家权力和市民权利之间关系架构的中介。知识的增长一方面决定于社会关系的不断分化和日益复杂,另一方面决定于社会主体对这种不断分化和日益复杂的社会关系所内在的规律及其本质的追问和探寻。导致社会关系分化和复杂化的一个重要动力是人类经济行为的多样化和经济关系的日趋复杂,这种复杂和多元关系状况必然地要求产生大量以调整人们经济关系为主要内容的法律规范,这种法律规范对于那些必须将其作为行为约束和结果预见根据的社会经济生活主体而言,显然就是一类重要知识。但是,就社会个体而言,任何人都只拥有该类法律知识的十分有限的部分,哈耶克指出:"我们对于那些决定社会进程的大多数特定事实的无从救济的无知,正是大部分社会制度之所以采取了它们实际具有的那种形式的原因之所在。"❷因此,因经济市场化发展所引发的人类行动规范之重要一种——法律规范知识的不断增长,客观上要求社会形成一定机制以保证这种知识的创造、传输和服务,这样,法律职业才应运而生。韦伯指出:"对法律专门知识日益增加的需求,使专业律师应运而生。这一需求以及对法律合理性的追求,几乎与商业的发展和法律专家的参与是并行的。因为要解决层出不穷的新问题,没有经过专业性和合理训练的法律人员是不可想象的。"❸由此可见,法律职业的兴起,根本上是以对社会经济交易活动所引发的

---

❶ [德]马克斯·韦伯:《经济与社会》(下卷),林荣远译,商务印书馆1997年版,第117页。

❷ [英]哈耶克:《法律、立法与自由》(第一卷),邓正来等译,中国大百科全书出版社2000年版,第9页。

❸ [德]马克斯·韦伯:《论经济与社会中的法律》,张乃根译,中国大百科全书出版社1998年版,第86页。

利益当事人对日益增长和复杂的法律知识的需求为依据的,经济的市场化发展必然地要求法律职业化进程的开始。法律职业家共同体按照角色分工,按照创造法学理论、解释法律规则、提供法律服务、主导司法程序、进行事实陈述和举证等多种游戏规则,使得法律职业成为一个市场经济条件下的国家权力和市民权利之间关系架构的一个重要中介和桥梁,"在这种体制下,国家机关和社会组织之间保持着适度的联系和交流;市民的个人选择可以反映到行政的制度选择上去,而实证的法律规范也可以渗透到自生的民间秩序之中"。❶

第四,法律职业化按照其内在规则处理法律知识,使得法律知识始终能够保持一种事实性与有效性之间的张力。作为知识系统和行动规则的法律,存在一个如何保持其事实性和有效性之间的张力问题,实在之法是一个事实性问题,法律如何合法是一个有效性问题。保持法律之事实性和有效性之间的张力,根本上是一个法律的合理化问题。一方面,已经制定的法律应得到普遍的服从,而为人们所服从的法律本身就应该是制定得良好的法律(亚里士多德语),这样,就存在一个如何实现法律的合理性问题和怎样保证法律合法的合法性问题。对实在法律的实现,实际上就是将既有的法律规则适用于具体的社会关系事实之上;对法律合法性的保证,则就成为一个为实在法律的前提根据提供理由并进行合法性论证的事业。应当认为,法律职业化所内在的职业规则暗合于保持法律事实性和有效性张力之要求,对于法律职业处理法律知识的规则,我们可以从以下几个方面作出归结。(1)法律职业区别于缺失理论根据和价值引导的技艺,法律职业家按照理论和概念思维指导行为并通过专业术语进行对话和交流。"按照法史学和法理学的通常理解,职业法律家的形成与法学知识的形成密不可分。"❷上升为科学学科的法学,其理论原理和概念体系始终是职业法律家赖以为生的专业养分。这样,实在法律的有效性基础便通过职业法律家的理论反思得到了保证,实在法律因此而能够始终保持对什么是正义之法的开放性。(2)职业法律家因循法律解释学进路,在处理事实的同时也解释规范。守旧的法律与新生的事实之间始终对立存在,弥补这道鸿沟的正是职业法律家以三段论思维为基础的法律解释学方法,通过这种法律解释学方法,作为大前提的法律规范

---

❶　季卫东:《法治秩序的建构》,中国政法大学出版社 1999 年版,第 222 页。
❷　孙笑侠:《法律家的技能与伦理》,《法学研究》2001 年第 4 期。

获得了新的表述(法官造法),作为小前提的争议事实被赋予规范内涵(法律判决)。(3)法律职业家崇尚形式法律并持以对道德涉入的审慎立场,通过法律维系职业家共同体的自治和团结。道德、伦理、政策、习俗等外在于法律的权力话语并非绝对地无涉于法律,它们对法律这一社会行为规则系统也存在一定的影响,但是,这种影响仅仅只是法律规范系统的外部环境,它们影响着实在法律的实际内容,但没有为实在法律所吸纳的内容并不能成为法律事实结论作出的根据。(4)法律职业形成准入制度,这种准入制度强化了法律职业家对法律知识内容的熟悉范围和处理法律事务的能力。资格考试成为法律职业准入制度的基本形式,通过资格考试而促成的法律知识掌握和法律技能熟练,使得法律职业家能够胜任法律知识供给和法律服务之社会责任,排除了非法律职业人员误读法律而导致权力、金钱、意识形态、伦理习惯、道德传统等非法律知识因素消解法律秩序的可能性。

　　法律职业化并非为一个孤立的、仅仅为法律职业本身的目的的追求和实现而出现的法律实践现象,法律职业化本质上没有自己的目的,其意义根本上在于推进法治进程。司法现代化在法制现代化进程中具有特殊地位,法律职业化更多的是通过对司法现代化进程的作用而推进法治进程的,其中,法律职业化之知识论内涵在为法律职业化进程提供坚实基础的同时,也在很大程度上提出了现代司法制度的合理化要求。

　　首先,作为实践理性属性的法律知识所要求的社会组织形式的法律职业,要求司法独立。法律职业作为法律知识创造、传播和运用的社会组织形式,意味着法官、检察官、律师和法学家共同成为法律知识的主体,他们推进司法活动过程或解释和评价司法活动现象只按照实践理性的法律知识所内在的规则行事,为法律职业家所共享的法律价值成为司法原则,为法律职业家所拥有的实在法律知识成为处理具体法律事务的直接根据,政治权力知识、道德知识、伦理知识、经济知识等,既不是法律职业家所求取的对象,也不是司法运行的决定性力量和司法结论作出的根据。司法权力话语的力量之源来自法律知识本身,任何非法律知识话语的权力形态均不得成为左右司法活动的主导。

　　其次,法律职业家对应然之法的追问及对正义法律的答案提供,要求司法判决理由的合理化。"判决理由是司法权合理化的最重要的指标,也是法官思维水平的最典型的表现。在学识性、合理性较强的法律体系下,判决书不阐述和论证把法律适用于案件事实的理由的事情是绝对不可想象的。"❶法律知识之前提根据尽管有其客观性一面,也有其主观性一面,其客观性在于社会关系的法权要求,其主观性在于法律职业家(尤其是法学家)对这种法权要求按照怎样的方法和标准作出了识别和回答。因此,在抽象性层面上,司法判决理由应为为法律职业家所共识的法学理论知识;在具象性层面上,司法判决理由应为实际参与诉讼个案的法律职业家意见。

第三,回应法律知识增长之社会需求的法律职业,要求司法成为权力控制和权利维护的中性力量。以经济市场化发展为主要动力所引发的法律知识的增长,一方面意味着国家控制社会权力的强化,另一方面则意味着市民为实现其利益而对抗强制和摆脱束缚之权利依据的渴求。权力——权利作为一种二元对立构造,催生了以法律知识生产和服务为使命的法律职业,而这种法律职业所表现出的法律知识生产和服务行为的权力内涵是权力控制和权利维护,既作为国家与社会关系的中介,架构秩序与自由之间的通道。从而,以回应法律知识增长之社会需求的法律职业,实际上为司法权力的目的作出了定位——社会整合,也对司法权力的性质作出了限定——中性力量。诚如马克思所言:"独立的法官既不属于我,也不属于政府。"❷

第四,为法律职业共同体所遵循的处理法律知识的基本规则,要求司法程序的正义品格。如上文所述,法律职业遵循"理论和概念思维指导行为并通过专业术语进行对话和交流"、"法律解释学进路处理事实和解释规范"、"崇尚形式法律并持以道德涉入的审慎立场"、"职业准入制度"等职业规则处理法律知识,这就要求司法制度必须确保司法程序的正义品格。为现代司法制度所一致确认的司法程序正义性价值标准,诸如参与、自治、对抗、依法、合理、效率等司法价值标准的具体要素,很大程度上是对法律职业共同体所遵循的处理法律知识的基本规则之要求的规范化确认。

---

❶ 季卫东:《法治秩序的建构》,中国政法大学出版社 1999 年版,第 229 页。
❷ 《马克思恩格斯全集》第 1 卷,人民出版社 1995 年版,第 181 页。

第二章　合法化变奏:现代司法的范式嬗变

司法现代化作为现代性精神话语确证形态的法制现代化运动的一个重要组成部分,其理论探讨路径存在许多可欲性方案。司法现代化与法律范式的现代转型和发展紧密关联,可以认为,现代社会中的法律范式决定了司法现代化的机制和形态,法律范式的现代转型和发展,也必然推进司法现代化路径的转变和进程的深入。理论把握司法现代化机理,探索司法现代化方向,通过对现代社会中法律范式的转型为语境的分析,或许是一种十分有意义的理论尝试。

对于法律范式(或范型)(legal paradigm)的划分,韦伯、昂格尔、诺内特和塞尔兹尼克,以及哈贝马斯等理论家均提供了自己的类型学观点。韦伯按照法的有效性基础为标准,将法律范式划分为启示法、传统法、形式法和实质法四种类型。❶ 昂格尔按照"法律类型得以产生的历史条件"为标准,将法律范式划分为习惯法、官僚法(或规则性法律)、法律秩序(或法律制度)三种。❷ 诺内特和塞尔兹尼克则因循一种"社会科学策略"进路,按照观测法律现象的多个视角间的相互关系为标准,尤其是法律与政治、社会的关系状况为观测点,将法律范式划分为压制型法、自治型法、回应型法三类。❸ 哈贝马斯在批判韦伯形式法和实质

---

❶ 此处关于法律范式的韦伯式划分只是一个简略的概括表述,韦伯关于法律范式划分的详细描述如下:"按理论上的'发展阶段'划分,法和法律的过程的一般发展是从通过'法的先知们'进行魅力型的法的默示,到由法的名士豪绅们经验的立法和司法,进而到由世俗的最高统治权和神权统治的权力进行强加的法律,最后由受过法律教育的人进行系统的制订法的章程和进行专业的、在文献和形式逻辑培训的基础上进行的'法律维护'。"[德]韦伯:《经济与社会》(下卷),林荣远译,商务印书馆1997年版,第201页。

❷ 参见[美]昂格尔:《现代社会中的法律》,吴玉章、周汉华译,译林出版社2001年版,第44页以下。

❸ 参见[美]诺内特、塞尔兹尼克:《转变中的法律与社会:迈向回应型法》,张志铭译,中国政法大学出版社2004年版,第16页以下。

法理论的基础上,按照其法律商谈论理路,提出了程序法范式(procedualism of legal paradigm)理论。应当认为,关于法律范式划分的以上多种类型学方案,尽管理论家们用于描述对象的概念语词存在着一定的差异,但是,这些作为概念语词的"能指"所指涉的"所指"(对象)并没有根本的不同,只是他们对各种法律范式的生成动力及合理性基础的分析理由方面持以一种稍有差异的立场罢了,其中,韦伯关于法律范式的类型学划分是颇具代表性的。

　　能够形成共识性的是,形式法的出现是人类历史进入现代社会的法律确证形态,或者说,现代社会的最初法律标志就是形式法,现代性精神话语或现代主义理论的法律建制早期形态就是资本主义形式合理性法律。因此,讨论法律范式转型与司法现代化之关系,应当从形式法范式的形成开始,西方国家形式法的形成标志着司法现代化的发端。

一、形式法范式与司法现代化的发端

　　在韦伯的论述中,形式法又称"形式合理性法律"。韦伯按照其合理性理论进路,将现代西方社会中形式法律的生成与人们的经济生活谋划紧密结合了起来,认为形式合理性法律作为对人们社会经济生活中的法权要求的一种必然回应。韦伯指出:"只要它们参与了今天西方的法的特征,尤其是现代特征的形成,那么它们发挥作用的方向大致如下:对于商品市场的利益者来说,法的理性化和系统化,一般而言和保留以后有所局限的条件下,意味着法律维护功能的日益增长的可预计性——经济的特别是资本主义方式的持久企业最重要的先决条件之一,企业需要在法律上'交往的可靠性'。"[1]在韦伯看来,形式合理性法律与早期资本主义社会中人们的经济生活行动要求是相互一致的,不过,在韦伯的理论脉络中,早期资本主义的经济生活方式并没有成为决定现代社会中形式法生成的唯一源泉,甚至不是一种最主要的前提。韦伯从统治机制、新教伦理、法律职业化、技术发展等多种角度探讨了促成资本主义形式法生成的动力机理结构,最后得出的结论是:"在以上所有情况中所涉及到的实际上是一个关于西方

---

[1]　[德]韦伯:《经济与社会》(下卷),林荣远译,商务印书馆1997年版,第202页。

文化特有的理性主义的问题。"❶

与韦伯的论证进路近似,昂格尔在将自由资本主义社会中的法律范式——形式法——称作"法律秩序"(legal order)的同时,将这种"法律秩序"的形成动力归因于"多元利益集团"、"自然法"、"高级法观念"等多种因素的共同作用。❷诺内特和塞尔兹尼克对自由资本主义社会中的法律范式冠以"自治型法"名称,不过,他们在揭示这种"自治型法"之生成动力时更多地是一种权力政治学视角,"自治型法"作为对"压制型法"的一种范式性革命,它是对压制的一种控制方法,解析其生成动力因素,不外乎对"正统性"(Legitimacy)的探求、"历史交易"性的政治与法律分离、"规则模型"所支撑的合法化以及"程序中心主义"对"规则模型"地位的巩固等方面。❸

无论是韦伯所说的形式法,还是昂格尔所说的法律秩序,或者是诺内特和塞尔兹尼克所说的自治型法,他们所叙述的都是那类反映自由资本主义时期社会生活法权要求的法律范式,其实质是形式法治,这种法律范式是对传统法律范式的一种转型和变革,并具备以下若干基本性质。

1. 形式法预定和统摄社会法权关系,法律规范构成一个自洽融贯的体系。在韦伯看来,现代西方社会法律的合理性关键在于形式法律之中,这种形式法律所蕴涵的合理性内涵包括法律的一般化(generalization)和体系化(systematization)两个方面。所谓法律的一般化,指将个人权利义务化约为一定的原则和统一性规范。韦伯指出,一般化意味着"把对判决个案有决定性意义的原因归结为一条或若干条原则,这就是'法律原则'"。❹ 所谓体系化,指内在一贯而和谐统一的法律规范系统的形成,以及作出法律判断的逻辑方法严密而精准。韦伯指出,体系化意味着:"建立所有由分析所获得的法律原则的联系,

---

❶ [德]韦伯:《新教伦理与资本主义精神》,于晓、陈维纲译,生活·读书·新知三联书店1987年版,第15页。

❷ 参见[美]昂格尔:《现代社会中的法律》,吴玉章、周汉华译,译林出版社2001年版,第63页以下。

❸ 参见[美]诺内特、塞尔兹尼克:《转变中的法律与社会:迈向回应型法》,张志铭译,中国政法大学出版社2004年版,第59页以下。按照诺内特和塞尔兹尼克的解释,所谓"正统性",根本上是指统治者统治政权的持久巩固,"为了寻求支持,统治者诉诸那些能够证明他们对服从的要求为正当的正统性原则"。更多的译者则将"正统性"(Legitimacy)译作"合法性"。所谓"历史交易",指政治共同体与法官之间达成的一种妥协,"政治共同体赋予法官一种免受政治干预而行使的有限的权威,但是这种豁免的条件是法官使自己脱离公共政策的形成过程。这就是司法赢得其'独立'的代价"。

❹ [德]韦伯:《经济与社会》(下卷),林荣远译,商务印书馆1997年版,第15页。

使它们相互之间组成一个逻辑上清楚的、本身逻辑上毫无矛盾的和首先是原则上没有缺漏的规则体系,也就是说,这种体系要求,一切可以想象的事实在逻辑上都必须能够归纳到它的准则之下的名下,否则它们的秩序就失去法的保障。"❶在形式法阶段,法学的使命就是按照抽象的法律原则构思丰富的社会事实,不能经由纯粹的法律原则而设想的社会事实应该是不存在的或是没有意义的。

2. 法律从政治中分离独立而出,形式法律被要求必须得到严格的遵守。法律对政治权力的摆脱,意味着形式法律成为一种具有独立性的权力话语力量对社会行动关系进行规制、调整和处置,法律不再像专制法时代那样,仅仅只是政治权力控制的对象和实现统治目的而加以利用的工具化手段。在这种形式法范式中,"法律秩序采纳'规则模型'。以规则为焦点有助于实施某种衡量官员所负责任的尺度;同时,它既限制法律机构的创造性,也减少了它们侵入政治领域的危险"。❷ 因此,法律之所以能够从政治权力中独立,一定程度上还是统治合法性追求动力下的一种风险意识作祟,因为强制的权力本身即是一种风险,它并不能始终为自身提供合法性保证,从而通过一种"历史交易",将权力部分地让位于"规则模型",既标榜了权力的合法性形式,也将权力责任的风险性限定于形式法规则明示的界限范围。这样,法律与政治的分离势必带来权力分立和制衡的国家权力架构之后果,政治权力的运作形式被置入法律程序的轨道,程序成为法律的中心。

3. 私法体系构成形式法范式核心内容,市民社会主体的消极自由抵制政治干预的介入,并无须得到形式法的细致确认或授予。形式法范式阶段,自然法理念主导着形式法精神,结合市民社会与政治国家严格分野的国家结构前提,形式法按照一种消极自由原则而被赋予实质内容:"充分确保个人自决——其意思是做自己愿意做的事情的消极自由——的途径,是人身权利和各种免受侵权的法律保障,首先是契约自由和财产自由,加上对婚姻和家庭的建制性保障。""个人应享有相对于法律可能性和事实可能性的最高程度的自由来做他愿意做的事情。"❸这样,自由资本主义阶段的形式法,很大程度上成为一种"对专制进行控

---

❶ [德]韦伯:《经济与社会》(下卷),林荣远译,商务印书馆1997年版,第16页。
❷ [美]诺内特、塞尔兹尼克:《转变中的法律与社会:迈向回应型法》,张志铭译,中国政法大学出版社2004年版,第60页。
❸ [德]哈贝马斯:《在事实与规范之间:关于法律和民主法治国的商谈理论》,童世骏译,生活·读书·新知三联书店2003年版,第495~496页。

制"的法律范式,它不像表现为一定的命令、禁止或许可之形式性的专制型法律范式那样,后者"是由政府蓄意强加的,而不是社会自发生成的"❶。

形式法范式的生成机理和基本性质势必深刻影响司法制度的变革,这种变革根本上是对专制法范式下的司法机理和制度的一种否证和超越,为此,我们把形式法范式下的司法制度的形成定性为司法现代化运动的发端,其理由在于:司法现代化是法制现代化运动的一个组成部分,而法制现代化作为现代性精神的法律确证形态,它根本上是一种为现代主义所倡导的理性精神的法律建制化实践发展运动。在韦伯看来,现代性精神之要旨就是理性化,❷而形式法范式的形成是一种具有典型性意义的理性化现象,"因为特殊的法的形式主义会使法的机构像一台技术上合理的机器那样运作,它为有关法的利益者提供了相对而言最大的活动自由的回旋空间,特别是合理预计他的目的行为的法律后果和机会的最大的回旋空间。它把法律过程看作是和平解决利益斗争的一种特殊形式,它让利益斗争受固定的、信守不渝的'游戏规则'的约束"。❸ 如果对以上形式法范式的基本性质按照现代主义之理性化标准进行评价,无不体现出一种形式合理性特征。因此,现代性精神得到法律建制化兑现的时刻,就意味着法制现代化运动的开始,而法制现代化运动的起步,司法现代化运动势必也伴随其萌芽和发端。

在形式法范式中,我们可以对司法机理及其制度建制的基本特征作如下概括:(1)司法权获得独立性地位。由于现代形式法范式的法律与政治相分离性质,司法不再是政治权力的一种运作形式,而具有独立性品质,这种独立性地位意味着"独立的法官既不属于我,也不属于政府"(马克思语)。司法权成为一种消极而中性的权力形态,奉行"司法抑制主义"。在制度架构上,为了确保法律的普遍性,司法与立法相分离;为了确保法律的一致性,司法与行政相分离。(2)司法判决的逻辑结构是将普遍性的法律规范适用于具体的案件事实之上。如韦伯所言,现代司法是"把那些制订为章程的准则和通过法学家的思维劳动

---

❶ [美]昂格尔:《现代社会中的法律》,吴玉章、周汉华译,译林出版社2001年版,第48页。

❷ 现代主义者的基本理论立场是:"现代性是作为一种许诺把人类从愚昧和非理性状态中解放出来的进步力量而进入历史的。"[美]罗斯诺:《后现代主义与社会科学》,张国清译,上海译文出版社1998年版,第4页。

❸ [德]韦伯:《经济与社会》(下卷),林荣远译,商务印书馆1997年版,第140页。

由它们派生出来的各种'法律原则','应用'到具体的'事实'中去,事实被'概括'在司法的名下"。❶ 司法活动呈现为一种"规则模型",实在法规则被假定为具有确定的意思,并且具有确定的适用对象,这种司法判决之逻辑结构的实质是演绎三段论推理,它是法律适用的根本方法论基础。法官的权力限于既定的有效性规则,无权创造法律。(3)程序在司法活动中获得中心地位。法律程序的本质是形式主义,程序获得司法活动的中心地位,一方面,与形式法范式的基本性质是和谐一致的,另一方面,也是架构规范与事实的通道。形式法范式并不仅仅限于法律规则的一般化和体系化,它还意味着"从立法至司法的每一个法律实践环节都必须遵循法定的程序",❷因此形式主义本性的司法程序本身就是形式法范式的一个重要组成部分。与此同时,作为抽象性的法律规范与作为具象性的案件事实分属两个不同的本体论范畴,如何实现两者的范畴性整合,唯有经由法律程序的通道而得以可能。尤其需要指出的是,形式法范式中的司法程序不仅仅只是判决结论作出的一种事件决断方式,它还是司法是否获得合法性(Legitimacy)的前提,判决是否有效,程序本身也成为一种评价标准。"程序不能简单地还原为决定过程,因为程序还包含着决定成立的前提,存在着左右当事人在程序完成之后的行为态度的契机,并且保留着评价决定过程的可能性。"❸

二、实质法范式与司法现代化发展

形式法范式在法制现代化发展运动中并没有获得永恒性地位,随着现代社会在经济、政治、文化、伦理、道德等方面的发展进化,形式法范式完成了一次变革性转型,过渡为实质法范式。形式法范式向实质法范式的转型,其历史时间标志是第二次世界大战的结束,其政治意识形态和社会公共政策标志是福利国家主义的兴起。这种法律形态的范式性转型在立法上突破了形式法方式对社会关系进行一般化和体系化规制和架构的形态,转变了法律在调节现代社会中的国家与社会间关系上的价值定位,并对司法现代化发展产生了极其深刻的影响。

---

❶ [德]韦伯:《经济与社会》(下卷),林荣远译,商务印书馆1997年版,第13页。
❷ 公丕祥:《法制现代化的理论逻辑》,中国政法大学出版社1999年版,第78页。
❸ 季卫东:《法治秩序的建构》,中国政法大学出版社1999年版,第12页。

　　韦伯较早地关注到了资本主义社会中形式法的实质化迹象,并解释了形式法范式向实质法范式转型的内在机理。在韦伯看来,催生法律范式实质化转型的基本动力机制在于,形式法对法律的一般化和体系化结构的追求逻辑成为解构形式法自身的一种必然命运。韦伯指出:"法律思想越来越多的逻辑升华,到处都意味着用越来越多的逻辑的意向阐释,去取代在外表上一目了然的、形式的特征的拘泥,在法律准则本身也好,尤其是在法律事务的解释方面,都概莫能外。这种意向阐释要求在普通法的学说中,让诉讼各方的'真正的意志'发挥作用,而这样一来,它已经把一个适应个别需要的和(相对)实质的因素,放进法的形式主义里。"❶由此可见,通过法律原则而抽象构架社会事实的形式法律和法学将必然遭遇使法的利益相关者希望落空的窘境,通过形式法律一般化地处置生动的社会生活事件的愿望,将永远无法避免基于功利的、实用的、伦理的、宗教的、习俗的理由而提出的多样化要求,法律这台自动售货机经常遭遇法律不灵的尴尬,这种尴尬也促使法律机构产生了不满,他们不愿意在形式法面前处于从属地位,要求法官造法。

　　关于形式法的实质化转型,如果说韦伯更多的是基于形式法范式自身内在逻辑的自我解构本性而进行的论说,那么,昂格尔则是将形式法范式的消亡和实质法范式的来临置于广阔的社会生活变革背景之中进行解读的,这个背景就是后自由主义社会的形成和福利国家的兴起。为此,昂格尔提供了两个答案:其一,等级制度并没有为形式法治所消灭,政府有理由介入公开的重新分配、规定和计划的任务之中,国家成为福利国家;其二,国家与社会的分离运动开始逆向进行,两者逐步近似和融合,公法与私法逐步混同,国家介入到社会生活事务,而社会中则不断产生新的权力主体,它们渐渐获得了本属于政府的公共权力。❷哈贝马斯则从法律商谈论立场出发,对这场法律发展运动进行了司法诠释学判断。在哈贝马斯看来,形式法向实质法的转向,"首先是在法院的典范性判决中发现的,并且通常等同于法官默认的社会图景。"因为:"专家对单个规范命题的诠释,不仅仅从整套法律的语境出发,而也从时代社会之具体的占主导地位的前理解的视域出发。就此而言,对法律的诠释也是对以一定方式感受到的社会情

---

❶ [德]韦伯:《经济与社会》(下卷),林荣远译,商务印书馆1997年版,第203页。
❷ 参见[美]昂格尔:《现代社会中的法律》,吴玉章、周汉华译,译林出版社2001年版,第186~187页。

境的挑战的一种回应。"❶因此,实质法范式的兴起,其理论根据在于:广阔的社会
生活背景已经发生了变化,这种变化根源于形式法治所放纵的市场机制对权利的
形式平等所固有的颠覆性力量,通过个人的消极自由和利益追求方式所表现出的
权利实现路径,恰恰必须建立在实质上的权利平等的基础之上,因为权利的形式平
等倘若没有事实平等的现实性将是毫无意义的,这显然是为形式法范式所始料未
及的。从而,政府介入社会、倡导福利国家主义便成为实质法范式的时代语境。

我们可以从以下几个方面概括实质法范式的基本性质:(1)目的回归为法
律的中心,法律工具主义被赋予时代意义。社会治理的复杂化机制和通过利益
再分配而实现社会正义的新自由主义价值哲学,开始颠覆形式法治的权威性地
位,规则怀疑主义兴起,功利主义的目的论法学以新的面貌重新回归到理论话语
和实践话语阵地,法律秩序向新生事件开放。当然,新目的论法学是与古典私法
理论中的功利主义存在着本质区别的,如果说古典功利主义取向于孤立的个人
利益——一切他人都成为借以实现目的的手段,那么福利国家时期目的在实质
法上的回归,则蕴涵了一种宏大叙事,这种宏大叙事的精神要旨在于内含价值正
当性的原则和政策成为调整社会关系的真正规范——"我们真正要干的事"。❷
法律虽然被再一次作了工具主义式理解,但是,这种实质法范式下的法律工具主
义与专制法范式下的法律功能定位是存在本质异同的,即作为工具的法律的目
标不再是专制统治,而是社会正义。(2)规则模型的动摇和对原则、政策的诉
求。实质法范式持规则怀疑主义,认为认真地对待规则是一种决疑的艺术和模
棱两可的道德家美德,呼吁法律的原则和政策标准。德沃金指出:"当法学家们
理解或者争论关于法律上的权利和义务问题的时候,特别是在疑难案件中,当我
们与这些概念有关的问题看起来极其尖锐时,他们使用的不是作为规则发挥作
用的标准,而是作为原则、政策和其他各种准则而发挥作用的标准。"❸当然,实
质法范式并没有完全放弃规则,而是注重对规则的价值化处理,因为法律目的的
普遍化,既定规则经常性地因为基于原则和政策的考虑而成为被逾越的对象。

---

❶ [德]哈贝马斯:《在事实与规范之间:关于法律和民主法治国的商谈理论》,童世骏译,生活·读书·
新知三联书店 2003 年版,第 484~489 页。

❷ 参见[美]诺内特、塞尔兹尼克:《转变中的法律与社会:迈向回应型法》,张志铭译,中国政法大学出
版社 2004 年版,第 87 页。

❸ [美]德沃金:《认真对待权利》,信春鹰、吴玉章译,中国大百科全书出版社 1998 年版,第 40 页。

因此,实质法范式并非对规则模型之前提的改变,而是对这种前提进行了更具抽象性的处理。(3)法律与政治逐步融合,种种实用主义理由渗入法律合法性辩护结构。由于通过保障消极自由的形式平等路径实现社会正义的前提假定失去了经验基础,从而形式法治被作为一个虚构的神话而予以弃置,福利国家所奉行的旨在保护弱者、避免过度的贫富失衡、使每一个社会主体都获得生存尊严的社会福利主义,开始成为国家权力的辩护理由,国家权力开始强制作用于市民生活的诸多领域,从而法律成为政策的一种落实形式。与此同时,诸如道德伦理、文化习俗、宗教意识形态等实用主义理由开始作为一类信息输入作用于法律系统,法律不再纯粹。

实质法范式在司法领域发生了深重影响,它将司法现代化发展推进到一个全然有别于形式法范式阶段的状况。对于实质法范式下的司法现代化运动特征,我们不难对其从以下几个方面进行把握:(1)司法推理的目的论导向。形式法范式中的司法推理遵循演绎三段论逻辑,司法判决就是将形式法规范适用于具体的案件事实之上。然而,形式化的演绎三段论推理在司法实践中却无法避免一种二律背反命运:越是限制对规则的恣意解释便越是需要求助于目的解释。❶ 实质法范式洞悉了司法形式推理的逻辑缺陷,将原则和政策引入司法推理前提根据,迅速地扩张适用无固定内容的标准和一般性条款,司法成为贯彻政府目的的实现社会正义的一种权力形态,以确保具体的、目的合乎理性的、具有经验基础甚至能兑现实用主义价值哲学要求的司法目标的实现。由于司法推理的目的论导向,法官的自由裁量权得到明显的扩大,司法能动主义兴起。这样,司法判决就可以对巧取豪夺合同予以显失公平的定性,司法权力可以通过其有利方式制止行业垄断、维持公平竞争性市场秩序,甚至可以对特定行政机关的行为作出是否符合公共利益的判决,等等。(2)法官既是法律的解释者,也是法律空隙的填补者。既然目的推理在实质法范式下的司法推理中获得了核心地位,那么就需要一个可靠的对什么是真正的法律意旨和确切的原则精神进行精确解释者,尤其是在存在立法空隙和规则缺失的情形下,由谁来负责填补? 这种权力

---

❶ 限制恣意意味着法官必须按照立法原意对法律规则进行严格解释,这就要求法律规则本身是详细缜密的,但是,越是追求法律规则的详细缜密就越是没有可能,从而将会发现宽泛的法律原则的作用,但法律原则越是宽泛,就越是背离规则中心主义和形式法治精神。参见刘星:《西方法学中的"解构"运动》,《中外法学》2001 年第 5 期。

被授予了法官,他负责解释法律并对显见的规则空隙进行填补。对此,德沃金虚拟出一个具有非凡能力的法官楷模——赫拉克勒斯(Hercules),他对规则体系拥有整体性把握能力,采取法律阐释学方法,"能够在总的道德或政治理论中并存的原则中提出阐释,尽管它们有时会背道而驰"。❶ 由于预定作为判决之规范根据的形式实在法在遭遇日新月异的社会生活关系面前经常语焉不详,甚至完全阙如,为纠纷决断提供规范性根据就成为法官的一种责任。"立法机关的命令不清楚,而法官又不能向立法者询问清楚。在这种情况下,法官不应当认为自己是失败的考古学家或文物收藏家。他们是管理美国这一活生生的事业的一部分,上级命令不清楚,这并不能免除他们帮助这个事业获得成功的责任。"❷因此,填补法律空隙是实质法范式下的法官的一种责任,以避免形式法范式中可能出现的不予判决的消极司法现象。(3)法律程序失去其在司法活动中的中心地位,成为实现实质正义的一种可以经常被灵活变通的行事方式。福利国家主义者强调:"一种程序的正义总是依赖于其可能性结果的正义,或依赖于实质性正义。"❸需要指出的是,实质法范式下的司法活动并非拒绝程序,而是对程序在司法活动中的价值进行了重新定位,司法程序不再被理解为一种按照司法抑制主义所要求下的法官兼听过程,诉讼过程不再被设计成一种完全由当事人双方主导和推进的过程,司法程序按照一种分配正义的诉讼哲学重新架构,❹其目的在于避免因为过分强调当事人主义所带来的诉讼成本增加、诉讼迟延、控辩失衡、富人游戏等后果,开始推行法官控制诉讼制度,管理型法官文化在美国已经兴起。❺ 这样,实质法范式下的司法程序逐渐在以下几个方面区别于形式法范式下的司法程序特征:法官控制程序过程、简化诉讼程序、限制诉讼迟延、制止滥用诉权、对弱势群体的法律援助、集团诉讼程序的完善、小额诉讼程序的创制、纠纷解决的多元化制度的兴起(ADR),等。

❶ 赫拉克勒斯这位理论拟制的全能法官是所有现任法官的典范,他拥有两方面的理想性知识:所有为论证所必需的原则和政策他都知道,整个把现行法律各分散要素连成一体的复杂的论据网络他都一目了然。[美]德沃金:《法律帝国》,李常青、徐宗英译,中国大百科全书出版社1996年版,第213页以下。
❷ [美]波斯纳:《法理学问题》,苏力译,中国政法大学出版社2002年版,第340页。
❸ [美]罗尔斯:《政治自由主义》,万俊人译,译林出版社2000年版,第449页。
❹ 参见齐树洁、王建源:《民事司法改革:一个比较法的分析》,《中外法学》2000年第6期。
❺ 参见[日]小岛武司:《司法制度的历史与未来》,汪祖兴译,法律出版社2000年版,第73页。

三、程序法范式与司法现代化趋向

法律发展始终是现代性话语实践的一个重要维度,法律发展虽有其自身的独特品格,但它更多地则是对社会发展进化的一种应变和回应。因此,西方法治发达国家的法律在经历了福利国家时期的实质法范式以后,法律又将朝向哪个合理性方向演变? 这种演变又将如何影响司法现代化的未来趋向?

针对福利国家主义下的实质法范式所进行的最猛烈的批判无疑是新自由主义法学(Jurisprudence of Neo-liberalism)。哈耶克对福利国家主义的基本定性是"致命的自负"和"通向奴役之路",他按照其新自由主义理路,颠覆了实质法范式赖以为基础的一个重大政治伦理学概念——社会正义。在哈耶克看来,当代政府(不限于福利国家,也包括专制政府)所作出的所谓维护个人或特定群体利益的一切举措,几乎都是以"社会正义"这个"社会宗教"的名义为辩护理由的,但是,"社会正义"这个嫁接词语本身是没有任何意义的,"这是因为在这样一种每个人都被允许运用各自的知识去实现各自目的的制度中,'社会正义'这个概念必定是空洞且毫无意义的;当然,'社会正义'这个概念在上述制度中之所以是空洞且毫无意义的,实是因为在这种制度中,任何人的意志都不能决定不同人的相对收入,甚或也无力阻止这些相对收入在一定程度上还要取决于偶然因素。……'社会正义'乃是以这样一种预设为基础的,即人们是受具体的指令指导的,而不是受正当行为规则指导的"。❶ "个人或群体的地位越是变得依附于政府的行为,他们就越会要求政府去实现某种可以得到他们认可的正义分配方案;而政府越是竭尽全力去实现某种前设的可欲分配模式,它们就越是会把不同的个人和群体的地位置于它们的掌控之中"。❷ 正是基于以上理由,哈耶克在要求实质法范式悬崖勒马的同时,呼吁一种"普通法"法律范式的回归。❸ 但是,这

---

❶ [英]哈耶克:《法律、立法与自由》(第二、三卷),邓正来等译,中国大百科全书出版社 2000 年版,第126~127 页。哈耶克坚持正当行为规则(内部规则)与政府命令(外部规则)的区分,前者是在大社会中自发形成的,而后者则是统治者基于某种意志和道德取向而进行唯理性设计的产物。

❷ [英]哈耶克:《法律立法与自由》(第二、三卷),邓正来等译,中国大百科全书出版社 2000 年版,第124~125 页。

❸ 有关哈耶克这种"普通法"法律范式的基本精神,参见邓正来:《法律与立法的二元观——哈耶克法律理论的研究》,《中外法学》2000 年第 1 期。

种"普通法"范式的致命缺陷在于,在今天这样一个日益分层而关系日趋复杂的社会,谁也无法严格界分什么是自生自发秩序中的正当行为规则(内部规则),什么又是国家据以为理由的可以作为介入市民社会生活这种自生自发秩序之根据的组织命令(外部规则)。

哈贝马斯则提出了程序法范式理论(或程序合理性法律范式),为西方社会的法律发展指明了一条以交往合理性❶为精神要旨的法律商谈论方向。在哈贝马斯看来,形式法范式之要旨在于它执着于认为法律的目的在于通过保障社会主体之消极的法律权利而实现社会正义,而实质法范式则认为缺乏事实性条件和经验基础的形式上的平等并不足以保证社会正义的彻底兑现——事实平等。哈贝马斯评价道:"根据自由主义的观点,私法主体在其平等分配的自由框架中的活动界限,仅仅是类似自然的社会环境的不确定状况;而现在,他们碰到的是一个俯察众生的政治意志的家长主义照顾;这个政治意志通过这种照顾而以控制和改造的方式来干预这些社会不确定性以图确保主观行动自由的平等分配。"❷这样两个竞争性法律范式虽然相互对峙,但都建立在工业资本主义经济社会的生产主义图景之理论基础之上,"根据一种理解,社会正义的期待是通过各自利益之私人自主的追求而实现的,而根据另一种理解,社会正义的期待恰恰是因此而破灭的"。❸

法律发展的范式性竞立势必不是导出法律终结命运的根据,希望自然在于如何发现问题所在以及怎样走出困境。哈贝马斯同时批评了形式法和实质法两种法律范式之立论基础的固有缺陷,"在这两种情况下,私人自主和公民政治自主之间的内在关系都落在了视线之外。双方悬而未决的争论就局限于确定什么是法权人作为法律秩序之承受者的地位的事实性前提。但是决定法权人之自主

---

❶ 所谓交往行动,是指为了实现理解的一种主体间性(intersubjectivity)活动,是两个以上的具有语言能力和行动能力的主体间为了协调行动计划并实现共识的一种状况、过程和关系。交往理性根本上是一种以合理性对话为内涵的论证理性形态,主张真理的实现、社会关系的型构、法律的建制化只有通过主体间的合理性对话才具有可能。参见[德]哈贝马斯:《交往行动理论》(第一卷),洪佩郁、蔺青译,重庆出版社1994年版,第119页以下。

❷ [德]哈贝马斯:《在事实与规范之间:关于法律和民主法治国的商谈理论》,童世骏译,生活・读书・新知三联书店2003年版,第505～506页。

❸ [德]哈贝马斯:《在事实与规范之间:关于法律和民主法治国的商谈理论》,童世骏译,生活・读书・新知三联书店2003年版,第507页。

性程度的,仅仅是他们在何种程度上同时也可以被理解为他们作为承受者所服从的那些法律的创造者"。❶ 在这里,哈贝马斯按照其交往行动理论对法律的合法性根据提供了一种富于解释张力的法律商谈学说,这种法律商谈学说所揭示的法律范式合法性基础在于:社会主体既是法律的服从者,也是法律的制定者。这种商谈论主张的历史实践理据在于,对于当今西方发达国家,随着现代化进程的日益深入,现代化已经发生了性质上的根本变革,现代化已然演变为一种"反思性现代化"(reflective modernization),"现代化正变得具有反思性;现代化正成为它自身的主题和问题"。❷ 为现代性所推进的工业和技术化进程,引发出一个"风险社会"❸的到来。在哈贝马斯看来,风险社会的到来,意味着资本主义国家的性质已经完成了"法治国家——福利国家——安全保障国家"的演化历程,置身风险社会,"福利国家中存在的法规约束问题和法律确定问题一下子激化起来"。❹ 家长主义式的福利国家已经无法承诺什么是他真正应该介入的社会关系领域以及什么特定利益应该得到实质化的维护,他遭遇这样一种困境:"虽然政治体系的民主法规还在发挥作用,但它仍受到丧失权力的威胁。政治制度成为发展的管理者,对于这种发展,它既没有规划也不能建构,却要去证明其合理性。"❺ 福利国家的现实状况毋宁是,因为技术发展已然难于控制,也因为民主宪政、基本权利的承诺,国家政治权力已经日益向"社团主义"(corporatism)的灰色领域转移。诚如福山所言:"我们发现,在 20 世纪下半叶,无论是政治上还是经济上,官僚等级制度都在走向衰落,正被一种非正式的、自我组织的协作形式所取代。"❻ 至此,福利国家已然无力继续奉行国家干预主义,作为如何治理社会的

---

❶ [德]哈贝马斯:《在事实与规范之间:关于法律和民主法治国的商谈理论》,童世骏译,生活·读书·新知三联书店 2003 年版,第 507 页。

❷ [德]贝克:《风险社会》,何博闻译,译林出版社 2004 年版,第 16 页。

❸ "风险社会"的基本性质在于:"在现代化进程中,生产力的指数式增长,使风险和潜在威胁的释放达到了一个我们前所未知的程度。"它的来临意味着为现代性所推崇的、作为理性化核心内容的以科学技术的发展所给人类带来的无法预见并难于控制的不确定性社会后果。参见[德]贝克:《风险社会》,何博闻译,译林出版社 2004 年版,第 15 页及以下。

❹ [德]哈贝马斯:《在事实与规范之间:关于法律和民主法治国的商谈理论》,童世骏译,生活·读书·新知三联书店 2003 年版,第 535 页。

❺ [德]贝克:《风险社会》,何博闻译,译林出版社 2004 年版,第 230 页。

❻ [美]福山:《大分裂:人类本性与社会秩序的重建》,刘榜离等译,中国社会科学出版社 2002 年版,第 249 页。

法律,自然只能成为国家与市民社会的共同事业,全方位的对话和商谈成为如何防范社会风险以及风险事件发生后如何界定性质并分担责任的法律的核心内容。从而,程序法范式便应声登场,对于这种法律范式的基本性质,在此可以作如下简要总结:(1)合法性法律的源泉应当出自权利平等之公民的商谈性意见形成和意志形成之交往过程并通过兑现法律商谈精神的民之立法程序而确立;(2)法律的内容是自由、平等的法律主体相互承认的一个权利体系;(3)法律可以被认作政治的工具,但是它同时也为政治规定了法律可以被利用的程序条件;(4)现代国家的基本法治原则得到维护,但是这些法治原则必须以民主政治为基础,而民主政治的社会根基在于市民社会之交往行动得到法律建制化保证,尤其是公共领域(Public Sphere)的培植和发育,理性而得到保证的社会交往成为一种权力——交往权力(communicative power)。

程序法范式理论在为西方社会中的法律发展指明了方向的同时,也对司法现代化运动趋向作出了提示。尽管哈贝马斯没有对程序法范式下的司法内涵作出系统论述,甚至只是将当代司法制度的运行状况作为论证其程序法范式理论的一种佐证性素材。不过,基于程序法范式的本性及其理论要旨,我们不难对该种法律范式下的司法现代化发展趋向进行如下预见性概览:(1)司法程序是对交往合理性要求的语境主义兑现。交往合理性行动的完整内涵是一种"所有论辩参与者机会均等、言论自由、没有特权、真诚、不受强迫"的形式化"对话情境",❶但是,这种理想性条件预设的实践命运自然只能在时间向度、社会向度和实质性向度中打些折扣,"合理商谈之高要求交往预设,是只可能被近似地实现的"。❷ 因此,程序法范式下的司法程序需要交往合理性精神的兑现,但是这种兑现只能是语境主义的,即普遍性的交往条件在遭遇司法程序这个法律运用性实践的结果,是司法程序表现为"在时间向度、社会向度和实质向度上确保受运用性商谈之逻辑支配的自由的交往过程所需要的制度框架"。❸ (2)规范合法性论证外在于司法活动过程并成为后者的背景,事实真实性论辩成为司法程序

---

❶ [德]考夫曼:《后现代法哲学——告别演讲》,米健译,法律出版社2000年版,第38页。

❷ [德]哈贝马斯:《在事实与规范之间:关于法律和民主法治国的商谈理论》,童世骏译,生活·读书·新知三联书店2003年版,第286页。

❸ [德]哈贝马斯:《在事实与规范之间:关于法律和民主法治国的商谈理论》,童世骏译,生活·读书·新知三联书店2003年版,第287页。

的核心事项,其结果被决定于程序过程。司法判决的规范性根据不是诉讼程序的论辩对象,不再成为司法程序之议题,应然性法律规范的得出属于政治立法活动的任务,它结束于司法程序法的真空,其目的在于保证司法程序不受外在权力话语干涉而保持自身的独立语境。决定事实真实性的证据以及说明证据的理由并没有被严格地予以标准化处理,而是将它们与判决作出的规范根据一样,交由法官的职业能力解决,从而,不只是在事实问题上奉行自由心证,在规范问题上也赋予法官自由裁量的权力。这种关于事实及规范问题的处理方式,保证了事实结论及规范正确向未来开放的合理性结构——上诉。(3)司法竞技主义虽仍有满足余地,但当事人策略性行为被限定于程序规则结构之内。为形式法范式所培植的司法竞技主义并没有为程序法范式下的司法程序规则所禁止,但是它已然不再表现为一种富人游戏式的策略性争斗,那种为司法竞技主义所豢养的"雄辩胜于真理、金钱决定胜诉"的程序异化现象被限制于相对有限的程度。在程序法范式中,司法竞技主义仅仅在如下意义上得到表现:对话的角色功能,策略即论证的技术、竞技功能在于"从法官的视角来看有助于得到公平判断的商谈过程作出了贡献"。❶ 程序法范式下的司法制度应当对诸如以下为形式法范式所滋生的行径加以禁止:诉讼欺诈、滥用诉权、拖延诉讼、控辩失衡等。不过,程序法范式下的司法制度对司法竞技主义的异化后果加以预防的方向并不退回到实质法范式阶段,法官并不完全扮演诉讼管理者角色,司法程序规则也不是完全可以牺牲的对象。(4)诉诸司法(access to justice)虽然成为一种宪法性权利,但法院判决并非正义实现的唯一路径选择,纠纷解决的多元化机制得到强化。程序法范式下的司法追求纠纷双方的共识达成,但是,这种共识并非那种认识完全相同和利益处置意见完全一致意义上的共识。程序法范式下的司法不否定"更好的论辩理由"(the force of the better argument),这是作出判决的证据基础。但是,风险社会的一个重要特点就是因为关系的复杂化而导致的举证困难和证据确定性的衰减,看似因果关系明晰的事实和专家意见其实更多地只是一种话语权威乃至话语暴力,关于证据的证据将导致无休止的回归,事实不再能够被证实,也难于证伪。因此,风险社会中的纠纷解决应该以实现共识为目标,这种共

---

❶ [德]哈贝马斯:《在事实与规范之间:关于法律和民主法治国的商谈理论》,童世骏译,生活·读书·新知三联书店 2003 年版,第 283 页。

识意味着当诉讼论辩中的论据出现饱和的时刻,当事人必须表示承认。因此,共识意味着和解、妥协、让步、设身处地、道德感上的可接受性、经济学上的有利可图。这样,既然共识成为一种目标,那么实现这个目标的解纷程序也相应地是一种多元化机制景象,不同的共识目标,要求实现目标的程序也应该是异彩纷呈的,程序选择权也只有在这种语境中才能得到最好的解释。纠纷解决制度资源不再为法院垄断,而是分解为灵活多样的多元化机制状况。

四、司法范式演化秩序与中国司法范式创生

我们不能认为法律范式完全是一定社会发展状况的必然结果,不过,法律范式的形成和演化虽然有其独立性机理,却也不能完全否认一定社会发展状况之背景对法律范式的重大影响力。形式法、实质法、程序法三种法律范式分别对应于资本主义社会发展三个历史阶段:形式法治国、福利国家、安全保障国家,并相应地决定了司法现代化发展的不同样式。但是,中国特色社会主义制度作为当下中国法律发展的条件背景,本质上区别于资本主义社会,从而中国社会的发展势必也不能被按部就班地纳入一种必然经历形式法治国、福利国家、安全保障国家三阶段的发展模式,相应地,形式法、实质法、程序法三种法律范式的发展进化也未必就应当是中国的法制现代化运动所必须依次步入的轨迹。可以作出基本判断的是,现代性精神还没有在当下中国真正生成,经验依然优位于理性,现代性精神还"只是以碎片的、枝节性的、萌芽的形态或方式出现在某些个体的意识中,出现在社会理论和精神的流动之中,出现在社会运行的某些方面或某些侧面,而没有作为社会的深层的和内在的机理、结构、活动机制、存在方式、文化精神等全方位地扎根、嵌入、渗透到个体生存和社会运行之中"。[1] 从而在这样一种文化发展阶段和理性精神状况下的中国推进法制现代化进程并深化司法改革,既不应当重蹈法律范式进化的西方化道路,也不应当过分强调自身的特色。仅仅因为 13 亿人口,就决定了中国绝非一个"常态社会","中国经验将来肯定会改写现代化和全球化的理论,会修改社会科学各门学科的一些既有规则"。[2]

---

[1] 衣俊卿:《现代性的维度及其当代命运》,《中国社会科学》2004 年第 4 期。
[2] 李培林:《科学发展观的"中国经验"基础》,《中国社会科学》2004 年第 6 期。

经济、政治、科技、文化、教育乃至犯罪等全方位领域的全球化浪潮已经开始对当下中国产生重大影响，从而西方社会的发展道路和方向也在很大程度上影响着中国现代化道路。就法律而言，我们很难对当下中国的法律发展状况按照以上三种法律范式的名分作一个简单的套用，我们只能说，当下中国的形式法范式还没有形成，实质法范式还没有到来，程序法范式则更是无从谈起。不过，现实的法律发展状况还不至于被界定为专制法范式，如果一定要对当下中国法律发展现状作一个范式化判断，那么这种法律范式（如果还可以称其为范式）毕竟与专制主义和集权国家中的法律还是判然有别的，其基本特征表现为以下几个方面：（1）社会主义法律体系虽已初步建构，但规则之治景象尚未生成。法律体系还远没有成为构架社会法权关系的根本形式规范，立法滞后、有法不依现象还较为突出，天性上内在保守性和稳定性的法律在急剧变化的社会秩序和日新月异的社会事件面前经常力不从心。（2）秩序稳定优先和经济发展至上主导立法精神，法律工具主义观念浓郁。政治与法律之间表现出独特的融合，由于法律体系本身的瑕疵，也由于法治理念尚处于萌生阶段，权力介入法律的方式并非为规则适用提供诠释学语境，而经常是完全的对法律的替代。（3）法治的形式和实质之间欠缺合理性程序架构，法律的制定和实施缺失交往理性法律文化养分。作为架构法治形式与实质之通道的法律程序缺失以"公共领域"❶的发育和培植为要旨的法律文化基础，法律的制定经常成为对专家方案和机关意志的简单确认过程，精英话语抑制了大众话语的足量释发，过于自信的唯理性机关意志易于获得规则效力，法律的执行经常简略社会交往性参与和意见交涉内容。

中国法制现代化的当下使命毋宁是逐步解决以上突出问题。对于这个现代性精神尚处于萌发阶段、却又因全球化浪潮的卷入以及现代化进程的加剧而面临风险社会迹象的中国，或许，其法制现代化发展应该是一种体现形式法规则治理精神、追求实质法社会正义目标、满足程序法理性商谈要求的宏大叙事。这项伟业的当务之急或许是政治文明及体制改革进程的步伐加快，市民社会及其公

---

❶ 哈贝马斯所构思的交往理性及其所衍生的法律商谈学说极其重视"公共领域"在法治国家中的突出重要性，"公共领域"是"一个关于内容、观点、也就是意见的交往网络"，公共意见和舆论通过它形成，是合法性法律内容的主要来源，是社会法权主体之间形成相互承认的权利体系的根本程序。参见［德］哈贝马斯：《在事实与规范之间：关于法律和民主法治国的商谈理论》，童世骏译，生活·读书·新知三联书店2003年版，第445页以下。

共领域的培植和扶持,尤其要将财富增长和利益分配的合理调整和处置机制有效纳入法律规制之途,其中,特别要充分洞悉并尊重大众经由日渐发育的公共领域而发出的声音,或许也只有这条道路才能够被称之为通向和谐社会之路。

通过以上关于现代法律范式的嬗变转型以及司法现代化发展特征的分析,我们发现:没有一个法律与政治的分离过程,社会公共政策的形成和国家权力意志的实现如果缺乏司法权力的参与和制衡,司法现代化是无从谈起的;没有现代司法制度及其权力作用机制的社会现代化发展,不仅损失了司法理性养分,而且也弱化了社会风险抑制的一种重要制度资源。因此,推进中国司法现代化进程,当下使命毋宁是遵循司法现代化一般机理,立足于当下中国社会发展的现实状况和未来目标,针对现行司法制度和实践中的突出问题,按照一种渐进模式,有重点地开展司法改革。就当下中国司法现代化发展和司法改革中所亟待解决的问题而言,法学界已经正确地重点讨论了以下主要问题:司法独立和司法权威的理念确立和制度建设;司法对立法和行政的制衡力度的强化;司法的非行政化;通过法律职业化进程的司法伦理培植、知识生产和共同体培育;推进合宪性司法审查制度建设进程;司法程序的简易化以及向其他解纷机制的程序权分解等。实践中,审判方式改革和法律职业化制度建设的成效相对明显,其他改革更多地尚处于规划意向之中,或成效甚微,甚至只是一类理论话语的言说对象。在我们看来,司法现代化根本上是一个宪政问题,最为迫切的任务或许是迅速提升司法在国家权力架构中的地位,使得司法真正能够成为国家权力制衡的一种功能担当。

第三章　合理性颠覆:司法后现代主义叙事

一、后现代、后现代主义和后现代性

后现代主义(postmodernism)是一个思想事件,也是社会秩序状况的一种文化折射,其基本面貌和旨趣立场根本上则是对启蒙运动以来的"解放"、"进步"等现代主义叙事的不满和反叛。不过,后现代主义的自我界定并没有摆脱现代主义的知识学要求,不能认为后现代主义是对现代主义的一种思想超越,按照刘小枫的理解,"'现代性'本身尚是一个未理清的题域,当欲不清楚的'现代性'而'后'之的'后现代'论述仍然要以'现代性'知识学来界定自身时,发现关于'现代性'的知识学尚在漂浮之中"。因此,"'后现代'论述对现代性论述的攻击,实际成了现代性论述的一个激进变种"。❶

20世纪中期以来,在学术和思想领域,一股以现代性理论所预定的本质主义、基础主义、二元论、理性主义、科学主义、民主主义等思想立场为攻击对象的后现代主义学术思潮开始涌动起来。在社会发展领域,为现代性精神能量所推进的社会现代化进程不再按照现代主义的理性方案行进,而是以一种"自反性"(reflexivity)样态开始逾越甚至背弃那种以知识导向的科学进路、以市场导向的经济进路、以民主导向的政治进路和以解放导向的社会进路,社会关系秩序表现出"后现代性"(postmodernity)。因此,加拿大学者大卫·莱昂主张用"后现代"(postmodern)概念统合"后现代主义"和"后现代性"两者,因为"后现代主义"不能被简单地理解为仅仅只是学识和思想领域的一个新型动向,"后现代性"也不能被理解为完全只是社会现代化进程中一个新型阶段的关系秩序状况。"后现代主义"和"后现代性"两者共同表达的是一种文化体验,是人类社会进化和个

---

❶ 刘小枫:《现代性社会理论绪论》,上海三联书店1998年版,第2页。

体命运的一种存在论状态。对于这种将思想学术意义上的后现代主义与社会关系秩序状况意义上的后现代性进行统合理解的必要性，大卫·莱昂作出了如下说明："侧重点在文化方面的后现代主义与侧重点在社会方面的后现代性需要区分开来。"不过，莱昂主张用后现代一词整合两者的使用，其理由在于"文化同社会不可能截然分开的现实中，……现在可以强烈地感觉到，社会中的文化因素越来越多"。❶ 因此，笔者对后现代概念的理解，既从作为文化体验和思想事件的维度进行，也从作为主体关系结构和社会秩序运行状况的维度进行。

　　后现代主义思潮可谓极其杂乱繁复，很难使用那种沿袭已久的概念界定方式对其作出一个严格定义。如果一定要追问后现代主义的确切含义，那么，我们可以大致认为，后现代主义根本上则是对西方理性主义传统尤其是对启蒙以来的现代主义进路的一种反叛和颠覆。后现代主义在思想立场上着实是以现代性或现代主义作为非难对象的，对此，美国学者波林·罗斯诺正是立足于现代性与后现代主义的理论立场差异上界定后者的。罗斯诺指出："现代性是作为一种许诺把人类历史从愚昧和非理性状态中解放出来的进步力量而进入历史的"，那么，后现代主义者则认为"有理由怀疑有关现代性的道德主张、传统规范和'深刻阐释'"。在后现代主义者看来，"现代性已经不再是一种解放力量，它是奴役、压迫和压抑的根源"。后现代主义者将所有现代主义理论方案"统统作为预设了所有的问题并提供了先定的答案的、逻各斯中心的、超验地包罗万象的元叙述而予以消解"。认为现代主义的所有思想体系与巫术和神话一样，"建立在不确定的假设之上"。后现代主义者对现代主义各种理论方案的批评并不意味着他们要提出一组替代性假说，"而在于表明建立任何一种诸如此类的知识基础之不可能性，在于'消解所有占统治地位的法典的合法性'"。❷

　　关于后现代性概念，我们可以从安东尼·吉登斯的有关界定中加以初步把握。吉登斯将后现代主义看做是建立在现代性特征基础上与文学、绘画、造型艺术和建筑的形式或运动，它指涉的是对现代性特征的审美观方面。而后现代性，则意味着"社会发展的轨迹正在引导我们日益脱离现代性制度，并向一种新的

---

❶　[加]莱昂：《后现代性》，郭为桂译，吉林人民出版社 2004 年版，第 13 页。

❷　[美]罗斯诺：《后现代主义与社会科学》，张国清译，上海译文出版社 1998 年版，第 4～5 页。

不同的社会秩序转变"。❶ 关键在于何谓"新的不同的社会秩序转变"？我们怎样加以把握？对此,吉登斯从四个方面对这种后现代性秩序进行了勾勒:超越匮乏型体系;多层次的民主参与;技术的人道化;非军事化。❷ 由此可见,吉登斯所理解的后现代性秩序实际上是人类社会的一个可欲未来,是现代性的完善和最终实现状态。然而,我们何以知道这种美好方向就必然是社会秩序的后现代性状况？吉登斯所勾勒的后现代性秩序的以上特征是"现代性开始理解自身"并超越自身后的良性和理想结果,谁能保证后现代社会就不是人类的终结？尤其关键的是,当今社会发展所正在表现出的、也是为现代性精神和社会现代化运动所促就的"风险社会"(risk society)——社会现代化进程中生产力的指数式增长使危险和潜在威胁释放达到了一个前所未知的程度❸——难道就不是一种后现代性秩序？对于我们这个风险生产伴随财富增长、本质主义和基础主义大厦开始倾覆、科学实证主义遭受质疑、价值相对主义开始盛行、协商式民主逐渐生长、虚拟取代真实、资源日益耗竭、生态失去平衡的社会状况,我们又该如何界定其秩序性质？它到底是现代性秩序的一组征象,还是后现代性秩序的初步轮廓？在笔者看来,作为一个知识现象,后现代主义并非仅仅只是知识逻辑链条上的一个演绎证伪式话语事件,它也是社会历史发展语境中对社会关系和秩序状况的一种存在论文化体验和反思性表达,只不过这种表达采取了一种颇有些知识游戏甚至玩世不恭的学识态度,没有在正视后现代社会秩序之性质的基础上为人类未来社会秩序的合理建构发表一种负责任的见识,沉迷于对现代主义叙事的语言游戏式戏谑。

　　一般认为,后现代思想火化由尼采点燃,经海德格尔鼓风,通过伽达默尔、福科、德里达、利奥塔尔、德勒兹、博德里拉、罗蒂等全面引爆。后现代主义并非为一个整齐划一的话语系统,其渊源各异,背景语境错综复杂,作为现代主义语境中的一组话语事件,很难对后现代主义思潮划出一个十分严格的范围限定,反基础主义、反本质主义、后实证主义、后结构主义、后当代主义、解构主义、非理性主义、后哲学文化、后马克思主义、反人道主义、方法论无政府主义、新实用主义、哲学解释学等,通常都被归入广义的后现代主义名下。由于后现代主义本来就反

---

❶ [英]吉登斯:《现代性的后果》,田禾译,译林出版社 2000 年版,第 40 页。
❷ 参见[英]吉登斯:《现代性的后果》,田禾译,译林出版社 2000 年版,第 143 页。
❸ 参见[德]贝克:《风险社会》,何博闻译,译林出版社 2004 年版,第 15 页。

对为现代学奉为圭臬的概念界定的类型划分方法,从而过分强调后现代主义的门类派别并不切合后现代主义者的旨趣。不过,理解后现代主义总是需要通过一些思维向度方可切入,否则,后现代主义那种刻意诡异而闪烁其词的叙事策略很容易令人眼花缭乱而不得要领。其实,后现代主义根本上则是一种以现代主义叙事中的理性主义、基础主义、人道主义、科学主义、实证主义等为攻击、反讽和解构对象的话语行动。丹尼斯·M.帕特森简要而有效地区分了现代主义与后现代主义的思想方式,他将现代主义理解为一种"与启蒙运动倡导的精神相一致的方式",这种现代主义通过三个轴心表现出来:认识论上的基础主义——知识只有建立在毋庸置疑的基础上才是确信无疑的;语言理论——语言有两个功能,即表现(represent)思想或事件状态和表达(express)说话人的态度;个人和社会——社会最好被理解为"社会原子"的聚合体。后现代主义则是"任何偏离了以上三个轴而没有回复到前现代范畴的思想方式"。● 后现代主义根本上是从以上三个基本向度对现代主义进行攻击和颠覆的,这场思想反叛运动具体表现为反基础主义、反理性主义、主体性消解、反表象的真理约定论、知识与权力合谋论、泛文本主义、反讽行动、后哲学文化等多个方面。

后现代主义思潮并非完全是一个知识游戏事件,作为高歌猛进已久的现代性精神危机,后现代主义的思潮涌动既有其深刻的社会根源,也是现代主义主升浪进程中的一场激烈震荡,一定程度上,后现代主义也是现代主义的逻辑病理的突然迸发。

20世纪中后期以来,为现代性精神动能所激发和助推下的西方社会步入深度现代化阶段,资本与技术的合谋在创造了巨大的物质财富和彻底改变了自然面貌的同时,资本主义社会内部的各种矛盾也开始日益激化开来,这种矛盾激化表现在众多方面。首先,目的—工具合理性主导的生产活动本来是作为实现和满足人的物质需求目标筹划和推进的,然而,当生产逻辑在不断创造财富的同时,作为兑现和承诺主体性精神力量的主体的人,发现自己日益成为一整套财富生产制度和社会管理制度的对象,无论是作为一个发明和运用技术的主体,还是作为一个按照契约逻辑自主处置社会关系的主体,此刻渐渐发现,自己并非如现代主义所承诺的那样离自由的彼岸日益靠近,而是逐步成为一整套关涉生存方

● [美]帕特森:《法律与真理》,陈锐译,中国法制出版社2007年版,第204页以下。

式和生产活动的制度和权力的管制对象,现代性和资本主义正如韦伯所言逐渐成为一个"铁笼",在其中主体似乎已经看不到真正实现自由的希望。按照齐格蒙·鲍曼的判断,之所以形成这种局面,关键在于现代性的预定逻辑本身存在问题:"现代性的实际发展,与其原初的设想截然不同,它使它所推崇的个体自律和民主原则附属于工业和商品生产的工具理性的功能性必备条件。"❶其次,科学技术作为兑现现代主义和理性要求的最彻底的工具,随着它在征服自然和管理社会过程中的能量爆发,那种为现代主义所倡导的人文主义理想日益成为一类边缘性话语,成为为技术所消解的对象,正如马尔库塞所言:"技术作为工具的宇宙,它既可以增加人的弱点,也可以增加人的力量。在现阶段,人在他自己的机器设备面前比以往任何时候都更加软弱无力。"❷技术不仅操纵了主体,而且它逐渐成为一种意识形态按照一种"异化"逻辑将人文主义者所企求的一丝幻想全部排除。阿格尼丝·赫勒进一步重申了马尔库塞的立场:在技术文明中,"人称为物的附属,我们拥有的物越多,我们的生活经验和行为就将越发变得像附属物。这种像附属物的、反映性的、肤浅的生活在下述意义上可以被称为'异化的生活':人类个体的本质变得外在于他或她的存在,就像疯癫的情形一样。异化是疯癫,尽管是未被察觉的,因为如果每个人都疯了,疯癫就不会被注意到。技术文明通过异化掏空了生活;存在者失去了他或她的第二或第三向度"。❸ 按照齐格蒙·鲍曼的看法,现代性几乎就是"大屠杀"。第三,利益驱动和功利导向的现代资本主义发展导致人的社会关系的严重危机。如果说启蒙运动和现代主义是以实现人的平等交往和社会关系的和谐为价值志趣的,然而,现代化进程所带来的不但不是这个目标的日益趋近,而是诱发出一个人的不平等和新的等级化趋势,社会交往与相互信任和平等友爱的目标日渐遥远,尔虞我诈和将他人作为手段的社会交往秩序日益成为现实,财富差距和价值多元导致社会秩序暂时失去了方向,正如大卫·雷·格里芬所批评的那样:"在资本主义社会中,带来地位和权力是金钱的主要功能,因而,财富的明显不平等就意味着在生活的几乎所有方面都存在着明显的不平等。在财富、地位和权力都不平等的情况下要

---

❶ [英]鲍曼:《立法者与阐释者》,洪涛译,上海人民出版社2000年版,第256页。

❷ [德]马尔库塞:《单向度的人》;转引自[德]哈贝马斯:《作为"意识形态"的技术与科学》,李黎、郭官义译,学林出版社1999年版,第46页。

❸ [匈]赫勒:《现代性理论》,李瑞华译,商务印书馆2005年版,第233页。

想获得机会的平等,纯属空谈。"❶第四,工具理性的极度张扬和无际蔓延,使得大量知识阶层开始逐渐放弃对现代理性主义和科学技术进路的信赖和崇尚,因为他们发现,理性主义向目的合理性的聚集以及科学技术作为一种意识形态,在社会历史实践层面上严重存在批判性功能,知识和学术在现代主义进路中所担当的角色和所发挥的价值,居然是一个制造人的异化的加深社会不平等的助推器,因此,知识阶层开始反思现代知识学的性质,部分知识分子对科学的功能地位、理性的单向度方向和真理的命题逻辑开始产生严重的怀疑。

二、后现代主义向法学的渗入

如果说后现代主义最初是在文学、艺术学等领域发端,后逐渐蔓延到现代知识学的几乎所有领域。法学也不例外,第二次世界大战以后,一股后现代思潮也开始在法学阵地涌现。按照现代法学逻辑,法律是一种确认权利、限制权力、实现秩序、伸张正义、追求自由的中立而可靠的行为规范,法律作为社会关系的一种制度保障,以体系化的规则予以表达并具有确定的意思,其效力上获得社会主体的尊重,也以国家权力为后盾确保其适用和施行,尤其是,现代论者对法律具有摆脱政治权力的恣意和强制的重要功能,法律只表达客观社会关系要求,因其一般化特征,从而现代法具有不为特定社会经济目的左右、限制个人特权、保障平等、实现正义的重要功能。然而,在后现代主义者看来,以上现代法立场都是无根的浮萍,是一类美好的寓言,法律从来就不是一种独立于政治、经济和社会特定要求的东西,法律规则不可能意思确定,每一次解释都是一次误读。最终,后现代主义者将法律的所有神圣之处都进行了无情的戏谑和拆解。

后现代法学运动首先是从解释学(Hermeneutics)切入的,反对现代主义式的法律理解和解释构成了后现代法学的一切萌芽。法律是一个天然地以语言形式表现的规则体系,如何理解和解释规则条文的确切含义,有史以来一直就成为法学研究和法律实践的一个中心环节。尽管20世纪中期哲学发生语言学转向,语言前所未有地获得了极大重视,成为"存在之家",人和世界的存在只不过就

---

❶　[美]格里芬:《后现代精神》,王成兵译,中央编译出版社1998年版,第33页。

是语言的存在,但是,法律这个特别的场合总是更为直接地与语言保持着更加直接的联系。从而,关于文本之理解和解释的解释学的诞生无疑会渗入法学领域,并引发现代法学的范式嬗变。按照考夫曼的观点,何谓正确之法以及如何认识及实现正确之法构成了法哲学的两个基本问题,法哲学这样两个基本问题在现代法学中,被更多地按照一种现代科学范式进行了处理:"'正确之法',一个一直存在的问题,被当作一个物质对象,一个相对于人们思维而存在的'客体','主体'当能把握其丝毫未掺入主观成分的纯客观性。这是一种受导于视为典范的精确之自然科学的现代科学理想。"❶应当认为,考夫曼关于这种效仿自然科学的法学范式其实就是概念法学或法律信条论(Begriffsjurisprudenz)。应当认为,概念法学仅仅只是现代法学中的一个派别,这个派别主要盛行于现代社会早期,时值现代科学开始盛行并成为诸多社会科学(包括法学)的一个效仿和崇尚范式。但是,正如考夫曼所指出的那样,随着现代科学的纯粹客观性渐渐遭受质疑,知识的主观性成分成为一个不可排除的因素,现代法学那种法律信条论立场也渐渐失去其地位。尤其重要的是,按照考夫曼的理解,法学是一种理解性科学,"法学自始就未形成主体——客体图式。在法学中,不存在一种未打上法律寻找者印记的知识,创造的成分一直,但决非仅仅,也共同起着作用。法的'认识'也是一种法的'塑造'。更明确地说,法之具体的此在形式,特别是法院将如何'言说',总只是存在于法之实行的过程中"。❷

考夫曼的论述不但否定了那种效仿通过主—客体图式、追求知识客观性的现代科学的概念法学的可欲性,而且简明而精到地界定了法学的理解科学性质,从而隐含地指出了解释学之于法学的意义。

其实,人类的法学史根本上就是一部法律解释史。在现代法阶段,思想家们一直按照多种理论立场对法律进行理解和释义,自然法学派的理性和自然权利、历史法学派中的历史法则和民族精神、实证主义法学派中的主权者命令和阶级意志,社会法学派中的社会目的和安全秩序,都竞相表达了各自关于什么是和怎样实现正确之法的理论立场。只不过这种解释还只是关于法律的"理解"(understand)或"释义"(interpret),还不是真正意义上的"解释"(hermeneutic),

---

❶ [德]考夫曼:《当代法哲学和法律理论导论》,郑永流译,法律出版社2002年版,第51页。
❷ [德]考夫曼:《当代法哲学和法律理论导论》,郑永流译,法律出版社2002年版,第52页。

因为这些现代法立场根本上还是一类按照主—客体分野的意识哲学范式、按照某种功利目的或价值准则所表达的理论立场,在这种意识哲学范式中,法要么成为一个对象,要么成为一种工具,要么成为一类混同于道德的虚幻的价值,其方法论属性根本上是认识论的。

真正引发法哲学的认识论范式向存在论范式转型的,是哲学解释学的诞生。由施莱尔马赫和狄尔泰所创立的解释学最初的意图是获得关于宗教经典和教义的正确理解,即如何确切把握文本的真实含义。根据戴维·E.林格的研究,施莱尔马赫和狄尔泰的解释学仍没有摆脱方法学性质,"对于施莱尔马赫来说,文本的真实含义并不是它'看上去'直接向我们所说的。正相反,它的意义必须通过对它所由产生的历史情境或生活环境的严格标准的重建才能被发现。只有通过一种批判的、从方法论上控制了的解释才能向我们揭示出作者的含义,这样,使一切正确理解成为某门学科之成果的道路就被廓清了"。❶ 不过,施莱尔马赫和狄尔泰的解释学因袭了笛卡儿主义和启蒙运动以来的理性主义和科学主义进路,这种进路主张认识的客观性要求,并成为早期解释学所追求的一个根本目标——认定有一种自主的主体,这个主体在理解和解释发生的场合,"能够成功地使自己从历史的直接缠绕和伴随这种缠绕的偏见中解脱出来。于是,解释者所否定的,就是作为过去之活生生生活扩展的他自己的当下情境"。❷ 解释学如果仅仅只是这种方法论追求,那么在此并没有进行阐述的必要,因为这种方法论追求在概念法学或法律信条论那里表现得再为司空见惯不过,它从来就是企图按照立法者的原意来确定具体规则条文的确切含义。

伽达默尔实现了解释学由认识论(方法论)向存在论的转型。他在将"前见"(prejudices,又译"偏见")界定为一切认识之所以可能的条件和一切创造的条件的同时,更将理解和解释宣布为人的存在论性质。伽达默尔指出:"我们存在的历史性包含着从词义上所说的偏见,为我们整个经验的能力创造了最初的方向性。偏见就是我们对世界开放的倾向性。"❸伽达默尔完全否定那种将理解

---

❶ [美]林格:《编者导言》;[德]伽达默尔:《哲学解释学》,夏镇平、宋建平译,上海译文出版社1994年版,第3页。
❷ [美]林格:《编者导言》;[德]伽达默尔:《哲学解释学》,夏镇平、宋建平译,上海译文出版社1994年版,第4页。
❸ [德]伽达默尔:《哲学解释学》,夏镇平、宋建平译,上海译文出版社1994年版,第9页。

和解释应当摒弃主体自身的前理解和生存经历的传统解释学方法论的有效性，在伽达默尔看来，理解的一切过程本身就包含了理解者自身的当下情境，人是不可能涤清现实条件进行理解和解释的，恰恰是因为理解者的条件情境与文本形成之间的时间间隔，才使得创造性理解有了可能。这样，理解和解释就不再是一种澄清偏见和主观性的对文本原意的再现和重建过程，而是一种包含了主体自身情境和偏好的创造性过程。关于以伽达默尔为代表的哲学解释学的要义，我们可以大致总结如下。

其一，理解和解释不是一个方法论问题，而是一个本体论事件。解释学因宗教教义的理解方法问题而引发，由于宗教文本之意义解释上的冲突，最初的解释学所追求的是一个如何实现对具体教义的客观/准确揭示目标，从而解释方法问题成为解释学的中心主题，狄尔泰就将文本的意义等同于作者的意图。至海德格尔和伽达默尔，解释学不再仅仅只是一个精神科学/人文科学中的理解和解释的方法论问题，而是一个本体论问题。在伽达默尔看来，我们在世界中的存在本身就是解释性的，我们永远无法逃离或避免理解和解释。其二，主/客体之间是一种理解和解释关系。解释学否定了意识哲学所持有的那种主体/客体之间的客观认识关系，在意识哲学中，文本（客体）的意义理解可以通过一定的技术和方法实现，理解和解释文本的意义意味着对其原意的揭示，主体应当设法消除其偏见，主体应当是自主的，他应当也能够从影响认识客观性的偏见中解脱出来，认识者应当放弃和背离自己的历史性。解释学彻底否定了这种克服主体自身当下情境的理解理想，伽达默尔指出："理解甚至根本被认为是一种主体性的行为，而要被认为是一种置身于传统过程中的行动，在这个过程中过去和现在经常地得以中介。这就是必须在诠释学理论里加以发挥的东西，因为诠释学理论过多地被某个程序、某种方法的观念所支配。"❶其三，理解是一种"效果历史"事件。伽达默尔突出强调了"前见"之于理解和解释的前提和基础性地位，在他看来，解释学并不是要去发展一种关于理解和解释的程序或方法，而是要澄清理解的前提条件到底是什么。对于现代主义的主体性哲学而言，要么将理解的前提条件判定为认识活动所借助的程序、方法和技术，要么像康德那样断言为认知主体先天具备的先验综合判断能力。在这种主体性哲学理路中，认识结果要么是

---

❶ ［德］伽达默尔：《真理与方法》（上卷），洪汉鼎译，上海译文出版社1999年版，第372页。

一种对客观存在的真实摹写,要么是一种主观建构。解释学批判了这种否定认识主体之非历史性存在的性质,指出正是人之存在的历史性及其"前见"作为认识者的一种当下情境而构成了理解的前提条件。在伽达默尔看来,人是一种历史性存在,他总是生活在传统之中,正是因为传统作为存在者的一种不可任意选择和自由支配的认识条件,决定了认识者在面对一个文本之时总是必须经由其"前见"方可理解文本的意义,"理解按其本性是一种效果历史事件"。❶ 其四,语言游戏之间可以进行调解并实现视域的融合。解释学赞同维特根斯坦关于事实上存在着无数种不同语言游戏的事实,但是,与语言游戏论者所认为的不存在共同的先验语法和不应当企图实现统一的规范语言的立场形成鲜明差异的是,解释学强调不同语言游戏之间的调解和视域融合的必要性和可能性。在解释学家看来,"当前的解释学情境总是早已包含在基本的理解活动之中,因此,获得理解本质地具有中介或综合的性质,……语言游戏的分析者本身就被包含在语言游戏的综合或融合中"。❷ 解释学认为这种视域融合并非为一种先验游戏,而是存在于语言使用者的交往实践之中,人学习一种新的语言总是在他所已经掌握了一门语言的基础上进行的,已经掌握的语言和即将学习的新的语言之间,实际上就是两种不同的视域,掌握一门语言是学会一种游戏,学习新的语言是一种新的游戏,但是这并不意味着对旧游戏的抛弃,而是新游戏和旧游戏之间(生活形式之间)的调解和融合。

后现代法学的另一切入路径是以德里达为代表的解构主义(deconstruction)。德里达与伽达默尔的思想因子都源自海德格尔的存在主义哲学,但是,两者在哲学取向上颇有差异。如果说伽达默尔的取向重在理解过程的性质界定,进而关怀人的存在论——解释学状态和命运,那么,德里达的解构主义则重在颠覆始终主导西方形而上学的理性主义和基础主义信念。和伽达默尔一样,德里达也十分重视文本理解问题。在现代主义者眼中,文本的意义可以通过语言的形式准确地表达出来,至少人们可以借助语言文字较为确切地把握文本指涉的对象或表达的意义。到德里达那里,他借用了索绪尔语言学的"能指"

---

❶ [德]伽达默尔:《真理与方法》(上卷),洪汉鼎译,上海译文出版社1999年版,第385页。
❷ [美]林格:《编者导言》;[德]伽达默尔:《哲学解释学》,夏镇平、宋建平译,上海译文出版社1994年版,"编者导言"第29页。

（signans/signifer）与"所指"（signatum/signified）术语，❶在德里达看来，文本的意义从来并非基于一个稳定的"所指"，相反，总是已经存在着能指之间的嬉戏。德里达阐述道："通过一种难以察觉的必然性，文字概念正在开始超越语言的范围，它不再表示一般语言的特殊形式、派生形式、附属形式，它不再表示表层，不再表示一种主要能指的不一致的复制品，不再表示能指的能指，文字概念开始超出语言的范围。……没有所指可以逃脱构成语言的指称对象的游戏，所指最终将陷入能指之手。文字的降临也就是这种游戏的降临。"❷德里达揭示能指与所指之间关系的目的，是要宣告那种文字准确表现对象和意义的"真理符合论"（correspondence theory of truth）的有效性，真理符合论认为："一个命题是真的，仅当它与客观事实相符。"❸亦即，一个陈述（命题）是否有效，决定于它是否真实描述客体事实。在德里达所揭示的能指与所指之间的这种关系中，能指并不必然表现意义，能指之间是一种独立的语言游戏，在写作和理解过程中，所指并不必然存在，字符作为能指并不必然有其所指，其意义并不固定或必然地"在场"（presence），字符的"意指"（signifying）是流变的，是由能指的游戏关系和过程所决定的。❹ 这样，按照德里达的立场，语词和符号与对象和意义之间并不存在一种确定的意义对应关系，近乎"真理融贯论"（a coherence theory of truth）论调："一个命题是真的，当且仅当它与我们所接受的其他命题一致。"❺由于能指游戏的流变性质，从而文本没有主体，没有中心，没有作为根据的理念，存在的只有能指（字符）之间的嬉戏，"字符流动的结果是文本（text），文本是字符的流动所'编织'（textile）出来的网络。在'文本'这一网络中，无中心，无结构，无本质"。❻ 最终，德里达颠覆了西方形而上学的逻各斯中心主义（logocentric），否定和解构了文本结构的二元对立性质，指出字符与意义之间并不存在意义对应关系，字符之间的游戏并不必然表现对象或存在的意义，意义和知识都是没有基础的。

---

❶ 在索绪尔那里，"用所指和能指分别代替概念和音响形象"。［瑞士］索绪尔：《普通语言学教程》，高名凯译，商务印书馆1980年版，第102页。

❷ ［法］德里达：《论文字学》，汪家堂译，上海译文出版社1999年版，第8页。

❸ ［美］帕特森：《真理与法律》，陈锐译，中国法制出版社2007年版，第353页。

❹ 参见赵敦华：《现代西方哲学新编》，北京大学出版社2000年版，第440页。

❺ ［美］帕特森：《真理与法律》，陈锐译，中国法制出版社2007年版，第353页。

❻ 赵敦华：《现代西方哲学新编》，北京大学出版社2000年版，第439页。

　　伽达默尔的解释学和德里达的解构主义对法学的后现代思潮产生了极其重大的影响,伽达默尔和德里达的思想尽管是哲学取向的,但是两人也都并非没有关注法学。在《真理与方法》一书中,伽达默尔就对法律解释学有一定篇幅的论述。按照伽达默尔的思想,法律诠释与历史诠释、神学诠释及语文诠释并没有本质上的不同,法学诠释的任务在于对规则条文具体化的运用,而这种运用并非是去按照形式逻辑思维去确定具体条文的确定意义或立法原意,伽达默尔指出:"具体化的任务并不在于单纯地认识法律条文,如果我们想从法律上判断某个具体事例,那么我们理所当然地还必须了解司法实践以及规定这种实践的各种因素。"❶由此可见,伽达默尔的法律解释学所倡导的是一种语境主义立场,从而,那种概念法学或法律信条论法律解释方法就被宣布无效了。德里达几乎没有直接涉猎法学领域,但是,其解构行动并非无意于政治或法学关怀,对德里达来说,"解构就是正义",❷因为解构行动的性质是揭露暴力和欺骗,是反抗承诺有效的解放叙事和进步神话所造成的压制和奴役。从而,德里达的解构主义之于法学的影响力是潜在的。

　　尽管解释学和解构主义没有过多表达其法学关怀,但是,作为一类哲学导向和引领,对后现代法学迅速繁荣的影响力是根本性。以美国为例,这是一个后现代法学思潮涌现得最为激潮澎湃的国度,按照菲尔德曼的判断,欧洲大陆的哲学思潮在美国激发出剧烈的法学回应。20 世纪 80 年代以后,该国法学实现了"解释的转变",一批非法学理论家的学说成为法学研究的理论源泉,严格的法学学科界限开始崩溃,学科壁垒开始轰塌,"一些宪法理论家最终停止了追问那个根深蒂固的现代主义问题:什么样的基础可以客观地限制宪法解释和审判或者为宪法解释和审判提供基础? 现反,这些宪法学者开始追问一个后现代问题:(宪法)解释是怎样发生的?"❸

---

❶　[德]伽达默尔:《真理与方法》(上卷),洪汉鼎译,上海译文出版社 1999 年版,第 424 页。
❷　[美]菲尔德曼:《从前现代主义到后现代主义的美国法律思想》,李国庆译,法律出版社 2005 年版,第 77 页。
❸　[美]菲尔德曼:《从前现代主义到后现代主义的美国法律思想》,李国庆译,法律出版社 2005 年版,第 281～282 页。

三、司法后现代主义掠影

（一）法律文本的后现代阅读

如果说实在法规范作为司法判决之根据具有确定性内容是现代司法制度所预设的一种条件假定，那么这个条件假定已经遭受到后现代法学（Postmodern Jurisprudence/ Postmodern Law）有力而无情的颠覆（overthrowing）和解构（deconstruction）。后现代法学作为后现代思潮的一个特定组成部分，对以理性为内在精神支柱的现代法律和法学进行反击的一个基本切入点就是从法律文本之意义确认角度入手的。现代主义哲学坚信，"一个文本的含义一定要基于某些坚实的支撑或基础——比如文本自身或作者的意图——这一客体被认为与进行感觉的自我或主体相互分离和独立，但又可以被自我或主体以某种方式理解"。❶ 在现代法律和法学语境中，一种共识性前提假定就是法律文本与文学文本具有性质上的根本差异，因为形式法律内在着一种理性精神，是按照一定的理念准则和价值原则而对社会关系的一种体系化调整和规制，它不像文学文本那样，本性上是一种心灵流露和情感表达，属于非理性的事业。因此，在现代主义法学家看来，司法判决应当严格按照形式法的规定作出，判决是对实在法规范所内在蕴涵的立法者意志的确认和适用，"在历史上，法律被假定为中立而公正的——以一种非人格的、可预言的、无争议的方式去解决争端的某个毋庸置疑的方法。对于法律的尊重象征着拥有高度教养的公民的某种先进而稳定的文明。传统的法哲学假定，法律判决能够也应该是注重事实，注重分析，不抱偏见和客观公正的。判决具有确定的意思，法规构成了一个自给自足的体系，它以某种独立于独断和折衷的政治、经济和社会诸因素的方式来编纂法规"。❷ 对于作为司法判决所赖以为据的法律规范，现代主义法学家总是抱以一种应当按照立法意图和精神作出判决的立场，即"探求立法者或准立法者于制定法律时所作的价值判断及其所欲实现的目的，以推知立法者的意思"。❸ 然而，到底是谁在确切和明晰地（抑

---

❶ ［美］菲尔德曼：《从前现代主义到后现代主义的美国法律思想》，李国庆译，法律出版社2005年版，第51页。
❷ ［美］罗斯诺：《后现代主义与社会科学》，张国清译，上海译文出版社1998年版，第184～185页。
❸ 梁慧星：《民法解释学》，中国政法大学出版社2000年版，第215页。

或意有所指地)表达着他的意志? 立法机构这个集体创作的作者,有没有统一意志或共同意图? 如果存在什么集体意志或共同意图的话,那么谁将为他们的共同作品在出现错误时承担责任? 对于法律形成于立法机构这样一个人员庞杂或许还良莠不齐群体的现象,需要追问的是:"在什么意义上我们可以说,这些立法者分享了共同的意图?"❶

　　然而,在后现代法学家看来,形式实在法并没有确定性内容,更不存在什么立法者意图或法律精神,也没有什么法律原则或逻辑中心可以作为具体法律规则体系的价值准则而能够得到明晰的识别。由于学科壁垒在后现代主义思潮中迅速被拆除(因为都是一个文本的阅读问题),哲学解释学在文学批评和文艺理论那里首先立足,此间,英国文学批评家费什(Stanley Fish)从叙述故事、表达感觉、抒发情怀的文学憩园转战意志冰冷、形式僵硬的法学哨所。费什的学识与伽达默尔十分相近,只不过费什更加身体力行,他由文学批评教授改行为法学教授,转向法理学研究。费什开门见山:"客观性是不可能达到的,因为我们总是已经在进行解释了。"❷不过,尽管费什倾向于认为后现代阅读中文本的意义并不决定于作者原意,而是由读者按照自己的境况进行赋予的重要性,但是,费什还是指出:"从来都没有过、将来也不会有人能够从一个本身并非已经在进行解释的视角上检视解释的可能性。"❸这意味着解释并非是一件个体化的事情,费什主张解释行为及其意义很大程度上决定于解释者置身其中的话语共同体,一个解释的共同体塑造着其成员的解释实践立场、技术和方向。费什主张法律解释的共同体立场,在他那里,"法律见解被说成是为法律团体所共有的语言和现实的一个结果。法律见解提不出绝对的真理主张,因为法律规则没有限制团体解释"。❹ 作为后现代法学之重要一派的"法律与文学"(Law and Literature)学派将法律文本视同文学文本,认为"法律文本和文学文本的性质是接近的,前者

---

❶　苏力:《解释的难题:对几种法律文本解释方法的追问》,《中国社会科学》1997 年第 4 期。
❷　[美]菲尔德曼:《从前现代主义到后现代主义的美国法律思想》,李国庆译,法律出版社 2005 年版,第283 页。
❸　[美]菲尔德曼:《从前现代主义到后现代主义的美国法律思想》,李国庆译,法律出版社 2005 年版,第284 页。
❹　[美]罗斯诺:《后现代主义与社会科学》,张国清译,上海译文出版社 1998 年版,第187 页。

像后者一样具有开放阅读的柔性特征"。❶"法律与文学"学派得出这种结论的根本理据在于，法律规范也是一种文本，而读解文本之意义的方法，不应该按照传统理论那样，去揣摩文本作者的意图，否则法律文本的确切意义，要么就是所谓立法者的意志（如分析法学那样），要么就是某种价值准则（如自然法学那样），或者是某种所谓的民族精神（如历史法学那样），执掌司法判决权力的作为读者的法官就只需要准确把握法律文本作者的这些确切"意图"便能使得判决获得合法性。在文本阅读的传统理论中，"一个文本的意义就是作者自觉或不自觉意图的一个简单功能，读者只需发现这些意图便可能明白文本的确切意义"。❷ 但是，后现代主义者否定了文本作者在文本意义确立上的优先地位，宣告了现代"作者的死亡"，因为文本是一种结构，而文本阅读的结构主义进路将得出文本的意义并非为"说者的主观意图和愿望所传递的，而是制作它的作为一个整体的语言系统的产物"。❸ 从而后现代主义者对读者的地位重新进行了定位，认为读者并非一个被动接受作者"意图"的受话者，文本的意义是由读者所赋予的，读者作为文本的阅读者和阐释者，他/她们对文本意义的决定功能丝毫不亚于作者。在法律领域，肯定论后现代主义者认为："法律是政治的、主观的、有争议的、仅仅因人而异的解释。"怀疑论后现代主义者则声称："有关法律的任何一种解释都不是真正合法的。法律文本被说成是自我指称的；其意义，正如文学文本一样，是完全不确定的，在语言学上是相对的，可以有为数众多的解释的，而其中没有一种解释是特许的。意义是被注入的，对某法律文本的每一次解读都被说成必然地是一次误读。"❹另外，作为后现代主义的一个阵营，"解构主义"则抛弃了对法律文本的传统阅读方式，按照一种"把一个文本的'偶然'特征看作是在背叛、颠倒其所声称的'本质'内容的方法"的文本理解路线，❺将法律文本表面上似乎已经十分确定和明晰的内容读解为完全不同的意义。在解构主义者看来，法律文本所企图预设的"逻各斯"（logos）中心理念，是完全可以被颠覆和摧毁的，所谓法律文本的立法意图或精神实质在解构主义阅读中经常可

❶ James White，Legal Imagination：Studies in the Nature of Legal Thought and Expression，Boston：Little，Brown & Co.1973.
❷ ［美］罗斯诺：《后现代主义与社会科学》，张国清译，上海译文出版社 1998 年版，第 37 页。
❸ ［美］罗斯诺：《后现代主义与社会科学》，张国清译，上海译文出版社 1998 年版，第 40 页。
❹ ［美］罗斯诺：《后现代主义与社会科学》，张国清译，上海译文出版社 1998 年版，第 185 页。
❺ ［美］罗蒂：《后哲学文化》，黄勇编译，上海译文出版社 2004 年版，第 98 页。

以被转变为它的反面。巴尔金(Jack Balkin)在对侵权立法及司法实践考察后指出:"运用解构主义方法,我们发现每一个法律观念实际上只是对另一观念具有虚假优位性,通过对其对立面的揭示和对其本身的解构,我们将获得一种完全不同的道德和法律义务结论。"❶

(二)判决标准和方法的后现代解构

对法律文本进行后现代阅读的后果,不仅仅只是对作为判决根据的法律规范之意义确定性的消解,它还严重影响到司法判决的标准和方法领域。把具有确定性意义的实在法规范适用于案件事实之上,这是现代法理论家对现代司法活动的基本判断。然而,按照后现代主义者关于法律文本并没有确定性意义的读解立场,作为现代司法所倡导的以对实在法的适用为核心内涵的法律形式主义就出现了问题,司法活动就直接面对一个对凭借何种根据作出判决的质难,这将深刻影响到司法判决的标准和法律推理作为司法判决之方法论选择方案是否还可以得到纯粹贯彻的问题。

既然法律文本的意义是不确定的,那么作为判决依据的前提就应该另有选择,或者,实在法律规范仅仅只是司法判决的渊源之一,它与政治原则、伦理道德、文化传承、经济学规则等共同构成了司法判决的准据法序列。特别是在疑难案件的决断中,谁也无法保证判决结论的得出就一定是将实在法规范严格适用到案件事实之上的结果,判决标准除了法律以外,或许政治权力、经济学规则、道德伦理知识、文化传统等非法律因素也分别或共同成为判决标准。诚如波斯纳所言:"如果将法律转化为其他东西,比方说经济学,或者是其他可以从中获得确定的伦理或政治问题解决办法的伦理原则或政治原则,法律推理也可以保留其获得确定的案件结果的力量。但如果在那些诉讼争执中涌现的令人烦恼的问题上适用这些人文学科或社会科学的分支,那么就没有任何学科或学科分支有可能在一个难分高下的案件中获得确定性;而且,无论如何,赞同把法律转化为另一种社会思想的论点都不可能建立在法律推理的基础上。"❷如果说这种立场更多地还只是一种实用主义进路,那么后现代主义者则走得更远。后现代主义

---

❶ Jack Balkin,Deconstructive Practice and Legal Theory,in 96 Yale Law Journal (1987),p. 746.

❷ [美]波斯纳:《法理学问题》,苏力译,中国政法大学出版社 2002 年版,第 159 页。

者或者将法律理解成一种"地方性知识",是一种"隐藏在法学理论和法律实践中的一系列政治、社会和经济生活的不断重现或'地方志'"。❶ 法学的使命在于描述"有关我们生活和世界的小范围的、地方性的、开放性的故事"。❷ 从而司法判决就应当是一种限定于特定时空的语境主义标准。或者,法律只是诸多社会系统中的一种,它并非关于判决标准的唯一叙事,否则,将确定的实在法规范作为司法判决的唯一标准,势必会导致这样一种后果:"一个权力行为的产品,通过权力行为,其他理解经验世界的方式被边缘化了。"❸"批判法学"(Critical Legal Studies)代表昂格尔通过对自由主义社会中法律秩序的形成及法律自治性内涵的解析,得出了这样一种结论:"法律秩序中的专门机关的运行与国家其他的政治机构并无区别,而且,法律推理的方式,归根结底,与政治、经济和伦理的选择中所运用的并无不同。"❹

法律文本意义的不确定性和判决标准的多元化必然暗蚀法律推理作为司法判决方法论的基础性地位,因为这种方法的有效性只能建立在规范根据的意义确定性基础之上,并且要求法官只服从法律,没有"前见"(prejudices),演绎三段论构成司法判决思维的核心内容。然而,既然法律文本并没有确定性意义,判决也并非只是一种形式实证法标准,那么法官对判决决定的作出就势必也不是一个纯粹的法律推理结果。首先,法官的"前见"始终会发生作用。"法官带进案件中的那些成见(preconceptions)并非外在的和无关的异己物。心智白板(tabularasa)并不是司法的理想。"❺按照解释学进路,实在法规范的意义始终只能是一种"效果历史"(effective history),"在理解中所涉及的完全不是一种试图重构本文原义的'历史的理解'。我们所指的其实乃是理解本文本身。但这就是说,在重新唤起本文意义的过程中解释者自己的思想总是已经参与了进去"。❻ 从而,在后现代理论家看来,即便存在一定的法律推理前提,那么这个前提也是由法官"前见"所决定的前提。其次,司法判断并非为一种纯粹理性的知

---

❶ Nicholas Blomley, Law, Space, and the Geographies of Power, New York: the Guilford Press, 1994, p. xi.

❷ Costas Douzinas, Ronnie Warrington and Shaun McVeigh, Postmodern Jurisprudence: the Law of Text in the Texts of Law, New York: Routledge, 1991, p. x.

❸ Gray Peller, Metaphysics of American Law, California Law Review (1985), p. 1170.

❹ [美]昂格尔:《现代社会中的法律》,吴玉章、周汉华译,译林出版社 2001 年版,第 53 页。

❺ [美]波斯纳:《法理学问题》,苏力译,中国政法大学出版社 2002 年版,第 158 页。

❻ [德]伽达默尔:《真理与方法》(下卷),洪汉鼎译,上海译文出版社 1999 年版,第 495～496 页。

识形态。霍姆斯早就断言:"法律的生命不是逻辑,而是经验。"在波斯纳看来,法律是一项应当被称做实践理性的事业,从而像掌故、内省、想象、常识、设身处地、动机考察、言说者的权威、隐喻、类推、先例、习惯、记忆、经历、直觉、归纳等知识谱系无不影响着甚至根本地决定着法律推理的过程,"直觉难以表述,无偏见并非客观性,而法官无利害关系的直觉常常不能为经验证实或证伪。因此,起初是支持法律客观性的一个论点(保持观点平衡的可能性)结果成了反对法律客观性的一个论点。如果我们想一想,这里使用的直觉与无言之知很相似,这种反讽甚至还要尖锐一些;无言之知是实践理性的一种方法,维护法律客观性的人们用它来替代逻辑和科学,而没有意识到,他们越是依赖无言之知来决定法律结果,就越难证明这些结果的正当性。因为无言之知是个人的,并且是难以表述的,而正当化却是公众的和要能清楚表述的"。❶

(三)司法权威的后现代颠覆

司法权威作为现代性语境中的一种法律和法学方案是毋庸置疑的,它建立在司法权的中立性基础之上,"独立、超然和理性三方面是专业法官的职业本色,也是专业法官威信之基础"。❷ 被视为天然地具有中立性的司法权力通过对立法和行政权力的监督、刑事审判、纠纷解决等功能机制而实现司法权威。然而,后现代法学颠覆了这种司法权威性,认为司法并没有什么独立性可言,法官也并非像人们想象的那样在中立裁判,他们要么是在执行着某种政治主张,要么只是一种社会纠纷事件的被动受众,消极而无奈地成为争斗当事人双方竞技角逐的看客。法官中立并非什么正义性要求(不先入为主),恰恰只是一种无力主导社会纠纷的弱者姿态。司法是一种权力监督和制衡机制的观点从来就缺乏实证性基础,一直遭遇经验性事实的质疑,现实状况毋宁是司法始终受制于立法和行政权力,它只在政治权力不便正面过问的时刻才粉墨登场。

后现代主义者颠覆司法权威的基本方案可作如下概括。首先,司法并不独立。独立即意味着司法这种社会制度内在地具备足够资源支撑,具备有效抵制外力介入和干涉的强大功能机制。然而,现实中的司法制度毋宁是这样一幅景

---

❶ [美]波斯纳:《法理学问题》,苏力译,中国政法大学出版社 2002 年版,第 92、159 页。
❷ 孙笑侠:《法律家的技能与伦理》,《法学研究》2001 年第 4 期。

象:法官的产生由政治家和政治权力决定,司法经费由政府财政预算和划拨,法院编制由政府人事部门计划等。现代主义者对司法独立的制度安排和权威认同建立在一种知识论基础之上,这种知识论基础的基本内涵就是法律至上和程序中心主义,法官通过对法律的服从和对程序的恪守而体现司法权威。然而,在法律文本之确定性意义被后现代主义者予以消解以后,在得出"认真地对待规则,是一种决疑的艺术和一种模棱两可的法律家美德"❶结论之后,支撑司法独立及其权威的知识论资源已然显现得破绽百出。将司法权威建立在知识论基础之上,仿佛司法权力仅仅只是一个纯粹的知识论问题,它能够仅仅凭借理性的法律知识系统的内在逻辑而保证其独立性和权威性,这在后现代主义者看来是一种浪漫的幻想。福科就得出了"知识就是权力"的结论。❷ 在福科看来,"知识的'霸权'以及合法性,仅仅源自知识之外的权力关系"。❸ 按照这种读解行动,司法并非什么独立的权力,司法权威也并不可能来自以法律思维和法律适用为基本内涵的知识论基础,说司法有什么权威,那只是说司法活动顺从了外在于法律本身的权力话语要求。第二,司法监督权并不能切实实现。宪法解释权、违宪审查、宪法诉讼、行政诉讼等司法权力对立法权力和行政权力的作用形态并没有真正切入权力的内核,一方面,它们只是在权力的边缘地带游荡;另一方面,它们发挥了一种为权力辩解或润色的功效。第三,法官没有中立的可能。不偏不倚、兼听、消极裁判、回避等,这些美好的字眼并非现代社会中的法官的真实写照,"前见"、金钱诱惑、个人好恶、政治派系等,始终左右着形式上掌控着司法决断权的法官。

既然司法并不具备那种为现代主义者所假定的权威,司法判决始终没有成为解纷中心机制,那么纠纷解决便应当寻求一条机制多元主义路线。难以计数的社会纠纷只有极其有限的一部分经由司法程序解决,政治的、行政的、民间的、社团内部的纠纷解决机制一直扮演着更为重要的角色。况且,通过司法的纠纷解决也是一种极不经济的选择方案,为法学家所看好的司法判决并没有真正制造出一个共识局面,却常常加深矛盾,扩大分歧。"提交法院的纠纷,大多数不

---

❶ [美]诺内特、塞尔兹尼克:《转变中的法律与社会:迈向回应型法》,张志铭译,中国政法大学出版社2004年版,第89页。

❷ [法]福科:《规训与惩罚》,刘北成、杨远婴译,生活·读书·新知三联书店1999年版,第29页。

❸ 刘星:《西方法学中的"解构"运动》,《中外法学》2001年第5期。

是通过判决来解决（而是通过放弃、撤诉、调节）来解决，而且也常常不是通过法院的权威性处理方式来解决，诉诸法院作出充分权威性判决的案件，大多数缺乏诉讼性质，有的纠纷实际上已经结束，或者只有一方当事人出庭。"❶而在事实上，纠纷解决机制也着实演绎着一条多元主义路线。

（四）正义程序的后现代非难

为现代主义者所崇尚的法律形式主义在司法制度上的兑现就是司法程序的正义性要求，司法程序在实现追诉犯罪、解决纠纷目的的同时，还要求程序本身应当是一道正义的程序，程序是法律的中心。如果说传统司法所强调的更多的是实质正义——外在价值，那么，现代司法则将程序正义强调到无以复加的程度，司法程序的正当性本身成为一种独立价值——内在价值，并且呈现出一种司法程序的内在价值优位于司法目的实现的外在价值的状况。为现代司法制度所倡导的司法程序正义价值的基本要旨在于，司法程序"按照某种标准和条件整理争论点，公平地听取各方意见，在使当事人可以理解或认可的情况下作出决定。""程序没有预设的真理标准。程序通过促进意见疏通、加强理性思考、扩大选择范围、排除外部干扰来保证决定的成立和正确性。"❷法律领域中突出司法程序的独立性地位及其内在价值的现象，其合法性前提谋划和预设，一方面在于案件事实是不可能绝对真实再现的，从而约束于司法程序之内的举证和辩论活动所得出的判决结论是一个可欲的现实选择；另一方面在于赋予司法程序以独立性地位以抵制非法律话语的介入，尤其是抵制政治、道德、伦理、金钱等外力对法律系统的强制干涉。正是出于以上考虑，现代司法程序必然地会被从被动性、中立性、公开性、参与性、终局性、科学性等方面进行要求，兑现了这些要求的司法程序就是正义程序。作为现代主义之捍卫者的杰出代表，哈贝马斯按其"法律商谈理论"（Discourse Theory of Law）进路，对表征正义精神的司法程序提出了如下要求："法律必须再一次以组织性规范的形式运用于自身，不仅仅是为了创造一般的司法权能，而且是为了建立作为法庭程序之组成部分的法律商谈。

---

❶ ［美］盖郎塔：《不同情况下的正义》，载［意］卡佩莱蒂编：《福利国家与接近正义》，刘俊祥等译，法律出版社2000年版，第128页。
❷ 季卫东：《法治秩序的建构》，中国政法大学出版社1999年版，第12页。

法庭程序的规则将司法判决实践建制化,其结果是,判决及其论证都可以被认为是一种由特殊程序支配的论辩游戏的结果。"❶由此可见,为现代主义法学理论家所倡导的司法程序预设着这样一种中心理念:对程序规则的遵循程度是评价判决结果公正性的唯一根据,而只有兑现了对话论证精神的程序规则才是正义的程序规则。

这种以对话论证为担保的正义性司法程序在司法现代化进程中显然已经得以法律建制化——辩论主义。辩论主义贯穿了现代司法制度的基本过程,其合理性基础被界定为通过证据确定事实,通过对话达成共识。这样,司法程序不说一定要实现"所有论辩参与者机会均等、言论自由、没有特权、真诚、不受强迫"的"理想对话情境",❷但至少也应当在具体的社会历史实践背景中合理地保证法律商谈精神的部分兑现,对此,哈贝马斯指出:"程序法并不对规范性法律商谈进行调节,而只是在时间向度、社会向度和实质向度上确保所运用性商谈之逻辑支配的自由交往过程所需要的制度框架。"❸

然而,在后现代主义者看来,通过对话达成共识是一个美好而虚幻的愿望,对话的目的不是追求共识,而是追求歧见(dissension)。利奥塔尔(J. F. Lyotard)持以一种"语言游戏"立场,认为语言游戏"没有普遍有效的规则或元规定","共识只是讨论的一个状态而不是讨论的目的。更确切地说,讨论的目的应该是误构"。❹考夫曼(A. Kaufmann)从另一层意义上对这种过于强调以对话论证形式所担保的司法程序正义性进行了质疑:"仔细观察便会发现,即使是论辩或合意理论也表明,内容在任何情况下主要是出于经验。以为内容只能出自形式即程序的人,实际上是自欺欺人。"❺这样,后现代理论家就从颠覆现代司法制度假定"通过对话达成共识"作为辩论主义原则的理论根据入手,否证了现代司法制度

---

❶ [德]哈贝马斯:《在事实与规范之间:关于法律和民主法治国的商谈理论》,童世骏译,生活·读书·新知三联书店 2003 年版,第 287 页。
❷ 参见考夫曼对哈贝马斯"法律商谈理论"之核心精神的总结。[德]考夫曼:《后现代法学——告别演讲》,米健译,法律出版社 2000 年版,第 38 页。
❸ [德]哈贝马斯:《在事实与规范之间:关于法律和民主法治国的商谈理论》,童世骏译,生活·读书·新知三联书店 2003 年版,第 287 页。
❹ [法]利奥塔尔:《后现代状态——关于知识的报告》,车槿山译,生活·读书·新知三联书店 1997 年版,第 138 页。
❺ [德]考夫曼:《后现代法学——告别演讲》,米健译,法律出版社 2000 年版,第 39 页。

的合法性内涵。倘若对话的目的不是达成共识，那么现代司法制度通过辩论主义原则的恪守而旨在实现的纠纷解决并非能够真正化解矛盾，甚至是加剧了分歧，因为判决结果作出的根据既非当事人双方的意见一致和相互理解，亦非确凿无疑的证据对案件事实的真实揭示和证明，而是谁能够说服自由心证的法官，谁能够表现出举证话语的优势力量。现代司法的实践运作毋宁是这样一种状况：雄辩而技术精湛的律师操控了诉讼程序的进程和各个具体环节，诉讼程序成为"富裕的当事人"通过辩护律师而进行的"智力游戏"。❶ 这种异化的诉讼实践现象在后现代话语中得到了解释。利奥塔尔通过对技术与真理之关系的揭示而探讨的合法化理论，对于现代司法实践中所出现的从业律师操控诉讼程序进程并决定结果的现象而言无疑具有有力的解释力："那些为了举证而优化人体性能的仪器要求额外的消耗。因此，如果没有金钱，就没有证据，没有对陈述的检验，没有真理。科学语言游戏将变成富人的游戏。最富有的人最有可能有理。财富、效能和真理之间出现了一个方程式。"❷诉讼程序何尝就不是一种富人财富与判决结果之间的关系等式，因为辩护需要律师，举证需要技术，而决定举证技术的要素表面上是辩护律师，实际上只不过是一个当事人的财富状况问题。当前，出现了一场席卷西方国家的"司法危机"，这场危机突出表现在律师对诉讼程序的操控而导致的诉讼迟延、诉讼爆炸、诉讼成本高昂和诉讼效率低下等现象，诉讼真正成为一场富人的游戏，通过对话论证（辩论主义）而承诺的正义司法程序异化为一种辩护技术决定判决结果的非正义游戏，在此，金钱和其他外在于司法程序之外的力量获得了话语霸权。

四、理论终局抑或超越动力：困境与出路

需要指出的是，无论是后现代主义者对现代司法制度的破坏性读解，还是现代主义者提出的现代司法制度重构方案，我们都不能简单地按照一种对/错标准作出评价，我们只能说，现代主义者提出了希望，而后现代主义者则发现了问题。

---

❶ ［美］哈泽德、塔鲁伊：《美国民事诉讼法导论》，张茂译，中国政法大学出版社 1999 年版，第 103 页。

❷ ［法］利奥塔尔：《后现代状态——关于知识的报告》，车槿山译，生活·读书·新知三联书店 1997 年版，第 94 页。

后现代主义者对现代主义者所设计的司法制度的无情颠覆和解构,法律虚无主义似乎已然在场。然而,需要指出的是,法律文本毕竟不是文学文本,"倘若每个律师和法官对任何法律条款都可以作随心所欲的阅读,那么将面临混乱的威胁"。❶ 司法制度也并非为一种可有可无的社会制度,否则我们就无法解释它在犯罪追诉和纠纷解决两个主要方面所体现的价值。即便法官进行判决的方法论选择并非为纯粹的法律推理,但是,司法实践中一个个判决结果的得出,至少也可以说它们是具有比较明显的规范根据的。马克·范·胡克指出:"理论的目标就是建构现实,以使我们易接近之、把握之、理解之。正如理论一样,法律的目标也是通过这样或那样的方式建构现实。法律提供了一种框架;这一框架不是像理论那样旨在理解现实,而是人之行动的一种框架。"❷后现代主义作为一种学术思潮,在法学这个领域未必会产生什么根本性影响,我们无法想象法院会按照后现代主义方式判案或解释法律,更不会承认法律是一套缺乏相应的价值基础、意义理解可以因人而异的后现代文本。在苏力看来,注意整理和归类后现代主义思潮和学术的意义主要在于理清学术思路以及传授知识等方面,这并不意味着后现代主义的某一个理论立场或学说就应当成为解决法律实践问题的一个理论准则,尤其是对于法学这种特别强调解决实际问题的实践领域,后现代主义并没有什么实际意义,其影响也是极为有限的。在苏力看来,诸如后现代主义这类学术理论性质的东西,人们了解和研究它的主要目的应该是把它作为思考和解决问题的一种工具,而且它只是一个人的工具箱中的一种工具而已,因为解决问题经常不可能只有一种正确办法,"各种理论都有其短处和长处,没有一种可以包打天下的工具,没有一种可以以不变应万变并保证成功的理论"。❸ 季卫东区分了后现代主义在不同学科领域的影响力及其后果,他认为,后现代主义对理性主义、基础主义、普遍主义的质疑和否定,在性质上只不过是在反思现代主义的意义上"提出了可以用来质疑和批判法与社会的现代性的某些角度",但是,现代社会的建构依然需要某些价值前提的预设,"凭什么作为价值根据来形成

---

❶ Richard Posner, Interpreting Law: Interpreting Literature. 1988, Raritan 7 (4), p. 20.
❷ [比]胡克:《法律的沟通之维》,孙国东译,法律出版社2008年版,第12页。
❸ 苏力:《可别成了"戈多"——关于中国"后现代主义法学研究"的一点感想或提醒》,《南京大学法律评论》2000年秋季号。

新秩序？这些问题对于后现代文学或许并不重要，但对于后现代法学却是无可回避的"。❶ 现代主义者即便对正义程序寄予了过高的期望和过多的期待，实践中的司法程序运作诚然也反映着权力话语、金钱诱惑等非法律资源的影响力，但是，我们也并不能因此而完全否定正义程序所体现出的规范性和事实性之间的张力所部分兑现的正义价值。然而，我们也不能完全否定后现代主义者对现代司法制度进行诘难的意义，这种诘难虽然以一种拆解法学之厦、颠覆司法权威、消解法律文本意义的面貌出现，但是其真正功效并不在此。后现代主义者提出了问题，这些问题的提出，使我们不得不去思考为现代主义者所崇尚的形式法治和司法权威要求下的现代司法制度未必就是法治文明的终结形态，现代司法理念不应该成为一种思维定式，"当一个国际化的、多元的社会挑战现存的法律秩序的时候，具有新思维方式的一代年轻学者有权利突破旧的思想框架，提出新的问题"。❷

后现代主义者对现代司法制度进行挑战的真正意义在于，在今天这样一个经济全球化、价值多元化、信息化的"风险社会"（risk society），现代司法制度着实存在一个范式转型问题，司法制度在当今时代怎样完成一种角色转换和功能调整？司法权威怎样重新定位？正义程序如何在不失法治精神又能回应社会目的之要求下得以合理重构？后现代主义者并没有正面回答这类问题，因为这不是他们的旨趣所在，他们并不试图在解构什么以后再去建构什么，他们只乐于提出问题，甚至只是学术嬉戏。现代司法制度的价值重构和制度完善重任势必还只能落实到现代主义者身上，他们面对后现代法学的挑战，保持着一种理解、宽容态度，认为"我们不能由于畏惧这样的看法而堵塞探索的道路，即使他们觉得法学院对法律职业的训练是没有意义的"。❸ 现代主义的理论重建者已经为现代司法提供了许多具有参考意义的理论方案。哈贝马斯认为，现代司法制度应该以"交往理性"（communicative rationality）为根本理念，它必须建立在公民间社会交往行动的广阔背景之上，"单个的法官原则上必须把他的建构性诠释看作

---

❶　季卫东：《宪政新论》，北京大学出版社 2002 年版，第 64 页。

❷　信春鹰：《后现代法学：为法治探索未来》，《中国社会科学》2000 年第 5 期。

❸　Owen M. Fiss，35 J. Legal Education，1985.

是一项以公民间公共交往为支撑的共同事业"。❶ 波斯纳则按照一种实用主义
进路,将现代司法制度的改造方向纳入经济学效率准则之下,认为"法律程序像
市场过程一样,它的施行主要依赖于为经济私利所驱动的私自个人而不是利他
主义者或政府官员"。❷ 诺内特和塞尔兹尼克则提出了"回应型"法律理论,它
超越"自治型"法律范式中的司法能动主义和规则中心主义,也区别于传统社会
学法学对司法的工具主义定位,按照这种理论,现代司法的转型路线应该是一条
"法律目标的普遍化"进路。❸

---

❶ [德]哈贝马斯:《在事实与规范之间:关于法律和民主法治国的商谈理论》,童世骏译,生活·读书·
新知三联书店 2003 年版,第 275 页。
❷ [美]波斯纳:《法律的经济分析》(下),蒋兆康译,中国大百科全书出版社 1997 年版,第 678 页。
❸ 具体详见[美]诺内特、塞尔兹尼克:《转变中的法律与社会:迈向回应型法》,张志铭译,中国政法大
学出版社 2004 年版,第 81 页以下。

第四章　反思性重构:现代司法的未来路途

一、风险社会的形成与法范式回应

法治时代中,规范调节着社会及个人间关系的观念日益深入人心,然而,安东尼·吉登斯(Anthony Giddens)则认为这种观念存在着问题:"因为它意味着规范、进而社会系统只对我们加以限制或以一种特定的方式驱使我们从事某一行动。但社会的系统特性还应被看成是促进性的,即它可以作为我们加以利用的用以完成特定的行动或社会实践的资源。"❶吉登斯将这些可以利用的资源界定为规则,认为正是规则(人为的、可修正的)而非规范(客观的、决定论的),才是社会的系统特征。

吉登斯提出这一论点的语境是作为自反性现代化的一个后果——风险社会(risk society)的形成,理论目的在于通过对自反性现代化性质的揭示,进而为风险社会的秩序维持和社会团结发掘并提供一种规范(包括法律)资源。

西方现代化运动历经早期资本主义社会(形式法治国)和福利国家(实质法治国)两个阶段,现已步入第三阶段,对于这个阶段,哈贝马斯将其称作安全保障国家,贝克(Ulrich Beck)、吉登斯等则将其称作风险社会。无论是安全保障国家还是风险社会,它们所共同表达和指称的是这样一个社会历史阶段:"现代性正从古典工业社会中脱颖而出,正在形成一种崭新的形式——(工业的)'风险社会'。""处于前现代性经验视域之中的现代化,正在为反思性现代化所取代。"❷风险社会是现代化进程的高度深入阶段,贝克等社会理论家将其定性为"自反性现代化"(reflexive modernization)阶段,与工业社会相对。所谓"自反性

---

❶　[英]多德:《社会理论与现代性》,陶传进译,社会科学文献出版社 2002 年版,第 235 页。

❷　[德]贝克:《风险社会》,何博闻译,译林出版社 2004 年版,第 2、3 页。

现代化",是指"创造性地(自我)毁灭整整一个时代——工业社会时代——的可能性"。"在这个新阶段中,进步可能会转化为自我毁灭,一种现代化削弱并改变另一种现代化,这便是我所说的自反性现代化阶段"。❶ 在贝克笔下,风险社会是一个与古典工业社会相对的概念,进行这种区分的根据是两个社会形态中各自的秩序性质差异。古典工业社会根本上是一种财富生产的秩序逻辑,在这种秩序逻辑中,财富增长决定了整个社会的秩序状况和方向,实现财富增长的科学和技术无须任何辩护理由而自我合法化。然而,财富增长逻辑下的"技术—经济"在不断创造财富的同时,也渐渐成为现代社会的一种风险生产方式,财富创造过程本身也是一个风险制造过程,这种风险生产方式的根本性质是因科学技术的深入发展和广泛运用导致对生态环境以及人类生活秩序的无法预见也无法抗拒的危险。核技术、生化技术、基因工程、动物实验、能源开采、巨型水电站工程、都市化工程、网络虚拟世界等一系列技术和工程,已经不再仅仅只是一类不受质疑的创造财富和增加福祉的科学技术的应用问题,也是一类制造未知风险和酿造不可抗拒性社会后果问题。当今,大范围蔓延性疾病、全球变暖、森林退缩、物种锐减、土地沙化、环境污染、热带风暴、能源枯竭等一系列后果,尽管我们还没有足够的证据证实这就是现代科技的责任,但是,我们却有更多的证据证伪这不是现代科技的责任。因此我们可以确信,正是曾经承诺为人类提供真理和创造福祉的技术,在制造着或许会毁灭未来的威胁。

如果说法制现代化进程不只是一个法律规范逻辑自我演绎的过程,更是一个对时代变迁的法律回应和诠释过程,那么,在法律历经早期资本主义的形式法范式和福利国家的实质法范式两个现代化阶段之后,置身于风险社会的法律又将如何兑现其现代性精神?风险社会中法律的现代化将呈现出怎样的范式?其规范性基础何在?法律如何作为一种反思性规则资源影响风险社会的秩序、方向乃至结果?如果风险监控是自反性现代化进程中法律的一项重要使命,那么法律规制和介入风险决策的功能重点领域包括哪些方面?其程序形式又该如何选择?欲回答以上问题,首先需要对法制现代化进程所际遇的崭新社会环境及前沿社会理论——风险社会及其理论——作出简要交代,在对风险社会的秩序

---

❶ [德]贝克:《再造政治:自反性现代化理论初探》,载贝克、吉登斯、拉什:《自反性现代化》,赵文书译,商务印书馆2001年版,第5、6页。

性质及其规范性要求作出简略归结的基础上,按照以上提问次序逐一回答问题。

(一)自律性背反:法制现代化的两个范式及其症候

法律的规范基础并不完全能够(甚至根本不能)从法律自身的规范逻辑推演中获得。昂格尔指出:"法律的特性会因社会生活形态的不同而变化。每一社会都通过法律显示它用以团结其成员的那种方式的最深层奥秘。"❶因此,追问法律的规范基础,经常需要联系其社会发展语境进行。

初民社会秩序根本上是一种抵制变化的秩序,在这种秩序中,社会成员通过具有完整性和延续性的信念和习俗维持着既有的传统。吉登斯认为初民社会中的"程式真理"(formulaic truth)对社会秩序的维持发挥着重要功能,他通过卡拉哈里沙漠的昆人对满载而归的同族猎人无论猎获了多少猎物都会进行能力贬损的仪式现象,得出程式真理概念,指出这种仪式具有程式真理功能——防止优秀猎手在部落中获得突出地位而导致部落分化。程式并不真正表述真理,部落长老向其部落成员讲述部落传说并不表示实有其事(无法被证明也无法证伪),"程式真理是仪式的因果效验属性;真理标准被用于由仪式引发的事件而不用于被陈述的命题内容"。❷ 不过,部落社会中的程式真理并非仅仅局限于专门仪式,几乎所有具有维持部落社会秩序效能的行为都具有程式真理的属性,这些行为主要是指初民社会成员的习惯(俗)行为,他们作出这种行为并不追问行为的命题内容(真实性或正当性),仅仅因为这种行为是习惯行为,行为就是合理的,也是合法的。因此,初民社会中的法律根本上是那种程式真理本性的习惯法,这种习惯法没有实然与应然的对立,行为或者是在习惯规则下作出,或者因为行为的作出而制造了新的习惯规则。"因此,每种行为都导致了双重结果:它在与规则一致或者违反规则时,也成为界定习惯的社会进程之组成部分。所以,选择规则和依据规则做出决定之间的区别,就像习惯与义务的差异性一样,在习惯法的世界中是颇为模糊的。"❸因此可以认为,初民社会中法律的规范基础是程式真理。

---

❶ [美]昂格尔:《现代社会中的法律》,吴玉章、周汉华译,译林出版社2001年版,第44页。

❷ [英]吉登斯:《生活在后传统社会中》,载贝克、吉登斯、拉什:《自反性现代化》,赵文书译,商务印书馆2001年版,第83页。

❸ [美]昂格尔:《现代社会中的法律》,吴玉章、周汉华译,译林出版社2001年版,第46页。

专制社会秩序根本上是一种基于差异性经济地位的阶级统治秩序,在此,社会秩序根本上决定于两个对立阶层之间的关系,根本特征是统治与反抗的博弈。形成这种秩序关系的一个重要前提是政治国家已经从市民社会中分离而出,但是这种分离并不意味着国家已经成为现代意义上的一个"夜警"国家,担当回应和服务市民社会利益诉求的责任,而是从维护统治权威和保障身份等级的利益出发,借助强力实施压制以求得稳定,被统治者始终进行着摆脱统治的各种努力。对于这种社会秩序,孟德斯鸠进行了很好的概括:"在专制政体下,君主把大权全部交给他所委任的人们。那些有强烈自尊心的人们,就有可能在那里进行革命,所以就要用恐怖去压制人们的一切勇气,去窒息一切野心。"❶这种统治与反抗的博弈秩序下的法律,诺内特和塞尔兹尼克称其为压制型法,并将这种压制型法的主要特征概括为五个方面:法律是以国家利益名义行使的政治权力的工具;法律的重要任务是权威维护并因此而便利行使;警察等专门控制力量成为独立的权力中心;"二元法"体制;刑法的支配性地位。❷ 显见不争的是,专制社会中法律的规范基础是统治强权。

早期资本主义社会秩序特征从以下三个基本向度得以展现:高涨的世俗趣味;蔓延的工具理性;放逐的个性表现。❸ 在此社会历史阶段,作为现代性精神的个人主义、人与自然对立的二元论、世俗主义、工具理性、科学(实证)主义等❹开始以一种前所未有的效能成为建构现代社会秩序的精神(意志)力量,在这种时代性精神的驱动下,早期资本主义社会秩序的根本状况,吉登斯从制度性维度进行了归结:在经济领域,是竞争性劳动和产品市场情境下的资本积累;在技术维度,是自然的改变和"人化环境"的发展;在政治维度,是对信息和社会督导的控制;在军事维度,是在战争工业化情境下对暴力工具的控制。❺ 这一社会阶段的秩序关系结构与专制社会时期一样,都是由市民社会与政治国家的对立作用所型构的,与专制社会形成重大差异的是,政治国家对社会秩序的影响力已经远

---

❶ [法]孟德斯鸠:《论法的精神》(上册),张雁深译,商务印书馆1959年版,第31页。

❷ 参见[美]诺内特、塞尔兹尼克:《转变中的法律与社会:迈向回应型法》,张志铭译,中国政法大学出版社2004年版,第35页。

❸ 参见张凤阳:《现代性的谱系》,南京大学出版社2004年版,第2页。

❹ 以上关于现代精神的详细分析,参见[美]格里芬:《后现代精神》,王成兵译,中央编译出版社1998年版,第4页以下。

❺ 参见[英]吉登斯:《现代性的后果》,田禾译,译林出版社2000年版,第52页。

远逊色于前者,国家已经成为自由放任的市场秩序的倡导者和局外人,它对社会秩序的影响主要涉及公共安全、外交和国防领域,真正决定该时期社会秩序性质的,根本上是那些表征工具理性精神的利益追求、世俗趣味、个性张扬等行为及其相互关系。回应早期资本主义社会的法律被韦伯称作形式合理性法律,昂格尔称其为法律秩序或法律制度,诺内特和塞尔兹尼克则称其为自治型法。诺内特和塞尔兹尼克对这种形式合理性法律的基本特征进行了如下归结:政治与法律的分离、法律秩序采纳"规则模型"、程序是法律的中心、"忠于法律"被理解为严格服从实在法。❶ 如果需要对这种形式法特征归结进行必要补充,那么还应包括形式法的一般化和体系化以及私法在整个法律体系中的中心地位两个方面。❷ 由此可见,早期资本主义社会法律的规范基础在于形式平等和契约自由。

第二次世界大战以后,随着资本市场化和产业技术化进程的深入,西方社会步入福利国家阶段。所谓福利国家,诺曼·巴里(Norman Barry)作出了如下阐述:"整个福利国家观念的正当性常常是根据强调再分配的正义概念来证明的,它不是根据在合法所有权的程序性规则之下与个人资格相联系的经济资源配置来界定公平,而是将公平定义为一套复杂的制度,这套制度旨在考虑超越了基于私人产权之要求的'需要'和'应得'。"❸福利国家的兴起一方面决定于早期资本主义社会所倡导的形式平等前提下的自由竞争、产业技术和先进管理技术在创造巨大物质财富的同时所带来的实质不平等,另一方面决定于正义(公平)这一政治哲学概念内涵的理论延展和时代诠释。应当认为,福利国家除了沿袭早期资本主义社会的经济市场化和产业技术化之主要秩序外,它还增添了一项新的秩序成分——政治国家对市民社会秩序的干预性介入,以弥补形式平等和自由竞争造成实质不平等的固有缺陷,以社会补偿和公正分配为使命的国家权力开始对社会秩序性质发生深重影响。如果说早期资本主义阶段国家对市民社会生活进行有限干预的手段主要是形式法律,那么,福利国家则需要借助于法律以外的诸如规划、政策、货币、税收、补偿、管理、许可、服务等多种手段实现社会正

---

❶ 参见[美]诺内特、塞尔兹尼克:《转变中的法律与社会:迈向回应型法》,张志铭译,中国政法大学出版社 2004 年版,第 60 页。

❷ 关于这两个特征的补充根据,参见[德]韦伯:《经济与社会》(下卷),林荣远译,商务印书馆 1997 年版,第 13 页以下。

❸ [英]巴里:《福利》,储建国译,吉林人民出版社 2005 年版,第 2、3 页。

义目标。在此时期,法律根本上是一种实质法(回应型法),这种实质法的根本性质,诺内特和塞尔兹尼克作出了如下界说:目的在法律推理中权威性的加大、对法律的服从义务减轻、法律辩护增加了开放性和灵活性的政治尺度、法律目的的持续权威和法律秩序的完整性取决于设计更有能力的法律机构。❶ 由此可见,福利国家法律的规范基础是实质公平和社会正义。

形式法和实质法标志着西方法制现代化进程的两个阶段,两种法律范式内在着各自的规范逻辑,也应对着各自的社会时代环境。然而,两种法律范式都无法在各自规范逻辑的深入推演中自我证立,更在各自规范逻辑所旨在促进的社会秩序现实中表现出自律性背反性质。

形式法范式(formal paradigm of law)形成于自由资本主义社会现代化发展的早期阶段,其政治哲学基础是政治国家与市民社会的严格分野,奉行形式主义法治,政治国家的权力被"限定在为追求自我选定目标的公民提供一个支持性框架上",❷其价值取向在于通过形式上的平等实现人的消极自由,契约自由得到形式法律的切实保障和维护,通过法律划出一块不可侵犯的私人生活领域并禁止国家公权力的介入,国家的使命在于维护社会正常运行所必需的安全秩序,政治与法律相互分离独立。随着现代化进程的逐步深入,形式法范式出现了实质化迹象,这种实质化迹象的根本原因之一在于形式法内在逻辑本身,为形式法治所放纵的市场机制对权利的形式平等保护要求内在着一种自我颠覆性力量——它制造出事实上的不平等。从而,为了确保每个人都具有符合人类生活尊严的物质条件,不甘处于法律这台"自动售货机"之从属而尴尬地位的政治国家就获得了介入市民社会生活的合法化辩护理由,❸家长主义本性的福利国家形态开始出现。作为福利国家之必然要求的实质法范式(substantively paradigm of law)不再主张法律与政治的严格分野,而是将法律认作国家价值原则和政策的落实和实施手段,按照法律工具主义处理法律与政治的关系。

形式法范式之要旨在于它执着于认为法律的目的在于通过保障社会主体之消极的法律地位而实现社会正义,而实质法范式则认为缺乏事实性条件和经验

---

❶ 参见[美]诺内特、塞尔兹尼克:《转变中的法律与社会:迈向回应型法》,张志铭译,中国政法大学出版社 2004 年版,第 87 页。

❷ [美]达玛什卡:《司法和国家权力的多种面孔》,郑戈译,中国政法大学出版社 2004 年版,第 109 页。

❸ 参见[德]韦伯:《经济与社会》(下卷),林荣远译,商务印书馆 1997 年版,第 206 页。

基础的形式上的平等并不足以保证社会正义的兑现——事实平等。

无论是形式法还是实质法,它们都在以下两个重要方面促进着西方社会的现代化进程。在政治现代化领域,两种法律范式都将公民的权利、自由和民主视为至上价值加以维护和追求,并通过代议制(权力分立与制衡)这一公共政治权力中心作为权利和自由价值实现的强力后盾。在经济现代化领域,两种法律范式都极力倡导并切实维护以资本市场化和产业技术化为根本内容的社会经济发展。然而,为两种法律范式所共同始料未及的是,首先,政治现代化的后果却是对传统国家政治这一公共权力中心之权威地位的消解,一种被贝克称作"亚政治"(sub-politics)的新型权力场域逐渐取代议会政治开始在民主领域自动发挥功效,"政治现代化使政治和政治社会失势并获得解放。更确切地说,现代化过程提供给那些逐渐出现的、它自身使亚政治具有的行动中心和领域以借助和针对体系进行超代议制监督的机会"。"换一种方式表达就是:伴随着专业化民主的模式,新的政治文化正在变成现实,在其中,异质的亚政治中心,基于已有的宪法权利而对于政治上形成并推行的决策具有某种影响"。❶ 其次,经济现代化(技术现代化依附其中)的后果却是以能源耗竭、环境污染、耕地减少、森林退缩、核泄漏灾难、全球变暖、技能陌生化、贫富差距拉大、生命伦理秩序的崩溃、金融海啸等风险指数的增加为标志,经济现代化也在客观上支撑着政治现代化,为亚政治新贵提供着决定性的经济条件。

政治现代化所促成的亚政治局面和经济(技术)现代化所催生的风险生产相互合谋对现代法治的深重影响突出表现在以下两个方面。首先,奉行干预主义的家长式政府的行政权力必须加倍扩张,以有效控制日益复杂而多元的社会秩序,试图在任何社会非正义现象出现的场合在场。"但是,导控任务的增长所导致的结果不仅仅是行政权力独立于边缘化的立法部门而自成一体。这种增长还把国家卷入同各种社会功能系统、大型组织、社团等等的谈判之中,而这些系统和组织在很大程度上逃避强制性导控,对它们只能采用说服性的交往手段。"❷其次,法律成为风险事件发生后的一种责任归咎标准,并且这种责任归咎

---

❶ [德]贝克:《风险社会》,何博闻译,译林出版社2004年版,第239、240页。

❷ [德]哈贝马斯:《在事实与规范之间:关于法律和民主法治国的商谈理论》,童世骏译,生活·读书·新知三联书店2003年版,第536页。

标准还经常性地语焉不详,立法要么滞后要么过于原则而失去其可适用性价值,"很多被推上法庭的冲突的主题和案例失去了自身的社会明晰性。在很多冲突的核心领域——特别在核反应堆技术和环境问题上,但同时也包括家庭和婚姻法或劳动法——专家和反专家在一个无法协调的意见战场上对峙"。"这对于立法机构的影响就是,它发觉自己越来越多地出现在被告席上"。❶ 自此,法律开始远离秩序(风险生产秩序),它不再是社会秩序的一个构成部分或内在于其中,而是风险生产秩序的一个他者,如果法律继续因循一条通过保障财富增长以实现权利和自由的老路,那么,说法律放纵了风险生产甚至增加了风险指数也不为过。

(二)现代性的激进化机制:反思性法制现代化释义

法制现代化是否应当继续协同经济、政治、技术、文化现代化进程并将传统现代性精神作为其价值纲领,这不再毋庸置疑。对风险的识别、决策和管理既是一个科学技术的运用问题,也是一个政治问题,同时也是一个法律问题。法制现代化的两个阶段性范式——形式法和实质法——所旨在维护和促进的自由、平等、权利、公平、民主、秩序等基本价值,一直是以主体性、工具理性、个人中心主义、人与自然对立的二元论、世俗主义、科学(实证)主义等现代性精神予以支撑和加以辩护的。然而,形式法和实质法不仅在各自内在的规范逻辑中难以自律,而且因为它们赖以为据的传统现代性精神所促就的风险社会后果而遭遇合法性(legitimacy)危机,"现代性工程不再可行,它依赖于对历史的目的论式理解,从而无法对或然性给予说明。这是一种从社会之上或之外进行阐述的立场,而当代社会却是从下部来重新创造自己并且还将继续如此下去"。❷ 因此,两种法律范式便不再是一个非此即彼或相互调和补充问题。法制现代化的出路势必也不能仅仅通过法律(法学)自身的规范逻辑推演而获得答案,考夫曼指出:"法律哲学家如果能多关心人类的未来,将会比单纯专注于论述规则上,要来得适当。"❸ 因此,探索法制现代化的出路,必须在对已经形成并继续深化的风险社会的秩序

---

❶ [德]贝克:《风险社会》,何博闻译,译林出版社2004年版,第242页。
❷ [英]多德:《社会理论与现代性》,陶传进译,社会科学文献出版社2002年版,第246页。
❸ [德]考夫曼:《法律哲学》,刘幸义等译,法律出版社2004年版,第425页。

性质有一个准确把握的基础上进行,要在现代性已经步入自反性现代化阶段所提出的规范性要求得到揭示的基础上,使现代法治合理融入自反性现代化秩序,在风险社会中实现社会整合、秩序创生和风险监控效能。

贝克区分了现代化的"自反性"(reflexivity)和"反思性"(reflection)两个概念的差异,他对"自反性"概念进行了如下界说:"自主的、不受欢迎的、看不见的从工业社会向风险社会转化的过程称为自反性。""自反性现代化指导致风险社会后果的自我冲突,这些后果是工业社会体系根据其制度化的标准所不能处理和消化的。"❶自反性即自我对抗和自我颠覆,它意味着为传统现代性精神所鼓动和推进的现代化运动已经进入晚期,但是这并不像后现代主义者所宣称的那样——现代性已经终结,而是现代性以一种"开始理解自身,而不是对其本身的超越"❷的自反性秩序状态表现出来,是现代性的激进化。哈贝马斯则将现代性视作"一项未竟的事业"。对于"反思性",吉登斯作出了如下定义:"对进行中的社会生活的监控性。"其基本含义是指:"我们作为参与者而对社会行动进行监控,并在此过程中动态地影响——他(吉登斯)称之为参与式改变——它的特点。"❸

由此可见,"自反性"概念更多地用于描述现代性的一种崭新而矛盾的精神面貌,这种新型现代性根本上是由以倡导资本市场化和产业技术化的传统现代性所促成的,传统现代性精神通过现代化的自主过程、按照通过财富增长实现权利和自由的生产主义逻辑进路,推进了工业化进程,这种工业化进程的不断深入导致现代社会步入一个全新阶段——风险社会,这个风险社会"出现在对自身的影响和威胁视而不见、充耳不闻的自主性现代化过程的延续性中。后者暗中累积并产生威胁,对现代社会的根基产生异议并最终破坏现代社会的根基"❹。这种新型现代性的实质就是:技术经济型的财富增长同时也是风险生产。

面对这个自反性现代化趋势(风险增殖趋势),如果人们继续奉行传统现代

❶　[德]贝克:《再造政治:自反性现代化理论初探》,载贝克、吉登斯、拉什:《自反性现代化》,赵文书译,商务印书馆 2001 年版,第 10 页。

❷　[英]吉登斯:《现代性的后果》,田禾译,译林出版社 2000 年版,第 40 页。

❸　[英]多德:《社会理论与现代性》,陶传进译,社会科学文献出版社 2002 年版,第 234~235 页。

❹　[德]贝克:《再造政治:自反性现代化理论初探》,载贝克、吉登斯、拉什:《自反性现代化》,赵文书译,商务印书馆 2001 年版,第 10 页。

性理念行事显然已问题重重,这也是现代性日益备受责难和攻击的根本原因所在。韦伯早就以一种十分悲观的口吻表达了他对现代性命运的怀疑,认为现代性的祛魅过程吸纳了一个持续性物质主义,一个由工具效率和认知专门化作标准来支配的社会和文化,并将有可能制造这样一个铁笼:人们的精神被推入其中而没有任何逃脱的希望。韦伯的担忧并非完全多余,尤有甚者,晚期现代性不仅仅只是一个人类精神生活的困惑和价值迷失问题,它更是一个关涉人类命运维系的紧迫性问题。因此,社会理论家和社会科学(尤其是社会学、政治学和法学)应该如何回应时代、如何作出积极努力? 不说完全改变人类命运,至少也能够有效介入风险决策和防范过程。

对此,吉登斯否定了那种将社会学的使命仅仅限于为现代社会生活提供普遍性知识的立场,他进一步发展了马克思所提出的"用历史创造历史"的社会学说,提出了"反思社会学"(reflective sociology)学说。吉登斯认为,仅仅将社会学使命定位为改造客体的学说所内在的反思性过于简单,"社会学与其所对应的主题(现代性条件下的人类行为)之间的关系,必须进而用'双向诠释'(double hermennutic)才能加以理解"。这种"双向诠释"既是一个理论概念和知识从社会生活领域得以抽象化提炼的过程,也是一个重新返回到社会生活领域并对其加以描述、解释和启发的过程。"在此过程中,它既重构着社会学知识自身,也重构着作为该过程的整体的一个部分的社会生活领域。"❶因此,吉登斯倡导社会科学对现代性的"反思性的自我认同",主张现代性的反思性重在对专家系统的信任和依赖;贝克也揭示了现代性的反思性,但是,和吉登斯形成一定差异的是,贝克主张"现代性中的反思性需要一种不断增长的自由和对专家系统的批判"。❷

反思性现代性理论的根本目标在于:风险社会中社会团结和整合的规范性基础何在? 反思现代性理论认为社会的结构性质不是社会关系的结果,而是使那些关系成为现实的媒介,现代性并没有终结,风险社会中的关系秩序仍指向现代性目标,只是表现出一种现代性的激进化、全球化特性。这种激进

---

❶ [英]吉登斯:《现代性的后果》,田禾译,译林出版社 2000 年版,第 13 页。

❷ [英]德兰逊:《社会科学——超越建构论与实在论》,张茂元译,吉林人民出版社 2005 年版,第 135 页。

化、全球化特性的现代性是由现代性进程自身所促就的,并且由于时空逐渐分离而使得"脱域"(disembeding)❶机制日益形成,社会关系开始脱离特定场景,特定事件经常具有全球性效果,"其结果是,反思性得以制度化。这就是说,在整个当代社会中,反思监控过程变成了制度那起限定作用的组织特征"。❷自此,几乎所有的社会制度都成为一种反思现代性制度,即风险决策和监控制度。

正是在这种反思性现代性理论语境和自反性现代化实践语境中,我们才提出反思性法制现代化(reflective modernization of law)概念:法制现代化进程的一个新型阶段,一种区别于形式法治和实质法治的新型法治范式;这种法治范式的社会历史际遇是风险社会,其社会功能区别于形式法通过对契约平等和消极自由的维护而保障自由竞争的市场秩序,也区别于实质法通过国家对社会财富的再分配和补偿而实现实质平等和社会正义的福利国家秩序;反思性法制现代化旨在克服已有两种法治范式各自内在的缺陷,既不寄希望于形式平等和契约自由的市场秩序保证市民社会的自律,也不将社会团结和利益整合的使命交由政治国家以家长式干预予以解决;反思性法制现代化奉行程序法范式,这种程序法范式以商谈政治为前提,并将交往理性在法律的多个领域和多种维度予以建制化兑现;反思性法制现代化阶段中的法律成为风险社会中社会整合和团结的重要规范资源之一,并且积极介入社会风险的预见和监控,以一种反思性建构机制促进现代性并使其激进化。

反思性法制现代化之关键在于法律的反思性机制,但是,这种反思性机制虽然得益于法律本来所固有的反思本性,但是又与这种通常意义上法律的反思性存在重大差异。

在一般意义上,法律天然地内在一种常规意义上的反思性,也正是因为这种反思性因素,法律才成为一门科学的起码条件。法律作为一种对既有秩序和行为关系予以确认和调整的规范形态,总是将"过去"和"既有"作为其思维方向,即便在个案的程序处置和法律适用上,也是将作为结果的行为事实作为重构对

❶ 吉登斯对"脱域"概念作出了如下定义:"所谓脱域,我指的是社会关系从彼此互动的地域性关联中,从通过对不确定性的时间的无限穿越而被重构的关联中'脱离出来'。"[英]吉登斯:《现代性的后果》,田禾译,译林出版社2000年版,第18页。
❷ [英]多德:《社会理论与现代性》,陶传进译,社会科学文献出版社2002年版,第238页。

象,只是在这种事实重构和法律适用决定或影响了责任(权益)主体的未来处境以及既定实在法引导其他社会主体将来行为的意义上,法律才具有一定的影响未来的功能意义。因此,我们通常将法律视作一种回溯性规范,法律程序是一种回溯性程序,正是因为这种性质,我们才将法律视为一种反思性规范。但是,这种反思性是不完善的反思性,因为它是一种消极式的反思,而消极式反思性法律的一大缺陷在于:法律还仅仅只是发挥着"寻找社会规则的初级功能",并且这些初级规则(正式规则)"总是那些源于人类社会生活的规则",是"蕴藏在人类社会秩序下面的社会规则"。❶法律不经由反思而主动参与对社会秩序和关系之未来结果的预见、决策和架构,未来不是法律的功能方向。

反思性法制现代化所要求的法律反思性,也与传统现代化阶段两种法律范式所呈现出的法律反思性质形成明显异同。

关于形式法范式所兑现的反思性内涵,我们可以从韦伯的下列论说中加以理解:"建立所有由分析所获得的法的原则的联系,使他们相互之间组成一个逻辑上清楚的、本身逻辑上毫无矛盾的和首先是原则上没有缺漏的规则体系,也就是说,这种体系要求,一切可以想象的事实在逻辑上都必须能够归纳到它的准则之一的名下,否则,它们的秩序就失去法的保障。""法学上不能理性地'构想'的东西,在法律上也是无关紧要的。"❷可见,形式法范式中的法律反思性在于对社会关系(社会事实)的理性构想,理性构想的对象则是既有的社会关系和秩序事实。这种反思性与法律在一般意义上所内在的反思性(回溯已往)已经明显不同,它在反思的价值目标上添附了权利平等和契约自由的成分——对专制秩序中的身份等级和神权至上合法性的知识论否证,在反思的意志上表现出规制一切有必要规制的社会关系及其内在秩序的理性自负——系统而融贯的法律规则体系的架构。

实质法范式中的法律反思性是对形式法范式的进一步反思。韦伯较早地关注到了资本主义社会中形式法的实质化迹象,并解释了形式法范式向实质法范式转型的内在机理。在韦伯看来,催生法律范式实质化转型的基本动力机制在于,形式法对法律的一般化和体系化结构的追求逻辑成为解构形式法自身的一

---

❶ 喻中:《法学的社会功能》,《光明日报》2005 年 11 月 8 日。
❷ [德]韦伯:《经济与社会》(下卷),林荣远译,商务印书馆 1997 年版,第 16、18 页。

种必然命运。韦伯指出:"法律思想越来越多的逻辑升华,到处都意味着用越来越多的逻辑的意向阐释,去取代在外表上一目了然的、形式的特征的拘泥,在法律准则本身也好,尤其是在法律事务的解释方面,都概莫能外。这种意向阐释要求在普通法的学说中,让诉讼各方的'真正的意志'发挥作用,而这样一来,它已经把一个适应个别需要的和(相对)实质的因素,放进法的形式主义里。"❶由此可见,通过法律原则而构思社会事实的形式法律和法学将必然遭遇使法的利益相关者希望落空的窘境,通过形式法律一般化地处置生动的社会生活事件的愿望,将永远无法避免基于政治的、功利的、实用的、伦理的、宗教的、习俗的理由而提出的多样化要求,法律这台自动售货机经常遭遇法律不灵的尴尬,这种尴尬也促使法律机构产生了不满,他们不愿意在形式法面前处于从属地位,要求法官造法。关于形式法的实质化转型,如果说韦伯更多地是基于形式法范式自身内在逻辑的自我解构本性而进行的论说,那么,昂格尔则是将形式法范式的消亡和实质法范式的来临置于广阔的社会生活变革背景之中进行解读的,这个背景就是后自由主义社会的形成和福利国家的兴起。为此,昂格尔提供了两个答案:其一,等级制度并没有为形式法治所消灭,政府有理由介入公开的重新分配、规定和计划的任务之中,国家成为福利国家;其二,国家与社会的分离运动开始逆向进行,两者逐步近似和融合,公法与私法逐步混同,国家介入到社会生活事务,而社会中则不断产生新的权力主体,它们渐渐获得了本属于政府的公共权力。❷哈贝马斯则从法律商谈论(discourse theory of law)立场出发,对这场法律反思运动进行了司法诠释学判断。在哈贝马斯看来,形式法向实质法的转向,"首先是在法院的典范性判决中发现的,并且通常等同于法官默认的社会图景"。因为:"专家对单个规范命题的诠释,不仅仅从整套法律的语境出发,而也从时代社会之具体的占主导地位的前理解的视域出发。就此而言,对法律的诠释也是对以一定方式感受到的社会情境的挑战的一种回应。"❸因此,实质法范式的兴起,其理论根据在于:广阔的社会生活背景已经发生了变化,这种变化根源于形式法治所放纵的市场机制对权利的形式平等所固有的颠覆性力量,通过个人的消极自

---

❶　[德]韦伯:《经济与社会》(下卷),林荣远译,商务印书馆1997年版,第203页。
❷　参见[美]昂格尔:《现代社会中的法律》,吴玉章、周汉华译,译林出版社2001年版,第186~187页。
❸　[德]哈贝马斯:《在事实与规范之间:关于法律和民主法治国的商谈理论》,童世骏译,生活·读书·新知三联书店2003年版,第484~489页。

由和利益追求方式所表现出的权利实现路径,恰恰必须建立在实质上的权利平等的基础之上,因为权利的形式平等倘若没有事实平等的现实性支撑将是没有可能的,这显然是为形式法范式所始料未及的。从而,政府介入社会、倡导福利国家主义便成为实质法范式的时代趋向。

在那些无须考虑和预见未来并影响未来后果的时代,法律着实功不可没:固化着社会的既有秩序关系。然而,倘若社会演化步入一个对未来不得不进行方向预见和后果防范的时代,法律还沉醉于固化既有秩序或修补利益失衡局面的历史功绩之中,难免令人滋生一种期待法律这种规范资源或许还应该得到更好发掘和利用的愿望。否则,我们将无法解释法律何以要不断修订乃至彻底转型,也将会对我们生存于既有法律秩序规范下的原有的良好感受开始变得怀疑甚至不满起来,我们会觉得法律及其他社会规范总是将我们的行动预先进行着边界限定,无所作为的感受日重,尤其在一个危机四伏和风险如影随形的时代。

在反思性法制现代化阶段,由于风险社会中那些现代化后果不再能够按照工业社会体系中的制度和标准加以处理、消化和防范,从而法律不再能够像传统现代化阶段那样确定有效,责任条款经常难以适用,规则标准变得难于统一或根本无法确立,经由立法程序而获得的规范性文件经常失去权威性,传统意义上立法机关和政党政治渐渐失去权威中心地位,甚至只能充当多种利益集团和社会功能系统之间的利益调停者,或根本只能向它们作出妥协,政府导控任务虽然日益增长却又要么有逐渐滑向干预过度的危险、要么力不从心,从而法律不再能够像早期资本主义阶段那样仅仅只需形式法律确保契约自由和形式平等便能确保市民社会的自律和团结,也不再可能像福利国家时期那样,法律完全可以以社会正义的名义运作却在事实上成为国家介入和掌控社会的工具。

反思性法制现代化的根本性质在于:它是反思性现代性的建制化,是反思性现代性的法律确证和回应,是现代性的自我认同的法律形态,法律逐渐成为"激进化现代性"之"行动的反思性监测"(吉登斯语)的一种有力机制,在这种机制中,目的以一种新的意旨重新回归于法律,这种目的既非法律工具主义式的维护既存秩序(既得利益)意义上的目的,也非传统现代性所许诺的诸如解放和自由叙事意义上的目的,而是一种随时需要求助于知识论证和合理性、有效性证明的目的,这种目的一般没有一个统一性叙事基础,从来不将人类历史视作一种按照

预定目标行进的秩序过程并最终能够到达目的地。❶

反思性法制现代化的方法论性质上是"反思的反思",是对社会行动秩序的同步监测。由于风险社会关系的秩序及其性质不再能够通过理性构想式的体系化规范加以规制并完整表述,也无法按照某种社会正义目标和单一价值序列经由某种权力意志主体予以设计和建构,为了对抗"怎样都行"(费耶阿本德语)的虚无主义和相对主义的幽灵回归,也为了有效回应"后现代性"(postmodernity)所表现出的不确定性风险的增殖趋势,反思性法制现代化必须对法制现代化的两个范式(形式法和实质法)作出进一步反思,这种反思是法制现代化进程的第三阶段,催生这种反思性的动力或者说是源自启蒙理性的固有能量,或者说是为现代性所发动的现代化历程的深度阶段所必然地提出的要求。哈贝马斯概括了现代化进程三阶段中法律反思性的基本内涵:"起初是古典的维护秩序任务,然后是对社会补偿的公正分配,最后是应付集体性的危险情况。制约绝对主义的国家权力,克服资本主义产生的贫困,预防由科学技术引起的风险,这些任务提供了各个时代的议题目标:法律确定性,社会福利和风险预防。"❷

(三)商谈政治:反思性法制现代化的规范基础

在界定了反思性法制现代化的基本性质和功能目标在于风险监控和预防之后,有必要进一步追问的问题是:反思性法制现代化的规范基础何在? 如果说形式法治的规范基础在于形式平等和消极自由,即自由放任,实质法治的规范基础在于实质公平和社会正义,即干涉主义,那么,当以上规范基础的逻辑自洽在法律实践中遭遇自律性背反命运之后,反思性法制现代化的规范基础又该如何确认? 它还有没有规范基础? 回答这个问题,有必要对反思性与知识的关系作出必要的交代。

---

❶ 吉登斯在界说后现代性之意义时指出:"除了在一般意义上指经历着与过去不同的一般时期外,这个术语通常还具有下列一种或多种涵义:既然所有过往认识论的'基础'都显得不牢靠,那么我们发现没有什么东西能够被确定无疑地加以认识;'历史'并不是有目的性的,因此所有关于'进步'的看法都不能得到合理的支持。"[英]吉登斯:《现代性的后果》,田禾译,译林出版社 2000 年版,第 40~41 页。

❷ [德]哈贝马斯:《在事实与规范之间:关于法律和民主法治国的商谈理论》,童世骏译,生活·读书·新知三联书店 2003 年版,第 537 页。

　　其实,法律的反思性总是与知识论相关的,反思总是经由新知识的获得而得以可能。吉登斯指出:"对社会生活的反思存在于这样的事实之中,即:社会实践总是不断地受到关于这些实践本身的新认识的检验和改造,从而在结构上不断改变着自己的特征。""现代性,是在人们反思性地运用知识的过程中(并通过这一过程)被建构起来的,而所谓必然性知识只不过是一种误解罢了。"❶法制现代化在知识论维度则是一个关涉法律知识假定和检验的历程。形式法治作为法制现代化的原初形态,其知识论内涵渊源于法律实证主义的兴起,考夫曼揭露了这种形式法治的知识论本性:"在这种形式主义盛行的情况下,法学方法论上亦流行这样一种观点,即法律发现大概是一种极为简单的逻辑进程,即对某种生活客观状况以法律规范形式所作的'归纳'。"❷对这种形式法治中的法律(学)知识特征的反思性结果,我国学者进行了如下批评性评述:"法律日益成为了掏空灵魂的躯壳,成为了非人格化的冷酷理性:它不再体贴人们的生活经验,不再体现人们的道德诉求,不再承载人们的朴素情感,不再考量人们的具体差异。"❸作为法制现代化的进一步深入,实质法治的知识论资源来自自然法的复兴这一法律反思运动,哈贝马斯揭示了这种实质法的知识论内涵:"在变化了的社会条件下,法律自由的原则必须通过对现行法律的实质化、通过创造新型的权利而得到实施。私人自主这个观念并没有发生任何改变。发生变化的,是每个个人之私人自主被认为应该平等地实现于其中的那个被感受到的社会环境。"❹

　　需要进一步说明的是,无论是形式法治还是实质法治,两种法治范式的规范基础——形式平等和社会正义——作为两种法律反思的知识论逻辑目标,都与现代性进程中的知识合法性要求保持着十分紧密的联系。启蒙现代性运动建立在深刻的知识基础之上,现代社会与前现代社会的根本差别一定程度上就表现在,前现代社会要么像初民社会那样依赖程式真理维持秩序,要么像专制社会那样凭借威权意志实现社会统治,这种程式真理和威权意志的共同性质在于它们

❶ [英]吉登斯:《现代性的后果》,田禾译,译林出版社2000年版,第34页。
❷ [德]考夫曼:《后现代法哲学——告别演讲》,米健译,法律出版社2000年版,第21页。
❸ 高鸿钧:《现代法治的出路》,清华大学出版社2003年版,第208~209页。
❹ [德]哈贝马斯:《在事实与规范之间:关于法律和民主法治国的商谈理论》,童世骏译,生活·读书·新知三联书店2003年版,第498页。

都与知识没有关联。❶ 启蒙现代性运动促就法律(学)成为一种知识单元(学科),法律(学)成为一门科学。然而,成长为一种知识单元和科学学科的法学倘若没有一个职业法学家阶层的形成和一整套现代法学教育制度的建立是无法想象的,诚如韦伯所言:"倘若没有有学识的法律专家决定性的参与,不管在什么地方,从来未曾有过某种程度在形式上有所发展的法。"❷伯尔曼指出:"他们(法律职业家)通过运用其学识赋予历史积累下来的大量法律规范以结构和逻辑性,从而使各种新的法律体系得以从以前几乎完全与社会习俗和一般的政治和宗教制度混为一体的各种旧法律秩序中脱离出来。"❸自此,自由的"此在"和"彼岸"都不再通过神权保证,关于法律的知识不再仅仅因为它是权力命令就必须服从,摆脱神意(权)前提的世俗化法律有效性辩护理由必须得到知识支撑和合理性论证。正是因为法律开始真正成为一门科学,法律知识逐渐成为一个职业法律家阶层所垄断的知识,法律才开始以一种理性化逻辑开始了自己的自律性成长历程,才逐渐通过独立于其外部环境且以一般化、体系化、抽象化形式表现出来,并从根本上催生形式法治的形成。实质法治因袭了形式法治的基本框架,它仅仅只是形式法治范式下的法律(知识)自我反思和背反的一个必然结果,对此,韦伯揭示了这种法律知识反思性的内在机制:"法学家根据由科研工作所得出的原则的尺度不能'设想'的东西,在法律上是不存在的,这就不可避免地一再导致一些使私人的、法的有关利益者的'期望'最彻底落空的结果。法的有关利益者们的'期望'是以某一项法律原则的经济的或者几乎是功利主义的、实际的意向为取向的。"❹

　　通过形式法治和实质法治两种法治传统范式中的法律反思性与知识的关系

---

❶ 而所谓知识,它本身是一个与现代性共生共荣的概念,利奥塔尔站在后现代主义立场上对现代知识的内涵要点进行了如下归结:指示性陈述的话语类型、与社会关系的间接化、知识主体的条件标准、可证伪性、不断积累和改进。参见[法]利奥塔尔:《后现代状态——关于知识的报告》,车槿山译,生活·读书·新知三联书店 1997 年版,第 54 页以下。吉登斯与利奥塔尔类似地将现代性语境中的知识概念要旨归结为如下几个方面:抽离性的、非本地的、无中心的、可矫正的、专业化的、自反式更新的。参见[英]吉登斯:《生活在后传统社会中》,载贝克、吉登斯、拉什:《自反性现代化》,赵文书译,商务印书馆 2001 年版,第 107 页。

❷ [德]韦伯:《经济与社会》(下卷),林荣远译,商务印书馆 1997 年版,第 117 页。

❸ [美]伯尔曼:《法律与革命——西方法律传统的形成》,贺卫方等译,中国大百科全书出版社 1993 年版,第 146~147 页。

❹ [德]韦伯:《经济与社会》(下卷),林荣远译,商务印书馆 1997 年版,第 204 页。

分析,我们不难发现,两种法治范式对法律知识的获得始终是与专家(法律职业家)建立着不可分割的联系。无论是形式法还是实质法,其知识主体都是法律专家,而法律专家的背后一直站立着国家(政治)这一强力后盾,专家的专门化知识服务于国家政治,而国家政治的一种重要资源就是专家的专门知识,官员成为一种更广泛意义上的专家,政治权力为技术官僚所把持,一些专家即便还保持着与政治权力体系的一定距离,还没有在形式上成为政治官僚,但是,他们或者成为政府顾问,或者以自己的知识垄断为条件,附着于国家政治中心地带,兑现着自己另一种意义上的政治权力。在这种传统现代性中,知识与权力形成了令人惊奇的联姻关系,知识成为权力,权力也是一种知识。❶

知识具有自我怀疑和自我颠覆性质,吉登斯指出:"专家知识及专门知识的一般积累本该能够越来越多地提供关于世界本质的确定性;然而,无须粉饰,这种确定性的条件正是怀疑。"❷如果说专家知识与政治权力合谋为形式法治和实质法治两种法治范式的规范基础提供了知识保证,那么,正是因为知识本身具有能够加速知识的生产并进而颠覆原有知识之有效性地位的性能,从而导致两种传统法治范式的规范性基础失去原有知识(权力)的保障承诺。

反思性法制现代化是作为知识的法治范式自我怀疑和自我颠覆的一种结果,从而,反思性法制现代化的规范基础已经决不可能再是自由放任或干涉主义,而是"商谈政治"(discourse politics)。理由如下。

福利国家以社会公平和正义为政治合法性辩护的宏大叙事,本想更多更好地预定一切社会利益关系秩序,并通过更多的立法,通过更多更准确的责任条款及相应标准去确认责任、解决纠纷和再分配利益。然而,一切都已力不从心,也经常事与愿违。政治家惊奇地发现,尽管他们还能够在每日新闻中频频出镜,但

---

❶ 福科指出:"或许,我们应该完全抛弃那种传统的想象,即只有在权力关系暂不发生作用的地方知识才能存在,只有在命令、要求和利益之外知识才能发展。或许我们应该抛弃那种信念,即权力使人疯狂,因此弃绝权力乃是获得知识的条件之一。相反,我们应该承认,权力制造知识(而且,不仅仅是因为知识为权力服务,权力才鼓励知识,也不仅仅是因为知识有用,权力才使用知识);权力和知识是直接相互关联的;不相应地建构一种知识领域就不可能有权力关系,不同时预设和建构权力关系就不会有任何知识。"[法]福科:《规训与惩罚》,刘北成、杨远婴译,生活·读书·新知三联书店1999年版,第29页。

❷ [英]吉登斯:《生活在后传统社会中》,载贝克、吉登斯、拉什:《自反性现代化》,赵文书译,商务印书馆2001年版,第110页。

是民众已开始渐渐觉得他们可有可无,政府这个权威中心开始失势,一种被称作"亚政治"的权力组织开始弥漫于社会关系的多个领域,甚至无处不在。按照福山的看法,"在信息社会里,政府和公司都不能完全依赖拘泥于形式的官僚政治、规章会把他们所统治的人们组织起来,而是不得不将权利分散和移交,依靠人们去自行组合,而它们对人们只是在名义上拥有权力"。❶ 一方面,国家的立法任务加大、政府行政的导控性任务加重;另一方面,国家立法和行政又遭遇这样一种境况:"如此高程度的复杂性、情境依赖性和不确定性,以至于它无法事先在想象中被充分认识,也无法事后在规范上加以最后确定。"❷尤其是政府行政,干预性行政任务的增长一方面导致行政机关自我编程,大量行政立法开始独立于被边缘化的国家立法机关,立法开始绕开议会民主程序;另一方面,对日益复杂且日趋多样化的社会关系的干预任务造成行政权力的效率标准取代合法性标准,行政效率的条件要求与行政合法性的条件要求不再重合,现代法治原则开始受到威胁。焦头烂额的行政机关❸总是强调不断增长的行政任务必须突破现代法治原则,强调效率标准的优先性地位。但是,这种辩护并不足以构成对现代法治所确立的法治原则的否证理由,问题并不在法治原则出现了问题,就像"后现代性"的形成并不意味着"后现代主义"就必须值得提倡一样。哈贝马斯精到地指出:"法治国之侵蚀的症状确实标志着一些危机倾向;但这些倾向所显示的与其说是法治国原则对越来越复杂的政府活动提出了无法解决的过分要求,不如说是法治国原则的建制化程度还不够充分。"❹

---

❶ [美]福山:《大分裂:人类本性与社会秩序的重建》,刘榜离等译,中国社会科学出版社2002年版,第7页。

❷ [德]哈贝马斯:《在事实与规范之间:关于法律和民主法治国的商谈理论》,童世骏译,生活·读书·新知三联书店2003年版,第533页。

❸ 有学者指出:"自20世纪中后期以后,一方面,政治、经济、社会发展变化的节奏越来越快,公众对公共秩序与公民自由的要求越来越高,对公域之治过程的透明性和开放性以及参与其中的要求越来越强烈,信息网络技术的发展也为公众参与提供了更加多元的渠道;另一方面,由于权力资源日益稀缺,权力滥用的回报随之提高,这就导致滥用的风险概率越来越高,权力寻租、权力腐败现象越来越严重,国家管理效率越来越不能令人满意。这两个方面的发展变化对于步履维艰的国家管理模式而言无疑是雪上加霜,国家管理模式由于已经无法通过自我修正的方式来消化这些问题,缓解这种内在张力,从而处于瓦解的边缘。"罗豪才、宋功德:《公域之治的转型——对公共治理与公法互动关系的一种透视》,《中国法学》2005年第5期。

❹ [德]哈贝马斯:《在事实与规范之间:关于法律和民主治国的商谈理论》,童世骏译,生活·读书·新知三联书店2003年版,第539~540页。

商谈政治的内涵要旨根本上在于政治国家的组织协商能力。在反思性法制现代化阶段,传统的政治国家这一权威中心的任务开始发生变化,"权威性的决策和行动的国家正在让位于协商性国家;协商性国家的作用是搭台唱戏、安排对话并给予指导"。❶ 面对这个危机四伏的风险社会秩序,综观诸多社会理论家的论述,几乎都不约而同地提出了商谈政治(协商性民主)的理论方案。"如果风险社会要成功地迎接其自身带来的道义上的和其他方面的挑战,就急需沿着生态民主政治的方向发展,大体上来说,这种发展在某种意义上就是建立在公民广泛参与基础之上的协商式民主。"❷但是这并不意味着风险社会中的国家已经没有除了组织协商以外的其他任务,政治国家势必还应肩负许多社会管理和服务职责,只是政治国家在风险社会中应当担负的职责应当包括哪些方面? 其界定标准是什么? 对此,贝克采用了伯雷特(C. bohret)所提出的一个界定标准:社会利益团体的协商能力。这一标准一方面是指政治国家要设法使社会利益团体能够自我组织,能够在社会和政治舞台上获得有效的发言权和重要性。这意味着"所有的在不同的人民团体和机构之间原则上'可以协商的'问题领域都能够'社会化'。这就意味着它们能够在国家参与的情况下,在多边协商系统中得到解决。这也越来越关系到法律的设计;在法律设计中政府主要只得到了对情境的中心控制权"。❸ 另一方面,并非所有的问题都可以交由社会利益团体自行协商解决,对于那些无法落实协商主体或不可能产生与国家竞争的问题,如生态问题、恐怖主义问题等,原则上应是国家垄断的对象。

对政治国家组织协商能力的要求,一个关键的考察标准,在哈贝马斯看来,在于国家对社会"公共领域"(Public Sphere)的培育和法律建制化保证。哈贝马斯赋予"公共领域"以一国之民主商谈政治之基础性地位。所谓"公共领域","我把它描述为那些必须由政治系统来解决——因为在别处得不到解决——的问题共振板。就此而言公共领域是一个预警系统,带有一些专用的,但具有全社

---

❶ [德]贝克:《再造政治:自反性现代化理论初探》,载贝克、吉登斯、拉什:《自反性现代化》,赵文书译,商务印书馆2001年版,第50页。

❷ [荷]阿赫特贝格:《民主、正义与风险社会:生态民主政治的形态与意义》,周战超编译,《马克思主义与现实》2003年第3期。

❸ [德]贝克:《再造政治:自反性现代化理论初探》,载贝克、吉登斯、拉什:《自反性现代化》,赵文书译,商务印书馆2001年版,第51页。

会敏感性的传感器"。"公共领域最好被描述为一个关于内容、观点,也就是意见的交往网络;在那里,交往之流被以一种特定方式加以过滤和综合,从而成为根据特定议题集束而成的公共意见或舆论"。❶ 因此,公共领域不是一类建制实体,而是借助于一些途径和交往形式而形成的公共意见或舆论,在此,民众社会生活中的大部分要求、意见、呼声等在此得到了交往性表达,并且这种交往性表达所形成的大众意见和意志能够有效成为国家立法和政治决策的信息根据源泉。哈贝马斯指出:"……社会的确已经变得十分复杂,以至于社会内部很难再表现为一个结构组织的动态整体。功能分化的社会失去了中心,国家不再是能够把所有功能都统揽起来的高层政治结构,一切似乎都成了边缘。实际上,经济和公共管理已经大大超出了生活世界的范围。这些受到媒介控制的亚系统成为了第二自然。作为客观的交往网络,这些亚系统和被驱赶到系统环境中的成员的知觉知识是相当脱节的。"❷ "公共领域"对政治权力系统产生影响并获得法律建制化,即社会舆论形成机制(社会交往形式)在法律上的确认和保护,实际上就为合法性的法律的产生提供了民主政治基础,也避免了政治商谈和立法商谈中那种人人在场式的直接民主论局面,当然也避免了政治专断。诚然,不反映社会民众生活要求和时代性质的法律,无论它在形式上怎样可欲,也是缺失合法性基础的。

正是在这种意义上,我们才将商谈政治界定为反思性法制现代化的规范基础。商谈政治将社会秩序(风险决策和生产秩序)信息状况通过社会利益团体(包括个体)进行商谈对话予以交涉性讨论,国家保证这种协商性活动的有效进行,随时获得风险决策的信息,有效形成公共意见和意志,并将可以规范化、标准化的信息通过一般性、原则性法律加以建制确认,对于暂时无法加以一般化的责任问题,则采取一种论证原则,交由特定化商谈解决。由此可见,商谈政治重在肯认并进而促进个体和社会的自主性,在社会关系秩序复杂到政府无法全部获得这种知识时(更无法按照一种一般化、形式化、理论化方式构想一切"社会事实"),❸ 采取一种

---

❶ [德]哈贝马斯:《在事实与规范之间:关于法律和民主法治国的商谈理论》,童世骏译,生活·读书·新知三联书店 2003 年版,第 445、446 页。

❷ [德]哈贝马斯:《后形而上学思想》,曹卫东、付德根译,译林出版社 2001 年版,第 164 页。

❸ 哈耶克指出:"我们对于那些决定社会进程的大多数特定事实的无从救济的无知,正是大部分社会制度之所以采取了它们实际具有的那种形式的原因之所在。"[英]哈耶克:《法律、立法与自由》(第一卷),邓正来等译,中国大百科全书出版社 2000 年版,第 9 页。

全方位的微观商谈方式将信息流自下层输向上层,实现对风险秩序的反思监测。

(四)程序法:反思性法制现代化的法律范式

商谈政治为反思性法制现代化提供了规范基础,也要求反思性法制现代化进程对法律范式的选择。风险社会背景和商谈政治前提下的法律范式应当是程序法范式(proceduralist paradigm of law),这种程序法范式的根本性质在于:意志自由、地位平等性对话和合理性、有说服力的论证成为决断一切法律问题的基本程序和根本标准,并且合理性商谈精神兑现要求于行政、司法等具体法律实践商谈的程序过程。这种程序法范式,理论上尚处于探索之中,实践上正处于生成之中,在此,笔者对这种程序法范式的基本内涵尝试性地从以下几个方面予以理论概览和展望。

1. 程序法范式的理论基础。程序法范式的理论基础是交往理性(communicative rationality)。所谓交往理性,根本上是一种以合理性对话为内涵的论证理性,主张真理的实现、社会关系的型构、法律的建制化只有通过主体间的合理性对话才具有可能。交往合理性内在于社会主体的交往行为之中,所谓交往行为,是指为了实现理解的一种主体间性(intersubjectivity)活动,是两个以上的具有语言能力和行动能力的主体间为了协调行动计划并实现共识的一种状况、过程和关系。很难对交往理性概念下一个简洁明了的定义,我国学者高鸿钧在归结哈贝马斯有关交往行为之多处论述的基础上对交往行为的精神内涵进行了较为深刻而全面的阐发。高鸿钧认为,在交往行为中,单个主体与其他主体相互协调,主体间性代替主体性,克服了主体与客体、主观与客观的两难;现实与理想交融协调,缓解了现实与理想、实然与应然、先验前提与经验现实之间的紧张关系;超越目的理性的狭隘,人的具体愿望、肉身情感和审美情怀在人际互动中得到表达和诉求,并把理性他者包容进来;绝对正确的具体价值和特定规范都具有可错的性质,生活实践是其最终检验尺度;多元的网络互动、合理性程序和令人信服的论证理由取代某种中心或实体,摆脱了形式理性与实质理性的二元论困境;人们彼此走近却又不失去各自个性,相互寻找共性而不失去自我的他性;立足当下协调实践和人际互动,过去、现在和未来三者交融互动。❶

---

❶ 参见高鸿钧:《走向交往理性的政治哲学和法学理论》(上),《政法论坛》2008年第5期。

存在鲜明差异的是,形式法范式和实质法范式的理论基础分别是形式合理性(formal rationality)和实质合理性(substantive rationality)。程序法范式为哈贝马斯所重点倡导,是哈贝马斯的交往理性理论❶在法律上的落实,是在批判韦伯之形式合理性和实质合理性理论的基础上提出的。形式合理性理论倡导法律形式主义,实质合理性理论追求法律工具主义。法律形式主义将法律的合法性建立在理性抽象基础之上,法律工具主义则将法律的合法性皈依于某种价值准则和目的意志,将法律作为国家追求某种预定目标和施行政治政策的手段和工具。在哈贝马斯看来,将社会整合和团结的机制落定于形式法和实质法都没有可能,前者试图通过规则前提下的策略性行动(strategic action)自行型构社会秩序,后者则将政府福利计划依据某种价值原则和政策强加于社会主体。在哈贝马斯看来,支撑形式法治的形式合理性和支撑实质法治的价值合理性都没有摆脱意识哲学的影响,这种意识哲学影响下的形式法"把公民的自决实践赋予一个全社会范围的主体",实质法则"把匿名的法治加于彼此竞争的众多单个主体之上"。❷ 总之,两种传统法治范式都将法律的合法性建立在意识哲学的主体性(subjectivity)精神之上,形式法治的主体性意识在于将全体公民视作一个集体行动的主体,实质法治则将主体性赋予抽象的政治国家。这样,两种法律范式要么将法律的合法性理解成实在法的实际存在(事实性),要么理解成正当性(规范性),割裂了事实性与规范性之间的必要联系,法律的事实性与规范性之间失去张力。交往理性理论中的程序法范式将主体性修正完善为"主体间性",强调法律事实上有效与价值上正当必须建立起联系,而这种联系只能通过多个社会主体间的对话和论证之过程并达成共识而得以建立,目的行动和意志强加都将无法保证实现秩序稳定和社会团结的法律规范的合法性。

2. 程序法范式下法律与政治的关系。程序法范式下的法律与政治并不截然分离,也不完全混同,政治交往形式为法律所建制化,而法律则成为建制化政治交往的产物。在形式法范式中,尽管"夜警"国家所倡导的自由放任主义在表面上表现出市民社会的本位性和基础地位,法律似乎只是政治立法对既有社会

---

❶ 参见[德]哈贝马斯:《交往行动理论》(第一卷),洪佩郁、蔺青译,重庆出版社1994年版,第119页以下。

❷ [德]哈贝马斯:《在事实与规范之间:关于法律和民主法治国的商谈理论》,童世骏译,生活·读书·新知三联书店2003年版,第371页。

秩序规则的确认。但是,追问这种现象的实质却会发现,形式法范式下的法律并不在真正意义上独立于政治,法律之所以能在统治秩序中获得独立性地位,其根本原因在于统治者追求统治合法性的动机使然,法律和司法获得独立于政治的自治地位,其背后隐藏着一场历史交易:"法律机构以实体服从获得程序自治。虽然政治共同体赋予法官一种免受政治干预而行使的有限权威,但是这种豁免的条件是法官使自己脱离公共政策的形成过程。这就是司法赢得其'独立'的代价。"❶实质法范式下的法律显然已经被取消了独立性,它再一次成为政治的依附和贯彻政治政策、实现政治目标的一种工具。哈贝马斯之交往理性理论的法律延伸是"法律商谈论"(Discourse Theory of Law),这种法律理论所旨在说明的一个根本观点在于法律的合法性是通过民主政治下的立法程序的合理性来衡量的。马克·范·胡克指出:"法律理论和法律实践中的很多问题都与其自身潜隐的、哲学上的合理性概念密不可分。在欧陆法律理论和法律实践中大行其道达两个世纪之久的笛卡儿式的逻辑——演绎思维方式已经愈来愈遭致多方面的抨击;作为一种替代,论证和商谈理论在法律理论中发展起来。"❷程序法范式下的国家政治不再是社会的权威中心,而仅仅是诸多社会权威系统中的一种。法律不再经由政治赋予而获得独立性,法律即便还表现出政治工具的性质,"但同时它也为政治规定了法律可以被它利用的程序条件"。❸ 另外,程序法范式下的法律并不意味着法律的产生仅仅凭借兑现了对话和论证之交往理性的立法程序而获得合法性,这种合法性并不仅指议会多数或专家立法,而是要求立法内容必须真正反映社会交往主体的意见和意志。

以交往理性为理论基础的程序法范式的精神要旨在于:"所有利害相关的人们借助人们语言交流的有效性和达成特定规范共识的可能性,通过平等、自由条件下的理性协商与话语论证,通过意志协调达成规则共识,从而形成作为法律的生活规则。"❹在这个后现代社会,政治现代化的实质不再是韦伯所认为的那

---

❶ [美]诺内特、塞尔兹尼克:《转变中的法律与社会:迈向回应型法》,张志铭译,中国政法大学出版社 2004 年版,第 64 页。

❷ [比]胡克:《法律的沟通之维》,孙国东译,法律出版社 2008 年版,第 14 页。

❸ [德]哈贝马斯:《在事实与规范之间:关于法律和民主法治国的商谈理论》,童世骏译,生活·读书·新知三联书店 2003 年版,第 530 页。

❹ 高鸿钧:《现代法治的出路》,清华大学出版社 2003 年版,第 277 页。

种理性的官僚政治形式的等级制权威,福山指出:"在 20 世纪下半叶,无论是在
政治上还是在经济上,官僚等级制度都在走向衰落,正被一种非正式的、自我组
织的协作形式所取代。"❶这样,正式的立法机关及其活动必须与非正式的社会
交往机制和公共舆论的形成机制建立起联系,这种联系在贝克看来是亚政治对
国家政治中心的权威性挑战,在吉登斯看来则是下层社会信息向上层权威机关
的流动和传输。因此,风险社会阶段的反思性现代化对政治形式提出了新的要
求,在此,政治是非传统的、多层次的、弥漫性的、社会化的、地方性的,是一种
"能动性政治"(generative politics)(吉登斯语),它以协商性对话为内涵,所达成
的共识作为对秩序状况和趋向之反思监控意见成为法律规范的重要内容,而国
家政治则通过法律保障这种能动性政治的法律地位,对能动性政治原则性地予
以法律建制化。

　　3. 程序法范式中法律程序的性质。在形式法范式中,程序就已成为法律的
中心,但是,此时作为法律之中心的法律程序,还主要是指司法审判程序,尤其需
要指出的是,司法审判程序之所以能够获得法律的中心地位,只不过是一个"历
史交易"的结果:"法院保证在政策的实质问题上的遵从;作为交换,它们被授权
确定自己的程序,即,规定诉求于法院的条件和参与诉讼程序的方式。这种权力
是政治豁免的一种保障。"❷至实质法范式阶段,司法程序的自治性地位虽然没
有被完全否定,却也因为原则和政策的介入以及目的在法律上的回归,程序的形
式独立性经常被认为是工具性的和可以牺牲的。可见,形式法范式中的法律程
序的中心地位被局限于司法审判领域,而且根本上还是在保证对政治的实质性
遵从的前提下获得有限的自治性的。实质法范式干脆将审判程序也进行了工具
主义理解,审判程序再一次失去了本来已十分狭义的形式主义独立性。程序法
范式中的法律程序概念应该被赋予其新的内涵,在此,法律程序仍然是权力机关
和社会主体决断法律问题的形式和过程,但是,它至少在以下三个方面内在着新
的精神。其一,法律程序类别的弥散性。具有形式自治性的法律程序不限于司
法审判程序,不但立法、行政等民族国家内部权力和国家间(国际性)政治对话

---

❶ [美]福山:《大分裂:人类本性与社会秩序的重建》,刘榜离等译,中国社会科学出版社 2002 年版,第
249 页。
❷ [美]诺内特、塞尔兹尼克:《转变中的法律与社会:迈向回应型法》,张志铭译,中国政法大学出版社
2004 年版,第 73 页。

必须被纳入法律程序的轨道,而且那些属于亚政治性质的社会组织之间的政治协商也被赋予其法律意义,也应当作为一类法律性程序对待,只不过这类程序在形式上多样、在实质上灵活而自由,但必须兑现商谈论证精神,各种类型的法律活动商谈化。其二,各种法律程序间的相互协调性。多样化的商谈性法律程序之间并不彼此割裂联系,而是被要求保持差异性法律程序系统之间的信息流通,尤其在公权力、私权力、社会权性质的程序之间应保证衔接和对话,立法、行政和司法程序彼此间职权界限明确却不相互断裂,●尤其是要保持国家权力活动程序与社会利益主体和公共领域的意见和意志交涉。❷ 其三,司法程序的民主性。在程序法范式下的司法领域,决断法律纠纷的司法程序的知识论根据不应当再完全是法律职业家的精英话语,它还必须体现大众话语要求。法律职业化运动的一个后果是法律职业家共同体的最终形成并操控了从知识权力话语到实践权力话语的几乎全部法律职业资源,作为法律职业家共同体核心成员的法官在事实上执掌了司法权力,法官以对法律的恪守和对事实的尊重而获得了合法性并成为正义的化身,什么是理性而正义的司法审判程序,话语权完全掌控在知识精英手中。程序法范式要求正义的司法审判程序必须体现大众话语精神,司法权因民主性要求而必须保持对社会的开放性,要在保证司法建制性独立、职业化自主、意见交涉和论证式决断问题的同时,保证司法与社会的信息沟通机制,将"精密司法"的技术作坊转变成"民主司法"的公共领域。❸

---

❶ 对于这种复杂而抽象的程序关系,哈贝马斯借用毛斯(Maus)的一个表述进行了高度概括:法律建制化的人民主权和非建制化的人民主权的普遍结合和互为中介。参见[德]哈贝马斯:《在事实与规范之间:关于法律和民主法治国的商谈理论》,童世骏译,生活·读书·新知三联书店2003年版,第545页。

❷ 自20世纪80年代始,美国兴起一种协商性行政立法形式,该种协商性行政立法形式的操作办法为:在正式的立法提案被公布之前,由行政机关组织一个由与该规则有密切利益关系的利益团体代表以及行政机关的代表组成的协商立法委员会,对规则的具体问题进行协商,达成合意,由行政机关在此基础上草拟立法提案的过程。参见冯慧:《美国的协商性立法》,《人民法院报》2005年11月14日。在我国法学界,有论者针对司法实践中所出现的一些崭新现象和事例,提出了"协商性司法"观点,该论者论道:"经过实证分析发现,协商性司法的核心价值在于通过控辩双方的对话、协商,在合意的基础上谋求控辩审三方都乐于接受的司法结果。它并不受严格规则的刚性约束,也不把正统的诉讼价值奉为指针。在维持基本法制底线的框架内,该司法体系尽可能让不同利益诉求的控辩双方在诉讼过程中拥有更多的发言权,相互之间减少不必要的对抗而增加更多的对话与合作机会,力争把多元化的价值目标都吸纳到程序之中。"见马明亮:《正义的妥协——协商性司法在中国的兴起》,《中外法学》2004年第1期。

❸ 参见季卫东:《宪政新论——全球化时代的法与社会变迁》,北京大学出版社2002年版,第279页。

4. 程序法范式中法律程序的要素。主体平等的对话和合理性论证是反思社会学、商谈政治、法律商谈论和反思性法制现代化的共同精神,也对程序法范式中的法律程序提出了基本要求。风险社会阶段,由于社会关系秩序的后现代性状况,一切关涉法律的权利、权力、义务、责任均原则上没有一个永恒真理性和普遍适用性标准。哈贝马斯因循一条普遍语用学——交往理论——法律商谈论的漫长的理论论说道路,将真理(理论商谈)和价值(实践商谈)的标准落定于共识(consensus)之上,而共识的达成则必须经过一个合理性论证过程方得以可能。在法律这一实践商谈领域,法律程序必须是一种能够"在时间向度、社会向度和实质向度上确保受运用性商谈之逻辑支配的自由的交往过程所需的制度框架"。❶ 对于哈贝马斯所提出的这种以对话和论证为根本精神的法律程序的要素(理想对话情境的条件),考夫曼进行了如下总结:所有对话的参加者机会均等,言谈自由,没有特权,诚实,免于强制。❷ 这种理想对话情境的其实并非一种可能在现实社会实践能够充分兑现的理论拟制,哈贝马斯本人也指出:

> 理想的言语环境既不是一种经验现象,也不完全是一种虚构。它是话语中相互之间不可避免要采取的假定前提。这种假定前提不能有悖于事实;但是,即便它违背了事实,它也是交往过程中具有指令作用的虚构。因此,我更愿意说预定或预见一种理想的言语环境……语言沟通的规范基础包含双重意义:既是预定,也是作为预定的基础……因此,理想的言语环境概念不只是康德意义上的规整原则;因为有了语言沟通行为,我们就已经一劳永逸地做出了这样的假定前提。另一方面,理想的言语环境概念也不是黑格尔意义上的实存概念;因为没有任何一种历史社会具有我们能够用理想的言语环境彻底阐释清楚的生活形式。毋宁说,理想的言语环境或许能够和一种先验现象相提并论,但有不是这样一种现象……对理想的言语环境的预见,之于任何一种可能的交往来说,都是具有结构现象的意义,同时也是一种生活方式的表象。我们无法先天地得知,那种表象是否只是一种

---

❶ [德]哈贝马斯:《在事实与规范之间:关于法律和民主法治国的商谈理论》,童世骏译,生活·读书·新知三联书店 2003 年版,第 287 页。
❷ 参见[德]考夫曼、哈斯默尔:《当代法哲学和法律理论导论》,郑永流译,法律出版社 2002 年版,第 192 页。

从不可避免的假设中产生出来的虚假推断——或者说经验条件对于逐步实现假定的生活方式能否具有实践意义。从这个角度来看，建立在普遍语用学之中的合理言语的基本规范具有一种实践的假设前提。❶

这意味着，理想对话情境既非一种理论的假象，也非一种现实的社会交往和对话状态，这一理论概念的根本意义在于，社会交往实践有效性必须假定一个结构主义式的理论前提，而理论使命的实践意义在于为实践关系的协调创设抽象条件，在这种意义上，理想对话情境毋宁是一个关于有效性社会交往行为关系与理想性理论指向之间的一种双向诠释概念，它根本上是解释社会学意义上的。在交往理论以及法律商谈论语境中，在满足理想对话情境（理想言语环境）条件要素要求的情况下，法律程序对争议问题的决断能否获得结论，决定于"更佳论证之力"（force of the better argument）❷。法律程序的这些要素，是理想对话情境的必要条件，但是这并不意味着所有的法律程序在任何情况下都能够完全地得到这些条件的保证，哈贝马斯自己也并非没有认识到这些要素或条件的理想性，"保存在可能会出错的真理和道德等话语概念中的绝对性环节（即理想对话条件——笔者注）不是绝对的，充其量只是成为批判程序的绝对性"。❸ 无可否认的是，对法律程序之理想条件的满足只能是被近似地实现的，但是这种理想条件也应该始终成为法律程序的抽象要求和追求目标。正是因为充分意识到法律程序理想条件要素的有限性和现实性，也洞悉了"更佳论证之力"因要求"证据的证据"而将导致无休止的复归，考夫曼才对理想对话情境性质的法律程序的论证原则和达成合意原则进行了必要的补充——缺陷原则。在考夫曼看来，法律程序的论证原则和达成合意原则应当以缺陷原则作为补充，所谓缺陷原则是指："没有一个合意是终极有效的，相反，每一个陈述，每一种推理，每一个论证基本上都是有缺陷的，因而原则上是可以修正的———一个例外是：合意原则本身，即'未达成合意是定论'这个命题，没有缺陷，但一般上可能存在一个最终有效的

❶ ［德］哈贝马斯：《真理论》，载法伦巴赫编：《现实与反思》；转引自曹卫东：《交往理性与诗学话语》，天津社会科学院出版社2001年版，第88～89页。
❷ ［德］哈贝马斯：《后形而上学思想》，曹卫东、付德根译，译林出版社2001年版，第60页。
❸ ［德］哈贝马斯：《后形而上学思想》，曹卫东、付德根译，译林出版社2001年版，第167页。

合意,但这也许是合意原则的反面。"❶应当认为,考夫曼以缺陷原则对论证与合意原则之缺陷的补充充分体现出一种波普尔证伪主义(falsificationism)精神,波普尔指出:"差不多任何理论我们都很容易为它找到确证或证实——如果我们寻找确证的话。""只有确证是担风险的预言所得的结果,就是说,只有我们未经这个理论的启示而可望看见一个和这个理论不相容的事件——一个可反驳这个理论的事件,那么,确证才算得上确证。"❷这意味着,法律程序有关事实和法律的论证也在一定程度上要像科学活动那样保持对否证和证伪的开放性,论证和合意原则尚不是法律程序之科学精神的全部承诺,还必须以缺陷原则加以补充。

5. 程序法范式的重点功能领域。现代法律的功能根本上在于社会整合,即通过法律尽力使得私人自主和公民政治自主同时得到实现。应当指出,作为法制现代化的两种范式,形式法和实质法的功能都共同指向物质利益的生产和分配秩序关系,只不过形式法范式通过倡导自由放任主义追求实现消极自由导致了社会不公,实质法范式通过家长干预追求社会公正造成生活世界殖民化,也日益表现出政治公共权力的不断膨胀(也力不从心),"大部分福利措施的目的是解决已经发生的事,而不是切断事情发生的根源,这是'国家失效'的主要原因"。❸

作为反思性法制现代化阶段的法律范式,风险社会中的程序法的功能目标在抽象意义上同样是实现社会整合,在功能重心以及形式和方法上则是风险监控。之所以得出这个结论,其理由在于,风险社会秩序根本上是一种风险决策和生产秩序,公民的私人自主和政治自主的实现状况逐渐在很大程度上决定于这种秩序的性质。❹ 因此,风险社会中的法律必须围绕这种风险决策和生产秩序而发挥和兑现功能。风险社会的秩序性质突出表现在三个维度:社会政治风险、

❶ [德]考夫曼、哈斯默尔:《当代法哲学和法律理论导论》,郑永流译,法律出版社2002年版,第195页。
❷ [英]波普尔:《科学知识进化论——波普尔科学哲学选集》,纪树立编译,生活·读书·新知三联书店1987年版,第61页。
❸ [英]吉登斯:《超越左与右——激进政治的未来》,李惠斌、杨雪冬译,社会科学文献出版社2003年版,第158页。
❹ 吉登斯指出:"纳米技术、有关转基因食品的争论、全球变暖及其他人为风险,已经使个人在各自的日常生活中面临新的选择和挑战。由于没有应对这些新危险的计划进程,个人、国家和跨国组织在就如何生存作出决策时,就必然会面临风险。因为不知道这类风险确切的原因和后果,所以每个人都不得不自己决定预备冒何种风险。"[英]吉登斯:《社会学》(第五版),北京大学出版社2009年版,第796页。

经济风险和生态风险。❶ 对于这三种风险形态的内涵可简述如下：政治风险指因传统国家政治权威的去中心化和亚政治的兴起而导致的现代社会结构崩溃和社会团结解体的风险；经济风险指因市场秩序维持和投资决策、虚拟经济的不确定性所导致的局部性或总体性经济停滞和崩溃的风险；生态风险指因科学技术所带来的人化自然进程造成的生态（环境）安全风险。相应地，程序法范式的功能领域重点应指向以上三个维度：促进社会团结、保障经济安全秩序和监测科技发展和应用。

程序法范式以上三项重点功能发挥的具体制度设计，❷主要内容如下：促进社会团结功能的实现，要求法律尽力兑现商谈理性，这种商谈理性的兑现不是仅仅限于特定法律程序（如诉讼程序）内部，而是应当兑现于社会生活和国家政治活动的全部领域，并且尤其要重视国家权力领域与社会公共领域之间的意见交流和意志整合，要通过有效的法律机制促进生活世界中公共领域的发育和成长，最大可能地保证生活世界中的意见和需求信息经由公共领域输入国家政治系统。保障经济安全秩序功能的实现，要求法律规范成为市场经济行为的根本制度资源，其中，要特别重视发挥法律在规制宏观经济政策、维持财富增长与可持续发展之间的平衡结构、限制不正当竞争和惩治经济犯罪的功能。监测科技发展和应用功能的实现，要求将科技研发与应用这一传统上归属于技术规则调整的对象逐步纳入法律规范的规制的范围，科学（技术）理性主义无法为自己的客观性提供自我担保，生态环境论和生命伦理学都足以给科学唯理性主义以致命一击，激进地说，"没有'科学的方法'；没有任何单一的程序或单一的一组规则能够构成一切研究的基础并保证它是'科学的'、可靠的"。❸ 温和地说，"现实不再被看做是一个客体，而是被科学商谈所建构的，而科学商谈也不再能够被视为独立于社会"。❹ 当然，通过法律规制科技这股转化资源为财富并制造人化自

---

❶ 参见周战超：《当代西方风险社会理论引述》，《马克思主义与现实》2003 年第 3 期。
❷ 美国法律与环境安全研究者凯斯·R.孙斯坦按照一种成本收益分析之制度经济学路线，对风险管理提出了概念政府命令式的制度方案，这个方案包括四条原则：信息公开、经济激励、减少风险合同、自由市场的环境决定论。[美]孙斯坦：《风险与理性——安全、法律及环境》，师帅译，中国政法大学出版社 2005 年版，第 317 页以下。
❸ [美]法伊尔阿本德：《自由社会中的科学》，兰征译，上海译文出版社 2005 年版，第 119 页。
❹ [英]德兰逊：《社会科学——超越建构论与实在论》，张茂元译，吉林人民出版社 2005 年版，第 152 页。

然的、一直是自我合法化的力量,并非自信得要去规制科技秩序中的全部关系,或者以一种禁止/许可风格发布命令,谁也不是发布这种命令的合法性主体,无论是法律人、科学家还是抽象性的国家主体。因此,法律介入经由自然这个媒介所引出的科技合法性问题,其性质根本上还是商谈论的。因此,在法律制度维度上,法律所能发挥的功能,一方面在于通过法律将科学(技术)共同体与生活世界的对话商谈机制予以制度化促进;另一方面在于,在遭遇某一特定技术危害后果或潜在风险之纠纷事件时,法律通过程序保障的说理论证过程得出合意性结论。

(五)程序法范式的时代可欲性

法律程序主义遭遇的理论攻击主要表现为两个方面。首先,批评家一直认为程序主义的论证逻辑内在超验性质,认为程序主义是"从帽子里变出兔子",❶试图"用自己的辫子将自己从泥潭中拉出"。❷ 诚然,如果说超验是指康德意义上的关于经验之可能性的条件(经验判断的先天综合能力),那么,无论是将程序主义的基础建立在哈贝马斯所宣称的言语使用的规范要求之上,还是建立在早期罗尔斯所假定的"原初状态"中的人们在"无知之幕"获得正义的实质内容、或者晚期罗尔斯所设计的以"政治的正义观念"为理念主导的立宪政体之上,都不能完全避免程序正义之论证的超验色彩。即便按照一种学术进化论思维,将程序主义解释为对自然法学和法律实证主义理论范式困境的克服,也无法证成程序主义就是唯一可欲的法律理论。况且,范式是无公度性的(库恩、费耶阿本德),在福科的知识谱系学中,它们只是一类"认识型"(episteme),是法律的"文化代码",它们既不存在进化连续性,也没有优劣之分别,也无法相互转译。❸ 其次,批评家认为法律程序主义所诉求的程序要素一直是一个无法实现的理想,法律共识经常无法达成,即便能够获得也并不担保它就是正义和客观之法。批评

---

❶ [美]菲尔德曼:《从前现代主义到后现代主义的美国法律思想》,李国庆译,法律出版社 2005 年版,第 226 页。

❷ [德]考夫曼:《后现代法哲学——告别演讲》,米健译,法律出版社 2000 年版,第 41 页。

❸ 福科对理性驱动的"认识型"变化作出了如下判断:"这并不是因为理性取得了任何进步:只是物的存在方式,以及那个在对物做分类时把物交付知识的秩序的存在方式,发生了深刻变化。"[法]福科:《词与物——人文科学考古学》,莫伟民译,上海三联书店 2001 年版,前言,第 11 页。

家认为，为法律程序主义者所设想的程序运行的合理性条件——主体平等、不受强制、言论自由、没有特权、合理论证、真诚、中立方裁判、更佳论证者胜出等——作为一种理想对话情境（实现共识的理想条件），实践中则从来是未能兑现过的一种理想，程序也很少能够获得共识，事实反而经常是强者意志或富人游戏，欺骗策略、威权强制或金钱收买经常决定结果。利奥塔尔尖锐地批评道："哈贝马斯采用的方法是他所说的'Diskurs'，即辩论对话。""事实上，这里假设了两个东西。首先假设了所有对话者都会赞同那些对所有语言游戏都普遍有效的规则或元规定，但这些语言游戏显然是异态的，它们属于异质的语用学规则。""其次假设了对话的目的是共识。但我们在分析科学语用学时已经证明，共识只是讨论的一个状态而不是讨论的目的。"❶如果这样，我们又如何能够信任程序主义的论证逻辑？进而又何以认为程序在风险社会中的法治事业中居于中心地位？

哈贝马斯没有否认其作为程序主义理论基础的普遍语用学的先验成分，但是他并不认为其理论逻辑就完全是超验性质的。在哈贝马斯看来，"必须从经验过程的角度去看待理解过程的先验研究"，❷即把先验的研究置于经验过程的具体语境中进行。事实上，哈贝马斯正是按照这种逻辑将法律程序主义（法律商谈论）置于风险社会（后现代社会）的现实语境中加以研究和论证的。《在事实与规范之间：关于法律和民主法治国的商谈理论》一书中，哈贝马斯恰恰是针对风险社会中的秩序性质（宗教退缩、道德知识化、关系复杂、利益主体多元、亚政治趋势、技术理性、风险性加剧、行政权扩张、立法滞后、司法精英化），才得出其程序主义结论，他并没将该种理论解释为任何人类历史阶段中的普适性法律理论，那些被批评家认为属于超验性质的理论基础（交往行为中理想的对话条件），在哈贝马斯笔下仅仅只是用于解释之前的社会历史阶段（尤其是现代化的早、中期）中的法律范式和理论为什么无法始终得以维持或继续有效。相反，倒是罗尔斯的民主立宪政体设计在形式上表现出更多的超验特征，作为一个处置各种宗教学说、哲学学说、道德学说的程序装置（民主立宪政体），罗尔斯将政治自由主义的三个理念——"重叠共识"、"权利优先和善理论"、"公共理性"——

---

❶ ［法］利奥塔尔：《后现代状态——关于知识的报告》，车槿山译，生活·读书·新知三联书店 1997 年版，第 137～138 页。
❷ 曹卫东：《交往理性与诗性话语》，天津社会科学院出版社 2001 年版，第 77 页。

置入其中，❶使得程序设计——立宪政体——获得了实质基础，而这三项实质内容的获得，在哈贝马斯看来则具有超验色彩，哈贝马斯指出罗尔斯之"作为公平的正义"思想及其两个基本原则❷作为实在法律之规范性基础所存在的根本问题在于：得出这个理论思想和理性原则的程序存在着固有缺陷，是一种"在真空中提出的正义论"。哈贝马斯指出："（罗尔斯）把以下两个语境中诉诸我们最佳规范性直觉的不同意义混淆起来了：一方面是在哲学专家中对理论的论证，另一方面是对一个经过论证的理论的诸原则的公共启蒙和政治追求。"❸

　　如果要完全摆脱法律程序主义的超验论成分，吉登斯的视角或许是较为可欲的一种选择。吉登斯的反思现代化（reflective modernization）理论尽管没有将焦点对准现代法问题，但是该种理论对后现代社会秩序的性质归结所揭示的社会规范期待，无疑对解释法律在当代乃至未来社会关系整合和秩序重构中的意义和范式要求具有重要启示。吉登斯的反思现代化理论的重点论题之一是民主问题，而法律程序主义根本上也是一个民主问题。因为诉求于理想对话情境以达成共识（无论在传统政治中心的立法、行政和司法领域还是风险社会中出现的解政治化的亚政治领域乃至私人生活关系领域）的法律程序以平等而无强制的参与、意见交涉和说理论证为条件要求，而这种条件要求实际上就是对话的民主问题，也是民主的对话问题。哈贝马斯也界定了法律程序主义与民主之间的根本关系："对法的程序主义理解强调民主的意见形成和意志形成过程的程序条件和交往前提是唯一的合法性源泉。"❹哈耶克也曾指出："严格地说，民主所指涉的乃是确定政府决策的一种方法或程序。"❺在吉登斯看来，程序主义（商谈政治和民主对话）不需要理论论证，没有必要按照哈贝马斯的交往理论去论证

❶　参见［美］罗尔斯：《政治自由主义》，万俊人译，译林出版社 2000 年版，第 141 页以下。
❷　罗尔斯关于社会正义的两个原则的具体内容是：第一个原则：每个人对与其他人所拥有的最广泛的基本自由体系相容的类似自由体系都应有一种平等的权利。第二个原则：社会的经济的不平等应这样安排，使它们①被合理地期望适合于每一个人的利益；并且②依系于地位和职务向所有人开放。［美］罗尔斯：《正义论》，何怀宏、何包钢、廖申白译，中国社会科学出版社 1988 年版，第 56 页。
❸　［德］哈贝马斯：《在事实与规范之间：关于法律和民主法治国的商谈理论》，童世骏译，生活·读书·新知三联书店 2003 年版，第 74 页。
❹　［德］哈贝马斯：《在事实与规范之间：关于法律和民主法治国的商谈理论》，童世骏译，生活·读书·新知三联书店 2003 年版，第 686 页。
❺　［英］哈耶克：《法律、立法与自由》（第二、三卷），邓正来等译，中国大百科全书出版社 2000 年版，第 273 页。

共识的达成或去预见价值的趋同。**❶** 吉登斯指出："对话民主与理想的讲话场所不是一回事。对话民主化与先验哲学原理无关。我并不像哈贝马斯那样假定这种民主化多少包含在讲话或对话的行动中。"**❷**这意味着，对话民主并非为一个经由对人们交往活动中的对话行为原理揭示到将对话原理作为一种理论要求强加于社会实践的理论结论问题，对话民主毋宁是一个后传统社会的社会生活和政治生活的事实问题，它不需要从对话原理的论证中获得依据。

诚然，法律程序主义到底是否需要经由论证确立，还是法律程序作为法律实践中的一个重要环节和基本现象为法律程序主义者提供了现实启示，激发了程序论者的思想火花，这是很难分清原因和结果的。因为"法律的正当程序"作为一个描述英国自然法特征的概念早在 14 世纪就已经出现（尽管它与法律程序主义所倡导的程序要素和理念还相去甚远），实践维度的法律事业从来就没有视法律程序可有可无，尤其是经验层面上的司法程序实践运作状况和制度改革事件的精彩纷呈（如言辞原则、辩论主义、举证和质证、程序选择权、和解、调解、裁判者中立、程序的终局性等司法程序要素就无意识地与法律程序主义所倡导的法律商谈和协商性民主政治的构成要素相互契合），很难说就没有为程序主义者提供思想素材，进而将司法程序作为一个理想的分析模型，推广到法治国家和社会关系整合的宏观范围。因此，倒不如说程序主义理论和法律程序实践相互解释，在一种解释学循环中相互促进。正是按照这种反思社会学理路，吉登斯将法律程序主义（他所侧重的是以对话商谈为根本性质的民主问题）理解得不完全是一个理论建构问题，更多地则是一个时代际遇问题。吉登斯将任何社会情境中个人价值与集体价值之间的冲突解决途径归结为四种：传统的嵌入、与敌对的他者分离、话语或对话、强制或暴力。**❸** 继而，吉登斯按照一种反思社会学理路对当今社会中四个重要领域中——个人生活关系的纯粹化、社会运动和自助团体的增加、巨型公司组织内部中心机制的解构与重构、民族国家的全球化——的关系和秩序状况进行了性质判断，既而解释了民主程序之于这些关系

---

❶ 参见［英］多德：《社会理论与现代性》，陶传进译，社会科学文献出版社 2002 年版，第 249 页。

❷ ［英］吉登斯：《超越左与右——激进政治的未来》，李惠斌、杨雪冬译，社会科学文献出版社 2003 年版，第 119 页。

❸ 参见［英］吉登斯：《生活在后传统社会中》，载贝克等：《自反性现代化》，赵文书译，商务印书馆 2001 年版，第 131 页。

领域的意义,也描述了这些关系领域的民主程序的运作现实,得出程序主义(民主对话和商谈)根本上则是后传统社会(风险社会、后现代社会)的时代际遇的结论:"总的说来,在分离已经不再可能的社会秩序中,在很多领域内,暴力之外的唯一选择是'对话性民主'——即相互承认对方的真实性,准备聆听对方的看法或对其展开辩论。"●吉登斯得出这一结论的根本理路可以概括如下:社会反思性的不断增强、全球化进程的不断深入以及人们因风险社会到来而自动形成的恐惧感的趋同,使得对话民主(法律程序主义)不再是一种理论论证目标,而是一种时代生活的现实秩序。❷

因此,如果按照哈贝马斯的普遍语用学——交往理性——法律商谈论的论证进路,或者按照罗尔斯的"原初状态"和"无知之幕"——作为公平的正义——政治自由主义的论证进路,法律程序主义在理论论证上显然还内在着一定的超验成分。因为以上两种理论进路要么将法律程序主义的第一前提落定于言语使用的规范性要求之上,法律关系和秩序成了言语使用的衍生之物和确证形态;要么在将法律程序主义与一切价值立场和完备性学说之间的关系进行彻底绝缘的同时,将法律程序主义与一种被预先注入"作为公平的正义"的实质性价值成分的政治民主架构等同起来,仿佛这种以政治民主架构形式的法律程序主义成了处置一切社会形态中法律关系和秩序的一劳永逸的制度装置。在我们看来,法律程序主义不应该完全从一种超验逻辑中导出,它之所以在当今时代逐步透现出勃勃生机,除了那些理论理由之外,还在于社会关系和秩序在一种并无历史目的的演化历程中所生成的现实状况恰恰切合于法律程序主义的机制性能。我们还应当认为,无论理论家多么睿智和深刻,倘若他们不是置身于其中并反思和内省着当今时代的关系和秩序性质,要假定他们同样能够经由理论理性推导出这种恰恰切合于这种时代关系秩序的抽象理论体系,那是无法想象的,不现实的。事实毋宁是,理论回应着现实,而现实也期待着理论,正如解构主义者瑞安所言:"所有理论要么是它所描述的过去实践的理论,要么是它所指向的未来实践的理论,而且

● [英]吉登斯:《生活在后传统社会中》,载贝克等:《自反性现代化》,赵文书译,商务印书馆2001年版,第133页。
❷ [英]吉登斯:《超越左与右——激进政治的未来》,李惠斌、杨雪冬译,社会科学文献出版社2003年版,第121页以下。

理论本身就是一种实践。纯粹的实践……本身总是某种理念的实践。"❶

在后现代性广泛弥漫的西方社会,社会关系秩序性质至少因为以下方面内在地回应着、也必然地要求着程序主义法律范式(proceduralist paradigm of law)的兴起:主体性的备受质疑、真理客观性的丧失、价值碎片化、文化多元论、多种完备性学说竞立、国家作为传统政治中心地位的消解、现代化的自反性加剧和风险社会的形成、科学的中立性向民主化的转型、知识与权力日渐浑然一体,等等。这就意味着人们不再可能按照一种实在论思维理解和确认这个世界,也不再能按照一种建构论思维驾驭和创造这个世界,理性已经耗尽了最后一丝能量,主体性(subjectivity)不得不让位于主体间性(intersubjectivity),兑现交往理性的程序法范式从根本上超越了以形式理性保证的形式法范式和以实质理性支撑的实质法范式,成为实现后现代社会的关系整合和国家团结的一种极为重要的制度装置,甚至这种制度装置的重要性怎么夸大也不为过,哈贝马斯就说:"由法律交往编织而成的外衣,甚至能够把复杂社会作为一个整体包裹起来。"❷

至于程序主义在理想的论辩条件和达成共识的程序目标方面存在的理论缺失,考夫曼在加以批判的基础上,分别对程序主义的对话条件和共识达成两个论点进行了完善。在考夫曼看来,理想的论辩(对话)条件(无论是哈贝马斯意义上的"理想的对话情境"还是罗尔斯意义上的"原初状态")都抽象掉了经验要求,对话条件设置应该考虑"事实上存在的论证群体",论辩条件应该是"历史的",理想的对话始终不可回避"作为共同土壤的传统和文化'遗产'"。❸ 关于共识的达成问题,考夫曼则认为共识并不表示真理的最后说明,不应该按照一种"真理"的唯名论标准和认知主义立场界定共识,共识的达成不可隔离历史的条件和参与者的切实经验基础,程序的真正目标应该是"趋同":"多个互相独立的主体从其本身的'对象'出发达到实际上趋同的认识。"❹不过,这种"趋同的认识"仍然不好把握,缺乏标准对其进行评价,甚至无法描述。对此,协商性民主理论家詹姆斯·博曼提供了这样一种何谓共识的界定标准:"一个成功的协商

---

❶ M. Ryan. Marxism and Deconstruction. Baltimore,Johns Hopkins University Press,1984,p. 39.

❷ [德]哈贝马斯:《在事实与规范之间:关于法律和民主法治国的商谈理论》,童世骏译,生活·读书·新知三联书店 2003 年版,第 541 页。

❸ [德]考夫曼:《后现代法哲学——告别演讲》,米健译,法律出版社 2000 年版,第 51～53 页。

❹ [德]考夫曼:《后现代法哲学——告别演讲》,米健译,法律出版社 2000 年版,第 46 页。

结果是各方都可以接受,不过是在比程序理论的要求要弱的意义上:成功不是由所有人都同意结果的强要求来测定,而是由参与者能令人充分信服地继续正在进行的协商这个较弱的要求来测定的。当实际决策结果背后的理性能充分促动所有协商中的合作的时候,它就是可以接受的。"❶应当认为这种观点是较为可欲的,按照这种观点,共识根本上还是一个程序的合理性问题,只要进行协商的参与者能够接受并维持这个程序的推进,那么更好的论证一旦出现,决定便可作出,尽管这个决定对某个协商参与者不利,但是他不再有更好的论据,理性也迫使他必须遵循这个程序,接受这个决定,因为论证的理由已经饱和。

反思地对待法律,在西方法学的语境中,一方面是从现代法治的两种范式逻辑合理性追问维度进行的,另一方面是从社会秩序性质的演化状况对法律范式的回应要求维度着眼的。反思性法学必然会对现代司法理出理论要求,即,司法现代化作为法制现代化的一个重要构成方面,也应当反思自身。

二、司法程序模式中的合理性追问

刑事或民事诉讼程序模式在理论上有两种基本的类型区分:职权主义模式和当事人主义模式。对于这两种基本程序模式的理论区分,分析理路通常从三种视角进行。一是诉讼法律制度和文化传统,二是诉讼程序中控、辩、审三方的法律地位及其对诉讼控制权分配情况,三是作为支撑和主导具体程序模式类型的价值理念。❷应当认为,这种类型学方法及其结论是恰当而有效的,本书要旨不在去深入讨论这种类型学方法及其结论,而是要从这种现象学描述的基础入手,从支撑诉讼程序模式的理念方面,结合诉讼程序模式的实践际遇中表现出来的问题和症结,提出并讨论这样一类问题:支撑职权主义或当事人主义模式的理论基础是什么? 这种理论基础存在哪些问题和缺陷? 诉讼程序模式设计应当确

---

❶ [美]博曼:《公共协商:多元主义、复杂性与民主》,黄相怀译,中央编译出版社 2006 年版,第 29~30 页。

❷ 关于这种类型学划分的详细论述,参见陈瑞华:《刑事审判原理论》,北京大学出版社 1997 年版,第 298 页以下;肖建国:《民事诉讼程序价值论》,中国人民大学出版社 2000 年版,第 112 页以下;王利明:《司法改革研究》,法律出版社 2000 年版,第 304 页以下。

立何种合理理念？这种理念的合理性内容包括哪些方面？如何通过这种合理性理念引导诉讼程序模式的设计和司法制度的改革？

（一）司法程序模式与司法理念

各国司法程序模式的实践选择有其深刻的法律传统和文化背景,不同的司法程序模式也反映了各国不同的价值理念的追求。对于职权主义模式,其特征表现为这样几个方面:法官控制和主导诉讼程序的进程,具有独立于控辩双方而自行收集证据和调查事实的权力;控辩双方在证据收集、事实调查方面处于次要或辅助地位,不能决定和主导诉讼程序的主要进程;刑事诉讼中被告方诉讼权利受到限制,民事诉讼中当事人双方的诉讼权利同样不够充分。对于当事人主义模式,其主要特征包括:法官中立而消极裁判;控辩双方控制诉讼程序进程,享有独自收集证据和调查事实的充分权利;法庭辩论、证据展示和质证成为诉讼程序的核心环节。基于以上特征概括,不难揭示并可以将两种司法程序模式所体现或追求的价值理念归结如下。职权主义模式中,核心价值理念之一定位于法律事实的发现和确认依赖于法官的证据收集和调查活动(刑事程序则依赖于代表国家履行追诉职能的警察侦查机关和检察机关),而不依赖于控辩双方各自进行的证据收集、事实宣称和论证,因为控辩双方在诉讼程序中的事实主张和证据的提出常常是相互矛盾和对立的,因此,只有通过公正的法官主导和控制下的证据收集和事实调查活动,才能揭示法律事件(案件)真相。另一方面,法官主导诉讼程序并控制证据的收集调查活动,必然导致控辩双方诉讼地位的削弱和诉讼权利的有限,这便反映出职权主义模式的另一重要价值理念,亦即不强调通过授予控辩双方广泛而充分的诉讼权利而实现程序正义。对于当事人主义模式,按照"司法竞技理论"(Sporting Theory of Justice)要求,首先将诉讼活动理解为控辩双方之间的一种竞争和对抗活动,法官只是中立的裁判者;其次,在该种模式中,法律事件真相只有控辩双方最为清楚,因此法律事件的确认只有通过控辩双方的事实宣称和论辩才能实现❶;第三,权利保障作为现、当代社会一种重要

---

❶ 在普通法国家,当事人主义司法程序模式下的对抗制被理解成一种十分重要的发现真实的司法程序制度,认为"发现真实的最佳途径就是让各方当事人挖掘有利于己方的事实;他们会将所有事实公诸于众……两个各怀心腹的搜查者从相反的两个方向出发,要比从中间点出发的公正的搜查者更不容易出现遗漏"。P. Devlin,The Judge,Oxford University Press,1979,p. 61.

的正义价值理念,在诉讼程序法律上得到重视和确认,并通过这种当事人双方被赋予充分诉讼权利的对抗式程序以实现诉讼公正。

　　对于以上两种模式所蕴涵的价值理念,理论家可以从各自的理论前提出发论证其合理性。目前关于这两种模式的合理性问题的讨论,基本上呈现出这样一种理论状态:要么从一种元叙事、元话语(前设命题)出发,论证某种模式的合理性;要么以自身的合理性标准去检视和评判另一种诉讼程序模式。例如,对于职权主义模式,理论前设是控辩双方的事实宣称各怀目的,且常常存在举证能力不能平衡对等之实际状况,因此,相互争斗和对抗失衡的诉讼过程并不能揭示事件真相(真理),法官主动收集证据并主导程序进行不只是揭示事件真相(真理),甚至已经是正义的在场。对于当事人主义,元叙事转变为另一套话语,在此,法官成了事实和法律争议(真理)的局外人,法官不是真理的拥有者,当事人才有真理的体验,认为法官调查事实和收集证据要么先入为主,要么不可避免地成为控辩双方之一方成为举证活动的支持者甚至代言人,因此,赋予当事人双方充分的诉讼权利以便使其通过平衡对抗、独自进行诉讼准备而实现各自的目的和利益,正义才因此而登场。

　　如果理论讨论仅仅停留于这样一种层面,那么那些关于两种模式的理论讨论便只能局限于各自的元叙事前提(前设命题)之内,造成只能以职权主义理念和合理性标准去评判当事人主义模式的是是非非或者相反的理论局面。如果这样,那么关于两种模式的讨论只是分别进行着毫不相干的两种“语言游戏”(维特根斯坦语),两种诉讼程序模式“无公度性”(费耶阿本德语),并不存在判断两种模式优劣的客观、中立标准。为此,普特南所坚持的真理内在论立场对此类现象提供了恰当的解释:“真理是某种(理想化的)合理的可接受性——是我们的诸信念之间、我们的信念同我们的经验之间的某种理想的融贯——而不是我们的信念同不依赖于心灵或不依赖于话语的‘事实’之间的符合。”❶按照这种逻辑,我们确实是无法提出这样的问题并作出结论的:英美当事人主义模式和德法职权主义模式哪一种优越? 尤其在两大模式相互借鉴和日趋融合的实践际遇中,便愈是难以作出一种比较和断言。

　　问题究竟出在哪里?

---

❶　[美]普特南:《理性、真理与历史》,童世骏、李光程译,上海译文出版社1997年版,第139页。

诚然,职权主义模式的一种核心理念是发现真实,但是却不能因此而认为当事人主义模式没有发现真实的目的。在当事人主义模式中,无论是确立陪审团制度以进行事实审,还是该种模式所倡导的辩论主义,均已经足以证明该种模式对发现真实目的的重视了。在普通法国家,对抗制是发现真实的重要程序制度,"对抗制可以充分挖掘出裁判所需要的全部信息。在由双方当事人主导审判的条件下,为了发现最有利于自己的证据,巨大的内在动机驱使他们调查一切能够证实己方结论的证据,双方的'劳动成果'将汇集成一个丰富的资源库,从而让裁判者获得充分的证据并据此作出正确的判决"。❶ 因此,我们认为,长期以来以是否发现真实为目的作为界限以区分两种模式的认识是错误的,通过法官主动收集证据和调查事实或者通过法庭辩论程序以揭示案件事实,实质上所反映的仅仅只是诉讼认识论活动在方法和风格上的不同侧重和选择。因此,区分两种模式,与其以是否发现真实为目的作为标准,不如以发现真实在认知方法和方式上的选择差异为标准。然而,即便如此仍然不足以评价或比较两种模式的优劣是非,深而究之,我们不难发现,这两种诉讼程序模式下的认识活动方式,仍然是各有缺陷的。职权主义认为控辩双方的事实主张和证据提供各怀目的,相互对立而矛盾、疑惑重重,事件真相难以清晰明了,因此法官主动收集证据调查事实是揭示案件真相的最佳选择;当事人主义则认为法官并未目睹事件过程,唯有当事人双方才是事件的制造者和经验者,因此,辩论程序中揭示案件事实才是较佳选择。由此不难看出,两种模式在认识论上的缺陷,对于职权主义模式而言,相对不重视控辩双方的事实主张,法官又垄断不了真理(事实);对于当事人主义模式而言,法官(或陪审团)消极裁判,凭借控辩双方各怀目的的主张,势必又有真伪难辩的可能。如果将两种模式的评价和比较立基于这样一种层面,当然只能认为是两种不同的语言游戏,自然也不会形成一方理念征服另一方理念的理论结局了。

然而,在诉讼程序模式的立法、司法实践方面,却又呈现出这样一种现象,亦即当事人主义模式当前在西方诸多国家中更被垂青和钟爱。在法律社会心理学层面,国外研究者于1978年进行了一项跨国实验,试验范围涉及美、英、法、德四国,得出的结论是,无论英美法国家还是大陆法国家,被测试者都更青睐对抗制,

---

❶ 李昌盛:《对抗制刑事审判价值的批判性反思》,《中国刑事法杂志》2009年第4期。

而非法官主导下的审问制。❶ 在当前的民事诉讼制度方面,西方各主要国家,无论是大陆法国家还是英美法国家,几乎均已选择了当事人主义模式;❷在刑事诉讼方面,长期奉行职权主义模式的大陆法国家,日益努力进行着刑事司法制度改革,正逐步向为英美法国家所长期奉行的当事人主义模式转向。❸ 然而好景不长,当事人主义模式在实践境遇中也出现了问题,这类问题的严重性被一些学者称作一场席卷西方世界的"司法危机",❹导致了一种"诉讼爆炸"局面,而这场危机的突出方面则表现在高昂的诉讼成本和严重的诉讼迟延状况。在刑事程序方面,还导致了这样一种后果,亦即司法程序的一种重要外在价值——犯罪控制不能得到高效实现。这样,诸如在刑事程序方面,在大陆法国家借鉴当事人主义模式以实现诉讼程序模式转向的同时,英美法国家却开始注意吸收职权主义模式中的某些合理成分,总之,两大模式正在发生着一场融合。在民事程序方面,较普遍地奉行当事人主义模式的西方国家,也开始从制度设置层面上注意调整法官对程序进程进行控制的力度,以促进程序的效率,并将诉讼程序引向公正的轨道;或者拓展和完善民事纠纷(争议)解决的多元化(ADR)渠道和制度。

对于这种纷繁的实践状况,理论上应作出何种回应? 应选择何种理论范式对这种实践态势作出评价和分析?

(二)司法程序的合理性内涵

无论是将发现真实概念还是将程序正义概念作为对两种诉讼程序模式的分析工具,其实都只是停留在现象学描述的层面,仍然未能确定一种更具统摄力量的理论范式,因此也未能找准并使用一种更具解释力量的理论分析工具。对此,笔者尝试借助哲学研究中的合理性理论作为分析和评价两种诉讼程序模式的理论方法,以工具合理性、规范合理性、交往合理性等概念作为分析和评价工具,试图揭示两种诉讼模式的合理性基础之缺陷,进而引出交往合理性问题,最终将交往合理性作为一种诉讼程序理念引入诉讼程序模式理论并予以

---

❶　参见李昌盛:《对抗制刑事审判价值的批判性反思》,《中国刑事法杂志》2009 年第 4 期。

❷　参见张卫平:《民事诉讼基本模式:转换与选择之根据》,《现代法学》1996 年第 6 期。

❸　参见陈瑞华:《刑事审判原理论》,北京大学出版社 1997 年版,第 322 页。

❹　参见齐树洁、王建源:《民事司法改革:一个比较法的分析》,《中外法学》2000 年第 6 期。

倡导。

合理性(rationality)问题是当代西方哲学及诸多社会科学(人文科学)的主题之一。合理性问题针对理性(reason)问题而提出,却又不是理性问题的代名词。从词源上看,合理性不是理性概念的直接转化,而是经由"合理的"(rational)一词转化而来。长期以来的哲学形而上学以理性为基本论题,这种以理性为主旨的求证过程大体经历了本体论进路和认识论进路的基本进程。本体论进路肇始于柏拉图主义,最终终结于黑格尔的绝对精神;认识论进路以文艺复兴为其发生学背景,以笛卡儿提出怀疑一切可怀疑之事原则为标志,最终发展为一种主体性哲学的精神财富。两种理性主义的命运最终因为其对理性的过度信任和无条件张扬而在人类实践的异化效应现实下,只能作为一种意识哲学的精神遗产而终结了它们的历史使命。❶ 本体论哲学旨在寻求存在(自然)的规律和秩序,由于它只去思考存在,并不思考何以存在,是一种以客观现实性为导向的哲学,从而它对法学的影响后果就是客观主义法哲学——自然法学的诞生。认识论哲学是一种主体论哲学,它因不信任和怀疑而产生,认为"作为本源的不是存在,而是认识,存在被解释为意识的产物"。❷ 从而认识论哲学思考的是作为认识主体的人,其法学影响是法律实证主义。本体论哲学尽管表面上没有将人自身作为思考的对象,但对存在的信赖是建立在对人自身的自信前提之下的;认识论哲学则直接从认识主体自身入手,提出"何以认识"和"怎样认识"的设问并不断求证。这样,合理性问题便日益凸显出来,诚如哈贝马斯所言,哲学通过形而上学之后、黑格尔之后的流派向一种合理性理论集中。❸ 什么是合理性? 对此,哈贝马斯作了一种概括而精到的界说:

> 无论何时,我们一旦使用"合理的"(rational)这样一种说法,也就在合理性和知识之间建立起了一种紧密的联系。我们的知识具有一种命题结构:意见可以用陈述的形式准确地表达出来。我想把这样一种知识概念

---

❶ 参见欧阳康:《合理性与当代人文社会科学》,《中国社会科学》2001 年第 1 期。

❷ [德]考夫曼、哈斯默尔:《当代法哲学和法律理论导论》,郑永流译,法律出版社 2002 年版,第 16 页。在该书中,法哲学家考夫曼按照哲学家雅斯贝尔斯对哲学三种主要根源——惊异、怀疑和震撼——而导出的哲学三个主要领域(本体论、认识论和存在主义)与法哲学的基本关系进行了评述。

❸ 参见[德]哈贝马斯:《交往行动理论》(第一卷),洪佩郁、蔺青译,重庆出版社 1994 年版,第 15 页。

当做我的前提,并且不再作进一步的解释,因为合理性更多涉及到的是具有语言和行为能力的主体如何才能获得和使用知识,而不是对知识的占有。❶

据此不难看出,合理性问题是用于讨论和评价人的行为的,并且与知识概念联系在一起。具体可从以下几个方面进行理解。首先,合理性只适于说明人的行动,对于自然客体和现象,无须作出合理或不合理的评判;其次,知识本身无所谓合理或不合理,知识仅只适用于描述和运用,合理性也只有从对知识的描述方式和运用行动中表现出来,知识的合理性不能自我证明或证伪。

合理性理论的法学意义之一在于如何设计法律程序并评价法律行为。

诉讼活动显然是一类人的行为。既然是一类人的行为,那么合理性理论作为讨论诉讼程序模式的一种理论范式,显然为揭示诉讼程序模式理念的可欲性问题找到了恰当的语境。然而,诉讼程序模式的合理性不能抽象地谈论,合理性作为分析人类行为的理论范式,其价值是通过对人类在不同类型行动中对知识的获得和运用的不同方式的分析评价而实现的,亦即不同类型的人类行动表征出不同的合理性,评价人类行动的不同领域可以有不同的合理性标准。对此,哈贝马斯针对社会行为理论家,特别是马克斯·韦伯的社会行为理论对社会行为类型的划分,❷将社会行为进一步概括分类为目的(工具)合理性行为(teleological action)、规范(价值)合理性行为(normatively regulated action)、戏剧(情感)合理性行为(dramaturgical action)和交往合理性行为(communicative action)四种类型。其中,目的合理性行为是指行动者通过选择一定状况下有效益的手段,并以适当的方式运用这种手段,而实现一定目的。规范合理性行为是指行为者通过对规范或价值准则的遵守而调整与其他社会行为者的关系,进而实现其行为权利或履行其行为义务。戏剧行为是行为者相对于他人而表现自我(主观性)的一种愿望和情感的流露以及给其他行为者留下印象的过程,并且这种行为常常寄生或依附于前述两种行为之中。对于交

---

❶ [德]哈贝马斯:《交往行为理论》(第一卷),曹卫东译,上海人民出版社2004年版,第8页。

❷ 马克斯·韦伯将合理性社会行为划分为四种类型:目的合乎理性的;价值合乎理性的;情绪的,尤其是感情的;传统的,由约定俗成的习惯。参见[德]韦伯:《经济与社会》(上卷),林荣远译,商务印书馆1997年版,第56页。

往合理性行为,是为了实现理解的一种主体间性活动,是两个以上的具有语言能力和行为能力的主体间为了协调行为计划并实现共识的一种状况、过程和关系。❶

　　将诉讼程序模式纳入合理性理论语境中进行讨论,其关键性理论准备工作是廓清两种诉讼程序模式中的行为类型性质,这道工序不是要去将两种诉讼程序模式中的诉讼各方主体(如法官、控方、辩方、证人、陪审团以及其他诉讼参与人各方)的行为类型予以一一列举、描述和定性,而是着眼于两种程序模式中、作为区分两种模式之主要标志的核心行为类型,并且将这两种核心行为的内容和性质予以纯粹化,亦即采用韦伯的理想类型(ideal-types)方法,❷抽象和提炼出两种模式中的标志性、中心性行为。根据上文对两种诉讼程序模式的关键划分标准之一——控、辩、审三方在诉讼程序中的法律地位及其对诉讼程序进程的控制程度方面,我们不难得出如下结论。在职权主义程序模式中,法官主导诉讼程序的进程并主动收集证据、调查事实,诉讼程序成为法官实现裁判目的的工具,因此,可以将这种模式中的核心行为——法官主导的诉讼程序称作目的合理性行为。在当事人主义模式中,诉讼程序进程由控辩双方主导,法官消极裁判,当事人双方依照诉讼程序规范举证、论证、质证、辩论,享有广泛的诉讼权利,履行诉讼程序义务,当事人主义程序模式追求程序公正,将司法程序的公正性视作一种独立价值——内在价值,因此,可以将这种模式中的核心行为——当事人双方主导的诉讼程序称作规范合理性行为。

　　目的合理性行为的本体论前提是客观世界,这是一个事实性问题。这种行为的关系结构性质表现为主体和客观世界的关系,亦即主体与事物和事件的关系,认识论上表现为主体以感知、经验方式对客观世界的认知关系,表述真理

---

❶　参见[德]哈贝马斯:《交往行动理论》(第一卷),洪佩郁、蔺青译,重庆出版社1994年版,第119页以下。

❷　按照郑戈的判断和分析,韦伯的"理想类型"方法的运用要经过这样一个过程:首先,研究者根据经验信息提出自己所欲解决的问题;然后根据问题的结构设计出涵盖这些经验信息的理想类型;随后,研究者可以用这些理想类型去解释更大范围的文化现象。因此,这种方法实质上是一种以概括和抽象为特征的形式主义进路。参见郑戈:《韦伯论西方法律的独特性》,载李猛主编:《韦伯:法律与价值》,上海人民出版社2001年版,第40页以下。

(表现法律事件)的语言哲学形式可以归入真值语义学❶范式,亦即一种揭示、描述或结论性宣称客观世界的实际内容和状况。在这种行为类型中,行为者围绕旨在实现的目的及其附带后果进行合理性考虑,并进而选择相应的手段,是行为者基于其对环境和他人行为的计算、厉害权衡和后果预见后选择合理的手段而实现其目的的过程。这样,评价行为者的合理性标准就是一种真实性和效用性标准,亦即行为者是否实际上干预了客观世界或者是否在陈述上真实地反映了客观世界(事物和事件)的实际状况,并且这种行为目的是通过有效率的手段而实现的。在纯粹的(理想型)职权主义模式中,法官将诉讼程序作为查明案件事实真相的手段,以实现作出真实判断(实质正义)的目的。在这种程序模式中,一切均围绕法官对证据的收集和事实的调查活动进行,程序法规范是按照实现实质正义目标而予以设计的,体现出技术规则的本性。这样,诉讼程序合理性的评判的标准便表现为两个方面:首先,法院判决中的事实结论是否与案件事实一致;其次,诉讼程序是否为一种发现真实的有效制度并体现了效率。

规范合理性行为的本体论前提是社会世界,这是一个规范性问题。社会世界即社会关系,其核心和实质在于社会规范和价值准则。在这种行为关系中,行为者不仅与客观世界,而且也与社会世界发生了关联,行为者不再是单向度地面对客观世界,在他与客观世界发生关联的同时,也与其他行为者之间在一种社会规范的约束下和价值准则的要求下相互提出行为有效性要求。因此,规范合理性行为涉及两个世界,认识论上既包括对客观世界的感知、经验方式,也包括对社会规范和价值准则的理解和解释方式,在此,真理既要求达到真值语义学的标准,亦即叙述或宣称应当真实反映客观世界的状况,同时又要求行为者的行为方式符合相关的社会规范和价值准则。当事人主义模式中,行为主体核心代表为控辩双方,他们对法律事件进行描述、作出宣称并予以论证,同时又遵循程序法

❶ 语义学(Semantics)是符号学的一个分支,研究的是符号与符号所表示的对象或事态之间的关系。参见曹卫东:《交往理性与诗学话语》,天津社会科学院出版社 2001 年版,第 71 页。所谓真值语义学,其核心题旨在于相信"语言与现实之间的关系同名称与对象之间的关系是一致的",持有"所指(意义)和能指(符号)之间的关系,应当根据符号(充满意义的符号)与符指(指称的对象)之间的关系来加以解释"的解释学立场。参见[德]哈贝马斯:《后形而上学思想》,曹卫东、付德根译,译林出版社 2001 年版,第 94 页。早期维特根斯坦就持有图式论(pictorical relationship)立场,认为语言是关于世界的图式,每一命题都是描述一个事实的图式,语言是一个由无数小图式按照逻辑结构组合而成的大图式。参见赵敦华:《现代西方哲学新编》,北京大学出版社 2000 年版,第 124 页。

规范实现诉讼权利并履行诉讼义务。至此,在当事人主义模式中,一方面,行为主体主张了事实,涉及了客观世界;另一方面,行为主体遵循了程序法规范,涉及了法律规范的世界。这样,评价当事人主义模式合理性的标准,既包括陈述反映法律事件实际状况的真实性标准,也包括当事人双方诉讼活动的合法性标准,即正当性标准。通过这样一种跨越两重世界属性的当事人主义模式行动之性质的概括描述,我们不难发现,当事人主义模式较之职权主义模式而言,已经呈现出一种行动特征的广延性和完整性优势,即既顾及了案件事实,也调节了主体间关系。这样,前文所描述的职权主义程序模式理念的元话语、元叙事前提的理论缺失也就昭然若揭。诉讼活动并不仅仅存在于诉讼行动主体与客观世界(法律事件)的认知关系之中,它还是一项诉讼主体之间的社会活动,诉讼主体必须在法律规范的调整之下,进行相互期待和要求,从而发生着一种规范调节的主体间性(intersubjectivity)关系,在此,程序法规范虽然不是论证的对象,但它是立法论证的产物,并将先验般地成为当事人彼此间行动的一项约束条件,❶构成了诉讼程序所必须跨入的客观世界之外的另一个世界——法律规范的世界。

然而,问题并不这么简单。尽管职权主义模式以一种目的论行动面目、单向度地实现案件事实真实性目的(实质真实),而忽略了主体间性的社会(规范)世界的存在(程序正义),因此也就不能使人类对正义价值的追求体现和兑现于诉讼程序过程之中。但是,职权主义模式毕竟也在案件真实性的揭示程度、诉讼的效率以及对犯罪的控制方面表现出了可取之处。当事人主义模式在其所触及的本体论前提的完整性方面虽然表现出了优势(客观世界和社会世界),却也带来了诉讼交易成本高和诉讼迟延、效率低下的严重后果。奉行当事人主义程序模式国家的司法实践中,当事人双方在诉讼对抗中虽然享有广泛的诉讼权利,激烈对抗的双方不惜花费巨额的诉讼费用,寻求律师和专家证人,想方设法控制诉讼的进程和节奏。一方面,律师和专家证人的到场,胜诉的机会决定于律师的雄辩和专家证人的技术优势,真理(案件事实真相)在此已经日益蜕变得越来越决定于金钱和技术专家,这样,诉讼程序便异化成一种目的和手段倒置的物化形式,

---

❶ 社会行动者之间形成交往合理性关系(达成理解)的基本前提之一,是共同承认一些前提的有效性。对此,哈贝马斯指出:"任何人,只要用自然语言来同他的对话者就世界中某物达成理解,就必须采取一种施为的态度,就必须承诺某些前提。"[德]哈贝马斯:《在事实与规范之间:关于法律和民主法治国的商谈理论》,童世骏译,生活·读书·新知三联书店2003年版,第4页。

特别是诉讼程序中的证据规则所呈现的对科学证据的开放性,从而使得科学作为一种从日常知识中分化出来的话语在兑现真理的过程中日益唯我独尊。诚如利奥塔尔所言,"大量进入科学知识中的技术标准不会始终不影响真理标准",❶而这种兑现真理的科学话语如果没有金钱,就没有被执行的可能,从而也就没有真理。这样,诉讼成了富人的游戏,或演变成一场智力的角逐。另一方面,在当事人主义模式中,控辩双方分别收集证据以实现对抗并控制着诉讼程序的进程和方向,通过举证方式方法的谋划、陪审团成员的选择、庭审前的证据展示计谋、辩论中的转移话题、拖延诉讼等手段,将诉讼引向一场策略性争斗行动。对于这种策略行为的性质,哈贝马斯仍然将其归入目的合理性行为类型,这种策略行为是一种特殊的目的合理性行动,在此,行为者(诉讼当事人双方)在面向客观世界的同时也彼此将对方客体化为计算和控制的对象。❷ 在策略行为中,行为者并不需要充实其行为的本体论前提,因为彼此间相互成为行为者相对方的客体化对象,行为者的行为并没有完成从客观世界(法律事件)到社会世界(程序规范)的跨越。因此,如果当事人主义模式将诉讼程序定位在控辩双方之间的一场竞争和对抗的理念前提之下,将诉讼程序在实践际遇中引向金钱和技术决定真理的路线,引向行动主体通过策略行动实现自我目的的轨道,那么这种模式便不能真正体现出一种能够胜出职权主义模式的合理性优势。

如何从理论层面对诉讼程序的实践困境作出进一步的反思,并进而在理论上构想一种引导诉讼实践理念的方向? 为此,我们将视界集中移入诉讼活动领域,分析和解释语境上选用关于真理(事实)和价值(规范)的哲学形而上学中的相关理论讨论成果。

诉讼活动正是这样一种场合,在此,一方面,通过证据的收集、事实的调查、法庭辩论和质证,揭示法律事件的实际状况;另一方面,揭示法律事件状况和实现最终判决的是一种在诉讼程序规范的调整下诉讼各方主体间的行为关系过程。这样,诉讼程序中主体各方的行为,至少要涉及两个世界:客观世界和社会

❶ [法]利奥塔尔:《后现代状态——关于知识的报告》,车槿山译,生活·读书·新知三联书店1997年版,第96页。

❷ 对于策略行动的本质,哈贝马斯从语言哲学视角进行了如下评判:"在策略行动中,协调效果取决于行为者通过非言语行为对行为语境以及行为者之间所施加的影响。"[德]哈贝马斯:《后形而上学思想》,曹卫东、付德根译,译林出版社2001年版,第59页。

世界。由于行为所涉及本体论前提的差异,决定了讨论问题的语境主题分属两种性质。面向客观世界,涉及的是真理(事实)问题;面向社会世界,涉及的是价值(规范)问题。将此命题落实到诉讼程序问题上,则表现为两个基本维度,其一是揭示法律事件真相,以发现真实(实现真理);其二是以程序规范调整诉讼行为,行为须遵循规范(体现价值)。这样就引出了一对矛盾,亦即事实与规范、真理与价值的对立。按照休谟的著名命题,事实命题是不能推导出价值命题的,反之亦然。❶ 诉讼程序中诚然存在这种矛盾和对立,如果程序法规范并非完全按照旨在实现呈现法律事件事实真相的目标而设计的,只要该种规范还需要(甚至主要地)反映和体现诉讼行为主体之间关系的正义价值成分,那么真理和价值、事实和规范之间的矛盾似乎便是不可克服的。

绝对职权主义程序模式似乎避开了这种矛盾对立,在此,诉讼程序更多地是在发现法律事件真相的取向上设计的。然而,这种模式只能以一种对法律事件的直接感知、经验的方式,甚至是一种对法律事件的干预和控制的方式,总之是一种主客体关系中的认识论方式完成这种程序过程,真理的语言哲学形式遁入真值语义学的那种逻辑表述:"说A是真的"当且仅当"A是真的"。❷ 这种思维进路的诉讼法学后果是对绝对真实目标的过度依赖。然而,即便不去强调人的认识能力的非至上性以及认识条件的局限性因素,仅仅着眼于这种模式中对法律事件真相(或假象)的认识结论的可信服性、可检验性、可证伪性方面,那么,绝对职权主义模式中真理(事实)的垄断者(法官)的认识论结论便需要论证,要向诉讼程序主体各方(乃至整个社会)提供认定事实的证据理由。而一旦要进行论证,真理(事实)就不能为程序主体一方以霸权式话语垄断,诉讼程序结构便不能是一种主客体关系,而是一种主体间性关系。诉讼程序不能只面向一种单一的本体论前提,作为存在于客观世界中的法律事件的历史性,决定了它不是被人们的直接行为干预和作用的对象,而是通过言语行为复述和表现的对象,而复述和表现那个法律事件的诉讼主体之间的关系性质上不是语义学的,而是语

---

❶ [英]休谟:《人性论》,关文运译,商务印书馆1980年版,第169页。

❷ 这种真值语义学的真理逻辑形式是一个著名的悖论。哈贝马斯认为,对应理论(真值语义学)所赋予的表述与现实之间的对应关系的意义不外乎是我们用以表述事实的意义,并且把世界理解成为所有事实的总和,如果这样,表述和现实之间的对应关系就要重复地通过表述来确定。参见[德]考夫曼:《后现代法哲学——告别演讲》,米健译,法律出版社2000年版,第45页。

用学的。❶

当事人主义模式至少是克服了职权主义模式的致命局限,在此,论证成了程序行为的核心要素和精神枢纽,辩论主义原则成了这种论证精神的法学表述。外观上,当事人主义模式中的辩论主义已经在一定程度上反映了"共识真理论"(consensus theory of truth)的轮廓。"共识真理论"的思想精髓与"相应真理论"(correspondence theory of truth)大异其趣;相应真理论强调真理是一种表述的内容与客观世界中的事物和事件的对应一致,而"共识真理论"认为,一个表述的真假值,是取决于那些参与讨论此句子真假值的人所达至的共识(consensus)来决定的。❷ 论证的目的就是让对方理解并信服自己的一种宣称表达,当然,对论证所提出的证据常常会遭受反驳,而反驳也必须说明反驳的理由,亦即提出反证。这样,在一种论证和反证活动出现饱和状态的时刻,共识便得以形成。共识是在一种"较为出色的论辩力量"(force of the better argument)下最终形成的。在当事人主义模式中,当事人双方各自作出事实宣称,并进而举证、质证和辩论,以论证形式完成诉讼程序过程。对于这种论证性程序,以追求"共识"来界说这种行动的目的,直觉上不能令人很快接受,然而,论证不是为了使对方(法官、陪审团或另一方当事人)理解并信服,难道是为了追求"误构"(利奥塔尔语)?❸对此,有必要作出进一步的追问。有一点是首先要予以肯定的,亦即控辩双方中的一方对其向法官(陪审团)所提出的法律事实主张的论证,旨在获得法官的理解和信服,从而是追求共识的。然而,对于控辩双方之间,形式上抑或各自意图

---

❶　与语义学的鲜明差异在于,语用学(Pragmatics)研究的是符号与符号使用者之间的关系。参见曹卫东:《交往理性与诗学话语》,天津社会科学院出版社2001年版,第71页。

❷　参见阮新邦:《批判诠释与知识——哈贝马斯视野下的社会研究》,社会科学文献出版社1999年版,第29页以下。

❸　与哈贝马斯主张通过交往而实现社会整合的思想形成鲜明差异的是利奥塔尔的"误构"(paralogy)(又译歧异)理论,如果说哈贝马斯对语言使用的内在目的是达成共识,那么利奥塔尔则认为是误构,即追求差异,"我们在分析科学语用学时已经证明,共识只是讨论的一个状态而不是讨论的目的。更确切地说,讨论的目的应该是误构。"[法]利奥塔尔:《后现代状态——关于知识的报告》,车槿山译,生活·读书·新知三联书店1997年版,第138页。对此,有西方学者进行了如下评述:"哈贝马斯所关心的是如何在未遭到歪曲的交往中理性地为规范建立基础,在这种交往中,个人之间可以在不受支配的情况下达成理性共识。利奥塔尔可能会回应哈贝马斯说:这种与事实相背的理想言说情境低估了策略性行为在形成共识时的强制作用……在利奥塔尔看来,话语本身就是一种策略性行为,个人在论辩斗争中借助这种策略性行为来反对占支配地位的观点。"[美]凯尔纳、贝斯特:《后现代理论——批判性的质疑》,张志斌译,中央编译出版社1999年版,第319页。

上表现得并不是在寻求共识,却显得对抗性十足,在此,一方反驳另一方的论据,以使对方不能自圆其说。问题就出在这里。当事人主义模式中,控辩双方之间的论证和反驳行动所蕴存的意图,显然与寻求协作甚至旨在合谋区分了开来,否则便不需要通过诉讼来解决争议和纠纷了,然而,能否认为双方是在实现"共识"呢? 对此,关于"共识"的含义不能从双方协作或合谋的意义上理解,共识是一种对证据有效性无法回避的承认,感情上或许不能充分接受,态度上却只能认可。因此,理想型当事人主义模式中,当事人之间通过举证、质证和辩论,共识在应然意义上是可以达至的,这种共识不限于诉讼和解的理想状况,更主要地则表现为一种对对方论据和论证的无可辩驳。

这样,诉讼程序法规范,其正义性价值是通过作为程序过程中的举证、质证、论证和辩论的保障性条件而兑现的,程序立法便应当作为一种论证规则而予以设计。规范何以正义,实质上是一个诉讼程序何以合理地(符合诉讼论证规律要求)调整诉讼论证程序问题,以最终实现共识。只有在这种意义上,真理(事实)性命题和价值(规范)性命题才得以整合,这种整合是在行动者的论证活动中实现的,真理(事实)与价值(规范)问题的矛盾对立才由此而消解。

诉讼程序作为调整诉讼行为的规范,其正义性价值应然上是以保证诉讼论证过程的实际需要为取向的。人们并不能如罗尔斯那般从"无知之幕"的假想状态先验式地规定什么是正义,❶正义的程序法规范本身也是一种理论论证和立法论证的产物,并且这种论证必须以对诉讼程序性质的准确判断为前提。应当认为,当事人主义运行模式的基本性质与那些法学家关于程序正义的理论观点很有些不谋而合,虽然少有论者将诉讼程序视作真理(事实)和价值(规范)的整合性行为,也不明确将自己的论点冠以"共识真理论"的标签,然而,一些法学

---

❶ 在这种"无知之幕"状态下,每个人对其在未来秩序中的可能地位一无所知,彼此之间也不了解对方的善的方面和其他情况,而且对未来社会的经济和政治状况也一无所知,在这种状态下他们能够订立出一项正义契约。关于这种契约的具体内容就是关于正义的两个原则。[美]罗尔斯:《正义论》,何怀宏等译,中国社会科学出版社 1988 年版,第 131 页以下。哈贝马斯对这样两个正义原则的缺陷进行批判的同时,否定了这种"无知之幕"的程序性质,认为这是一种"在真空中提出的正义论",因为这种"无知之幕"状态是假定存在过的,而真正得出正义论两个原则之具体内容的,还是作为理论家的罗尔斯个人按照 20 世纪美国人的价值观念而进行的理论演绎,这个过程并没有他人的参与,如果说它是一种程序,那也是一种专家独断论程序。参见[德]哈贝马斯:《在事实与规范之间:关于法律和民主法治国的商谈理论》,童世骏译,生活·读书·新知三联书店 2003 年版,第 70 页以下。

理论观点和立场还是暗合于论证理论和共识真理立场的。例如,戈尔丁就认为,正义的程序应当符合以下九项标准:(1)与自身有关的人不应该是法官;(2)结果中不应包含纠纷解决者个人利益;(3)纠纷解决者不应有支持或反对某一方的偏见;(4)对各方当事人的诉讼都应予以公平的注意;(5)纠纷解决者应听取双方的论据和证据;(6)纠纷解决者应只在另一方在场的情况下听取一方的意见;(7)各方当事人都应得到公平机会来对另一方提出的论据和证据作出反响;(8)解决的诸项条件应以理性推演为依据;(9)推理应论及所提出的论据和证据。❶ 这种以论证为核心内容的程序正义标准,基本上列明了处理法律事件问题的程序要件,似乎真理(事实)和价值(规范)的两重世界在这种论证程序中充分得到了整合。然而,这种看来正义的程序又何以保证诉讼程序不会因为"对证据的证据"的论证升级进路而导致雄辩的律师和技术权威的登场,进而将诉讼导向一种以金钱为幕后力量的物化了的对抗形式;或者,程序尽管还是一场论证和辩论的程序,只不过程序的进程和节奏已在控辩双方的合谋或一方的深谋远虑下向一种策略性行动(strategic action)方向衍生。这是尤其需要重视的问题,因为当事人主义程序模式的实践现实毋宁是一种律师主导下的金钱与技术的竞技游戏,并且,实质公平逐渐成为程序公正的宰制对象,正如贝勒斯所言:"尽管对抗制审判中存在形式平等,但是这种形式平等经常为实质不公平所淹没。"❷

三、交往理性与司法理念重塑

职权主义程序模式理念的致命性错误不仅仅在于这种模式中诉讼行为的本

---

❶ [美]戈尔丁:《法律哲学》,齐海滨译,生活·读书·新知三联书店1987年版,第240页以下。在我国法学界,近来已有论者针对司法实践中所出现的一些崭新现象和事例,提出了"协商性司法"观点,该论者论述道:"经过实证分析发现,协商性司法的核心价值在于通过控辩双方的对话、协商,在合意的基础上谋求控辩审三方都乐于接受的司法结果。它并不受严格规则的刚性约束,也不把正统的诉讼价值奉为指针。在维持基本法制底线的框架内,该司法体系尽可能让不同利益诉求的控辩双方在诉讼过程中拥有更多的发言权,相互之间减少不必要的对抗而增加更多的对话与合作机会,力争把多元化的价值目标都吸纳到程序之中。"见马明亮:《正义的妥协——协商性司法在中国的兴起》,《中外法学》2004年第1期。在我们看来,这种"协商性"司法的实质就是对交往合理性理念在诉讼程序中的一种实践兑现和理论倡导。

❷ [美]贝勒斯:《程序正义——向个人的分配》,邓海平译,高等教育出版社2005年版,第203页。

体论前提单一地面向客观世界(事物和事件),更主要在于这种诉讼行为尽管能复述或表现那个过去发生的法律事件却不能介入和控制它。一方面,法律事件先在于诉讼行为发生,法官没有关于法律事件的切身感知和经验;另一方面,法官面向法律事件的认识论活动依赖于语言的媒介。在此,就引入语言问题。主—客体认识论进路的一个基石是意识,仿佛意识能直接伸出双手来把握客观世界,这是意识哲学最终走向终结命运的要因所在。其实,人是借助于语言以完成对世界的理解的,语言已经被理解为"我们在世存在的基本活动方式,也是包罗万象的世界构造形式",❶语言并非仅仅是一种如符号和工具而被人借以与世界打交道的第三种器械,"我们永远不可能发现自己是与世界相对的意识,并在一种仿佛是没有语言的状况中拿起理解的工具"。"在所有关于自我的知识和关于外界的知识中我们总是被我们自己的语言包围"。❷ 对于诉讼行为,在抽象意义上,行为人是在语言的媒介中实现对法律事件的认识和理解的;在直观意义上,诉讼程序实际上是一个将法律事件的物化形态转译成语言形式以实现对法律事件的理解、解释以及最终得出事实结论(判决)的过程。职权主义模式中的收集证据、调查事实的法官,只能在语言的媒介中认识和理解那个过去发生的具有法律意义的事件,笔录、鉴定、供述、控诉、论证、辩论,无不为文字的或语音的形式,总之是语言的形式。即便是一件无声却有形的物品,几张图片,若干盒光碟,一组数字,一串符号,几个公式,最终都转译或还原为语言的内容和形式:这些材料到底说了些什么?

当事人主义模式仿佛无意间洞悉了语言的潜能,在此,作为法律事件的经验者要通过言说,要将那个经验世界中的事件通过以言行事行为(illocutionary acts)陈述出来,以让别人理解并予以认可。诉讼程序中当事人说话,就是为了使别人理解并认可他的陈述主张。对此,哈贝马斯非常肯定地认为,"所谓语言表达行为,我认为言说者是用它来和其他人就世界中的事物达成共识的"。❸ 这是哈贝马斯关于言语行为的基本立论。人类使用语言的目的,为什么在本质上是为了追求共识而不是其他,哈贝马斯主要地是立基于这样一种假定和解释:人

---

❶ [德]伽达默尔:《哲学解释学》,夏镇平、宋建平译,上海译文出版社1994年版,第3页。

❷ [德]伽达默尔:《哲学解释学》,夏镇平、宋建平译,上海译文出版社1994年版,第62页。

❸ [德]哈贝马斯:《后形而上学思想》,曹卫东、付德根译,译林出版社2001年版,第53页。

类是追求理想生活的,倘若理想生活是指一种从内在和外在双重制约中解放出来的生活,又倘若这些制约和解放是可以从不受强制的理性对话和交往的角度予以理解,那么这种理想生活实际上就是对平等而真诚的人际关系的追求,这样,这种价值理念的追求就先验地存在于理性讨论之中,也就是具有交往合理性的语用学(pragmatics)过程之中。❶ "使我们从自然中脱离出来的东西就是我们按其本质能够认识的唯一事实:语言。随着语言结构的形成,我们进入了独立判断。随着第一个语句的形成,一种普遍的和非强制的共识的意向明确地说了出来。"❷任何处于交往活动中的人,在施行任何言语行为时,必须满足若干普遍的有效性要求并假定它们可以被验证(或得到兑现)。就他试图参与一个以理解为目标的过程而言,他不可避免地要承担起满足下列——确切地讲、正好是这些——有效性要求的义务。这些要求包括:(1)说出某种可理解的句子;(2)提供(给受话者)某种东西去理解;(3)由此使他自己成为可理解的;以及(4)达到与另外一个人的默契。❸ 对于这样四个言语行为的有效性条件,可以作出这样一种概括:首先,发话者所选择语句的合语法性,以便他人能够理解;其次,发话者必须提供了一个真实描述了客观世界中的事物或事件的陈述,即真实性;第三,发话者的言语行为必须符合与受话者共同认可的话语规则,即正当性;最后,发话者必须真诚地表达他的意向以便能够获得受话者的信任,即真诚性。❹ 这样,一个合乎语法规则的言语行为,以一种交往合理性力量,同时涉及了三个世界:陈述的真实性涉及客观世界,陈述的正当性涉及规范世界;陈述的真诚性涉及主观世界。

然而,诉讼行为是否为交往行为呢? 如果诉讼程序中的言语行为除了要合乎语法规则,如果还要求诉讼程序中的陈述真实地描述那个曾经发生过的法律事件,还要求这种陈述符合程序规则和证据规则,还要求陈述主体具有一种真诚地(而非欺骗地)说出陈述的意向,那么就应当将诉讼行为理想化地认作一种交

---

❶ 参见阮新邦:《批判诠释与知识——哈贝马斯视野下的社会研究》,社会科学文献出版社 1999 年版,第 34 页。

❷ [德]哈贝马斯:《作为"意识形态"的技术与科学》,李黎、郭官义译,学林出版社 1999 年版,第 132 页以下。

❸ 参见[德]哈贝马斯:《交往和社会进化》,张博树译,重庆出版社 1989 年版,第 2 页以下。

❹ 参见曹卫东:《交往理性与诗学话语》,天津社会科学院出版社 2001 年版,第 79 页。

往合理性行为,即便这种行为在司法实践的实际运作过程中实际上出现了以金钱和技术优势所支撑的论证优势和霸权话语,出现了策略行动式的辩论主义,对于这种程序异化的症候,难道不是作为一种应当在司法实践中力求驱除和杜绝的非本质现象吗? 因此,诉讼程序应当是一种交往合理性行为过程,而对于非本质现象性的程序异化现实的纠正,本身即是一种将诉讼程序理念引向交往合理性取向的实践期待。

法律事件作为一种冲突或纠纷事件,实际上是行为人之间关于一种共识的失败的经历,亦即作为一种期待的法律规范调整下的法律关系的背离和破坏,简而言之,即为一场交往失败事件。因此,这种法律事件最初是作为一种日常交往实践的失败的结果而发生的,对于这种日常交往实践中意见分歧的状况,想通过后继性的日常交往已不再可能,更"不应该通过直接的或策略上的暴力手段来加以截止,此时,作为高于日常交往实践的论证实践是可以借助其他手段来继续交往行动的"。❶ 因此,诉讼程序如果旨在恢复这种中断的交往行为的原初状态,确认和落实破坏交往行为关系的责任,那么,它就必然是一种交往的、更是论证的行为程序。这样,正义的诉讼程序理念上是一种交往合理性行为过程,它应当是一场对话而非一场对抗。

交往合理性行为目的——达成共识——的实现是通过合理性论证而实现的。对此,法律论证理论之代表阿列克西指出:"如果不诉诸论辩的概念,诉讼也不可能在理论上得到理解。"❷这也是为什么在诉讼程序的立法上较普遍地确立辩论主义原则的理论基础。不过,论证势必会是一种论理竞立结构,论辩双方均会各自提出有论据的理由,那么,在这种论理竞立结构的诉讼程序中,又将如何获得结论或甚至达成共识呢? 对此,哈贝马斯认为,只有"较为出色的论辩力量"才能"在终审中"对真理予以说明。❸ 然而,"较为出色的论辩力量"常常会带来雄辩的律师和技术权威登场的局面,这是一个"性能优势"的规则,批判它的一个核心论点是这种论辩规则的效果性能决定于技术和金钱,因为"那些为了举证而优化人体性能的仪器要求额外的消耗。因此,如果没有金钱,就没有证

---

❶ [德]哈贝马斯:《交往行动理论》(第一卷),洪佩郁、蔺青译,重庆出版社1994年版,第34页。
❷ [德]阿列克西:《法律论证理论——作为法律证立理论的理性论辩理论》,舒国滢译,中国法制出版社2002年版,第271页。
❸ 参见[德]考夫曼:《后现代法哲学——告别演讲》,米健译,法律出版社2000年版,第38页。

据,没有对陈述的检验,没有真理。科学语言游戏将变成富人的游戏。最富有的人最有可能有理。财富、效能和真理之间出现了一个方程式"。❶ 总之,技术和金钱在此成了反真理和非正义的始作俑者。对于这种状况,因为它的耀眼炫目致使我们容易退回到目的合理性诉讼程序模式的原地,进而怀疑起交往合理性诉讼程序中论证式言语行为的整合力量。本来,建基于普遍语用学(universal pragmatics)基础上的交往行为理论将真理和正义的力量之源导自于语言本身所固有的约束力量,语言在此是作为"直接理解的一种媒介"而定位的,❷相互理解和达成共识内在于交往行为中的语言使用这个具有一定先验性的规范前提之上。可是,就是在这种诉讼论证的修辞学话语策略场合,如果金钱和技术(本质上也是金钱)作为一种力量也卷入其中,诉讼程序还正义吗? 对此有必要作出进一步的追问和讨论。

辩论的技术和证据的技术,如果不去考虑其服务和作用的对象,而是从这类技术本身的性能和规则出发加以考量,那么这就是一个语境(context)问题。"较为出色的论辩力量"形式上会带来"关于合意的合意"问题,考夫曼便认为"关于合意的合意"将导致永无休止的复归,进而合意是无法合法化的。❸ 然而,诉讼程序不是一种可以永无休止地讨论真理的地方,对于任何交往行为者而言,言语行为只有在一种双方共同的语境背景下才能得到认可并得以理解。这又可以分为两种情况:其一,在明确限定了语境的场合,言语行为者"可以从现存规范的制约力量中引借出这种力量";其二,在没有明确限定语境的场合,言语行为者"可以通过诱发对有效性要求的认可来发展这种力量"。❹ 即默认语境的有效性或挑战语境的合法性。对于诉讼程序中陈述或论证话语的语境问题,既包括辩论的语境问题,也包括证据的语境问题。将法庭辩论作为一种技术来理解,那么它所涉及的语境规范,主要是一个逻辑问题,亦即辩论是在逻辑规则的约束之内,归纳式地或演绎式地言说。对于这种语境规范意义上的逻辑规则,辩论双方及裁判方均能共同认可并能感到它的力量,从而受其约束。对于证据技术问

❶ 〔法〕利奥塔尔:《后现代状态——关于知识的报告》,车槿山译,生活·读书·新知三联书店1997年版,第94页。
❷ 〔德〕哈贝马斯:《交往行动理论》(第一卷),洪佩郁、蔺青译,重庆出版社1994年版,第135页。
❸ 参见〔德〕考夫曼:《后现代法哲学——告别演讲》,米健译,法律出版社2000年版,第38页。
❹ 〔德〕哈贝马斯:《交往和社会进化》,张博树译,重庆出版社1989年版,第66页。

题,涉及的语境规范,主要是那些生活世界中被论题化了的知识规则,亦即技术规范或科学规范。对于这类知识的拥有和对这类知识规则的遵守,涉及的是技术人员和专家,这类知识和规则的目标是按照一种将生活世界中的日常知识论题化的进路,以追问和探寻日常知识的终极理由的面目出现,因为这类知识(一种话语)的出现,日常知识(另一种话语)才成了问题,因为前一种知识(话语)是以对后一种知识的合理性怀疑方式而得以论题化的,正因为前一种知识的产生,后一种知识才出现了问题。诉讼活动中法定证据主义已精疲力竭,在一个技术化社会中,司法程序必须对技术(科学)证据开放,除非这种证据材料的获得具有显明的反伦理色彩或者仍然只是作为一种技术前沿问题为极个别专家所拥有,或存在争议,否则都将可以成为法庭证据,亦即这类技术的语境规范,在诉讼程序中已表现为这样一种势态,它在不需要诉讼辩论者相互诱发或宣称的情况下,已经天然地具有了合法化语境规范的力量。这样,雄辩的律师和拥有专业知识的技术权威(专家证人),势必要在高额的代理费和鉴定费的诱使下闪亮登场了,这值得批判吗? 他们会将诉讼中的真理和正义导向金钱的力量之源吗?

金钱如果用来贿赂法官,收买证人作出伪证,用来诱使控诉方撤诉,技术如果用来作出虚假鉴定(这是一个悖论),或者诉讼过程在拥有威望的律师和同样具有威望的专家证人的到场而没有说出什么实际论辩理由的情况,迫于专家权威而作出了结论(判决),那么诉讼程序便不是一种实现正义和真理的场合。律师的雄辩能力和专家的证据技术优势所反映的是一种力量标准,对于力量标准,利奥塔尔认为:"在力量标准的范围内,一个要求(即一种规定形式)不能因为来自满足的需要造成的痛苦而获得任何合法性。权利不来自痛苦,它来自对痛苦的处理使系统更具性能这一事实。"❶情况会是这样的吗? 如果论辩富于逻辑而力量雄劲,如果技术先进而结论显明,那么程序便没有异化,真理才不致失却。真理只会越辩越明,一种虚假编造的事件,是不会在富于逻辑的雄辩和前沿技术的分析中越来越变成事实的,如果这样,便犯了哈贝马斯所批判的"履行上的自相矛盾"(performative self-contradiction)错误。"哈佛梦之队"在辛普森案件中的胜出,话语的力量形式上来源于金钱和技术,实质上却显明地证明了警方非法取

---

❶ [法]利奥塔尔:《后现代状态——关于知识的报告》,车槿山译,生活・读书・新知三联书店1997年版,第133页。

证、控方技术专家不遵循提取、保全、分析和处理物证的技术规则语境规范的事实,因此,力量之源本质上不是导自金钱,而是导自话语对语境规范的有效性条件作出兑现的内在力量。诚如苏力所言,我们必须看到,目前有许多法律问题之所以始终局限在没有结果的思辨性论证,这常常是与缺乏可靠的经验性科学成果相关的。司法过程中,技术不是太多了,而是太少了。❶

诉讼程序的真正问题,不在辩护律师的专业水准和专家证人的专业权威在诉讼程序负面的异化影响,而在控辩双方的策略性争斗方面。长期以来,我们将诉讼更多地理解为甚至定性为一场竞争和对抗,而非一场对话和交往,从而在诉讼程序中策略性行动充斥其间。这些策略性行动表现在迟延举证、选择与己方有利的陪审团成员、转移话题、挑战技术规则本身、拖延诉讼、滥用证据开示程序、诱使对方放弃努力、威胁对方、史诗般的语言哗众取宠,甚至贿赂法官等等。诉讼中一切策略性行动的根本所在是对话语的三个有效性条件——真实性、规范性和真诚性——的同时破坏。对于策略性行为者而言,并非不懂得或不承认交往行为中的语言规范有效性条件及其内在约束力量,而是将言语行为作为受有效性条件约束的规范语言中的一个片段截取下来,在此,"语言退缩成了信息的媒介"。❷ 策略性诉讼行为从言语行为理论的层面上理解,我们不难发现,它是寄生于规范语用学之中的,处于一种依附于语言交往的地位。因为策略性行为倘若要追求有效,必然要假定交往性言语行为的规范有效性基础,否则策略性言语行为既不可能得到受话者的理解并取得实效,也诱发对方以一种二律博弈背反意识还以策略性行为,使得交往者彼此预定的规范有效性前提失效,从而也没有进一步采取这种策略性言语行为的必要了。策略性言语行为"这种依附的地位揭示了语言交往所固有的规律,只要语言交往对行为者的目的行为(策略性行为)作出一定的限制,它就能一直发挥作用"。❸

对诉讼程序竞技的策略性异化困境的突破,必然需要从制度设置的方向上

---

❶ 参见苏力:《法律与科技问题的法理学重建》,《中国社会科学》1999 年第 5 期。

❷ [德]哈贝马斯:《后形而上学思想》,曹卫东、付德根译,译林出版社 2001 年版,第 62 页。哈贝马斯认为,语言使用具有三种功能:表现功能(描述客观世界),调整功能(确立社会关系),表达功能(指涉主观心灵世界)。因此,将语言仅仅作为信息的媒介进行理解,实际上只承认了语言使用的表现功能。参见[德]哈贝马斯:《交往与社会进化》,张博树译,重庆出版社 1989 年版,第 1 页以下。

❸ [德]哈贝马斯:《后形而上学思想》,曹卫东、付德根译,译林出版社 2001 年版,第 61 页。

进行努力。当前,西方诸国立法和司法实践中所进行的一系列改革,诸如法官主导和控制程序进行进程的强化、证据开示制度的完善、陪审团制度的调整、举证时限的规定、诉讼成本转移规则的限制、和解的倡导、ADR 制度的发展、简易程序适用范围的扩大等等,无不体现了这种纠正程序策略性异化的可行性,也在很大程度上将诉讼程序导向交往合理性理念方向。在我国,有论者结合司法实践中纠纷解决的实际状况,提出了通过完善和推进诸如法院调解、简易程序、非讼程序、民间调解、仲裁、行政裁决等制度而重构纠纷解决机制的观点,❶其核心精神在于将纠纷解决机制导向一种语境主义方向,使得纠纷解决能在一种合理性语境中通过对话实现共识,无疑,在合理性规范语境中通过对话达至共识(纠纷解决)的程序显然就是兑现了交往合理性的司法程序。

需要指出的是,交往合理性所要求的那种理想性商谈并不能在诉讼程序上得到全部的兑现,哈贝马斯自己也认为:"就像立法领域的民主过程一样,法律运用领域的法庭程序规则的目的也是补偿由以下事实所导致的可错性和判决上的不确定性:合理性商谈之高要求交往预设,是只可能被近似地实现的。"❷因此,我们应当认为,既不能因为交往合理性理论所赖以为基础的那种语言使用的抽象规范性要求而否定其法律实践建制化之可能性,也不能仅仅因为诉讼实践中所存在的"司法竞技"现象而否定程序规则的规范性力量。"程序法并不对规范性法律商谈进行调节,而只是在时间向度、社会向度和实质向度上确保受运用性商谈之逻辑支配的自由的交往过程所需要的制度框架。"❸因此,诉讼程序中的一切异化现象的出现,并非说明兑现交往理性的诉讼商谈没有现实意义,而是说,通过交往合理性理念导向,克服程序异化,将始终是诉讼制度合理化实践的一种动力。

言语行为(在诉讼程序上则表现为广义上的辩论主义)的交往本性基础和策略性异化现实,对司法程序模式理念的正确定位及其实践异化的重建性纠正而言,视域上具有适合性,意义上是深刻而现实的。据此,司法程序模式的理念

---

❶ 参见何兵:《纠纷解决机制之重构》,《中外法学》2002 年第 1 期。

❷ [德]哈贝马斯:《在事实与规范之间:关于法律和民主法治国的商谈理论》,童世骏译,生活·读书·新知三联书店 2003 年版,第 286 页。

❸ [德]哈贝马斯:《在事实与规范之间:关于法律和民主法治国的商谈理论》,童世骏译,生活·读书·新知三联书店 2003 年版,第 287 页。

基础应当是对话和交往,以实现共识,进而解决纠纷,在此,表达真实、行为正当和态度真诚作为交往行为有效性的三项要素得到了理想整合。诉讼程序模式的理念基础既不是单向度地追求真实,以目的合理性行为面向似乎能孤立存在的本体论前提——客观世界(案件事实),这是职权主义模式理念的致命局限。当事人主义模式理念跨越了客观世界的约束,涉及到社会(规范)世界,超越了职权主义程序模式的单向进路,然而就在此同时,却又将诉讼程序定位在甚至引导向竞争和对抗的方向,致使程序蜕变为一场策略性争斗,从而该种模式只向正义和规范的世界(社会世界)跨了一步,又退回到目的合理性行为所置身其中的一维性本体论前提——客观世界之中。策略性行动并没有扩充其本体论前提,并没有将社会(规范)世界与客观世界区分开来,规范在此成了策略性行动者旨在实现目的的工具和制度躯壳。只有将诉讼程序理念定位在交往合理性行为之上,诉讼主体的行为才能同时跨入客观世界、社会世界和主观世界。诉讼主体的行为面对客观世界,是一种真实性宣称;面对社会世界,是一种正当宣称;对主观世界,是一种真诚宣称。因此,诉讼程序模式的基本理念是追求真实,要求正当和呼唤真诚的同时并举和普遍弘扬。

四、风险社会中的司法权能

法社会学家始终坚持法律是一种社会制度的立场,"法律既是由理性所发展了的经验、又是由经验所证明的理性",❶这是法社会学家对法律与社会环境之相互关系的基本性质所作出的判断。将法律和司法置入特定的社会历史语境进行考察,既探讨法律和司法对社会目的的促进权能、又界定社会对法律和司法的制度期待,一直为法社会学家所孜孜以求。当今,关于司法改革主题的更多的话语秩序主要还是因循着一种唯理性进路,即从法律自身的自主性理论逻辑路线论证着司法改革的目标、方法和制度安排,少有将司法改革研究纳入一种经由经验求索理性的研究范式。其实,司法制度的选择并没有唯一的正义论方案,如果有什么唯一的正义论方案,那么这种方案也只能被称作合理性方案,它并不建立在纯粹理性的知识论基础之上。举例言之,我们就不能将三权分立权力架构

---

❶ 沈宗灵:《现代西方方法理学》,北京大学出版社1992年版,第285页。

下的西方司法制度作为中国当下司法制度改革的范例和目标,我们也不能仅仅只从似乎已经十分自律的法律或法学自身的逻辑出发去推论当下中国的司法制度的应然方向。探讨中国司法改革的方法论选择很需要一种法社会学进路,即赋予当下中国社会发展背景以司法改革这一事件的发生和演化的语境论地位,在兼顾司法制度机理的自身逻辑的同时,更多地将社会发展和法制现代化运动所催生的法律范式转型作为论证中国司法制度改革的语境论场域,进而界定当下中国的司法权能,从而为具体司法制度的设计提供参照坐标。

资本主义社会现代化发展大致经历了三个历史阶段:法治国(Rechtsstaat)、福利国家(Sozialstaat)、安全保障国家(Sicherheitsstaat),三种社会形态分别对应着三种法律范式:形式法范式、实质法范式、程序法范式,❶三种法律范式下的司法权能定位和制度架构模式也因此而存在显著差异性。划分以上三种法律范式的标准,根本上在于政治国家和市民社会间权力和权利关系调整的价值取向和法律规范特性。

形式法范式作用于自由资本主义社会现代化发展的早期阶段,其政治哲学基础是政治国家与市民社会的严格分野,奉行形式法治主义,政治国家的权力被"限定在为追求自我选定目标的公民提供一个支持性框架上",❷其价值取向在于通过形式上的平等实现人的消极自由,契约自由得到形式法律的切实保障和维护,通过法律划出一块不可侵犯的私人生活领域并禁止国家公权力的介入,国家的使命在于维护社会正常运行所必需的安全秩序,国家政治与社会法律相互分离独立。在这种形式法范式下,司法权能根本上在于纠纷解决,司法机构成为国家为纠纷当事人所提供的论坛,诉讼的提起以纠纷的实际发生为前提,法官奉行消极裁判原则,严格解释并适用法律,恪守司法形式主义和规则中心论。基于这种司法权能定位,形式法范式下的司法基本上是按照司法独立原则进行的制度架构,司法活动脱离公共政策的形成过程,❸因恪守"司法抑制主义(judicial restraint)",从而没有完整而系统的司法审查制度,司法制度成为对立法进行严

---

❶ 参见[德]哈贝马斯:《在事实与规范之间:关于法律和民主法治国的商谈理论》,童世骏译,生活·读书·新知三联书店2003年版,第537页。

❷ [美]达玛什卡:《司法和国家权力的多种面孔》,中国政法大学出版社2004年版,第109页。

❸ 参见[美]诺内特、塞尔兹尼克:《转变中的法律与社会:迈向回应型法》,张志铭译,中国政法大学出版社2004年版,第64页。

格解释和适用的一种功能机制,诉讼程序设计取向于当事人主义以实现纠纷解决目的,诉讼程序根本上由当事人双方主导,法官中立并消极裁判,其独立性地位通过对规则的严格遵守和正确适用这种"被动的美德"而得以保证。

随着现代化进程的逐步深入,形式法范式出现了实质化迹象,这种实质化迹象的根本原因在于形式法内在逻辑本身,因为为形式法治所放纵的市场机制对权利的形式平等保护要求具有一种内在的颠覆性力量,它制造出事实上的不平等。从而,为了确保每个人都具有符合人类生活尊严的物质条件,不甘处于法律这台"自动售货机"之从属而尴尬地位的政治国家就获得了介入市民社会生活的合法性辩护理由,❶家长主义本性的福利国家形态开始出现。作为福利国家主义之必然要求的实质法范式不再主张法律与政治的严格分野,而是将法律认作国家价值原则和政策的一种落实和实施手段,按照法律工具主义处理法律与政治的关系。在这种实质法范式下,司法权能被定位在社会目的实现之上,"司法能动主义(judicial activism)"❷得到了极大推崇,司法成为通过执行政治政策以实现社会正义——实质平等——的一种"政策实施型司法"。❸ 将司法权能定位在以实质平等为内涵的社会正义目的实现之上,决定了实质法范式下的司法从以下维度进行制度架构:以违宪审查为核心内容的司法审查制度得到系统化建制,法官解释法律,也填补规则空隙;对诉讼程序规则的遵守虽然重要,但是程序规则已经成为经常可以被牺牲的对象;司法竞技主义理念下的当事人主导程序过程逐步让位于法官对诉讼的管理,程序被按照分配正义哲学进行深入改造;诉讼程序不再因为过于强调形式平等而成为富人的游戏,它开始考虑弱者的利益维护,法律援助得以建制化;由于不再能够严格划定国家利益和私人利益的界限,公益诉讼制度开始形成。

(一)风险社会的形成及其规范论要求

资本主义社会现代化发展的第三阶段是风险社会,国家成为安全保障国家。

---

❶　[德]韦伯:《经济与社会》(下卷),林荣远译,商务印书馆1997年版,第206页。

❷　克里斯托弗·沃尔夫指出:"司法能动主义的基本宗旨就是,法官应该审判案件,而不是回避案件,并且要广泛地利用他们的权力,尤其是通过扩大平等和个人自由的手段去促进公平——即保护当事人的尊严。"[美]沃尔夫:《司法能动主义》,黄金荣译,中国政法大学出版社2004年版,第3页。

❸　[美]达玛什卡:《司法和国家权力的多种面孔》,郑戈译,中国政法大学出版社2004年版,第126页。

风险社会(Risk Society)概念由德国社会理论家乌尔里希·贝克首先提出,并对现代社会中的"风险"概念进行了如下界说:"风险可以被界定为系统地处理现代化自身引致的危险和不安全感的方式。风险,与早期的危险相对,是与现代化的威胁力量以及现代化引致的全球化相关的一些后果。它们在政治上是反思性的。"❶现代社会中的风险本性上意味着为现代性所推动的、作为理性化之核心内容的经济和科学技术的发展所给人类带来的无法预见并难于控制的不确定性社会后果,当这种风险既成为内在于社会发展的一种根本因素、也成为推进社会发展的一种主要动力的时刻,风险社会形态就开始形成。风险社会概念并非仅仅用于描述社会现代化发展进程中的一类特定问题和现象,它是一种基本社会类型,与资本主义社会发展的工业社会形态并列。风险社会形态的形成,其本身就是现代化运动的一种形态和结果,它导源于财富生产的工业主义进路,以环境污染、生态破坏、能源枯竭、制造贫穷、健康威胁、技能陌生化等外在特征为标志的人类风险恰恰是生产主义和工业化进程的产物,最终完成了西方发达国家由工业社会向风险社会的过渡和转型。对于风险社会与工业社会的根本性质差异,贝克进行了如下基本界定:"'工业社会'或'阶级社会'这样的概念,是围绕着社会生产的财富是如何通过社会中不平等的然而又是'合法的'方式实行分配这样的问题进行思考的。它与新的社会风险的范式相重叠,后者要解决的是与前者相类似然而又是极为不同的问题。在发达的现代性中系统地产生的风险和威胁,如何能够避免、减弱、改造或疏导? 最后,它们在什么地方以一种'迟延的副作用'的形式闪亮登场? 如何限制和和疏导它们,使它们在生态上、心理上和社会上既不妨害现代化进程,又不超出'可以容忍的'界限?"❷

　　作为现代主义捍卫者的主要代表,贝克、吉登斯、哈贝马斯等社会理论家在审慎关注和判断风险社会这一人类生活崭新境遇时,并没有否定现代性精神之生命前景,而是将风险社会作为现代化进程的一个新型阶段,是现代主义理论进化和实践发展的一个高级形态,他们对风险社会之根本性质作出了相同的判断:反思性(reflective)。贝克指出,风险社会的到来,使得"现代化正变得具有反思

---

❶　[德]贝克:《风险社会》,何博闻译,译林出版社2004年版,第19页。
❷　[德]贝克:《风险社会》,何博闻译,译林出版社2004年版,第16页。

性;现代化正在成为它自身的主题和问题"。❶ 吉登斯指出:"这是一种反思性模式,而不是那种平行线式的模式,在这种模式中,社会知识的积累与社会发展稳定的、更加广泛的控制是同步的。"❷哈贝马斯则针对后现代思潮对现代性的攻击,强调现代性"为一项包含着尚未实现的解放潜能的未竟事业",❸将反思现代性建立在主体间性交往行为基础之上。总之,发达资本主义社会发展已经步入反思性现代化阶段,这种反思性现代化具有极其深刻而重大的规范论意义,其直接后果是催生程序法法律范式的发端,并对司法权能的重新定位和司法制度的基本架构提出新的要求。

不难看出,形式法和实质法两种法律范式下司法权能定位和基本制度架构的规范论前提是建立在财富生产逻辑基础之上的,"也就是说,这两个范式都持工业资本主义经济社会的生产主义图景。由于这种图景的作用,根据一种理解,社会正义的期待是通过各自利益之私人自主的追求而实现的,而根据另一种理解,社会正义的期待恰恰是因此而破灭的"。❹ 由于风险社会中的财富生产同时伴随着风险生产,从而在规范论意义上,那种处理和调整工业社会关系的政治制度和法律规范就必须转型为切合风险社会关系的模式,诚如贝克所言:"这意味着,科学和法律制度建立起来的风险计算方法崩溃了。以惯常的方法来处理这些现代的生产和破坏的力量,是一种错误的但同时又使这些力量有效合法化的方法。"❺由于风险归因以及责任确定已经不可能按照工业社会阶段的一整套政治和法律制度的固有标准进行,从而风险社会的合法性(legitimacy)就必须获得崭新的规范论辩护。

随着风险社会的到来,社会秩序的性质发生了重大嬗变,贝克指出:"风险概念扭转了过去、现在和未来的关系。过去已经无力决定现在,其作为决定现在的经验和行动的原因的地位已经被未来所取代,也就是说,被一些尚不存在的、建构的和虚构的东西所取代。我们所讨论和争议的并'不是'现实的东西,而是

---

❶ [德]贝克:《风险社会》,何博闻译,译林出版社2004年版,第16页。

❷ [英]吉登斯:《现代性的后果》,田禾译,译林出版社2000年版,第14页。

❸ [美]凯尔纳、贝斯特:《后现代理论——批判性的质疑》,张志斌译,中央编译出版社1999年版,第303页。

❹ [德]哈贝马斯:《在事实与规范之间:关于法律和民主法治国的商谈理论》,童世骏译,生活·读书·新知三联书店2003年版,第507页。

❺ [德]贝克:《风险社会》,何博闻译,译林出版社2004年版,第19页。

一些如果我们一意孤行就有可能发生的东西。"❶无论是形式法范式还是实质法范式，都已经无法为这种风险生产型现代化提供合法性基础，对此，我们可以从三个方面进行说明。首先，为形式法范式和实质法范式所赖以为合法性来源的民主立法程序的性质发生了变异。形式法范式所推崇的、以一般化和体系化结构为根本性质的形式实在法面对一个个逾越规则结构的风险事件失去了统摄力，它无法解释核泄漏事故到底还算不算事故，如何界定责任？克隆技术是否违法？如果违法，那么它的行为后果又是什么？实质法范式所追求的社会正义目标作为国家介入社会生活领域的合法性根据遭遇这个险象环生的风险社会，理由上变得色厉内荏起来。因水坝建设移民，公益重要还是生活习性权优先？是否会改变生态结构？前者需要求助于人类学家，后者则应听取生态学家的意见。"风险社会的种种危险向专家的分析能力和预测能力，也向承担预防风险职责的行政权力的处理问题能力、采取行动准备和应急措施速度，提出了如此高的要求，以至于福利国家中存在的法规约束问题和法律确定性问题一下子激化起来。"❷国家的干预政治现在嬗变为一种风险决策政治，而决策的知识资源只能来自技术专家，从而这种依赖技术专家的风险决策程序已经背离了代议制民主中的公民参与，专家替代了选民及其代表。其次，国家的传统政治中心失去了权威，从而作为国家传统政治中心机构产物的形式法或实质法已经不再成为社会生活的唯一规则形态。进入风险社会阶段，那种工业主义和财富生产模式的逻辑前提假定变得可疑起来，传统上认为，"生产力和科学化发展水平，它的变化潜力既没有超出可能的政治行动的范围，也没有取消通过进步发生的社会变迁模式的合法化基础。"❸但是，现代化的进程的后果毋宁是，基于发展理由而获得合法性的技术和经济（或干脆说是"技术经济"）已经脱离了政治规制，并催生亚政治领域的生成，这种亚政治领域（新社团）逐步颠覆了常规政治中心（如议会、政府）的权威性地位，并产生自己独立的行动规则，而这种行动规则已经不再是民主立法程序的产物。第三，就既有的立法而言，无论它是注重形式的还是追求

---

❶ ［德］贝克：《再谈风险社会：理论、政治与研究计划》，载芭芭拉·亚当、乌尔里希·贝克、约斯特·房·龙编著：《风险社会及其超越》，赵延东、马缨译，北京出版社2005年版，第325页。

❷ ［德］哈贝马斯：《在事实与规范之间：关于法律和民主法治国的商谈理论》，童世骏译，生活·读书·新知三联书店2003年版，第535页。

❸ ［德］贝克：《风险社会》，何博闻译，译林出版社2004年版，第227页。

实质的,都不再完全是对行动的限制,而经常成为行动和实践所利用的资源。吉登斯站在反思性现代化立场上,区分了规则(rule)与规范(norm),认为社会结构及其制度并非限制人们行动的规范,而是人们行动可以借以利用的资源,社会结构及其制度应当是为行动所促成的,而非对行动的限制。❶

在风险社会秩序逐渐深入形成的当今时代,一种协商性民主(deliberative democracy)理论开始在当代西方国家盛行起来,该种理论认为社会团结和关系整合应该通过协商而不是金钱或权力的途径进行,协商的参与度应该尽可能平等和广泛。协商性民主理论在批判了现代西方社会秩序的基本协调媒介——权力(政治)和金钱(市场)——的运作机制后指出,在一个文化后传统性、价值和完备性学说多元化竞立、全球化趋势的结构日趋分化的风险社会(后现代性社会),仅仅凭借自由竞争时期的市场手段(形式法治)或福利国家时期的权力手段(实质法治)实现社会整合都已经没有可能,从而这种将争论、挑战、演说、示意、谈判、投票作为中心内容的协商性民主,作为实现社会整合的第三种力量——凝聚力(交往和沟通能力)——应当步入社会中心舞台,并且要有机地嵌入权力运作和市场调节机制内部,抑制权力的恣意和市场的任性。这种协商性民主与传统民主理论之间存在的一个显著区别在于:如果说传统民主理论具有道德诉求,认为民主是追求共同之善的社会整合途径,那么协商性民主则以协商过程为重,而不预定其结果能够或应该符合某个共同之善的理想。❷

法律程序主义是协商性民主政治理论的法学延伸,也是风险社会中法治范式的创生和演化方向,并构成风险社会中架构和整合一切法律规范性资源的一种基本制度装置。对于法律程序主义的理论要旨,我们可以通过哈贝马斯的以下总结窥见一斑:"在程序主义法律范式中,政治公共领域不是被设想为仅仅是议会组织的后院,而是被设想为产生冲动的边缘,它包围着政治中心:它通过培育规范性理由而影响政治体系的各个部分,但并不想占领这个系统。公共意见通过大选和各种具体的政治参与渠道而转变为交往权力,对立法这进行授权,为导控性行政提供合法化;而对进一步发展法律的法院所进行的公开法律批判,则

---

❶ [英]多德:《社会理论与现代性》,陶传进译,社会科学文献出版社2002年版,第235页。
❷ [加]华伦:《协商性民主》,《浙江社会科学》2005年第1期。

施加约束力更强的论证义务。"❶

(二)风险社会中的司法权能及其制度架构

程序法范式的核心精神是全方位、多层次的"主体间性"对话商谈,基于这种法律商谈论精神,我们可以对程序法范式下的司法权能作出如下概括:(1)合宪性审查权能。合宪性审查权能导源于法官基于适用法律而必须对实在法之模糊规定的意义释明和"空隙(interstices)"填补权能,即法律解释。基于权力分立和制衡的民主政治理念而预定的司法审查权能至反思性现代化阶段得到进一步强化,并以宪法解释、宪法诉讼和监督行政等形式表现出来,其中心是合宪性审查。不过,这种合宪性审查权能形态并不表明司法权力获得了至上性地位,并非要行使替代立法权,否则它与多数民主这一主权在民原则不符。风险社会中强化合宪性审查权能的合法性根据根本上在于:本来应该代表选民意志的立法组织及其成员逐步失去了担保其政策制定和法案形成的风险最小化能力,而福利国家的干预主义一直纵容着行政组织的自我编程现象。但是,这并不意味着司法能动主义得以无限制发挥,司法权能始终不是行使立法权能的替代者,"法院不能充当代替不成熟之王位继承人的摄政者角色。在一个精力充沛的法律公共领域——已经成长为'宪法诠释者共同体'的公民集体——的批判性审视眼光面前,宪法法院充其量能够充当导师的角色"。❷ (2)纠纷诉求的程序商谈决断权能。基于对分权法治原则的遵守要求,司法权能仍然是纠纷解决,而非政策执行。不过,这种纠纷解决权能的实现形式在性质上既非消极裁判亦非职权调查,而是通过兑现商谈精神的诉讼程序。这种诉讼程序的核心内涵是举证和论证,考虑到举证和论证的自我异化性质(主要指司法竞技主义所导致的富人游戏),程序设计对交往理性的兑现充分考虑时间向度、社会向度、实用向度等语境条件,近似地实现高要求之交往理性前提预设。这种纠纷解决权能之内涵,既不是法官对当事人双方竞技结果的一种消极判断,也不是法官对竞技双方的任何一方的意志强制,而是法官对程序的引导和对争议的调停,裁判的根据是争议双方

---

❶ [德]哈贝马斯:《在事实与规范之间:关于法律和民主法治国的商谈理论》,童世骏译,生活·读书·新知三联书店 2003 年版,第 546 页。

❷ [德]哈贝马斯:《在事实与规范之间:关于法律和民主法治国的商谈理论》,童世骏译,生活·读书·新知三联书店 2003 年版,第 344 页。

所达成的有限共识或相互妥协。因此,风险社会中纠纷解决的司法权能的实现机制既非竞技主义模式中的消极裁判,亦非职权主义模式中的法官职权干预,而是一种法官主持下的争议双方的商谈和对话活动。(3)通过对特定利益的确认而介入现代化反思性机制的权能。风险社会对纠纷事件的性质产生了深刻影响,"很多被推上法庭的冲突的主题和案例丧失了自身的社会明晰性"。❶ 如果说风险社会中的司法权能重心仍然是纠纷解决,但是它不限于纠纷解决,围绕特定利益争议解决的司法活动已经成为一种重要的现代化反思机制,这种反思机制通过对竞技专家双方所提出的充分但标准多元的证据判断和裁决活动,以确认责任并形成调整未来关系规范的形式介入社会风险决策过程。尤其重要的是,这种通过特定纠纷案件的判决形式所蕴涵的风险决策权能之政治属性在于:对风险社会之亚政治格局提供中心论坛。风险社会中的亚政治实质在于为政治国家所鼓励的经济、技术发展按照一种"解构行动(deconstructive actions)"进路实现了政治的"去中心化(decentering)","政治从官方领域——议会、政府、政治管理——转移到社团主义(corporatism)的灰色领域"。❷ 从此,国家政治中心和政府若继续奉行国家干预主义,那么它就必将卷入与各种社会功能系统、大型组织、社团的谈判之中,国家强制性力量资源已然不能彻底操控一切,更多的可行性方案只能是劝导和说服,即便如此,国家也不能有效解决各种亚政治功能系统之间的利益对立,国家不再垄断一切政治资源。在当前的社会秩序中,按照马克·范·胡克的看法,"法律的创制不能被视为一个单向的,即'公民——选举——议会立法——司法适用'的过程。法律和社会复杂性的显著加剧已经使得这一图式成为陈词滥调"。❸ 至此,司法成为主要的公断人角色,由于任何一种主张在利益提出的同时也必然内藏着风险,利益与风险形影不离,技术专家的任何丰富且论证严谨的证据提供都无法被"证实",也难于"证伪",从而,权力就回到了法官手中,中立兼听并对证据进行自由心证一直是法官的优势,这种优势能应付一切复杂举证局面。

　　为确保以上司法权能的真正实现,风险社会中的司法制度应当或已经从以

---

❶ [德]贝克:《风险社会》,何博闻译,译林出版社 2004 年版,第 242 页。

❷ [德]贝克:《风险社会》,何博闻译,译林出版社 2004 年版,第 242 页。

❸ [比]胡克:《法律的沟通之维》,孙国东译,法律出版社 2008 年版,第 17 页。

下几个基本方面进行架构:(1)司法审查制度的宪政化。为实现合宪性审查权能,司法制度在现代宪政的新维度予以制度设计和安排。在美国,各级法院都有权进行合宪性审查,法院在审理各类普通诉讼案件程序中采取附带审查的方式,就与合宪性相关的争议事项作出判决,判决结果作为先例,虽不改变刚性宪法具体规则,但通过波及其他同类案件的机制而获得普遍性效力。在欧陆,合宪性审查职责通常由专门法院(如宪法法院、宪法评议委员会等)负责履行,普通法院不受理宪法诉讼案件,并且宪法诉讼一般是专门提起的,并与审理具体诉讼案件分开进行,审查内容不限于宪法规则条文,还可以就政治问题及统治问题进行司法审查。在日本,一场以实现"小政府、大司法"国家权力架构为目标的司法改革运动正在进行,其根本目标是要将日本改革成为"司法国家",这项司法改革运动的核心内容之一就是"加强司法对行政的监督以及违宪立法的审查"。❶
(2)案件裁判程序的商谈化。鉴于风险社会中纠纷案件的举证复杂性和归责不可能性,案件审判程序被按照法律商谈论理念予以设计,在这种商谈论程序中,法官既非消极裁判者,亦非职权管理者,而是担当一种协商者和调停者的角色,他既耐心听取争议双方的理由陈述,也能在出现明显的诉讼策略化现象时(如迟延举证、转移主题、滥用诉权等)进行行为限制或制止。哈贝马斯认为,理想性法律商谈程序必须满足三个交往条件:"第一,它们阻止对论辩的不受合理推动的中断;第二,它们通过人们对论辩过程的普遍、平等的了解和和平、对等的参与而确保在议题之选择和最好信息最好理由之接纳这方面的自由;第三,它们排除理解过程内外所产生的任何强制,而只承认更好论据的强制力量,所以,除了合作地追求真理以外的所有其他动机都被中立化。"❷不过,这种理想性法律商谈程序在遭遇纠纷解决这种法律运用实践商谈际遇时,势必要从时间维度、社会维度、实质维度等加以限制,只能近似地兑现法律商谈程序理想。(3)纠纷解决程序的多元化。纠纷裁判程序的商谈性质决定了程序只能被语境主义地建制,风险社会中不再存在普遍主义色彩的纠纷解决唯一正义程序。这不仅仅是一个因为纠纷类别而决定的程序选择权问题,而是一个程序合法性问题。现代国家

---

❶ 季卫东:《宪政新论——全球化时代的法与社会变迁》,北京大学出版社 2002 年版,第 290 页。

❷ [德]哈贝马斯:《在事实与规范之间:关于法律和民主法治国的商谈理论》,童世骏译,生活·读书·新知三联书店 2003 年版,第 282 页。

以来,纠纷事件更多地是被诉诸法院这一公共领域进行解决的,蕴涵着"法律中央集权主义"精神,对此,程序语境论者以及"地方性知识"法律论者则否认了这种中央集权主义程序理论的合法性。M.盖郎塔指出:"就像健康不一定只在医院,知识不一定只在学校一样,正义也不一定只能在公共的正义分配制度中体现。……正义(或非正义)并不只是(或通常是)在国家提供的公共机关中得到,在人们的生活场所,如家庭、邻里关系、工厂、商业场所等(这些场所有各种救济制度)中也能得到。"❶当今,作为对后现代风险社会的一种回应,民间调解、仲裁、行政裁决等非诉讼纠纷解决制度得到快速发展。与此同时,诉讼程序本身也进行着程序改造,如小额诉讼制度、集团诉讼制度、专业法院设置及专业案件审理程序设计等,经由法院审理的案件也逐步改变了统一适用普适性程序的现象。

(4)法院建制的公共领域化。独立而保持与其他权力及社会利益领域的距离一直是现代法院建制的一种基本理念,职业终身制及其他制度安排的理论基础在于判决应当仅仅通过法官的独立理性及知识品格而作出,法官判决不受诸如政治倾向、意识形态、道德舆论、伦理习惯、宗教信仰和其他实用主义理由和因素左右和影响,法官独立和法院独立被认作判决合法性的重要条件。然而,风险社会中的利益复杂化和动态化,导致了这样两个基本后果:一方面,意志独立的法官仅仅依凭知识逻辑和法律理性、严格适用实在法规范条款而作出合法性判决已经不再可能。财富增长和风险生产所带来的一个副产品是对形式法规则内容之意义确定性共识形成的日益困难,从而,"当法官走进某个认识论的死胡同,有必要将自己的决定(无论是有反思地还是无反思地)基于某个伦理或政治原则、社会舆论或者其他什么东西的时候,他就不大可能逃脱这种不确定性"。❷ 另一方面,反思性司法之公共政策创制权能的强化,势必也存在一个权力的合法性及其限度问题。法院在影响立法及创制公共政策的同时,各种社会利益集团也要对司法权力施加影响和监督,"在这样的政治化背景下,关于法院系统的开放性、透明性、民主性以及'审判者也受审判'式监督机制的要求迟早会被提上议事日程"。❸ 法官判决及规范创制便必须反映市民的诉求和社团的利益主张,从

---

❶ [美]盖郎塔:《不同情况下的正义》,载[意]卡佩莱蒂编:《福利国家与接近正义》,刘俊祥等译,法律出版社 2000 年版,第 141～142 页。

❷ [美]波斯纳:《法理学问题》,苏力译,中国政法大学出版社 2002 年版,第 164 页。

❸ 季卫东:《宪政新论——全球化时代的法与社会变迁》,北京大学出版社 2002 年版,第 279 页。

而"精密司法"的作坊式超然构造便渐渐转变成为"民主司法"的公共领域,司法成为一种论坛广场。

(三)中国司法权能的合理界定

当下中国社会发展的现代化水准以及现代性精神的培育状况与西方发达国家相比,显然是存在很大差距的。中国的现代化进程虽然已经起步,但是它还只是处于早期创生阶段,并且那种极其重要的、作为社会现代化发展之理性基础的现代性精神在当下中国还没有真正生成。有学者指出,现代性精神在我国还"只是以碎片的、枝节性的、萌芽的形态或方式出现在某些个体的意识中,出现在社会理论和精神的流动之中,出现在社会运行的某些方面或某些侧面,而没有作为社会的深层的和内在的机理、结构、活动机制、存在方式、文化精神等全方位地扎根、嵌入、渗透到个体生存和社会运行之中"。❶ 当下中国社会尽管与西方发达国家存在多层次、诸向度的差距,但是却也因为全球化运动的加剧和中国社会自身的改革与发展事业,使得当下中国的现代化发展遭遇了与西方发达国家近似甚至相同的问题——风险社会的形成。退耕还林、污染治理、可持续发展战略、科学发展观乃至和谐社会建设等一系列国家建设和发展方针和战略无不蕴涵着那种遭遇风险社会的反思性现代化意识,尽管我们还不能宣告当下中国也同样已经步入一个经济发展意义上的风险社会阶段,在经济维度,我们还很不发达,但是中国的现代化进程已经起步,经济建设和技术发展在创造出巨大的物质财富的同时,环境污染、耕地减少、严重传染病流行、就业危机、贫富分化、犯罪技能化等与经济、技术发展紧密关联的事件或问题已然内含着风险社会的诸多迹象,从而将反思性意识注入这种现代化同步过程,一直被理论界说为后发展国家的一种优势,因此,在西方国家已经初现端倪的风险社会环境下的法律范式和司法理论对于当今中国的司法权能定位和制度建设方向之确立而言,是具有现实意义的。

中国的司法改革已然经历了一个较长过程,内容涉及庭审模式、举证规则、合议制度、证据制度、执行程序、简易程序、调解制度、审判监督制度、法官职业化、法律援助等众多方面,应当认为,这些改革无疑是在市场经济建设这一国家发展中心任务的背景下进行的,也是对这一中心任务的司法制度回应,成就明

---

❶ 衣俊卿:《现代性的维度及其当代命运》,《中国社会科学》2004年第4期。

显。不过,就当前司法改革所存在的问题而言,其中一个突出的方面在于:在当下中国的社会发展状况和政治制度背景下,如何在宏观上正确定位司法权能?对于这个问题的回答虽然极其艰难,但是它又是一个不应回避的问题,因为分别进行的各个具体环节的制度修补倘若缺失一种正确的总揽性权能定位,改革既没有坐标和方向,制度细节上的修补也将容易导致相互矛盾的结果。

需要指出的是,中国的现代化进程和法制建设尽管与西方发达国家之间存在着路径依赖关系,但是并非要去选择一条西方化道路,绝非按照西方国家的社会发展和法律进化的阶段性轨迹亦步亦趋,后发展国家的优势毋宁是借鉴经验也吸取教训。就司法权能之定位和基本制度架构而言,其中心问题在于将反思性这种司法制度的天然资源优势尽快配置于中国的现代化发展和法制建设进程之中。结合以上有关风险社会中的司法权能及制度架构的描述和总结,针对当下中国社会现代化运动之基本性质及特点,我们认为,作为中国司法改革之方向性问题的司法权能应当从以下几个方面进行定位。

首先,进一步强化司法权在国家权力结构中的权重。将司法权能仅仅限定于刑事审判、民事纠纷解决、行政诉讼、法律适用解释等常规司法职能领域,势必没有合理解决司法权在国家权力结构中的权重问题。解决这一问题的根本目标在于加快中国的宪政进程,既为国家立法权力的制约和监督机制的形成发掘出更为有效的动力资源,进而推进政治文明和法治进程,也有利于减轻因"阶级立法"所承负的过于沉重的政治责任和社会风险。进入21世纪,以个案审判为切入路径的司法审查活动已初现端倪,❶它蕴涵着最高人民法院开始涉入宪法解释机制的迹象。不过,这种宪法解释还只是法院针对个案审理中的相关内容进行的附带式合宪性审查,还不是严格意义上的宪法监督司法化,还不足以发挥司法权对立法权的制约和监督权能,而且还只是以对宪法具体条款之被遵循要求的一种正面维护,远远没有体现司法权之否定式权能。❷ 对此,有学者结合当下

❶ 2001年8月13日最高人民法院第25号司法解释,就山东省高级人民法院关于姓名权纠纷审理的法律使用问题的请示所作的批复主要内容如下:"根据本案事实,陈晓琪等以侵犯姓名权的手段,侵犯了齐玉苓依据宪法规定所享有的受教育的基本权利,并造成了具体的损害后果,应承担相应的民事责任。"

❷ 克里斯托弗·沃尔夫指出:"司法能动主义更经常地是要阻止某种行动而不是强迫采取某种行动。司法审查主要是一种说不的权力,它旨在防止压制性的多数(或者少数)行动而不是强迫他们采取某种具体行动。"[美]沃尔夫:《司法能动主义》,黄金荣译,中国政法大学出版社2004年版,第133页。

中国政治体制及法律文化环境条件,提出了建制宪法法院的目标,并对这一目标的实现过程作了细致合理的设计和论述。❶ 不过,就当下的迫切而现实的司法改革切入点而言,毋宁是通过立法确认和强化司法机关在个案审理中附带式进行合宪性审查的权能,鉴于法官队伍素质的现有条件以及维护法律统一性需要,这种合宪性司法审查权能主体还是以高级人民法院和最高人民法院为宜。

其次,赋予司法在公共政策创制机制中的一定权限。市场化进程在催生关系多元化和利益纷争诉求激增的同时,也对司法在以社会资源配置为主要内涵的公共政策形成方面提出了权能要求。在当下中国经济和社会发展的实际状况下,强化司法在社会公共政策形成中的权能,至少可以从以下几个方面获得合法性根据:其一,市场机制作为资源配置之主要手段的固有缺陷;其二,介入市场运作的行政机关不能自我编程;其三,宏观立法始终无力保证与市场事件的共时性。C.沃尔夫所言:"现代司法审查已经远远超出了说'不'的范围。法院不断开始要求实施某些政策或者对政府施加积极的义务。"❷而当下中国司法在社会公共政策形成方面毋宁是这样一种现实状况:立法虽然以超常规的速度进行,而司法所能获得的规范资源仍然无法应对急剧变化的经济生活现实;同时,法官受知识逻辑和经验限制,面对加速翻新的市场事件和秩序已然处于无所适从状态。❸ 主张司法权力对公共政策创制在一定程度上的介入无疑是一种司法能动主义立场,按照苏力的看法,"能动司法指的是法院或法官超越自己的依法办事的制度角色,以司法的名义做出一些本该由立法、行政机关做出的带有强烈政治性的司法决定,即使这种能动是出于良好的用心。对这种司法能动的批评主要有两点,一是制度性的,即司法不安分,僭越立法和行政机关的权力,以司法的方式对需要以民主政治过程做出的决策,这种情况可能导致政出多门。二是实质性的,司法机关和法官,由于缺乏政治经验、充分信息和利益平衡,往往在有社会公共政策寓意的问题上的决策出错"。❹ 诚然,司法的权能定位本来就是被动的消极裁判,它对社会秩序的影响只能通过针对个案的严格法律适用,宏观、抽象、系统和面向未来秩序的公共政策决定和谋划从来就不是司法的权能。然而,面

---

❶ 参见季卫东:《宪政新论——全球化时代的法与社会变迁》,北京大学出版社 2002 年版,第 50 页。
❷ [美]沃尔夫:《司法能动主义》,黄金荣译,中国政法大学出版社 2004 年版,第 163 页。
❸ 参见顾培东:《中国司法改革的宏观思考》,《法学研究》2000 年第 3 期。
❹ 苏力:《关于能动司法和大调解》,《中国法学》2010 年第 1 期。

对风险社会这种复杂性秩序,被动的司法需要粉墨登场。风险社会中,司法在公共政策形成方面具有天然优势:其一,送案上门的诉讼纷争事件提供了现成的思考素材;其二,超然于政治或行政的中立性法官意见更易于被利益相关者接受;其三,解释法律与公共政策形成相互紧密关联。当今,中国旨在强化司法创制公共政策权能的司法改革应当考虑以下主要路径:高层次法官遴选制度建设、公益诉讼程序设计、弱势群体的法律援助制度建设、行政行为司法审查机制的完善等。

第三,强化司法促成秩序生成和社会整合的机制。秩序稳定前提下的经济和社会发展这一当下国家要务必然要求司法这一公共权力资源的支持。当前,本来经由政府发动并推进的市场化进程和技术发展已经逐步获得了自主性,多个利益集团的形成已初现轮廓,亚政治群体开始出现,国家政治中心的权威性必将会为其所极度倡导并推进的经济和技术发展所渐渐反噬,从而中国这个已然显现出诸多风险社会迹象的国家为建设和谐社会如何有效利用司法资源,以既促成新秩序生成也保证社会整合,根本上在于充分发挥司法权力所固有的反思性特质,强化司法促成秩序生成和社会整合的机制。欲推进这种机制的形成,当下的司法改革应着手解决以下重点问题。其一,司法民主和参与制度建设。即坚固司法的市民社会基础,通过司法公开、陪审制度的完善、社会公共领域信息反馈机制、判决理由论证制等多种路径,实现司法的透明性,在推进司法向社会开放的同时,也保证社会利益主体对司法权力的监督,逐步促成司法这一公共领域的论坛化和剧场化。其二,合理调节司法与其他纠纷解决机制间关系。任何国家都不具备充沛资源足以保证一切社会纠纷均可以经由司法程序解决,从而在纠纷解决程序设计上,应保证非诉讼纠纷解决机制的程序地位,倡导纠纷解决的多元化模式,一定意义上,司法权尊重当事人的程序选择权,支持其他纠纷解决机制的有效性,甚至从某些纠纷解决场域退出,成为一个其他纠纷解决机制的制度性、规范性、强制性背景,诚如 M. 盖郎塔所言:"法院作为一个实效性的管理体系,还不如作为一个文化性、象征性意义的体系有更多的内容。法院主要是通过象征的传达,如威胁、约束、模范、说服、正统性等等,对我们产生影响。"❶

---

❶　[美]盖郎塔:《不同情况下的正义》,载[意]卡佩莱蒂:《福利国家与接近正义》,刘俊祥等译,法律出版社 2000 年版,第 138～139 页。

第五章　商谈论修复：司法现代化的制度方案

一、司法独立性与民主性：价值整合和制度架构

（一）司法独立与民主的价值关系预设

司法独立的价值预设基于一种现代法理念：法律应当摆脱政治、经济、宗教、道德等力量的宰制而获得自律，法律是架构主观行动自由与客观公共秩序之和谐关系的最佳选择。基于这种理念，也历经社会关系整合的路径试错，法律最终得以自律，确立了自己的价值原则并形成了系统而自洽的规范体系。司法独立只是法律自律的一个贯彻方案，不过，司法独立在法律自律进程中具有举足轻重的地位和功效。法律与政治分离的最初落实方案就是从司法切入的，政治威权因统治合法性（legitimacy）压力与法律达成的那场"历史交易"就发生在司法场合：政治共同体赋予法官免受政治干预而行使有限权威，这种豁免的条件是法官使自己脱离公共政策的形成过程。❶ 自此，司法机关就遵照程序规则、按照演绎逻辑对纠纷加以解决，即便政府成为法律争议角色，这种程序规则和演绎逻辑同样适用。

政治与法律基于统治合法性的这场"历史交易"的深刻预设就是民主问题。由于政治合法性建立在人民的同意和授权之上，而政治是任性和恣意的，它不适合担当纠纷解决者角色，尤其在政府违法侵犯市民权利的场合，政府不能担任自己的法官，在此，民主就是市民的具体权利实现问题，它通过司法的程序规则和法律适用逻辑兑现。不过，仅仅将民主权利限定于特定利益维护范围势必失之偏颇，权利和自由不仅仅只是一个特定遭遇问题，它更是一个由谁统治、统治的

---

❶　[美]诺内特、塞尔兹尼克：《转变中的法律与社会：迈向回应型法》，张志铭译，中国政法大学出版社2004年版，第64页。

意志如何形成、统治权力如何行使的重大问题，这就引发了作为统治方案（政策和法律）的合法性问题。正是在这种逻辑中，司法权力才步入民主的前哨，作为"最少危险性的第三部门"，司法权力按照一条适用法律——填补法律空隙——司法审查——宪法诉讼——宪法解释的权力扩张路径涉入政治民主的中心地带，司法成为立法和行政权力的制约力量，它旨在通过对立法和行政权力的审查和监督而保障民主。

民主目标的实现要有实现民主的方法保证，亚里士多德主义传统下的民主目标实现要求实现目标的过程本身也是民主的。对于司法这一"第三部门"，恩格斯早就将其界定为"国民的直接所有物"，并且指出："国民通过自己的陪审员来实现这一权力，这一点不仅从原则本身，而且从历史上来看都是早已证明了的。"[1]因此，作为实现民主目标之方法的司法过程本身也应该兑现民主精神。

司法民主概念的表征形态可谓风情万种：市民社会对司法权力的直接拥有，社会主体对司法权力运作过程的参与和监督，司法权力的透明和公开，乃至司法程序应充分确保当事人诉讼权利，判决结果通过一个合理性举证和辩论过程获得，司法程序制度设计的便民原则，等等，都经常性地被归于司法民主名下。在我们看来，司法民主根本上是一个指称司法如何实现社会主体的权利和自由并如何获得社会主体信任的概念。

民主主义是现代性精神的重要一环，其内涵要旨在于：政府代表人民的意志并服务于人民；人民的意志能够在政府中获得表达。[2] 作为现代性精神的法律确证，法律现代化运动更是将民主视为圭臬。在启蒙思想家看来，民主作为一种价值目标，曾经是法律现代化运动的基本动力之一。卢梭指出："法律乃是公意的行为"，"法律只不过是我们自己意志的记录。"[3]洛克指出："立法机关不能把制定法律的权力转让给任何他人；因为既然它只是得自人民的一种委托权力，享有这种权力的人就不能把它让给他人。只有人民才能通过组成立法机关和指定由谁来行使立法权，选定国家的形式。"[4]经典作家们的论述内在着这样一种逻辑：民主是个人自由的社会秩序得以保证的条件。按照这种逻辑，法律现代化的

---

[1]　《马克思恩格斯全集》第41卷，人民出版社1982年版，第321页。

[2]　参见［英］阿伯拉斯特：《民主》，孙荣飞等译，吉林人民出版社2005年版，第14页。

[3]　［法］卢梭：《社会契约论》，何兆武译，商务印书馆1980年版，第51页。

[4]　［英］洛克：《政府论》（下篇），叶启芳、瞿菊农译，商务印书馆1964年版，第88页。

一个维度就是既通过法律实现社会主体的自由权利(私人自主权),也将民众意志表达的代议(表)制形式作为实现意志和权利的民主程序制度。民主精神驱动下的法律现代化进程中,司法不但要促进民主目标的实现,而且司法程序本身就是表现民主过程的一种形式。

如果说司法权力属于"国民的直接所有物",或者是一种为市民社会没有向政治国家完全让渡的权力,那么,司法独立的本意在于弥补代议制立法的缺陷,是一种实现政治民主的补救方法。汉密尔顿指出:"不能设想宪法的原意在于使人民代表以其意志取代选民的意志。远较以上设想更为合理的看法应该是:宪法除其他原因外,有意使法院成为人民与立法机关的中间机构,以监督后者局限于其权力范围内行事。"❶这样,司法独立不仅意味着向普通选民保证着民主机会,也要求独立的司法权力运作本身也应该是一个民主过程,这是司法独立与司法民主的基本关系。司法独立是以摆脱非法律因素(尤其是政治威权)的影响为方法论特征的,其功能在于制约和监督立法和行政权力并通过解决纠纷实现社会主体的权利和自由,因此,司法独立追求司法权力的自主行使。司法民主是对司法独立所附加的一个条件限制,即司法权力的独立性仅仅只表现在该种权力与政治权力的关系维度,在司法与社会主体的关系维度则要求司法必须兑现民众的意志,民众意志是司法权力的合法性前提。在这种意义上,司法权力之于民众意志而言并没有根本独立性。

(二)司法独立与民主在实践中的紧张关系

司法独立理念的贯彻方案纷繁多样,其中,作为职业伦理的法官独立精神和司法过程的规则模型是两个最为重要的维度。法官独立和规则模型极其重要地为司法独立提供了保证,也为法治工程的民主目标追求发挥了重要权能。然而,法官独立和规则模型所促进和保证的是司法独立,而司法民主是对司法权力过程提出的另一项要求,这项要求旨在限制司法权力的独断专行而演变为另一种政治权力。因此,司法独立与司法民主之间天然地存在着一定的紧张关系,尤其是贯彻司法独立理念的两个重要方案——法官独立和规则模型——所内在的实践理性,更是激烈地制造着司法独立与司法民主之间的紧张关系。另外,司法独

---

❶ [美]汉密尔顿等:《联邦党人文集》,程逢如等译,商务印书馆1980年版,第392页。

立的逻辑力量所推动的司法能动主义（judicial activism）的兴起，使得司法权力由仅仅限于纠纷解决和犯罪审判领域而逐步扩张到司法审查、宪法解释、宪法诉讼、公益诉讼等领域，进而难免引发这样一种疑问：独立的司法并不按照议会政治中多数规则的民主程序行事，为什么独立的法官可以造法并且可以解释宪法并宣布某些法律违宪而无效？❶ 法官造法的批评家指出："法官在传统上是独立的；而他们越独立，对人民或大多数民众及其代表所负的责任就越小。""将司法人员视作迂回绕过民主程序的'交通堵塞的道路'之精英。是一种极大的诱惑。但显而易见，它仅仅是一条小路而已。事实上，它是一条永远不会通往康庄大道的小路，而不可避免地只会导向集权主义国家。"❷

　　对于司法独立与司法民主之间的这种紧张关系可以作如下归类分述。

　　1. 法官独立与大众舆论。法官独立意味着法官只服从法律和事实，并按照演绎逻辑整合规范与事实的范畴分立关系，"一切依法办事的卫道精神"、"'兼听则明'的长处"、"以三段论为推理基础"❸构成了法官思维的根本特征。这种思维特征既提出了法官的知识要求——认知哲学，也确定了法官的职业伦理基础——社会伦理学。

　　认知哲学要求法官对规则的确定含义和事实的客观真相的认知和确认必须参照现代科学的求真模式进行，对什么是规则的确定含义，什么是案件的客观真相，都应该按照一系列方法和标准加以认定。正是按照这种知识逻辑要求，法官的话语规则开始与大众话语规则逐渐分离，就像科学话语规则与日常生活话语规则相互分离的基本原理一样。如果说大众话语规则的性质在于它不需满足太多的条件要求就能够自我合法化，甚至它本来就不重视一个合法化问题，"它通过传递的语用学，不借助辩论，也不提出证据，就使自己获得了信任"。❹ 但是，司法的认知话语则存在一个突出的合法性问题：什么是法律解释的方法和标准？怎样认定甚至有无立法原意？谁有举证责任？质证和辩论规则怎样设计？什么

---

❶　参见［美］沃尔夫：《司法能动主义》，黄金荣译，中国政法大学出版社 2004 年版，第 20 页。

❷　［意］卡佩莱蒂：《比较法视野中的司法程序》，徐昕、王奕译，清华大学出版社 2005 年版，第 53～54 页。

❸　季卫东：《法治秩序的建构》，中国政法大学出版社 1999 年版，第 199～200 页。

❹　［法］利奥塔尔：《后现代状态——关于知识的报告》，车槿山译，生活·读书·新知三联书店 1997 年版，第 56～57 页。

是非法证据及排除标准是什么？事实认定标准是排除合理怀疑、内心确信还是强调客观真实？等等。类似于科学语用学，司法的认知话语已然从大众日常生活话语中分离而出，话语行为有了自身的合法性标准。

社会伦理学要求法官保持与市民大众生活一定的距离，"法官必须是一种远离政治活动和社会利害的内向型职业——'两耳不闻窗外杂事、一心只读法规全书'，奉禁欲主义和司法消极主义为圭臬"。❶ 独立的法官通过与大众生活的距离保持，避免大众道德和生活伦理渗入职业法官的思维逻辑和判断标准。另外，过于融入大众日常生活的法官将会把地方性知识和利益准则带入判断标准，从而影响法律的一般性、普遍性和统一性。法官不应该立足于社区立场而维护地方特定利益，法官并不像政治官员那样经由地方选举产生，因此法官不必与社区居民搞好关系，不需要像政治官员那样"为了适应不同的利益群体而制定出相互矛盾的法律（或作出判决）"。❷ 法官形象和司法的权威应该被理解为"睡着的孩子别弄醒"，距离就是权力和威信，司法的正当性并不因为法官与民众的接近和民众对司法的了解而得到保证，"审判的神话正因为它是一个'神话'，才能继续发挥正当化的作用"。❸ 在这种逻辑中，法官保持与地方社区民众的生活距离不但不是一种缺陷，而是一种条件优势，它有助于保证法官的心静如水、闲暇深思和独立意志。

基于法官独立理念的法官认知哲学和社会伦理学所带来的一个突出问题在于：如果说法官的知识规则和伦理准则必须脱离大众生活的基础，那么基于何种理由能够信任法官对法律的适用和事实的认定就能够保证民众的权利和自由？法官的独立理性何以兑现民众的意志？

2. 规则模型与程序参与。规则模型是贯彻法律形式主义的根本路径选择，也是对包括司法在内的所有权力的施行根据和界限的严格设定。规则模型要求法官在审理案件中只能将既定法律规则准确适用于具体案件事实之上，法律规则就是法官的权力界限，法官没有逾越规则明确规定要求之外的裁量权力；同时，社会主体的利益诉求倘若需要通过司法途径实现，那么这种利益纠纷诉求也

---

❶ 季卫东：《宪政新论——全球化时代的法与社会变迁》，北京大学出版社 2002 年版，第 277 页。

❷ ［美］沃尔夫：《司法能动主义》，黄金荣译，中国政法大学出版社 2004 年版，第 130 页。

❸ ［日］棚濑孝雄：《纠纷的解决与审判制度》，王亚新译，中国政法大学出版社 2004 年版，第 246 页。

必须具有明确的实在法依据,实在法限定了当事人利益要求的可能范围。然而,在韦伯看来,规则模型(法律形式主义)中,"法学家根据由科研工作得出的原则的尺度不能'设想'的东西,在法律上是不存在的,这就不可避免地一再导致一些使私人的、法的有关利益者'期望'最彻底落空的结果"。❶

规则模型的潜在功能在于通过限定权力范围并为权力设定责任的界限,进而为权力的动用提供正当性。对此,诺内特和塞尔兹尼克指出:"法官的权力由于看来是有限的,其正当性就比较容易证明;对政治决策者的威胁也得以减轻。""以规则为指向有助于限制法律制度的责任。"❷可见,规则模型根本上是一种正当性维持战略,它按照自由主义的司法理念保持法官和法律对政治的独立性,既力图防止政治对司法的介入和干涉,也对民众的参与持有消极和警戒的态度,认为民主主义将削弱现代司法的形式合理性基础。❸

规则模型与司法民主的根本矛盾在于按照一种"规范—事实"结构的综合命题抽象掉司法的其他权能,尤其是抽象掉社会主体期待通过司法途径实现多样性权利和司法回应社会的复杂性要求。对此,棚濑孝雄指出:"如果仅仅把审判理解为在法官头脑里进行的判断作用,那么从严格适用法律模式(规则模型)摆脱出来只能意味着只能承认法官创制法律的自由,成为恣意的审判,而不能真正回答社会的要求。"❹这种规则模型中,社会主体的权利实现要求被完全格式化了,权利要求的法定形式和类别十分单一,法官判决不去考虑当事人之间达成妥协或作出其他选择的要求,诉讼的成本、效率、地方风俗和习惯等因素不构成规则模型的参考维度,司法并不积极回应社会变革背景下社会主体所提出的获得更好服务、实现更多利益的要求,当事人在程序过程中对法官的影响力较为有限,不能通过积极的举证和辩论活动对法官施加较大影响,当事人现实生活语境中的相关共识性规范无法撼动抽象化、一般化的法律规则,从而当事人的意志在规则模型中是很难充分表达的。

---

❶　[德]韦伯:《经济与社会》(下卷),林荣远译,商务印书馆1997年版,第204页。

❷　[美]诺内特、塞尔兹尼克:《转变中的法律与社会:迈向回应型法》,张志铭译,中国政法大学出版社2004年版,第68~69页。

❸　参见[日]棚濑孝雄:《纠纷的解决与审判制度》,王亚新译,中国政法大学出版社2004年版,第248页。

❹　[日]棚濑孝雄:《纠纷的解决与审判制度》,王亚新译,中国政法大学出版社2004年版,第255页。

　　由于规则模型过分信任法官独自解释规则、认定事实并整合规范与事实之范畴差异的职业技术能力，从而在法律职业化进程中，司法的大众参与不再成为一个兑现司法民主价值精神的可欲进路，反而成为一种影响司法独立和法律职业化运动的障碍。以陪审制为例，这项源发于民众集体裁判和知情证人裁判的制度本来一直是作为司法民主的一种重要兑现形式而备受青睐的，但是，随着规则模型在司法活动中获得中心地位和法律职业化进程的深入，作为司法权之本来主体的市民尽管一直没有为日趋专业化的司法权所完全拒之门外，尽管他们还一直以各种审判参与甚至审判监督方式分享着这项曾经是他们自己掌控的权力，但是，就司法过程的市民参与和司法权的社会监督的现状而言，无论中外，市民都已然不再能自信他们还在事实上真正拥有着这项他们并没有向政治国家（更没有向法官精英）完全让渡的权力。

　　日益深奥而晦涩的法理学说和日益庞杂而系统的规范体系逐步固化着法官对司法权的合法化垄断，并将司法这个曾经是大众参与的公共领域渐渐演变为法官精英们的精密作坊，社会民众即便在形式上还被保留着陪审、参审等权利，但是，若要真正行使这项权利，不是显得碍手碍脚，就是被鄙视为"外行人审判"。陪审制的反对者更是对其大加贬损，认为陪审制导致诉讼效率低下、增加诉讼成本的后果。陪审员没有代表性，遴选规则经常是对部分公民的歧视规则。陪审制对司法民主的实际意义远远低于其象征功能。陪审员的非专业性将严重影响案件审判的质量。庞德曾经指出："司法并不是每个人都能胜任的轻松活，由普通人直接来执法或直接操纵审判过程就像由普通人直接行医或控制医疗过程、由普通人指挥军队、控制军事专门技术一样，都是不大可能的。"即便在当代美国这个陪审制最为发达的国家，陪审制的所兑现的也已经不再是司法民主精神，而更多地则是一种实用主义目的。按照波斯纳的理解，美国在民事审判中保留陪审制的目的，并不完全是出于对法官的不信任而设计的一种保障司法民主的机制，而是对法律形式主义的一种实用化贯彻，陪审团决断案件事实上对减轻法官的判决责任具有很大实用意义，"民事陪审之所以存活至今，并不像一般人相信的那样，是由于美国文化中的民粹主义因素，而是出于形式主义的焦虑"。❶

　　3. 司法造法与民主立法。司法造法是对法律形式主义的背叛，因为在法律

---

❶　［美］波斯纳：《法理学问题》，苏力译，中国政法大学出版社 2002 年版，第 261 页。

形式主义中法官仅仅只是在宣示法律，并没有加入法官自己的意志。在形式主义者看来，"法官不能仅仅为了社会的功用进行工具性的造法活动"。❶ 但是，随着社会的发展和关系的日益复杂化以及民众权利要求的多样性局面的形成，常规政治立法活动已然不能完全满足需要，议会制定的法律要么严重滞后于社会关系状况的变化，要么语焉不详，很难清晰确认"立法者的原意"。况且在社会关系复杂化局面下的法律观念也在福利国家主义进程中开始发生变化，仅仅满足利润最大化之市场法则的法律形式主义开始为法律实质主义所替代，一个旨在实现社会正义和实质公平的福利性立法运动开始席卷二战以后的西方世界。司法造法正是在这种背景下步入前台的，在大规模福利立法运动中，法院不再能够继续奉行司法保守主义而对新的局面无动于衷，"不得不接受变化了的法律概念和国家新的作用的现实，而他们归根结底还是国家的一个'部门'。于是他们将会发现，很难在国家努力促使那些项目的有效性实现方面无所作为，而应该赋予那些'目标和原则'以具体内容"。❷

　　司法造法主要是在对立法和行政行为的司法审查中进行的，由于福利国家中立法权力的膨胀和行政权力的滥用内在着一种极权化危险势态，从而通过司法这个"第三部门"对立法和行政行为进行司法审查便成为可欲选择。在这种意义上法官造法和司法审查倒是与民主要求一致，因为法官造法和司法审查意味着市民社会在无力与政治国家系统进行抗争时还可以求助于司法权力对另两种政治权力进行有力的制约和监督，但是，这其中也内在着一个突出问题：法官造法与常规的法律制定活动在性质上存在重大差异，法官绕开民主立法程序创造法律的民主合法性基础何在？对此，出现了两种完全不同的解释。

　　第一种解释认为法官造法并没有背离司法民主精神。司法以一种个案审理机制逐步将权力指向立法和行政，发挥司法审查和权力监督职能。作为政治意志形成的立法领域和作为执行政治意志的行政领域本来应该是兑现民主精神和民众意志的领域，但是，由于简约化的代议制立法机构的复杂因素导致立法决议很难说就一定是体现民意的，行政却将权力直接指向市民，干涉私人自主生活和

<hr>

❶　［美］菲尔德曼：《从前现代主义到后现代主义的美国法律思想》，李国庆译，法律出版社2005年版，第182页。

❷　［意］卡佩莱蒂：《比较法视野中的司法程序》，徐昕、王奕译，清华大学出版社2005年版，第21～22页。

侵犯市民权利的事件频频发生。这种局面下,司法经由具体案件审理,将权力动用到行政权力的合规则性以及规范性文件的合宪性审查领域,为市民意志表达间接地提供了一种渠道。司法审查并不意味着司法拥有高于立法的权力,对此,民主主义者辩护道:"(法官造法)这个权力并不意味着司法意志高于立法机关,而只是意味着基本的民众意志高于两者。司法审查只是贯彻宪法中包含的人民意志,使其高于在某个时候立法机关(或者行政机关)所代表的更加易变的人民意志。"❶

第二种解释则认为法官造法完全背离了民主要求。按照法律现实主义者的判断,司法审查并不意味着法官在严格表达适用法律的意志(民主意志)而不是在按照他们自己的政治倾向或理想行事。法律现实主义者认为:"司法审查的历史就是法院面对那个时代的中心政治问题,并且总结出自己对宪法、先例和某些自己的政治观点之间关系之看法的历史。"❷尤其是为了维护自己"被动的美德",由于逐步脱离社会基础,为了继续发挥正当化作用,司法"无意识地有通过与国家权力实现一体化来补充自己正当性的倾向"。❸ 在这种意义上,法官造法完全就是一种政治合谋,是家长式国家干预计划的一个帮凶,根本无法兑现丝毫司法民主精神。

(三)价值整合和制度架构:一种法律商谈论方案

在我们看来,尽管司法独立和司法民主两个重要的现代法理念在实践贯彻中出现了一种矛盾对立情形,但是并不能由此得出应对两种理念作出非此即彼的价值取舍或干脆完全否认全部两种理念之价值合理性的结论。问题的症结所在毋宁是,无论在理论上还是在实践上,独立和民主的两种价值合理性要求都被绝对化了,没有深刻洞悉到两种价值要求的契合所在和整合可能性及其方法论要求。应当认为,司法独立和司法民主两者共同追求同一个价值目标:实现社会主体的权利和自由。因此,司法独立和司法民主尽管内在着各自的实践理性要求,均具有一定的独立价值内涵,但是在将他们两者都理解为实现社会主体的权

---

❶ [美]沃尔夫:《司法能动主义》,黄金荣译,中国政法大学出版社 2004 年版,第 3 页。

❷ [美]沃尔夫:《司法能动主义》,黄金荣译,中国政法大学出版社 2004 年版,第 26 页。

❸ [日]棚濑孝雄:《纠纷的解决与审判制度》,王亚新译,中国政法大学出版社 2004 年版,第 248 页。

利和自由的制度性方法这一点上是没有什么疑问的，司法独立旨在阻却干涉，司法民主旨在避免恣意。正是在这个前提下，我们提倡司法独立和司法民主的价值统一立场，将两者理解为司法现代性精神的两个重要维度。

司法独立与民主的价值统一，需要有恰当的方法论加以论证并阐明实现这种价值统一的基本路径。在笔者看来，选择"法律商谈论"（Discourse Theory of Law）作为论证这种价值统一的方法论是颇为可欲的。针对以上关于司法独立与民主之实践对立关系分析，结合一些西方国家近年来的司法改革实践，从法律商谈论立场出发，我们认为实现两者价值整合的路径可作如下选择。

1. 法官社会化。脱离民众社会生活的法官仅仅凭借专业知识和抽象的形式理性并不能真正实现完全正确的判决，也不能有效兑现民众的意志表达，哈贝马斯指出："单个的法官原则上必须把他的建构性诠释看作是一项以公民间公共交往为支撑的共同事业。"❶这种法律商谈论语境中的法官定位不但否定了法律形式主义中的法官与社会的关系，也对法律实质主义将法官定性为一位独断大众生活之善理念和正义价值的做法进行了否定。法律既不是一种可以在法律自身的规范逻辑中可以自行融贯的东西，也不是借助某种预定的伦理原则和价值信念便可以一劳永逸的东西。波斯纳指出："法律的自足性和客观性是通过仅仅在形式层面分析法律来保证的，……而当法律的结果取决于与现实有关的事实之际，法律的自足性和客观性就受到了威胁，因为这些事实可能有争议，或者是与创造或解释规则相关的社会事实或伦理事实。"❷因此，法官既不应该是一位消极保守、奉行规则模型和演绎逻辑的形式唯理主义者，也不应该是一位德沃金意义上的能力非凡的"赫尔克勒斯"（Hercules）——他总是能以超群的道德洞见和无比的知识能力作出正确的判决。❸ 夜警国家的法律形式主义之私人自主的消极维护理念在导致法官远离大众的同时，却也无意间促就了社会关系秩序的复杂化；福利国家的法律实质主义之社会正义的积极实现理念在导致法官独断民众意志的同时，却又面临一个需要对作出实质结论之理由有效性进行合理论证的困境。因此，后现代秩序中的法官角色必须重新界定，这种角色界定的

---

❶　[德]哈贝马斯：《在事实与规范之间：关于法律和民主法治国的商谈理论》，童世骏译，生活·读书·新知三联书店2003年版，第275页。

❷　[美]波斯纳：《法理学问题》，苏力译，中国政法大学出版社2002年版，第51页。

❸　参见[美]德沃金：《法律帝国》，李常青、徐宗英译，中国大百科全书出版社1996年版，第213页以下。

一个根本方向就是法官的社会化。

法官社会化并不意味着法官出于民主的压力就应该像社区服务者那样完全融入市民群体,或者法官平民化,或者法官完全来自普通民众。这种古典自由主义理路中的民主主义并不适合法官的角色定位,毕竟我们已经无法回到"民众大会"和"知情人审判"时代,要求法官秉承法律形式主义理念不是错误,而是不够全面,不是完满选择。法官社会化的真正要旨在于法官如何足够有效地洞悉和捕捉社会交往关系中的意见、呼声和共识,以及这些信息对当下利益纠纷解决和未来社会秩序形成而言意味着什么。在这种思路中,法官社会化工程的重点有三项:法官的社会经历;法官对社会秩序信息的获取;法官的知识立场。

法官的社会经历侧重其从业经历问题。一些国家的法官遴选制度提示了一些有价值的思考素材。在英国,大量法官出自资深律师。在美国,绝大部分法官都有较长的从业律师经历和良好业绩,具有丰富经历的律师将担任法官作为其职业发展的顶峰。在日本,近年来所推行的"法律家一元化"改革以有助于法官获得更加广泛的知识和经验为目标,对符合条件的律师、检察官、法学学者、法官等进行专门训练,从中挑选法官,培养更好的法官队伍。要求法官的经历条件不仅仅是一个资力威信和业务能力问题,它也是一个法官对社会关系的理解程度问题,在某种意义上,社会经历越是深厚的法官,他对民意的洞悉就越是精当,越有可能在判决中兑现大众意志。

具有深厚社会阅历的法官享受终身制未必有什么弊端,关键在于如何保证已经终身制的法官还能继续保持对社会秩序信息的获取。卡佩莱蒂指出:"尽管他们(法官)的专业和职业可能与社会现实隔离,但法官真正的职责强制其回到现实,因为他们被要求裁决涉及活生生的人、具体的实施和实际生活问题的案件。"❶在国家这个传统政治中心失去权威和价值多元主义局面下的后现代社会,作为决策根据和判决标准之依据的信息已经不能从理性承诺或政治意志中获得,在吉登斯看来,决定社会秩序状况的信息之流已然是从作为生活世界的下层向作为权威中心的统治系统传递。❷ 这就要求法官(即便终身制化了)始终能

---

❶ [意]卡佩莱蒂:《比较法视野中的司法程序》,徐昕、王奕译,清华大学出版社 2005 年版,第 61 页。

❷ 参见[英]吉登斯:《超越左与右——激进政治的未来》,李惠斌、杨雪冬译,社会科学文献出版社 2003 年版,第 15 页。

够保持与生活世界的联系,这种联系不会导致抽象形式法理念的衰弱,而是会使得形式法的躯壳获得时代的生动内涵。

抽象的法理学说属于法学的精英话语,但是,这种精英话语未必就承诺了法律的真理。有论者指出:"法学知识是历史语境化的,而非普遍科学化的,它是'小写的',而不是'大写的',它是一种'参与',而非客观分析。个体化和共同体化的法学知识,不会因为学者的'自我克制',从而摆脱社会历史法律实践的'非客观'的束缚。"❶由于法学知识的本性使然,法官精英话语所内在的方法论基础无法完全承诺真理和正义,从而法官应当变革其知识立场,这种知识立场就是要将生活语境和社会共识始终作为规则模型和演绎思维的知识前提,至少是一种丰富或补充。

2. 司法论坛化。季卫东评述了 20 世纪 90 年代后期以来日本司法改革的精神要旨,认为这场司法改革是日本"从过度的事先限制·调整型社会转变到事后监督·救济型社会"对司法制度变革所提出的要求,理论支点是"市民社会和市场法则",改革的主轴是"把法院从'精密司法'的判决作坊转变成'民主司法'的公共领域、从只容许'内行看门道'的剧场转变成也容许'外行看热闹'的广场"。❷ 其实,这种改革根本上是由社会关系的后现代性质和全球化时代的到来所要求的。当今时代,知识并不必然表达真理,真理决定于程序和论证,从而处理社会(法律)关系的标准也不再可能完全清晰明了,诚如美国民事司法学者所言:"生活中的纠纷不是打着整洁干净的包裹而来,因而其解决也就不仅仅是一个逻辑事项。"❸时代关系的状况以及知识与真理关系的性质,要求司法对纠纷的解决不能继续沿袭那种法官独断结论的精密司法模式,司法应当逐步成为一种论坛,纠纷解决结果应当成为一个合理性论证过程的产物。因此,精密作坊式的司法不再是司法独立的兑现方式,司法独立本来就不意味着职业法官垄断判决领域中的真理和正义,而是指法律争端的解决应排除政治意志、经济利益、意识形态、文化惯习的左右和无端干涉,独立之于民主而言并不具有本体论地位,司法独立与民主都是实现权利和自由的方法。

---

❶ 刘星:《法学"科学主义"的困境》,《法学研究》2004 年第 3 期。

❷ 季卫东:《宪政新论——全球化时代的法与社会变迁》,北京大学出版社 2002 年版,第 271 页以下。

❸ [美]史蒂文·苏本、玛格瑞特·伍:《美国民事诉讼的真谛》,蔡彦敏、徐卉译,法律出版社 2002 年版,第 254 页。

　　司法的论坛化首先要求公民能够有效参与审判过程。陪审制、参审制等制度实践尽管遭到了许多法律职业主义者的尖锐反驳,但是,这种论调的立论前提始终内在着一个致命缺失——专家文化论。应当认为,这种专家文化论调沉湎于社会科学(包括法学)知识只有少部分人才能掌握,知识是中立而客观的。但是,在后现代社会,伴随着科学唯理性的合法性危机,知识不再被看做是中立而客观的,它是社会的建构。❶ 在这种意义上,什么是法律的确定意义以及什么是法律事实,什么是正义的标准,就不能被视作只有职业法官才可以掌握的知识或能够提供的真理,与自然科学和其他社会科学知识一样,法律上的真理和正义只有与民主结盟才能够获得合法性。因此,陪审、参审等制度的合理建构实际上是对后现代社会中法律上的真理和正义之参与性协商要求的一种必要保证。其次,司法的论坛化要求司法判决的作出是一种合理性商谈程序的产物。过分强调司法独立和法官职业主义的最终要求就是法官必须像德沃金所塑造的"赫尔克勒斯"法官那样具有无与伦比的决断真理和正义的知识和能力,但是这种法律实在论思想显然是一个永远不切实际的愿望,对此,哈贝马斯指出:"规范性判断的正确性是无法在真理的符合论的意义上来解释的,因为权利是一种社会构造,不能把它们实体化为事实。'正确性'意味着合理的、由好的理由所支撑的可接受性。确定一个判断之有效性的,当然是它的有效性条件被满足这个事实。但是,要澄清这些条件是不是被满足,不可能通过直接诉诸经验证据和理想直觉中提供的事实,而只能以商谈的方式,确切地说通过以论辩的方式而实施的论证过程。"❷这种司法程序的商谈论立场其实将作出判决的合法性根据定位在司法程序本身,如果这种司法程序过程兑现了合理性商谈要求,判决才是合法有效的,而所谓合理性商谈要求,根本上是指司法程序过程呈现为以下"理想对话情形"(ideal speech situation):论辩不受合力推进的中断;论辩过程的普遍、平等的了解和平等、对称的参与;意志不受任何强制;更好的论据等。❸ 第三,法律公

---

❶ 参见[英]德兰逊:《社会科学——超越建构论与实在论》,张茂元译,吉林人民出版社2005年版,第134页。

❷ [德]哈贝马斯:《在事实与规范之间:关于法律和民主法治国的商谈理论》,童世骏译,生活·读书·新知三联书店2003年版,第278页。

❸ 参见[德]哈贝马斯:《在事实与规范之间:关于法律和民主法治国的商谈理论》,童世骏译,生活·读书·新知三联书店2003年版,第282页。

共领域的培植和建制化。由于宪法解释、司法审查、宪法诉讼等形式的司法权形式并不按照立法程序的常规民主形式进行,从而这种准立法性质的新型司法权力范式需要获得民主合法性。对于这种合法化要求,哈贝马斯的方案是要求有一个批判性法律论坛,这种论坛作为一种法律公共领域,既为司法权力的合法性履行辩护义务提供场合,也使"有争议之原则性判决成为公共争论之焦点"具有敏感性,并要求这种论坛超越现有专家文化模式。❶ 尽管哈贝马斯没有详细提示这种法律公共领域的建制形式和方法,不过我们还是可以认为,这种促进司法民主化的法律公共领域建制方向,实际上就是要求司法结论和意见必须成为一个社会热点论题,学术、媒体、有关机关、相关组织和团体,以及社会民众既能享有对司法过程及根据的知情权,也能将司法事件作为一个论题加以议论、评价、批评,司法机关既要保持一定程度的独立思考精神,也要将法律公共领域信息作为一种公共理性资源破解狭隘的法律职业主义思维模式。

　　3. 司法的能动化。司法能动主义的要旨在于倡导司法权的扩张,主张司法突破权力分立逻辑下的"规则实施"模式,动用更多的手段实现个人自由和社会正义。❷ 司法的能动化一方面强化了司法之于立法和行政权力的独立性,另一方面则将更为主动而便捷地为社会主体之实体性权利和自由要求提供实现路径作为兑现司法民主的一个方案。在罗尔斯的政治自由主义学说中,司法能动化是从通过法院促进"公共理性"(public reason)的作用机制的角度进行要求的。罗尔斯指出:"法庭的作用不仅是辩护性的,而且通过发挥其作为制度范例的作用,还应对公共理性发挥恰当而持续的影响。"法庭作为公共理性之范例角色的一项重要功能在于,"在公共论坛上赋予公共理性以生动性和有效性"。❸ 所谓

---

❶ 参见[德]哈贝马斯:《在事实与规范之间:关于法律和民主法治国的商谈理论》,童世骏译,生活·读书·新知三联书店 2003 年版,第 543 页。

❷ 公丕祥总结了金融危机以来江苏法院系统应对金融危机的一系列有效实践后指出:"法官应把自己看做社会工程师,而不是单纯使用规则的法官";"回顾去年下半年以来江苏法院金融危机司法应对工作,我们深深认识到,始终坚持司法能动,这是人民法院切实履行依法服务大局司法使命的时代要求。在司法能动的过程中,我们必须摒弃司法绝对被动,坚持司法适度主动;摒弃司法绝对刚性,坚持司法适度弹性;摒弃司法绝对中立,坚持司法适度干预;摒弃司法绝对事后,坚持司法适度参与,从司法的法律功能与司法的政治功能、经济功能、社会功能有机统一出发,积极行使各项司法职权,创造性地适用法律,认真履行司法的社会责任,为党和国家工作大局提供有力的司法保障和法律服务。"公丕祥:《应对金融危机的司法能动》(上、下篇),《光明日报》2008 年 8 月 6、27 日。

❸ [美]罗尔斯:《政治自由主义》,万俊人译,译林出版社 2000 年版,第 249、251 页。

法院对公共理性的促进,在罗尔斯的论述中,根本上是指法庭应当成为一种充分兑现公共理性的场合,在这种场合中,各案判决、违宪审查、宪法诉讼、宪法解释等能够按照政治正义价值标准和公共理性对话机制获得结论。司法能动主义涉及宪法解释、司法审查、宪法诉讼、政府内争端裁决、司法救济范围的扩大、公益诉讼等多种制度形态。司法能动主义的哲学基础在于认为法律文本不可能表达唯一确定的意义,从而作为法律适用者的法官必须克服法律形式主义所内在的纯粹而机械的逻辑缺陷,将意志自主和裁量自由因素注入法律文本适用和解释之中。真正促发司法能动主义兴起的重要动力还是福利国家时期社会发展步伐加快、关系日趋多元而立法日显滞后的局面和对社会权利的重视,迫使司法这一"第三部门"必须作为政府的一个机构而参与到国家原则、政策的落实任务之中,甚至在公共政策的形成方面发挥司法部门的作用。根据弗雷德曼的研究,第二次世界大战后的美国通过法院终结的某些特定纠纷比以前大大减少的,而以形成政策为实质内容的案件却呈大幅度上升趋势。❶ 正因如此,司法能动主义才成为视严格的权力分立为圭臬的自由主义法学所攻击的对象,认为法院不但与立法机关发生了竞立关系,甚至成为一个无所不能的政治过程的托管人和摄政者,而法院行使这一角色的机制恰恰不是按照民主程序方式完成的。

需要指出的是,我们既不能像自由主义者那样按照权力分立和民主程序标准否定司法能动主义的民主合法性,也不能像共和主义者那样为司法能动主义的民主合法性寻求理由,认为司法能动主义(尤其是宪法解释和司法审查)是在人民缺席政治意志形成过程时的代言人,将法院定位成宪政理想和现实之裂痕的弥补者。司法能动主义真正的合法性基础及其之所以能够兑现民主精神的力量,根本上在于它通过那种合理性论证程序、以"更佳论证之力"决断问题。由于后现代社会的关系性质,立法的滞后性已在所难免,行政部门自我立法的现象也日益突出,社会权利之主题日益彰显,甚至何谓公民基本权利和义务,也不再有一个昭然若揭的答案,新型权利和义务问题客观上不断生发,或者说这种新型权利义务本身就是一个建构型诠释问题。从而,司法作为一种随时可以接纳讼争事件的机制,以一种合理性论证程序解决纠纷以及适当形成一些颇具广泛性

---

❶ 参见[美]弗雷德曼:《美国司法制度历史继面之剖析》,载[日]小岛武司:《司法制度的历史与未来》,汪祖兴译,法律出版社2000年版,第28页。

的规范意见，着实较之政治立法程序的原则性和恒定性以及较之行政部门的自我立法更具有现实性和优越性。因此，司法能动化并不意味着司法权力开始独立到凌驾于立法之上，成为不成熟之王位继承人的监护人角色，也不意味着司法权力担当着人民缺席政治意志形成过程的代言人角色。司法能动主义所内在的司法独立与民主内涵是统一一体的：司法独立于任何外在力量的介入和干涉而仅经由合理性论证程序获得结论，而作为合理性论证程序之所有对话的参加者机会均等、言谈自由、没有特权、诚实、免于强制、更佳论证等要素正是保证司法民主的必要条件。

　　就司法程序本身而言，司法能动化要求司法程序必须是一种合理性论证程序过程。就司法目标而言，司法能动化意味着司法机制必须背叛形式主义法治范式，按照克里斯托夫·沃尔夫的观点，司法能动主义的根本宗旨就是："法官应该审判案件，而不是回避案件，并且要广泛地利用他们的权力，尤其是通过扩大平等和个人自由的手段去促进公平——即保护人的尊严。"❶对于这种法官权力的运用方法，克里斯托夫·沃尔夫将其概括为以下几个方面：宪法解释的语境化；合理的对宪法先例的变更；司法判决减少程序上的障碍；对政治保持独立；裁定和意见根据的广泛性；广泛的司法救济权。❷ 尤为重要的是，司法能动化意味着司法权力在扩大平等和个人自由的法律领域的扩张，对于这场权力扩张实践，就西方社会而言，主要表现为宪法解释、司法审查、宪法诉讼、参与立法、政府内争端裁决、司法救济范围的扩大、公益诉讼、为贫困者提供法律援助等多种制度形态。这种司法权力范式的变革有其深刻的社会历史基础，司法权力形式的多样化根源于后现代社会关系复杂化的价值多元化的性质，后现代社会中，协商性政治逐步取代自由放任的看守政治和福利国家的干涉政治，公共协商正成为解决社会纷争和实现社会整合的根本机制。❸ 这种趋势说明，后现代社会中司法兑现民主的方式，除了程序过程本身的民主性要求之外，扩大社会主体通过司法实现权利和自由的范围以及司法制约政治权力的领域，同样是一类崭新的实现民主的路径。在这种意义上，司法独立与民主之内涵已经获得全新的建构性诠释。

---

❶　[美]沃尔夫：《司法能动主义》，黄金荣译，中国政法大学出版社 2004 年版，第 3 页。
❷　参见[美]沃尔夫：《司法能动主义》，黄金荣译，中国政法大学出版社 2004 年版，第 3~6 页。
❸　参见[德]贝克：《再造政治：自反性现代化理论初探》，载贝克、吉登斯、拉什：《自反性现代化》，赵文书译，商务印书馆 2001 年版，第 52 页。

4. 解纷机制多元化。司法的独立性并不意味着需要通过垄断所有的利益纷争解决平台加以保证,司法的民主性也不意味着权利诉求只有在司法场合得到了表达和伸张才算实现。司法的独立和民主都属于正义的形式要素,但是,正义程序没有永恒的语法,只要权利话语事件还会出现,原有的语法规则(游戏规则)便会被打破,诚如利奥塔尔所言:"如果定义每一种语言游戏和游戏'招数'的那些规则存在着共识,这种共识也'应该'是局部的,即它是从实际的对话者那里获得的,经常可以废除。"❶这样,纠纷者所欲求的正义,不见得一定要在法院、一定要通过诉讼程序才能购得,也不再有一种普世式正义程序能够满足多元化社会中纷繁多样异质纷呈的诉求。对此,M. 盖朗塔批评说:"探讨正义的接近问题,作为基本的模式,是将人们的不平诉诸法院,这样简单地下结论是一种曲解,但却是一种有益的过分简单化。""通常不能认为诉讼一旦提出,法院就通过争讼进行典型诉讼活动,根据正式规则进行裁判。实际上,法院应该被认为是产生各种纠纷(或非纠纷)的场所。""不能把法院在解决纠纷中所做的贡献完全等同于根据判决来解决纠纷。法院的主要贡献是为了私人的、公共的场所所产生的交涉和秩序,提供规范和程序的背景。"❷这种纠纷解决机制多元化观点暗合法律商谈论精神,也深为切合后现代社会中正在逐步生成的"协商式民主"(deliberative democracy)趋向。法律商谈论倡导权利争议解决过程的合理性论证和解决场合语境化选择,协商式民主理论则进一步拓宽了民主理论的视野,面对一个关系日益复杂的后现代社会,吉登斯指出:"我们有理由期望民主参与的新形式将崭露头角。例如,它们可能采取这样或那样的形式,促进在车间、地方性协会、媒介组织以及各种类型的跨国组织中的民主参与程度。"❸这意味着,后现代社会中的民主实现场合不再可能被限定于那些传统政治和法律场合,它也要求司法权力对纠纷解决场合的垄断必须逐渐让位于当事人的程序选择权,甚至选择"法官"权。

公力救济取代私力救济是司法权力得以独立的基本保证,但是,司法程序未

---

❶ [法]利奥塔尔:《后现代状态——关于知识的报告》,车槿山译,生活·读书·新知三联书店1997年版,第138~139页。

❷ [美]盖朗塔:《不同情况下的正义》,载[意]卡佩莱蒂主编:《福利国家与接近正义》,刘俊祥等译,法律出版社2000年版,第126、128、132页。

❸ [英]吉登斯:《现代性的后果》,田禾译,译林出版社2000年版,第147页。

必就完全适合任何利益纷争的解决，尤其是一些新型案件，司法程序过程和判决方式并不必然可欲。让司法权力退居后台，除了一部分（也应该是很大比重的一部分）纠纷可以直入司法程序的剧场和殿堂，将其他众多的纠纷准许它们的制造者选择切近其秉性和心灵寄托的纠纷解决途径，将那些已经被闲置的机构、组织乃至个人的纠纷解决资源发掘出来并诠释性建构出更多新型纠纷解决机制，显然也是实现司法民主的一种范式转型。同时，即便是仍在前台作为纠纷解决机制的诉讼程序，它们仍然应当是灵活的，是富于张力和弹性的，在此，和解、简易程序、集团诉讼、小额诉讼、非讼程序功能的发挥，同样也消解了正义程序基本模式的结构，既在扩大民主的灵活形式，又在保证利益纷争者的程序选择自由方面实现司法民主。

二、司法竞技性与交往性：诉讼哲学的演进和转型

（一）司法竞技主义的概念内涵和当代危机

"司法竞技主义"（the sporting theory of justice）是一种关于司法程序模式的理念，这种理念倡导诉辩双方在消极、被动和中立的法官面前依照程序规则进行竞技性争斗。司法竞技主义的制度兑现是对抗制（Adversary System），这种对抗式诉讼制度在英美法系国家表现得尤为突出（无论是民事诉讼还是刑事诉讼）。在大陆法系国家，司法竞技主义则主要是在民事诉讼方面得到了体现，但是这也并不意味着大陆法国家的审问制（Inquisitorial System）就丝毫没有司法竞技主义的成分，对刑事被告人诉讼权利的强调，司法竞技主义也对职权主义的刑事诉讼模式发生了深刻影响。司法竞技主义概念较早地为庞德所提出、界定并批判。1906 年，庞德在其《大众对司法裁判不满之缘由》一文中，将普通法国家的对抗制诉讼模式进行了激烈批判，将其轻蔑地称作司法竞技主义："法官理所当然地作为裁判员，……而当事人在他们所比赛的项目中以其自有的方式进行搏击，法官不进行干预。"❶

关于司法竞技主义的制度构成要素，出于讨论问题的便利，在此主要立足于

---

❶　参见徐昕：《英国民事诉讼与民事司法改革》，中国政法大学出版社 2002 年版，第 425 页。庞德《大众对司法裁判不满之缘由》一文载《美国律师评论》1906 年第 40 期。

民事司法程序视角予以一般化把握。

1. 法官消极裁判。法官保持中立立场本来是司法裁判的必然要求,培根曾经指出:"听审的忍耐和庄重是公正的必要因素,法官言多必失。"❶如果说法官在案件审理中保持中立第三人角色内在着一定的自然正义精神,那么,近代以来普通法传统中的法官消极裁判角色定位则是那种回应型政府的简约主义理念的贯彻结果。达玛什卡指出:"回应型政府的任务限定在为其追求自我选定目标的公民提供一个支持性框架上。它所采取的手段必须能够释放出社会自我管理的自生自发力量。国家不去构想与社会和个人(私人)利益相分离的自我利益:不存在内生性的国家问题,只有社会问题和个人问题。人们常说,这种'简约主义'的政府只做两件事情:维护秩序,并且为解决公民无法自行解决的纠纷提供一个平台。"❷这就意味着,这种简约主义政府本身就必须对公民间的利益追求和权利纷争采取一种消极立场。以这种简约主义为前提,哈耶克进一步区别了法官的任务与一个组织的领导的任务(行政任务),在回应型国家,如果说一个简约主义政府委派行政官员前去对特定秩序进行维护还带有实现政府意志所旨在创造的社会秩序的性质,那么,法官对社会秩序的维护活动依然不再是按照政府的某种一致要求去实现预定的秩序目标,哈耶克指出:"如果一个统治者派法官去维护社会秩序,那么他这样做的目的,通常来讲,并不是让法官去维续他所创造的秩序,也不是让法官去检查他的命令是否得到了贯彻,而是让法官去恢复一种他甚至不可能知道其特征的秩序。"❸因此,法官消极裁判作为司法竞技主义的构成要素之一,已然超越了古典的自然正义原则所要求的法官中立的意义,法官消极裁判不再是仅仅出于正确裁判的目的,而是一种政治哲学立场——公民与国家接触的主要方式是把国家作为解决纠纷的中立立场。

2. 当事人意思自治。意思自治意味着当事人对诉讼程序的主导地位,这种意思自治理念在民事诉讼程序中的确立,其理论前提通常从两个方面予以论证:事实发现原理和正当程序原则。棚濑孝雄指出:"当事人之间的相互作用才是诉讼程序的中心部分这一观念,一般地或者以这样能够最大限度地发现案件事

---

❶ [英]特纳:《肯尼刑法原理》,王国庆等译,华夏出版社1989年版,第639页。

❷ [美]达玛什卡:《司法和国家权力的多种面孔》,郑戈译,中国政法大学出版社2004年版,第109页。

❸ [英]哈耶克:《法律、立法与自由》(第一卷),邓正来等译,中国大百科全书出版社2000年版,第157页。

实真相的理由来说明,或者由当事者接受涉及自己切身利益的处理时必须得到陈述自己的意见的机会这种正当程序的原理演绎而出。"❶当事人意思自治在民事诉讼程序中主要体现为以下几个方面。首先,当事人自治并拥有较大的程序选择权。当事人在诉讼程序中具有自治地位,他们是诉讼程序的主人,他们有权自主决定解决纠纷的方式,尽管回应型国家也会对诉讼程序进行必要的规制,但是,这并不意味着当事人之间便不再可以对诉讼程序的具体操作方式通过相互约定予以更改,"如果实际的诉讼参与者希望变更这一假设合同(回应型国家的程序法)的条款,国家没有不可动摇的理由来坚持主张其法律的不可更改性。……国家对法律程序的规制不外乎是提供了一条诉讼当事人随时可以选择离开的基准线"。❷ 其次,当事人具有平等的诉讼地位和权利。早期资本主义国家的自由放任主义的意识形态要求按照法律形式主义逻辑确认当事人的诉讼地位和诉讼权利,当事人的诉讼能力尽管可能存在实质上的差异,但是在规制程序的法律上他们被抽象地对待,诉讼程序并不过多考虑他们的人性实质基础,一切纠纷参与人都被化约成权利平等和地位相同的诉讼程序主体。

　　3. 诉讼过程以竞技性举证和质证方式进行并决定纠纷解决结果。首先,案件的争议事项由当事人确定。由于倡导民事诉讼的目标是纠纷解决,从而纠纷争议的范围通常是由当事人自行确定的,法官并不干涉有关争议事项的确定,达玛什卡指出,在纠纷解决型程序中,"一旦案件所涉及的事实争点不再由当事人决定,法律程序便不再服务于纠纷解决的目的"。❸ 其次,竞技性举证和质证构成了事实发现的整个诉讼程序过程。当事人之间的竞技性举证和交叉质证询问在司法竞技主义者看来具有发现事实真相的最佳方式的功能地位,在普通法传统中,向案件裁判者陈述事实和举证以及质询对方的事实主张和证据是一项"正当程序"权利,是一项能够增加个人尊严并使个人成为更充分的社会成员的权利。❹ 第三,优势证明决定事实争议结果。司法竞技主义尽管将对抗制作为

---

❶　[日]棚濑孝雄:《纠纷的解决与审判制度》,王亚新译,中国政法大学出版社2004年版,第122页。
❷　[美]达玛什卡:《司法和国家权力的多种面孔》,郑戈译,中国政法大学出版社2004年版,第109页。
❸　[美]达玛什卡:《司法和国家权力的多种面孔》,郑戈译,中国政法大学出版社2004年版,第178～179页。
❹　参见[美]史蒂文·苏本、玛格瑞特·伍:《美国民事诉讼的真谛》,蔡彦敏、徐卉译,法律出版社2002年版,第30页。

发现事实的最佳方式,但是,它并不要求判决事实就必然是纠纷事实原貌,真理符合论哲学在司法竞技主义下的纠纷解决制度中并不是一个原则,"盖然性优势"(on a preponderance of probability)成为判断争议事实的标准,这就意味着争议事实的证明标准并不要求客观真实,英国学者彼德·莫菲指出:"在民事案件中,证明标准无非是要求'或然性权衡'和'盖然性占优势'的标准,也就是说,足以表明案件中负有证明责任当事人就其主张的事实的真实性大于不真实性。"❶按照这种对抗性举证和质证过程进行事实发现以及按照盖然性标准进行事实判断和确认,那么,案件审判结果就会像吉尔兹所说的那样,"法律事实并不是自然生成的,而是人为造成的,它们是根据证据法规则、法庭规则、判例汇编传统、辩护技巧、法庭雄辩能力以及法律教育成规等诸如此类的事物而构设出来的,总之是社会的产物"。❷

然而,20世纪晚期,一场席卷西方法治发达国家的司法危机动摇了司法竞技主义的中心理念地位,并推动了一场遍及整个西方世界的民事司法改革。这场司法危机主要表现为诉讼爆炸、诉讼成本高昂、诉讼迟延、当事人诉讼能力的不平衡、诉讼制度的烦琐和难于理解、诉讼结果的不确定性等。❸ 在美国,自20世纪80年代始,以"对诉讼程序的收紧和对通往法院之途的限制的增加"为核心精神的民事司法改革深入开展,改革事项主要涉及加强对案件的司法管理、限制审前证据开示(Discovery)程序规则、完善集团诉讼制度等。❹ 在英国,深入而全面的民事司法改革于1994年开始全面启动,司法大臣委任沃尔夫勋爵(Lord Woolf)对英格兰和威尔士民事法院的现行规则和程序进行全面评审,沃尔夫先后于1995年6月和1996年7月发表了题为《接近正义》(Access to Justice)中期报告和最终报告,两个报告系统分析了英国现行民事司法制度和实践中存在的问题,指出了改革的目标和方向,并提出了300余项具体改革建议。1999年4月26日,英国新《民事诉讼规则》正式生效,这一新规则将英国民事司法改革的

---

❶ 转引自刘善春、毕玉谦、郑旭:《诉讼证据规则研究》,中国法制出版社2000年版,第632页。

❷ [美]吉尔兹:《地方性知识:事实与法律的比较透视》,载梁治平主编:《法律的文化解释》,生活·读书·新知三联书店1994年版,第92页。

❸ 参见齐树洁主编:《英国民事司法改革》,北京大学出版社2004年版,第2页。另见范愉:《世界司法改革的潮流、趋势与中国民事审判方式改革》,《法学家》1998年第2期。

❹ 参见[美]史蒂文·苏本、玛格瑞特·伍:《美国民事诉讼的真谛》,蔡彦敏、徐卉译,法律出版社2002年版,第47页以下。

众多成果统摄其中,定位了民事司法目标——接近正义,并将这种正义目标具体界定为保障当事人平等、节省诉讼费用、采取与案件主要因素相适应的方式审理案件、保证便利而公平地审理案件、司法资源在各类案件中的平衡分配等。在德国,尽管对抗式诉讼模式得到了较为理想的运行,却也面对着诉讼案件居高不下和法院不堪工作量负荷的突出问题,积案逐年增多,上诉率达50%,从而,围绕减少诉讼量、降低上诉率、推进替代性纠纷解决机制的民事司法改革也正在进行。在法国,突出存在着诉讼迟缓、程序烦琐、成本高昂、诉讼不平等等问题,因此,司法改革方案已被列入议事日程之中。在日本,自20世纪80年代中期以来的司法改革已经成为该国的一个热点,甚至成为一个可能根本变革日本政治体制的重大举措。由于日本是一个法制相对落后于现代化进程的特殊国家,❶"大政府、小司法"一直是该国的一个基本政治制度架构,然而,随着现代化进程的深入,为进一步寻找社会发展的制度资源,以"缓和限制"、"促进公平竞争"、"行政管理透明化"为中心理念的国家政治和经济体制改革方案的提出,其逻辑结果势必是加快法治进程和强化司法制度权能,从而一场声势浩大的司法改革运动正在日本兴起。❷ 作为司法改革的一个重要方面,民事司法改革也正在以下主要领域深入开展:陪审制和参审制的完善,选择性纠纷解决机制的推行,法律援助制度建设,以促进诉讼效率、提高审判专业化水准、确立集团诉讼制度、加强当事人程序保障为核心内涵的审判方式改革等。

通过以上有关西方部分法治发达国家民事司法实践现状和改革动态的概览,我们不难发现,随着现代化进程的深入,民事司法制度正面临着一场重大危机,对于导致这场危机的深层原因,客观上可以从多个向度进行找寻和归结,不过,笔者的旨趣则在于将这场民事司法危机与司法竞技主义进行关联性考察,通过司法竞技主义得以建制化的对抗制诉讼模式的运行机理及其自我异化秉性的揭示,从民事程序制度本身的矛盾结构内部着手,解释这场民事司法危机的一个

---

❶ 日本的现代化发展一直存在一个法律滞后现象,社会发展进入高度现代化阶段,而法律和司法却在社会发展中处于相对次要的地位。棚濑孝雄指出:"日本社会到目前为止在没有真正依靠法律的前提下已经建立和维持了一个高度发达的产业社会,甚至在国际上被作为一种样板。"[日]棚濑孝雄:《纠纷的解决与审判制度》,王亚新译,中国政法大学出版社2004年版,第135页。

❷ 参见季卫东:《宪政新论——全球化时代的法与社会变迁》,北京大学出版社2002年版,第271页以下。

重要原因,进而通过对当前一些法治发达国家民事改革动态的关注并从理论层面作出判断和评价,最终预见司法现代化的程序制度方向。

(二)司法竞技主义的理论基础和内在缺失

司法竞技主义并非仅仅只在普通法世界得到竭力倡导,它作为一种通过诉辩双方积极、自主的举证和交涉以确定案件事实的司法哲学,在大陆法系国家也并非没有获得倡导和响应,只是在普通法传统中,司法竞技主义得到了极度推崇。提到司法竞技主义很习惯要去从它的历史起源视角进行传统因袭式解释,通常将司法竞技主义以及该种理论得以制度化的对抗制的起源追溯到竞斗形式的诺曼审判,这种审判制度按照决斗的形式决定争端结果。不过,即便司法竞技主义事实上与诺曼审判之间存在传统因袭关系,却也并不足以说明为什么这种司法哲学直至现代依然能够得以延续甚至更为备受青睐。

笔者以为,司法竞技主义的盛极一时固然有其历史传承因素,但是,更为合理的解释或许应当将这种司法哲学与现代性意识结构要素的相关方面加以结合进行,因为如果现代意识结构缺乏相关要素支撑甚或完全抑制竞技主义这种司法哲学,那么即便竞技主义曾经是一种历史传统,它也很难在现代法范式下继续保持甚至进一步发扬。史蒂文·苏本和玛格瑞特·伍鲜明地指出:"更具根本性的是,对抗制并不仅是一种审判理论,它同样也是英美视法律制度为对国家权力予以重要限制的政治理论的写照。"❶这种将审判理论置于政治哲学语境下进行解释的思路着实是可欲的,不过,这种解释依然存在问题,因为按照这种解释,我们显然还不能直接理解为什么竞技主义的审判理论与这种主张通过法律限制政治权力的政治哲学之间的具体关系到底是什么。在这个问题上,庞德的相关阐释叫人更好理解。庞德认为,普通法传统的根本特征之一是极端个人主义,这种极端个人主义的内涵要旨在于对个人自由的极端重视和对私人财产的无限推崇。庞德阐述道:"它(极端个人主义)只与个人权利有关,与社会正义无关。它把具有最高社会意义的问题当作纯粹的私人争端来处理。它从个人角度出发,制定了诉讼程序、民事、刑事和激烈辩论模式,并在现代社会里保持了公平的、抗

---

❶ [美]史蒂文·苏本、玛格瑞特·伍:《美国民事诉讼的真谛》,蔡彦敏、徐卉译,法律出版社2002年版,第30页。

辩式的古老诉讼理论。"❶由此可见，正是因为极端个人主义这种现代性价值理念的弘扬，司法竞技主义及其对抗制制度实践才保持了与传统社会中的决斗式判决之间的传承关系。

然而，司法竞技主义的制度实践带来了诸多弊端，其中，诉讼主体实质不平等、诉讼成本昂贵、诉讼迟延、诉讼结果实质非正义成为突出现象。如果要将以上弊端的根本原因进行归结，那么，这个原因就是司法竞技主义误将诉讼过程片面地理解为当事人之间的对抗和竞争，而没有考虑纠纷解决过程还应当考虑协商甚至合作要求的可能性和必要性。为了深入探究司法竞技主义的理论缺失，我们首先对司法竞技主义所倡导的对抗制程序性质作出理论判断，进而从社会交往理论视角检视这种对抗制程序的根本弊病所在。

罗尔斯曾经将程序正义划分为三种基本类型。（1）纯粹的程序正义（pure procedural justice）：不存在对正当结果的独立标准，而是存在一种正确的或公平的程序，这种程序若被人们恰当地遵守，其结果也是正确的或公平的程序，无论它们可能会是一种什么样的结果。（2）完善的程序正义（perfect procedural justice）：首先，对什么是公平的分配有一个独立的标准，一个脱离随后要进行的程序来确定并先于它的标准；其次，设计一种保证达到预期结果的程序是可能的。（3）不完善的程序正义（inperfect procedural justice）：虽然在程序之外存在着衡量什么是正义的客观标准，但是百分之百地使满足这个标准的结果得以实现的程序却不存在。❷按照罗尔斯的这种正义程序的类型划分，通常人们都会将司法程序归属于不完善的程序正义名下，罗尔斯自己也表达了这种观点，因为司法程序总是按照某种正义的理念和标准被设计出来，但是这种司法程序并不能保证它就必然地能够实现实质正义的结果，这在司法实践中也是一个众所周知的事实。然而，在此需要追问的是，司法竞技主义理论下的对抗制程序到底能否被认定为一种不完善的正义程序呢？如果按照这种程序在事实上所实现的结果作为标准予以评价，那么它显然也是一种不完善的正义程序，因为它着实无法保证它所实现的纠纷解决结果就必然地是实质正义的，在事实上也是如此。然而，从司法竞技主义所内在的价值取向来看，它却又表现出一种追求纯粹的正义

---

❶　[美]庞德：《普通法的精神》，唐前宏等译，法律出版社2001年版，第9页。
❷　[美]罗尔斯：《正义论》，何怀宏等译，中国社会科学出版社1988年版，第81～83页。

程序目标的意向和旨趣,因为并不重视当事人之间的对抗结果到底是否在实质上正义,它只注重程序的过程,无论是主体地位的形式平等,还是诉讼权利的同样配置,或是当事人双方对程序进行方式的选择约定和对程序进程的自主主导,以及事实确定的盖然性标准,都充分地说明司法竞技主义并不重视结果,也不重视程序进行过程中的实质性问题,如诉讼主体诉讼能力,甚至将辩论技术的有效性作为判断证据和事实的主要标准。从而,以一种外在视角评价司法竞技主义和对抗制程序的性质,我们或许应该将其理解为一种纯粹的程序正义才对。如果这样理解竞技主义和对抗制的性质,那么我们可以说它并不适合于纠纷解决,按照罗尔斯的理解,人类实践中为利益分配所设计的程序不可能是纯粹的正义程序,而是不完善的正义程序,因为,纯粹的正义程序所产生的结果经常具有很大的偶然性,"我们不能因为一种特殊结果是在遵循一种公平的程序中达到的就说它是正义的,这个口子开得太大,会导致荒唐的不公正结果,它将允许人们说几乎所有的利益分配都是正义或公平的,因为它可能是作为公平赌博所达到的一个结果"。❶

因此,审判程序作为一种纠纷解决方法,不可能仅仅只去考虑程序本身的正义性,还应当从这种程序将会产生怎样的结果方面予以考虑,从而竞技主义理念批判和对抗制程序改造就必须从一定的社会政治、经济等相关条件背景下进行。罗尔斯的关于纯粹的正义程序并不符合社会现实问题解决的判断一般不会引起多少争议,但是,为了更好地诊断司法竞技主义及其对抗制实践的弊病进而有效改进设计合理性诉讼模式,我们还需要从一些具体方面分析司法竞技主义和对抗制模式的若干问题所在。

司法竞技主义的根本症结,首先在于它化约了利益纷争和权利诉求的种种可能路径,将纠纷解决方案定格于利益主体之间的对抗和竞技之上。棚濑孝雄批评了司法竞技主义的哲学理论根据,在他看来,强调当事人意思自治的竞技主义建立在那种古典自由主义的哲学基础之上,这种哲学主张个人自由是人的私域,不应受任何权利限制,但是,"尽管自由对于意思自治原则来说是不可或缺的前提,单有自由却不能确保意思自治的实现。自由本身内在地具有散漫或恣

---

❶ [美]罗尔斯:《正义论》,何怀宏等译,中国社会科学出版社1988年版,第82页。

意的契机，如果不有意识地建立与之对立或克服的机制，就不可能形成社会秩序"。❶ 这种见解再一次重申了康德的普遍自由法则："外在地要这样去行动：你的意志的自由行使，根据一条普遍法则，能够和所有其他人的自由并存。"❷据此，棚濑孝雄主张在当事人之间的关系原则上除了要确保自由，而且要确立一种以尊重对方自由为要旨的"连带原则"，而这种连带原则根本内涵就是对当事人意思自治进行必要的限制。如果说棚濑孝雄的见解主要是从抑制当事人在诉讼程序中的自治地位的角度提出要求的，那么，哈贝马斯则从社会主体之间关系处理的行为方面提示了一种如何划分其类型并怎样评价其合理性的交往行为学说。哈贝马斯将社会主体间的相互行为类型区分为以下几种：简单修复（改变方式方法）；悬置争议（一意孤行）；对话商谈（交往沟通）；放弃交往（我行我素）；策略行为（强制、暴力或欺骗）。❸ 诚然，社会主体间相互关系行为不外乎以上情形，问题在于哪些行为在一般抽象性意义上才能承载起整合社会关系、实现社会秩序的重荷？可以认为，以上行为类型在生活世界中都在事实上反复出现着，但是，我们并不能认为以上所有行为在抽象性意义上都可以担负整合社会关系的功能。在哈贝马斯看来，唯有以对话商谈为内涵要旨的交往行为才构成了社会关系整合和社会秩序得以可能的真正功能承担。关于交往行为与社会整合的关系，前文已有详细论说，在此不再赘言，现在需要说明的问题，是交往行为理论之于当事人之间诉讼程序关系的解释学意义。为了简化论证篇幅，在此仅针对竞技主义的实质——对抗——为剖析对象。对抗行为根本上是策略行为，其极限形式是暴力和强制，作用机理是对方当事人的对象化，效果是优势者胜出。由此可见，司法竞技主义根本上是一种强盗哲学，弱肉强食成为其法则。如果这样，我们并不能解释，如果法律秩序建立在这种法则之上将何以可能。

其次，司法竞技主义的形式正义立场所造成的经常是实质非正义。司法竞技主义误将形式正义判断为法律正义的唯一目标，这种目标试图通过形式平等实现自由和民主。我们已经阐述了自由实现的康德式一般法则，在此，有必要对

---

❶ ［日］棚濑孝雄：《纠纷的解决与审判制度》，王亚新译，中国政法大学出版社2004年版，第118页。
❷ ［德］康德：《法的形而上学原理》，沈叔平译，商务印书馆1997年版，第41页。
❸ ［德］哈贝马斯：《在事实与规范之间：关于法律和民主法治国的商谈理论》，童世骏译，生活·读书·新知三联书店2003年版，第26页。

竞技主义试图承诺的作为实现自由之途径的民主目标进行批驳。竞技主义的当事人自治显然内在着民主的愿望,但是,民主作为一个方法(它甚至也是一个目的)并不意味着它是无须条件要求的,考夫曼从政治哲学的层面关于民主的实践条件的精辟断言对于当事人自治之民主条件问题具有很好的启示意义:"民主以国民的政治成熟性和责任感为条件。"❶如果说当事人自治试图兑现民主精神,那么,无论将它作为实现纠纷解决的一种方法加以运用,还是将意思自治作为实现民主的目标,我们都不可无视当事人因为能力、资源、技术的实际差距而必将带来无法真正运用民主或实现民主后果。司法竞技主义理论基础之一是政治民主,对抗制则是政治民主原则在司法程序上的贯彻。然而,按照罗尔斯的理解,民主根本上是一种公共理性的运用。所谓公共理性,罗尔斯从三个方面界定了它的性质:"作为自身(公民)的理性,它是公共的理性;它的目标是公共的善和根本性的正义;它的本性和内容是公共的,这一点由社会之政治正义观念表达的理想和原则所给定。"❷按照这种逻辑,竞技主义并非在兑现民主的公共理性要求,而是将个人主义的私有理性误认为唯一可欲的理性法则。另外,司法竞技主义尽管表面上看来对当事人的诉讼权利予以了形式上的平等赋予,然而,由于实质上的不平等事实,从而作为对现民主原则的最基本条件——诉诸司法权(access to justice)——将经常不可能得到切实的保证,以司法的可接近性(accessibility)所标榜的民主原则承诺经常成为一张空头支票。因此,司法竞技主义在确认民主价值的同时,也背离民主实现的条件要求。

第三,对抗制中的案件事实发现规则在逻辑上自我矛盾。按照英国学者阿蒂亚(P. S. Atiyah)和美国学者萨默斯(R. S. Summers)的理解,对抗制是英美两国的事实发现制度,"在该制度中,律师是主要的推动者,其理论根据是:在双方律师的对抗过程中,'真相就会显现出来'"。❸据此我们可以认为,竞技主义的立论基础之一是通过当事人对抗更为有效地实现事实发现目标。问题在于,如果案件事实真相发现的有效规则的当事人对抗,那就意味着在立法上应当尽可能少地规制发现事实的程序规则,即应当赋予当事人之间就事实主张和论证以

---

❶ [德]考夫曼:《法律哲学》,刘幸义等译,法律出版社2004年版,第413页。
❷ [美]罗尔斯:《政治自由主义》,万俊人译,译林出版社2000年版,第226页。
❸ [英]阿蒂亚、[美]萨默斯:《英美法中的形式与实质》,金敏等译,中国政法大学出版社2005年版,第133页。

更多的方法论意义上的自由度。按照阿蒂亚和萨默斯的看法,事实发现效果与诉讼规则和证据规则的严格化程度之间存在一种内在联系,"事实认定本身必须依据诉讼规则和证据规则进行,但严格地、形式主义地遵守这些规则,又是会导致认定或设定了虚假事实。相反,一个在遵守规则上不那么形式化的法律体系,或许在实践中能更准确地认定事实,并且,如果这被视为是在双方当事人之间实施实质正义的必要条件,那么一个形式化程度较低的法律体系就会倾向于这样做"。❶ 这种判断将普通法的形式化程度与案件事实发现的观念结合了起来,鉴于普通法逊色于大陆法的形式化程度,因此可以说,普通法国家较之大陆法国家,应该是更为重视事实真相的。然而,情况恰恰相反,大陆法国家较之普通法国家,由于诉讼模式带有一定的职权制性质,从而在司法实践中表现得更为重视案件真相的发现。我们没有必要去详细讨论现代社会中真相取向较弱的方法如何得到了哲学和社会理论的重视和论证,也不去过多追问诉讼程序中的事实发现的性质到底应当是实证主义者的价值无涉(中立)还是实在论者乃至后现代主义者的解释建构,在此需要讨论的关键问题是:为什么在普通法国家的司法实践中,在鲜明宣称事实真相通过对抗性举证和质证辨明、法官消极中立地判断事实并适用法律、较少对程序规则和证据规则进行严格的形式法规制的同时,却又不像大陆法国家那样更为重视事实真相,而且还经常以一类宽泛而衡平的方法决定争议事实? 这就出现了矛盾和疑问,对此,阿蒂亚和萨默斯指出:"倘如一个法律体制声称信仰法治,相信事实确认的客观性,以及相信能够以一种尽可能中立的方式将法律适用于这些事实中去,但事实上它却倾向于以一种更宽泛或更衡平的方式决定事实争议,那么它就背叛了自己的那套理论。"❷

第四,竞技主义逻辑的实践后果是加大诉讼成本。程序效益作为一种价值本来因为它产生对程序形式公正的抑制效应而在自由放任主义时代的诉讼哲学中未予倡导,但是,随着诉讼成本的逐步加大开始成为诉讼实践中的一个严重问题,程序效益价值不但渐渐获得重视,甚至在诉讼哲学中大有将其解释为一种诉

---

❶ [英]阿蒂亚、[美]萨默斯:《英美法中的形式与实质》,金敏等译,中国政法大学出版社2005年版,第133页。

❷ [英]阿蒂亚、[美]萨默斯:《英美法中的形式与实质》,金敏等译,中国政法大学出版社2005年版,第132页。

讼价值范畴之势。我国学者认为："诉讼程序实际上也是一种交易清结过程"，❶
"一个裁决只是一种被专有术语和概念掩饰起来的交易结果的表达"。❷ 以波斯
纳为代表的法律经济分析学派更是极度推崇经济效益原理在法律领域的普遍
化，主张将法律制度解释为促进有效益地分配权利资源的努力，认为法律权利
（义务）作为一种资源，是不同利益集团在"法律市场"上进行交易的结果，并对
主要法律部门（包括程序法）的众多法律关系领域进行了经济学分析和验证。❸
对抗制诉讼模式中的取胜之道是举证技术，举证技术作为决定案件事实结论的
根本机制表面上看来与现代性精神的科学主义进路合拍，但是这种进路却内在
着一种要求——举证技术的资源保证。利奥塔尔对现代科学技术话语实践之本
质的揭示对于理解司法竞技主义的司法哲学本性而言，具有极为深刻的启示意
义。利奥塔尔指出："随着科学知识的语用学取代传统知识或启示知识的地位，
人们越来越感受到了举证的需求。""举证在原则上只不过是为了得到科学信息
受话者的赞同而进行的论证的一部分，因此它受到另一种语言游戏的控制，这种
语言游戏的赌注不是真理，而是性能，即最佳输入输出比。"❹按照这种逻辑，举
证与技术密切关联，而技术与资源或财富之间从来就是一种孪生关系，这样，司
法竞技主义最终导致出一个富人游戏的情形就顺理成章了。当前，普通法国家
所出现的民事司法危机——突出表现为诉讼成本过高和诉讼迟延❺——根本上
就是因为这种对抗性举证所造成的。1995 年，英国议院常任上诉法官伍尔夫勋
爵在一份向英国司法大臣递交的题为《接近司法》（Access to Justice）的调查报告
中指出，英国民事司法危机突出表现为诉讼迟延、成本过高，即便人们官司获胜，
他们也因讼累而少有快乐。❻ 在美国，证据开示（Discovery）在成为民事程序的

❶ 肖建国：《民事诉讼程序价值论》，中国人民大学出版社 2000 年版，第 207 页。
❷ 顾培东：《效益：当代法律的基本价值目标》，载《法学与经济学的探索》，中国人民公安大学出版社 1994 年版，第 10 页。
❸ 波斯纳法官的法律经济分析代表性著作有《法律的经济分析》（上、下卷），蒋兆康译，中国大百科全书出版社 1997 年版；《正义/司法的经济学》，苏力译，中国政法大学出版社 2002 年版。
❹ ［法］利奥塔尔：《后现代状态——关于知识的报告》，车槿山译，生活·读书·新知三联书店 1997 年版，第 93、95 页。
❺ 参见齐树洁、王建源：《民事司法改革：一个比较法的考察》，《中外法学》2000 年第 6 期。
❻ Lord Woolf, Access to Justice: Interim report to the Lord Chancellor on the Civil Justice System in England and Wales. Woolf Inquiry Team, 1995.

主要规则之一的同时,它也在多个方面造成了加大诉讼成本和导致诉讼迟延的严重后果。❶

(三)诉讼哲学的嬗变与协商性司法制度的轮廓浮现

司法竞技主义作为一种诉讼哲学获得地位确认,理论前提是早期现代性精神所倡导的自由放任主义和契约自由伦理,这种理念是早期资本主义国家的政治意识形态,也在一定程度上契合于自由竞争资本主义阶段的社会秩序性质。随着资本主义进程的逐步深入和社会多元分化所带来的社会秩序逐步复杂化局面的出现,政治国家不再继续承诺社会秩序的自生自发(spontaneous)地位,国家通过大量福利性立法对社会的进行干预及介入,立法活动逐步从制定行为规则向指定制度政策方向演化,对于这种现象的性质,卡佩莱蒂作出了如下判断:"诚然,福利性立法迫使国家的作用超越了传统的保护和镇压('守夜人')之职能。福利国家必须采取一种政治学家通常称为'促进的'(promotional)社会控制技术。这种技术包括规划逐步促进未来的发展项目,而非仅仅针对目前何谓'正确'与'错误'作出选择。即便当福利性立法的确创设权利时,这些权利就性质而言也是社会的而非仅仅是个人的。"❷福利国家的出现和干预性立法对现代司法理念和制度重大影响在于,司法必须从理念上的抑制主义向能动主义变革,司法必须被设计构架为一种服务于国家管理社会的新型制度范式,这种制度范式不仅仅表现为司法在解释法律、解释宪法、司法审查等那些社会及立法权与司法权之间的权力界分领域,它还被要求必须对诉讼程序的进行过程发挥更多的主导功能,司法程序不能完全在当事人双方按照程序自治原则主导和操控状况下运行,一种"诉讼迟延和成本控制模式"(the cost and delay control model)或"司法管理模式"(the managed system of litigation)开始成为许多民事司法改革的倡导者所提出的一种理想方案。❸ 这种改革方案意味着法院重拾程序控制权力,尤其是在当事人诉讼能力存在明显的不平等以及诉讼程序异化为一场围绕

---

❶ 根据美国学者史蒂文·苏本、玛格瑞特·伍的研究,Discovery 是与对抗制携手而行的,但是,Discovery 程序会对经济实力较弱的当事人不利,因为当事人更可能被那些不当的沉重的 Discovery 要求托垮,Discovery 需要一个庞大的律师团体才能有效。[美]史蒂文·苏本、玛格瑞特·伍:《美国民事诉讼的真谛》,蔡彦敏、徐卉译,法律出版社 2002 年版,第 143 页。

❷ [意]卡佩莱蒂:《比较法视野中的司法程序》,徐昕、王奕译,清华大学出版社 2005 年版,第 21 页。

❸ Roger Smith edited, Achieving Civil Justice, Legal Action Group, London. 1996, p.64.

关于"证据的证据"的无休止的争辩和举证行为演化为一种策略性争斗的场合。以英国为例,该国在20世纪90年代末期和21世纪初所进行的一系列民事司法改革突出表现在以下几个方面:加强法院对案件的管理,强化法官职权;法院对证据的主导;充分关注纠纷的解决结果,重视可选择争议解决方式和诉前纠纷衡平机制。改革的目标在于消除诉讼拖累,降低诉讼成本,简化诉讼程序,增加诉讼的确定性,强化公正审判等方面。这场持续而庞大的改革工程的意义被上升到"大大变革对抗制的道德"这种法律文化高度。❶

应当认为,无论是因为司法竞技主义的理论缺陷、实践后果,还是因为社会现代化进程的深入推进所带来的社会多元分化秩序状况对现代司法的功能机制所提出的新的要求,现代司法制度必须作出一个重大的诉讼哲学方向选择。按照卡佩莱蒂的研究,西方社会,尤其是一些普通法国家,在20世纪晚期所争论的诉讼哲学主题主要是一个对抗制——司法能动主义之间的抉择:"在'两个极端'——对抗制与司法能动主义——之间作一抉择,或者在'两者之间某处'进行选择,是一个'将确定某种特定诉讼制度的特质和哲学'的选择。"❷在我国,有论者结合普通法国家(尤其是英国)近年来司法改革(尤其是民事司法改革)实践状况,将这种诉讼哲学转型界定为"从实质正义的分配哲学到分配争议的诉讼哲学",并将前一种诉讼哲学的精义解释为"以事实真相和正确的法律为基础,而不是基于程序的理由,来决定案件"。将后一种诉讼哲学的要旨解释为对有限的诉讼资源在当事人之间进行公平配置而实现个别公正。❸

在笔者看来,以上两种关于诉讼哲学转向的解释其实是关于福利国家两个阶段的诉讼哲学思潮。对抗制向司法能动主义的诉讼哲学转型所反映的是政治实践背景是自由放任的资本主义(简约型国家)向福利国家(能动型国家)的嬗变,实质正义诉讼哲学向分配正义诉讼哲学转型所反映的政治实践背景则是福利国家的深入阶段。在对抗制转向司法能动主义时期,司法制度开始注意司法权力对诉讼程序的主导性并将实质真实、当事人实质平等等要素纳入司法权力视线,开始纠正司法竞技主义和对抗制所造成的一系列偏失。随着福利国家进

---

❶ 参见徐昕:《英国民事诉讼与民事司法改革》,中国政法大学出版社2002年版,第438～442页。

❷ [意]卡佩莱蒂:《比较法视野中的司法程序》,徐昕、王弈译,清华大学出版社2005年版,第347页。

❸ 参见齐树洁、王建源:《民事司法改革:一个比较法的考察》,《中外法学》2000年第6期。另见齐树洁主编:《英国民事司法改革》,北京大学出版社2004年版,第6～7页。

程的深入,由于发现过分追求案件事实的客观公正标准引发了司法实践上的诸多偏颇甚至困境,尤其是随着纠纷案件数量的激增导致法院受理和审判案件的能力受到了极大的挑战,司法权力对纠纷解决管辖权的垄断性地位开始成为一个争议主题,并就司法权到底应该对纠纷案件扮演一个事必躬亲的家长制角色还是应该作为一个规范性背景进行了热烈的讨论。美国学者伦帕特关于法院解决纠纷方法的类型划分正是针对深度福利国家阶段职权干预型司法所存在的问题而进行的,伦帕特指出,法院有效解决纠纷的方法应当是以下七种:(1)对私下解决纠纷产生影响,并明确所能控制的范围;(2)认可私下解决结果,并保证当事人服从解决结果;(3)作为当事人可以正式地解决纠纷的成本,因此使私下解决纠纷的可能性增加;(4)为当事人提供相互了解对方主张的方法,减少当事人之间存在的不可靠性,从而增加私下解决纠纷的可能性;(5)法院全体工作人员应作为促进纠纷得到合理解决的中介者而采取行动;(6)适当地引导当事人合理地解决某些分歧点;(7)当事人对判决不满时,应根据权威性的审判加以判决。❶ 这意味着,福利国家政治方略下的政策实施型司法制度并不完全成功,应当认为,这种有关法院解纷方法的类型划分所内在地表达的一种精神在于,在深度现代化阶段,福利国家政治实践开始重新思考国家介入和干预社会关系的程度和方式,进而要求司法权力在解决纠纷问题上必须进行理念重塑和制度创新。司法既不是一种奉行竞技主义的消极权力,也不应当只是那种福利国家时期以追求客观真实和实体平等为主要目标的职权主义模式的修修补补,而是需要进行根本性诉讼哲学转型。

　　不能简单地将当前西方世界轰轰烈烈地开展的那场司法改革运动解读为按照分配正义的诉讼哲学展开的,这种解读并没有道及问题的要旨。诚然,强化法官权力、避免当事人的实质不平等、合理配置司法资源、降低程序的繁琐程度、扩大简易程序的使用范围、强化调解、提高诉讼效率、完善替代性纠纷解决机制(ADR)、诉讼费用制度合理化、减少对抗和增加合作等一系列司法改革举措,表面上看来似乎与分配正义原则精神相互契合,但是,这类现象的性质已经超越了分配正义诉讼哲学意义,如果要对以上现象的性质作一高度概括,那么,我们可

---

❶　转引自[美]盖朗塔:《不同情况下的正义》,载[意]卡佩莱蒂主编:《福利国家与接近正义》,刘俊祥等译,法律出版社2000年版,第132页。

以认为,在于使司法权力真正成为解决纠纷的一种重要的公共理性交涉机制,这种机制的完善目标根本上就是创造出一种平等的交往(协商)性司法模式。

关于交往理性的理论内涵以及该种理论范式在当代司法制度主题上的引入必要性和可欲性问题,因本书第四章有关交往理性与司法理念的关系部分已有详细论述,在此不再赘言。在此仅就当前西方国家司法改革实践所内在的理论精神作出解读,并从完善程序商谈机制角度对有效纠正司法竞技主义的思路适当作出建构性诠释。

首先,当前西方国家的司法改革实践凸显出一种保障当事人进入司法程序商谈的基本条件的精神。纠正竞技主义理念下的形式平等弊端,确保当事人实质平等的诉讼地位和条件,尤其是对当事人的经济能力和诉讼能力予以充分重视,其意义在于为当事人有效获得司法救济,保障其诉诸司法的权利,这是实现商谈性(协商性)司法的起码要求。根据公共协商理论家詹姆斯·博曼的研究,在冲突中,所有协商各方都希望他们的要求得到了充分的表达,他们的理由得到了考虑,即便最终没有什么结果。然而,公共协商作为一种政治民主机制,却因为协商参与者的实际条件和能力而导致协商不平等,这种协商不平等包括权力不对称(影响进入公共领域的途径)、交流不平等(影响参与能力及机会的有效运用)、"政治贫困"或公共能力的缺乏(影响政治上贫困公民不可能全然参与到公共领域之中)三种情形。❶ 按照这种公共协商理论,司法作为一种特别的公共协商场域,首先要保证的是司法的可接近性(accessibility),正如卡佩莱蒂所言:"一种真正现代的司法裁判制度的一项基本——也许是唯一的基本——特征,必须是司法有效地而不是仅仅在理论上对所有的人可接近性。"❷

其次,程序规则的性质由竞技式对抗举证向协商式理性说服变革。我国有论者合理总结了协商性司法的基本内涵:"协商性司法的核心价值在于通过控辩双方的对话、协商,在合意的基础上谋求控辩审三方都乐于接受的司法结果。……在维持基本法制底线的框架内,该司法体系尽可能让不同利益诉求的控辩双方在诉讼过程中拥有更多的发言权,相互之间减少不必要的对抗而增加

---

❶ [美]博曼:《公共协商:多元主义、复杂性与民主》,黄相怀译,中央编译出版社 2006 年版,第 94 页。
❷ [意]卡佩莱蒂:《比较法视野中的司法程序》,徐昕、王弈译,清华大学出版社 2005 年版,第 323 页。

更多的对话与合作机会,力争把多元化的价值目标都吸纳到程序之中。"❶变革竞技性程序规则,减少当事人之间的对抗而有效促进相互合作是建构协商性司法的必然要求。以英国司法改革中做法为例,新规则追求增加当事人之间的合作而减少对抗,对诉讼规则进行了有效简化,证据开示制度受到法院的严格控制,大部分案件的证据开示规模被限制在一个较小的范围内,这些做法的一个共同目的就是改变那种试图通过当事人之间的对抗性举证和质证策略和技术决定案件事实结论的情形。按照阿蒂亚和萨默斯的理解,"司法裁判中的事实发现程序从来就不以真相为唯一取向,并且也不能声称事实发现是一项直截了当、价值无涉的事业"。❷ 有时候,在争执场合,事实(真理)与权力(管理)之间并非完全是一种应当割裂的关系,齐格蒙·鲍曼就在哲学层面表达了权力在决疑性场合的功能:"如果没有垄断性权力,那么,相互竞争和互相抗衡的同样是'自明'的真理之间的辩论,就会因各方的固执己见,容不得批评,而无法指望有一个明确的结果。"❸为了避免对抗性举证和质证过程异化为一种财富支撑技术、技术决定真理的富人游戏情形的出现,也为了将程序过程转化为一种促进当事人之间相互合作和理性对话的制度机制,法官开始通过案件管理(manage cases)、控制程序过程等方式,逐步有效地将对抗性策略行为向协商性对话行为进行疏通和引导。

第三,解纷机制多元化趋势意味着法院成为协商性司法范式下的一种规范论坛背景。解纷机制多元化意味着纠纷解决方式不再仅仅只是法院判决,调节(mediation)、调停(conciliation)、微型审判(mini trial)、专家决定(expert determination)、早期中立评估(early neutral evaluation)、司法评估(judicial appraisal)、仲裁(arbitration)等逐渐成为纠纷解决的一类重要途径。解纷机制多元化趋势的出现是与后现代社会的多元化分层和价值分化的社会秩序关系性质相互契合的,后现代社会秩序不再建立在传统契约基础之上,而是建立在一种"安排交换于未来"的新社会契约基础之上,这种新社会契约关系中,法律的有效性不再通过官僚体系的承诺而获得保证,麦克尼尔指出:"后技术时代对正式

---

❶ 马明亮:《正义的协商:协商性司法在中国的兴起》,《中外法学》2004 年第 1 期。

❷ [英]阿蒂亚、[美]萨默斯:《英美法中的形式与实质》,金敏等译,中国政法大学出版社 2005 年版,第 132 页。

❸ [英]鲍曼:《立法者与阐释者》,洪涛译,上海人民出版社 2000 年版,第 113 页。

的官僚体系不感兴趣,因而只要有可能,这种法在性质上倾向于是和解性的。"❶ 这种见解所要表达的,根本上是一种后现代社会中的合法性法律渊源及其实现形式问题。如果说后现代社会中的法律因为社会秩序关系性质是然而不再是一类完全通过官僚体系创设的旨在规制人们行为的规则体系,那么,纠纷解决的路径依赖就将改变主要通过法院判决的惯常做法。贺卫方指出,法官的任务不在于解决纠纷,而在于通过疑难或僵持不下的案件,借题发挥,解说法律的真谛,宣告法律是什么,亦即法官主要通过诉讼来产生规则。❷ 结合后现代社会中的法律向程序法范式演化的态势,对这种观点进一步发挥,那么,我们可以认为,解纷机制多元化趋势内在着一种精神,即法院并不需要对所有案件进行判决,它在纠纷解决中所应当合理担当的一种重要角色,就是为纠纷解决提供一种规范性、程序性背景,按照罗尔斯的看法,"法庭的作用不仅是辩护性的,而且通过发挥其作为制度范例的作用,还应对公共理性发挥恰当而持续的影响"。❸

三、司法专业化与陪审制:判决权力的实用配置

司法这项在恩格斯看来作为"国民的直接所有物"的重要权力,应该是由"国民通过自己的陪审员来实现这一权力,这一点不仅从原则本身,而且从历史上来看都是早已证明了的"。❹ 然而,随着法律的现代转型和法律现代化进程的深入,法律职业家共同体的最终形成及其从知识权力话语到实践权力话语对几乎全部法律职业资源的垄断,作为法律职业家共同体核心成员的法官在事实上执掌了司法权力,法官以对法律的恪守和对事实的尊重而获得了合法性并成为正义的化身。日益深奥而晦涩的法理学说和日益庞杂而系统的规范体系逐步固化着法官垄断司法权的合法性地位,并将司法这个曾经是大众参与的公共领域渐渐演变为法官精英们的精密作坊。其间,作为司法权之本来主体的市民尽管一直没有为日趋专业化的司法权所完全拒之门外,尽管他们还一直以各种审判参与甚至审判监督方式分享着这项曾经是他们自己掌控的权力,但是,就司法过

❶ [英]麦克尼尔:《新社会契约法》,雷喜宁、潘勤译,中国政法大学出版社2004年版,第107页。
❷ 参见贺卫方:《司法的理念与制度》,中国政法大学出版社1998年版,第45页以下。
❸ [美]罗尔斯:《政治自由主义》,万俊人译,译林出版社2000年版,第249页。
❹ 《马克思恩格斯全集》第41卷,人民出版社1982年版,第321页。

程的市民参与和司法权的社会监督的现状而言,无论中外,市民都已然不再能自信他们还在事实上真正拥有着这项他们并没有向政治国家(更没有向法官精英)完全让渡的权力。这种由法官精英独揽司法权力的现状根本改变了司法民主的内涵和命运,甚至潜伏着一场遍及世界范围的司法危机。

笔者将陪审制度问题的探讨置于司法民主的语境之中进行,通过对陪审制的生成演化历程和当代实践状况的简要描述,始终将司法民主作为检视陪审制度的坐标,在对陪审制度之理论内涵和制度现状作出分析的基础上,提出当下中国陪审制改革的一些基本方向。

(一)陪审制的生成演化轨迹及其当代命运

司法民主的最早渊源可追诉至古希腊和古罗马时期。在古希腊,公元前6世纪的梭伦立法采取集体审理——公民会审制度,而负责组织审理案件的法官由国民大会选用,不采取终身制。罗马诉讼案件的审理,"仿行希腊之公民会审,凡遇诉讼案件,均由人民集会审判"。[1] 在古罗马,公元前367年设立"裁判官"(Praetor)负责司法事务,"裁判官"并不直接审理案件,而是选择"法官"(Judices)调查证据和判决,不过这些"法官"必须得到当事人的同意,否则将另行选择,"法官"来自贵族和庶民中具备一定法律知识的人,并非终身职位,"罗马制度中的法官同时行使我们现在所谓法官和陪审员两种职权"。[2] 可见,古希腊和古罗马时期的司法为民众直接拥有,由于没有职业法官,从而判决基本上是在法官的组织下由民众直接作出,在此,司法着实是"国民的直接所有物"。

至中世纪,陪审制度仍然得以延续。中世纪的德国、意大利及法国等大陆国家,亦曾采行陪审制度。在公元9世纪时,诺曼底民族的"推问手续"及"告发手续"已开始盛行。"推问手续"是指由审判官就争执事件,指定居住邻近当事人的"公正士绅"12人,在法庭宣誓之后认知事实,"此制初系以恢复王室之田地为目的,嗣后及于人民租税等民事案件,是为民事诉讼陪审之起源"。"告发手续"则是将刑事案件,自起诉至审判,"均交由乡邻选出公正士绅十二人为告发人,举发被告之犯罪,然后命其宣誓,经正式审判,决定被告有罪与否之判决,此

---

[1]　蒋耀祖:《中美司法制度比较》,(台北)商务印书馆1976年版,第12页。
[2]　参见[美]莫理斯:《法律发达史》,王学文译,中国政法大学出版社2003年版,第133页。

殆为刑事诉讼陪审之起源"。❶ 这无疑说明,中世纪的德国已经出现了陪审制度。其实,早在英国陪审制形成之前,法国卡诺林国王时期的讯问制度中就出现了陪审制,这一制度在诺曼征服以后才被带入英国。

现代意义上陪审制度渊源于英国。该国的陪审制由 11 世纪征服者威廉一世引入英格兰。1166 年颁布的《克拉伦登诏令》(Assize of Clarendon)规定对被怀疑的犯罪,每个社区都要挑选 12 名"品德良好并知晓法律"的人共同进行一次调查,陪审员经过宣誓并接受巡回治安法官或郡长的问话后任职,控告所有被陪审员怀疑的犯罪并交由神明裁判,陪审员是在具备证人条件的人员中加以挑选的,他们一般是从争议事实发生的附近地区中挑选出来,考虑到其身处现场的经历,或具备对当事人情况有所了解的基础,他们被推定应当具有最好的条件以便对证据进行评价。可见,陪审制的建立是从吸收见证人审理刑事案件开始的,这种制度逐渐演变为见证人有权调查事实并在法庭上审查证据、作出裁判的陪审官,并进一步发展为负责审查起诉和审理案件的大陪审团和小陪审团。至 14 世纪后期,英国废止神明裁判,审判开始由陪审团负责,形成两个独立的陪审团,有罪的裁判由 12 人组成的小陪审团作出,控诉犯罪则由 24 人组成的控诉陪审团负责。至此,陪审团已经成为案件追诉和审判中认定事实的主要方式。

美国陪审制度主要是对英国陪审制度的继受。不过,如果说英国陪审制度的建立"显然不是为了给那些犯罪嫌疑人提供保护,而是为了在拘捕犯罪分子的过程中给政府官员提供帮助。因为陪审员熟悉当地的犯罪现场并能提出指控,而其他皇家官员并不了解这些情况",❷那么,陪审制在美国的继受和发扬光大则有其十分特别的原因。美国革命前,英国陪审制度在其殖民地的美国得以有力推行,本来,殖民统治者企图借用大陪审团在有效追诉犯罪的同时实现政治镇压,但事与愿违,"美国大陪审团扩张了这项权力的使用,而且他们呈递的'报告'成为了表达市民对各种事件进行控告的工具。因为社会上对英国殖民者的不满情绪越来越强烈,这些报告多数是对在美国的英国皇家官员的批评。同时,

❶ 蒋耀祖:《中美司法制度比较》,(台北)商务印书馆 1976 年版,第 353~354 页。
❷ [美]拉费弗等:《刑事诉讼法》《上册》,卞建林、沙丽金译,中国政法大学出版社 2003 年版,第 439 页。

殖民地的大陪审团经常在哪些案件适合刑事起诉的问题上与皇家官员意见相左"。❶ 尤其在美国北方殖民地，陪审团成为一个对抗英国皇家官员的民主堡垒，在防止司法沦为殖民者镇压殖民地人民的工具方面发挥了极为重要的权能。

以司法民主为中心辩护理由的陪审制度的发展并不如人所愿。在历经 18 世纪的鼎盛阶段以后，英国陪审制度在 19 世纪中期开始走向衰落。由于专门负责犯罪侦查和追诉的机构相继出现(如现代英国警察)，大陪审团的地位被日益削弱，并最终于 1933 年取消。目前只保留了小陪审团，主要用于比较重大的刑事案件，在民事案件中基本不采用陪审制，在今日英国的民事诉讼中，陪审团已几乎消亡。❷ 至 1969 年，伦敦地区的民事案件审理中，采用陪审制的只占 2.2%，巡回法庭采用陪审制的，只占全部审理的民事案件的 0.17%。当前英国的刑事诉讼中，刑事法院审理的案件中只有很小一部分采用陪审团，超过 95% 的案件在没有陪审团的治安法院审理。法国资产阶级革命胜利后，也曾仿行英国的大、小陪审团制度。1808 年通过的刑事诉讼法典废除了大陪审团制度，保留了小陪审团。20 世纪初进行改革，在 1941 年的"维希政府"和 1945 年的"社会党人政府"时期，都把陪审法庭改为由常任法官和陪审官共同组成的混合法庭，负责审理事实和适用法律。现在，只有重罪法院才实行陪审制度。德国于 1924 年恢复"舍芬庭"，由 6 名陪审官和 3 名职业法官组成，兼负审理和判决之责，其判决以 2/3 多数通过。到希特勒统治时期，完全取消了陪审制度。德国现行的刑事诉讼法实行混合法庭体制的陪审制度，属于参审制类型。日本于 1923 年曾颁布陪审法，1928 年施行，但于 1943 年停用，后一直没有恢复。法国、奥地利等国也都只有小陪审团。苏联解体后，俄罗斯联邦进行了大规模的司法改革。1993 年修订的刑事诉讼法典保留了传统的参审制。2001 年重新修订的刑事诉讼法典对陪审制度进行了新规定，陪审法庭由 1 名法官和 12 名陪审员组成，但是，采取陪审法庭审判的前提是受审人申请，否则不采用陪审制。

美国是世界上陪审制度最为发达的国家。在刑事诉讼方面，美国确立了大陪审团调查和审判制度。大陪审团的主要权能在于审查重罪起诉案件，主要指

❶ [美]拉费弗等：《刑事诉讼法》(上册)，卞建林、沙丽金译，中国政法大学出版社 2003 年版，第 440 页。
❷ 参见[英]阿蒂亚、[美]萨默斯：《英美法中的形式与实质》，金敏等译，中国政法大学出版社 2005 年版，第 136 页。

"死刑或其他不名誉犯罪案件"。在民事诉讼方面,已很少使用陪审制。《美国联邦宪法》第七修正案规定:"在普通法上的诉讼,若争议价额超过 20 美元,受陪审团审理的权利应当得到保护,而且陪审团裁决的事实,非依普通法规则外,不得在美利坚合众国的任何法院中被再加审查。"然而,陪审制度并不十分盛行于民事诉讼实践,仅有不足 3% 的民事案件进入审判环节,进入审判环节的大约半数案件是由没有陪审团的法官审判结案的。结果,尽管这个世界上有 80% 以上的陪审团审判的案件是在美国发生,但实际上,在美国被起诉的案件只有少于1.5% 的民事案件由陪审团审判。

(二)司法何以民主:陪审制的存废之争

陪审制的存废涉及到这样一个重大的司法理念问题:司法到底应该遵从大众生活逻辑还是应该保持独立自治品格? 如果司法必须遵从大众生活逻辑,那么司法必须对社会生活开放,鼓励大众参与,体现民意;如果司法应当保持职业独立和自治,那么司法应当完全由职业法律人操作,通过专业隔离墙阻隔行外人的介入和干扰。❶

很久以来,陪审制已成为司法民主话语秩序中的一个大词,在司法民主化进程中被赋予极高的地位。倡导陪审制于司法民主的积极意义的理论观点,我们可以从以下几个方面加以总结。

1. 市民直接参与司法过程本身就是司法民主的体现,避免司法的专制化,保证司法始终服务于市民的利益。支持陪审制的核心理论理由在于:"陪审制是民主参与的体现。陪审团审判可以将普通公民带入法律的专业世界,他们可以在司法程序的核心领域代表公众发出决定性声音。"❷"历史上陪审团因其相对独立性而成为一个反对政府压制的极为重要的防御堡垒。此外,它所具有的人民性,以及非专业的特性颇为吸引人,同时被认为合理证明了其在案件中的运用完全没有政治联想。"❸陪审制度之所以在美国得以发展乃至被特别重视的一个重要理由,就是因为他在历史上事实地发挥过制约权力、防止专制和维护市民

---

❶ 参见孙笑侠:《两种价值序列下的程序基本矛盾》,《法学研究》2002 年第 6 期。

❷ [英]麦高伟、威尔逊主编:《英国刑事司法程序》,姚永吉等译,法律出版社 2003 年版,第 347 页。

❸ [美]弗兰德泰尔等:《民事诉讼法》,夏登峻等译,中国政法大学出版社 2003 年版,第 471 页。

权利的效能。

2. 市民参与司法过程,能够有助于掌握法律知识,强化法律意识,增强责任感和自律性,获得一次难得的法律教育机会。托克维尔就曾主张:"应当把陪审团看成是一所常设的免费学校,每个陪审员在这里运用自己的权利,经常同上层阶级的最有教养和最有知识的人士接触,学习运用法律的技术,并依靠律师的帮助、法官的指点甚至两造的责问,而使自己精通了法律。"❶在许多论者看来,法律的功能不能被局限于纠纷解决和犯罪审判,要充分发挥法律的教育功能,而法律教育的形式也不能局限于学校和社会宣传,让市民直接参与司法过程,是一种十分有效的法律教育方式。陪审团审判能够为参与公民提供一个治理国家的机会,能使他们对公共事务投入更多的关注并发挥更大的影响力。"这种参与会把对司法制度的信赖感在参加陪审团的人以及一般社会公众中逐渐传递。"❷

3. 市民参与能够防止司法职业化趋向所造成的脱离社会和大众的后果。司法不应当是一种为职业法官所垄断的专业知识话语,而应当贴近社会并服务社会,陪审制将非法律专业人士引入司法过程,通过集体智慧解决审判过程中的疑难问题,避免专业法官的狭隘思维和偏见,使得司法贴近社会生活,反映民意,保障司法廉洁,便利案件执行,减轻法官负担。❸ 民意通过陪审制度向司法系统传输,保持法官在专业精进的同时又能够怀揣平民心态并饱含社会关怀情怀,实现法律专业话语与市民日常生活话语的交融,遏止精英话语的垄断所导致的法律日益脱离日常生活的现象。❹ 陪审制是一种"同类人审判",这种"同类人审判"因为是与当事人同属一个阶层的同类作出,而不是由那些对当事人毫无了解的职业法官来决定他们的命运,从而判决能够获得更高的合法性。在自然法盛行的时代,非专业人士甚至被认为更容易接受自然法,这种自然法是一个比"严谨的法律准则依据"更好的判决根据。❺

---

❶ [法]托克维尔:《论美国的民主》(上卷),董果良译,商务印书馆1988年版,第316~317页。

❷ [英]麦高伟、威尔逊主编:《英国刑事司法程序》,姚永吉等译,法律出版社2003年版,第347页。

❸ 参见王利明:《司法改革研究》,法律出版社2000年版,第376~377页。

❹ 参见胡玉鸿:《"人民的法院"与陪审制度——经典作家眼中的司法民主》,《政法论坛》2005年第4期。法律精英话语的基本立场之一就是倡导:"法官最重要的义务之一就是要抵制常识的和普通人正义的影响。"波斯纳强烈地批判了这种论调。[美]波斯纳:《超越法律》,苏力译,中国政法大学出版社2001年版,第82页。

❺ 参见[美]弗兰德泰尔等:《民事诉讼法》,夏登峻等译,中国政法大学出版社2003年版,第475页。

　　然而,在支持者为陪审制强力辩护的同时,反对者的声音也渐渐强大,在陪审制遭遇前景堪忧的时代境遇中,批评者的理由似乎更加充足。

　　首先,陪审制导致诉讼效率低下,增加诉讼成本。早在 19 世纪 20 年代,边沁便强烈批评了盛行于英国的大陪审团制度,宣称大陪审团制度既没有代表性,也没有效率。显然,将一批缺乏法律专业知识的人士引入司法程序,将带来影响诉讼效率的一系列问题。首先是对陪审员的遴选,这是一项面广量大的工作。其次是法官必须向陪审员解释和说明如何认定事实和运用法律,这势必增加了法官的负担。第三,当事人及其辩护律师在进行事实陈述过程中,必须采取便于陪审员理解的方式,这就使得那些在法律专业人士之间便利交流的专业知识和术语失去了直接运用的可能。❶ 第四,陪审员参与诉讼会使费用增多、耽误时间,增加诉讼的社会成本。❷

　　其次,陪审员没有代表性,遴选规则经常是对部分公民的歧视规则。陪审制势必涉及选择哪些人员担任陪审员的问题,如果说早期的那种选择标准是与当事人同属一个社区和阶层、对当事人或案件事实有所了解、具备一定的法律知识,那么,在时代语境已发生根本变化(熟人社会转变为陌生人社会)的今天,已无法那样操作了。陪审员已经不再与案件及当事人有什么联系(否则应当回避或充当证人),这样,陪审员就只能随机地从无数个无关民众中选择。然而,按照怎样的标准选择? 该不该制定遴选标准? 涉及专业性利益纷争案件是否只能选择那些专业人士? 涉及种族和宗教问题又该如何解决? 一系列问题接踵而至,很难获得一个统一标准,按照一个标准确定陪审员的遴选规则,都难于避免造成歧视一部分公民的后果。

　　第三,陪审制对司法民主的实际意义远远低于其象征功能。陪审制的支持者经常以突出陪审制的象征意义以对抗实用主义者,认为陪审制度的确立本来

---

❶ 反对者以此作为陪审制影响效率的理由,而支持者恰恰从反面论证审判过程非专业化的效率促进功能,认为"在陪审团审判的案件中,审判律师必须专注于最重要的争点,并且得用简单清楚的方式来解释复杂的案件。法官必须更清楚、更精确地了解法律,因为他们必须在向陪审员作出指示时给陪审员解释法律"。[美]史蒂文·苏本、玛格瑞特·伍:《美国民事诉讼的真谛》,蔡彦敏、徐卉译,法律出版社 2002 年版,第 239 页。

❷ 参见程德文:《中国陪审制度改革的前景与出路》,《南京师大学报》2000 年第 3 期。该学者支持大陆国家的参审制,反对英美国家的陪审制,认为这种参审制中的效率问题并不突出,而陪审制中则存在突出的影响效率问题。

就没有注重效率问题或陪审员对案件事实的知情问题，真正决定陪审制之合法性的前提根据是民主的司法要求，实现司法的社会化和民主化比任何效率都要重要。陪审制的反对者则坚持认为陪审团审判是一项昂贵的事业，司法民主的实现路径可以有多种选择，唯独直接民主式的陪审制不应被列入其中。

第四，陪审员的非专业性将严重影响案件审判的质量。强调陪审员的非专业性对案件审判质量上的影响可能是反对者最有力的理由，因为陪审制的实质是非专业人士决定判决结果，而法律和法学的发展，尤其是法律职业化进程的一个基本成就，就是法律已经成为一项法律职业家共同体的事业。倘若继续按照那条"知情人调查、同类人审判"的古典陪审制进路行事，势必是对现代法律发展的专业化成就的漠视。最激进的批评家甚至指出："陪审制度给智慧和诚实设置了障碍，它是对无知、愚蠢和伪证的酬劳。就因为这个制度在多年以前是好的，所以我们就必须得接着使用这个毫无价值的制度，这实在是一种耻辱。""即使是由陪审团审判的最好案件，也只不是外行人的杰作而已。我们何以能够认为，12 个被 12 种不同的且其唯一标准就是完全缺乏常规资格的方式而随便挑选出来的人能够拥有决定当事人之间纠纷的特殊能力。"❶

（三）司法民主的出路和陪审制的重构

无论时代有何不同、语境发生了怎样的变化，都去毫不犹豫地强调陪审制在今天的司法制度中的地位，将通过陪审制兑现司法民主视为一个毋庸置疑的真理，这显然不是法律这项本性上属于实践理性的事业所应该发生的现象，甚至有变味为一个意识形态问题的危险。

因此，对于陪审制的当代处理，我们应该因循一条实用主义法学进路，在这条进路中，我们不把陪审制当做一个教条或终极真理，而是当做一个传统，是否将陪审制贯彻始终，这不是一项义务，而是如何处理当下和传统之间的关系。在实用主义进路中检视陪审制度和司法民主的关系，我们至少要运用这样两种思维方法。其一，我们应追问陪审制对司法民主真正发挥了怎样的效能，这种法律传统怎样解决当下所遭遇的问题，而不必过于注重陪审制所或许内在着的司法

---

❶ ［美］史蒂文·苏本、玛格瑞特·伍：《美国民事诉讼的真谛》，蔡彦敏、徐卉译，法律出版社 2002 年版，第 229 页。

民主本质。波斯纳指出:"(实用主义)感兴趣的是,什么东西有效和有用,而不是这'究竟'是什么东西。因此,它是向前看的,它珍视与昔日保持连续性,但仅限于这种连续性有助于我们处理目前和未来的问题。"❶其二,我们不应当过于僵化地强调陪审制于司法民主所具有的意义本来是什么或应当是什么,而应追问司法民主和陪审制内涵和意义的确认语境是什么,这种语境发生了怎样的变化,在这种语境中,我们将如何可能赋予司法民主和陪审制以新的意义。波斯纳强调:"实用主义者是反教义的,……它承认,进步并不仅仅来自在既定的参照系中耐心地积攒知识,进步还来自参照系的变更,即用另一视角和世界观取代原有的视角和世界观,这种变更会开辟一些新的、通向知识和洞见的路径。"❷按照这种实用主义进路,波斯纳解释了陪审制度为何在美国得以保留甚至较为发达的原因:"我们保留它(陪审制度)或许是为了使司法的角色看上去比其实际情况更为客观,这就是把疑难问题分派给普通人解决,从而减少了法官必须决定的其中有不确定性问题的案件数量。"❸因此,实用主义法学进路中的陪审制度并不内在那种"政治正确"意义上的司法民主内涵,陪审制是一个司法民主幌子下的蓝领制度——陪审员以司法民主之名行分担法官责任之实。

通过对陪审制的生成演化史的简要考察,我们发现陪审制着实曾经是一种重要的保障司法民主的制度,通过司法的民众参与,陪审制使得司法这项权力一定程度上没有从市民社会完全旁落。不过,我们也应当看到,陪审制的最初生成,并没有一个司法民主的理论旗号作为其合法性理由支撑,民众之所以能够直接参与司法审判,关键在于当时还没有形成成熟的司法制度,司法还不是一项专业性权力领域,甚至对民事纠纷的解决和对犯罪的追诉倘若不求助于陪审制将无法达到目的。最初的陪审制根本上是一种知情人审判制度,司法官将民事纠纷者或犯罪人在社区中的邻居和熟人组织起来,一方面在于他们对案件和当事人有更多的了解,另一方面在于当时还没有十分庞杂的法律体系,更没有深奥难懂的法学理论,对争议事实的审查认定要求也不像今天那样要求严格的证据制度和证明标准,只要求陪审员了解当事人并具备一定的法律知识。因此,我们未

---

❶ [美]波斯纳:《超越法律》,苏力译,中国政法大学出版社 2001 年版,第 4 页。
❷ [美]波斯纳:《超越法律》,苏力译,中国政法大学出版社 2001 年版,第 7 页。
❸ [美]波斯纳:《法理学问题》,苏力译,中国政法大学出版社 2002 年版,第 261 页。

必一定要将原初的陪审制纳入司法民主的宏大话语之下进行合法性论证甚至赞美，早期的陪审制毋宁是在那个特定历史条件下人们解决民事纠纷和刑事审判问题可以选择的经济方法，这就像神明裁判曾经盛行于一个相当漫长的历史过程一样，它们都是一个时代条件的产物。因此，我们未必要赋予古希腊和古罗马时期以及中世纪和近代早期的陪审制以司法民主的名分，那是一种制度状态和社会事实，未必蕴涵着政治学意义上的司法民主意义。况且，司法民主并没有一劳永逸的本质，和民主概念没有一个永恒的定义一样，司法民主始终只能是一个时代条件的产物。阿伯拉斯特指出："认为民主的定义总会被确定下来，或者更加傲慢地认为民主已经或者将在 21 世纪的某个时刻被精确地确立下来，这种观点不仅对于未来的种种可能性缺乏洞察力，而且对我们以往的知识也是视而不见。因此，对民主是什么的任何研究，揭示它的本质或意义的任何尝试，都必定是基于历史的研究，至少是部分上的。"❶对陪审制于司法民主的积极意义确认及其制度改革方向的确定，我们势必也应该在区分司法民主的历史内涵和当下精神的基础上进行。

陪审制获得司法民主的政治性内涵，应该是在政治国家开始强大并开始垄断甚至篡夺司法权力为其统治利益服务、控制社会的历史情境之中获得表述的，此时的司法权要么作为市民社会的自有权力维护着社会主体的自由和利益，要么为政治国家所利用，成为国家统治社会甚至进行政治镇压的工具。正是在这个十字路口，陪审制的兴起发挥了维护司法权本性的重要权能，有力阻止了司法权被政治国家征用的进程。在这种意义上，我们诚然要强调司法的人民参与相对于效率要求、专业化要求的价值优先性。

然而，语境的变化迫使我们必须回答如下两个问题：当下语境中的陪审制是否还能有效促进司法民主？司法民主又该被赋予其怎样的时代内涵？

第一个问题很好回答：选择数量有限的公民代表陪审或参审案件并不真正意味着司法已经民主。因为这是一种对司法民主乃至民主政治的直观理解，是一种直觉民主观，过于执著与无政府主义没有什么区别。将公民的自决实践扩大到司法领域的陪审制所遵循的是一种多数人民主逻辑，然而，这种多数人民主

---

❶　[英]阿伯拉斯特：《民主》，孙荣飞等译，吉林人民出版社 2005 年版，第 9 页。

逻辑不但容易造成多数人的暴政,❶也无视社会分层的功能建制化意义。这种公民自决实践式的直接民主在于将整个社会组织成一个民主社团,但是,"把社会组织为一个民主社团将损害社会协调机制分化的优势,包括社会及时、有效、迅速回应需求的能力"。❷

第二个问题的答案应然是:司法民主的要旨在于司法制度被设计成一个以民主方式决断问题的专业化建制,这个专业化建制同时又不隔绝于社会和民众,而且被要求必须具备感受民意的性能机制,它在以法理的逻辑和专业的技术作出判决的同时,也能够保证这种法理逻辑和专业技术的基础性和背景性语境是作为民意的社会交往信息之流。

这种司法民主观因循的是一条法律商谈论理路,之所以作出这种选择,其根本理由在于,作为功能化建制的司法制度和早期历史中通过民众大会解决纠纷和审判犯罪一样是一个制度事实,是社会功能分化的一个理性化成就,突出建制化司法的专业性并非要刻意赋予其优越性地位,更不是篡夺民意。司法民主是匿名的,在这里没有主体性(subjectivity),而只有主体间性(intersubjectivity),司法民主不是大众直接参与的直观,而是法律职业理念与大众政治伦理欲求的彼此沟通和诠释。这是基于商谈性民主理论的一个关于司法民主的意义注解,在这种商谈性民主理论中,"社会观是一种非中心化的社会观,尽管在这个社会中,政治公共领域已经作为一个感受、辨认和处理影响全社会的那些问题的论坛而分化开来。一旦放弃了主体性哲学的概念架构,就没有必要把主权集中于具体的人民手中,也没有必要把主权放弃给无人称的宪法结构和宪法权力部门"。❸ 作为商谈性民主理论的进一步延伸,司法民主建设的方向在于:在保证司法建制性独立、职业化自主、意见交涉和论证式决断问题的同时,保证司法与社会的信息沟通机制,将"精密司法"的技术作坊转变成"民主司法"的公共

---

❶ 具有反讽意义的是,苏格拉底恰恰是被陪审团性质的民众大会判决有罪的。雅典的国民大会判决苏格拉底犯渎神罪的赞成票数是 281 票,而据说当时的民众大会人数是 501 人。参见[美]莫理斯:《法律发达史》,王学文译,中国政法大学出版社 2003 年版,第 97 页。苏格拉底自己则认为,除了正式的起诉者外(认为其有罪的民众大会成员),还有一大批非正式的起诉者。参见[英]罗素:《西方哲学史》(上卷),何兆武、李约瑟译,商务印书馆 1963 年版,第 121 页。

❷ [加]华伦:《协商性民主》,《浙江社会科学》2005 年第 1 期。

❸ [德]哈贝马斯:《在事实与规范之间:关于法律和民主法治国的商谈理论》,童世骏译,生活·读书·新知三联书店 2003 年版,第 374 页。

领域。❶

　　践行这条商谈性司法民主理论的路径是多维的，如司法程序的商谈式改造、审判的透明度和公开化、法官遴选的亲民标准、判决依据的语境化和社会化、法院与社会沟通机制建设乃至法学精英话语与社会大众话语的交融机制建设等，都是这条司法民主化方略系统中的要点。尤其重要的是，作为曾经独立担负司法民主之重的陪审制势必也在这条司法民主化进程要素之列，不过，陪审制已无法独自承受司法民主建设之重，其效能机制也必须因时代语境的转换而予以变革。

　　重构陪审制的语境势必有一个地域维度问题。在陪审制普遍性衰落趋势中，独有美国仍生机勃勃，且尚有为数不少的美国理论家仍然坚持着"真正的问题是，如何促进而非削弱陪审团审判"的论调。或许，美国有美国的国情，那里的人们已经习惯于这种制度，并使得这种制度制造着他们自己独特的甚至是一种意义完全不同的司法民主。那就尊重他们的选择吧（也一并尊重那个国家占半数的陪审制的竭力反对者），我们的兴趣无疑还是自己的问题：中国的陪审制向何处去？

　　2005 年 5 月 1 日起施行的《全国人民代表大会常务委员会关于完善人民陪审员制度的决定》（以下简称《决定》）显然是一部试图将司法民主的时代语境与陪审制度和谐统一起来的专门立法，考虑到人民陪审员制度担当司法民主之重任的实际功能，将人民陪审员制度较为合理地纳入国家和社会发展的时代背景中予以设计，立法者可谓用心良苦，其合理性内容主要表现在以下几个方面。一是将人民陪审员参与审理案件的范围主要限定于社会影响较大的刑事、民事、行政案件。二是赋予刑事案件被告人、民事案件原告或者被告、行政案件原告申请人民陪审员参加合议庭审判的权利。三是对人民陪审员条件进行了要求，如"一般应当具有大学专科以上文化程度"。但是，《决定》也内在着如下缺陷。一是"社会影响较大的刑事、民事、行政案件"适用人民陪审员审判的规定，在实践中将存在专业性案件、职务犯罪案件无法适用人民陪审员制度的情况，民事案件中适用人民陪审员制度的比例过高。二是《决定》所规定的"拥护宪法"、"年满二十三周岁"、"品行良好"、"公道正派"、"身体健康"等人民陪审员条件并不能保证被遴选的人员足以具备审理案件的能力。三是《决定》所规定的采取"基层

---

❶　参见季卫东：《宪政新论——全球化时代的法与社会变迁》，北京大学出版社 2002 年版，第 279 页。

人民法院会同同级人民政府司法行政机关对人民陪审员进行培训"的做法仍然无法保证人民陪审员认定案件事实和适用法律的知识的水平。四是《决定》所确立的人民陪审员与合议庭法官之间的关系是彼此独立,忽略了案件审理过程中法官对陪审员进行专业知识进行传授和指导的义务。

针对《决定》中存在的问题,结合当下中国司法民主建设的状况和方向,我国人民陪审员制度建设应围绕以下几点思路进行。

1. 陪审制的适度保留。完全废弃陪审制的急刹车举措无法为"人民主权"、"人民司法"等政治正确思维惯性所适应,陪审制的必要保留和有限延续对当下中国司法合法性的象征功能仍然不容漠视,况且,陪审制事实上也在某些案件的审理中能够发挥重要功效。

2. 陪审制的适用对象。应借鉴国际通行做法和经验,将陪审制主要适用于刑事和行政案件,限制陪审制在民事案件上的适用。在刑事诉讼中,陪审制应当主要适用于重罪案件、社会影响较大的案件、专业性案件、职务犯罪案件等类别,对于性质较轻、影响较小和常规性刑事案件,一般不适用陪审制。在民事诉讼中,陪审制主要适用于影响较大的案件。另外,无论刑事还是民事诉讼,陪审制原则上只在第一审程序中适用。

3. 陪审制的适用决定权。部分案件的陪审制适用由法律规定,法院对法定适用案件无陪审制适用决定权,但有权决定其他案件是否需要适用陪审制。当事人有权申请适用陪审制,是否适用由法院决定。

4. 陪审员的遴选及其权利义务。非专业性案件中,陪审员原则上可以是一切具备完全民事行为能力的公民,但重点应选择那些达到一定的文化程度、责任心强、分析和处理问题能力较强的公民担任。专业性案件应选择具备专业知识的公民担任陪审员。陪审员的产生实行社区(单位)推荐和法院选择或聘请双向结合制。实行参审制,陪审员并与合议庭法官权利和义务相等。诉讼过程中,法官负有对陪审员进行证据采用、排除规则、相关法律知识引导和释明义务,专业性陪审员负有应向合议庭法官就专业性问题进行咨询义务。

四、司法一元论与多元化:公共理性的培植和弘扬

司法建制是与人类对正义的诉求紧密关联的,"诉诸司法权"已经成为一项

宪法性权利,纠纷得到了解决,也意味着正义得到了实现。然而,"正义"是一个语词,一个"能指"符号,其"所指"并非是一种确定的实在论对象,从而关于"正义"的陈述只能是一个经验性命题,而非真理性命题。倘若将通过司法的纠纷解决视作唯一的"正义"行动,并且坚持司法程序本身也只有唯一的程序正义形态,那么,我们势必就步入了一种实在论论调,既僵化了诉讼程序的正义模式,也否定了所有非司法途径解决纠纷的合法性。当前,程序多元主义和替代性纠纷解决机制(ADR)作为司法改革的主题之一,已为众多理论谱系以及司法改革实践所倡导和践行。目前,为理论界所推崇或已经成为现实制度的纠纷解决多元化程序至少包括以下类型:小型审判、简易陪审团审判、调解、调停、微型审判、专家决定、仲裁、早期中立性评估、小额诉讼程序、集团诉讼程序、司法和解会议等,❶对于这种现象,进行理论解释和论证的切入点很多,不过,笔者则因循一种解构主义(deconstruction)方法路径加入这一问题的讨论,通过对现代社会中所出现的两种诉讼程序模式——当事人主义(形式正义)和职权主义(实质正义)——进行解构主义阅读,分别指出两种"正义的"诉讼模式在结构上所存在的固有问题,进而在对诉讼程序模式的正义性内涵作出判断的同时,将司法权力的分解方向与多元化纠纷解决机制进行关联性考察。

(一)司法论坛的中心和结构

现代社会中被赋予正义性内涵的诉讼程序至少存在过这样两种模式:职权主义和当事人主义。职权主义模式盛行于大陆法系国家,并为一些社会主义国家予以更为彻底的推行,新中国成立以来则在一个较长时期中奉行这种模式。倡导职权主义模式的理论基础在于社会是国家管理的对象,国家权力主导社会关系状况并决定社会发展的路径和目标,纠纷解决是国家权力介入的重要场合,司法权力的行使应当贯彻政治原则、执行具体政策,法官不仅要审理案件,并且要主动调查争议事实、收集证据、主导诉讼程序的运行过程。职权主义诉讼模式遭遇了强烈的理论攻击,实践运行中也日益焦头烂额,从而出现了吸收和借鉴当

---

❶　参见[美]史蒂文·苏本、玛格瑞特·伍:《美国民事诉讼的真谛》,蔡彦敏、徐卉译,法律出版社2002年版,第205页以下;刘敏:《英国民事司法改革的启示与借鉴》,载齐树洁主编:《英国民事司法改革》,北京大学出版社2004年版,第507页;范愉主编:《ADR原理与实务》,厦门大学出版社2002年版,第78页以下。

事人主义模式之合理因素的趋向,甚至在一些国家出现了以当事人主义模式为目标的制度改革热潮。然而,当事人主义模式自身也日益遭遇困境。当事人主义模式发端于西方国家现代化进程的早期阶段,尤其是以英美为代表的普通法系国家,现代化进程伊始,倡导国家与社会的截然二分,确立了消极、中立、被动的司法权理念,诉讼程序按照对抗制予以设计,当事人双方发动诉讼程序并主导诉讼程序进程,以维护市民消极自由和形式平等为宗旨的司法形式主义获得正义程序名分。然而,"司法竞技主义"本质的当事人主义诉讼模式所确立的旨在通过形式平等而实现正义的目标,恰恰因为过于倚重形式正义而导致实质上的不平等,对抗式程序架构和法官的消极、中立态度,酿成了诸如诉讼迟延、滥用诉权、诉讼爆炸、诉讼成本高昂、程序烦琐等一系列后果,程序的形式平等追求恰恰在当事人实质不平等的经验事实面前越来越失去正义程序品格。随着现代化进程的深入和福利国家主义的兴起,国家开始介入市民社会生活,这种政治哲学转向在司法领域的影响就是司法的实质化倾向,诉讼程序开始向"新职权主义"模式转型,开始强化法院对案件的管理职责(court's duty to manage cases),加强法官对程序进程的主导性,保障弱势当事人的诉讼地位及机会,简化诉讼规则,提高诉讼效率。❶ 诉讼程序不再过于注重法律形式主义,不再将人的权利的实现和利益的保障完全寄希望于司法竞技主义本性的当事人主义程序模式,开始日益注重结果的公平,并且将程序过程本身界定为一种实质权利实现和利益保障的场合,诚如罗尔斯所言:"一种程序的正义总是依赖于其可能性结果的正义,或依赖于实质性正义。"❷

分析诉讼程序问题,一种可行的理论进路是将其作为一种结构予以认定,进而对诉讼程序模式进行结构主义分析。对于以上两种诉讼模式的基本内涵及其转型动态的评论或许可以在社会理论语境进行,因为两种诉讼模式的存在及其转型一定程度上也是对社会现代化发展背景的一种回应,不过,笔者不从这条理

---

❶ 奉行当事人主义诉讼模式的英国近年来一直在进行深入系统的民事司法改革,进行这项改革的主要原因在于:"传统的当事人主义诉讼模式不可能自发地保障'接近正义'(access to justice),却与诉讼拖延、费用昂贵、诉讼结果的不确定等司法弊病有着直接关联。"因此,英国近年来的民事司法改革主要途径是把"案件的控制权从当事人转移到法官手中"。从而在诉讼模式上也出现了由当事人模式向职权模式转型的迹象。参见齐树洁主编:《英国民事司法改革》,北京大学出版社2004年版,第2、6页。

❷ [美]罗尔斯:《政治自由主义》,万俊人译,译林出版社2000年版,第449页。

论路径进行问题讨论，而是选择结构主义分析进路去把握这一现象，因为社会现代化进程毕竟只是诉讼模式变革的一种外因环境，这种外因环境虽然具有深刻的影响力，但是它并不必然引发诉讼模式的转型。因此，极有必要从诉讼模式自身的内在结构入手，分析这种结构的内在矛盾及其自我颠覆和解构倾向，探寻诉讼模式变革的内在机制。

按照结构主义者的共识，事物（事件）都有一种深层结构，并且这个结构本身是自足的，理解一个结构不需要求助于同它本性无关的任何因素，结构是一个由种种转换规律组成的体系，这种转换体系能使自身守恒或使自身得到充实，种种转换在结构内完成，并不求助于外界因素，它具有整体性、转换性和自身调整性。❶ 结构主义发端于索绪尔的语言学理论，索绪尔从语言（langue/language）和言语（parole/speech）的区分入手，依据差别原则，认为"语言就是言语活动减去语言"，因此，语言是指一种深层而难以被完全揭示的深层规则（语法），言语只是按照语言的深层规则有效地组织和言说的一个句子。因此，言语只是语法规则的外在表现，语法规则（语言）就是一种具有整体性、封闭性、文化性、集体下意识等性质的典型结构。❷ 索绪尔语言学理论经列维-斯特劳斯、拉康、巴尔特等人分别在人类学、心理学、文学等学科领域的引入和发展，进而使得结构主义成为 20 世纪四五十年代以来的一个重要哲学派别，并深刻影响到众多人文科学和社会科学领域。

结构主义的要旨所在是"中心主义"理念的确立和对"二元对立"等级的推崇。在结构主义者看来，每一个结构都有一个中心，这个中心是作为整合结构之构成要素的力量之源而被赋予的，否则结构之所以具有结构性质便无法得到解释，诚如德里达所言："结构，或毋宁说结构之结构性，虽然一直运作着，却总是被一种坚持要赋予它一个中心，要将它与某个在场点、某种固定的源点联系起来的姿态中性化了并且还原了。"❸对于结构主义者而言，没有中心的结构是无法想象的，诸如理念、理性、逻各斯（logos）、精神、主题、本质等"形而上"概念均会通过某种具体的形式在结构中得以体现并成为稳定结构和解释结构的中心。因

---

❶ 参见［瑞士］皮亚杰：《结构主义》，倪连生、王琳译，商务印书馆 1996 年版，第 2 页。

❷ 参见［瑞士］索绪尔：《普通语言学教程》，高名凯译，商务印书馆 1980 年版，第 29 页以下。

❸ ［法］德里达：《书写和差异》（下册），张宁译，生活·读书·新知三联书店 2001 年版，第 502 页。

此,结构主义是倡导"中心主义"理念的。同时,结构的构成要素在结构主义理论中遵循"二元对立"的差别原则,某一构成要素总是与其他要素相区别而对立存在。索绪尔结构主义语言学理论便揭示了这类二元对立关系,诸如语言——言语、下意识——意识、社会——个人、文化——自然等要素之间便形成了二元对立关系。结构主义者在其对具体结构的研究中无不揭示并遵循这种二元对立的分析范式,因此,"成双的功能性差异的复杂格局这个概念,或曰'二元对立'概念显然是结构概念的基础。"❶

职权主义模式结构的"中心主义"是实质正义理念,二元对立构造则有多种表征:法官——当事人、当事人——当事人、公正——效率、技术规则——程序规范等。实质正义在诉讼程序中的根本要求是要正确地适用实体法规范,以确保当事人利益的切实实现,并且认为正确适用实体法规范的一个前提要求是发现真实,亦即揭示法律事件的真实面貌。这样,作为职权主义模式结构之"中心主义"理念的"实质正义"便会在结构关系中体现出这样一种逻辑:判决以法律事件真相的逼真乃至彻底的发现和证明为前提,以实现实质正义目的。在这种实质正义逻辑下,就需要一个以发现真实(真理)为使命的在场主体。在实质正义思维逻辑中,纠纷当事人双方都是靠不住的,他们各怀目的,都只会站在各自的利益立场甚至险恶用心中陈述和辩论,因此,作为裁判方的法官便应声入场,他以法律事件真相的揭示者身份出现,主动收集证据和调查事实,控制诉讼程序进程,管理案件,在此,控辩双方的陈述主张和证据提供仅仅只是法官活动的补充。因此,在法官与当事人(控辩双方)之间的二元对立关系中,隐含了一种认定,即在对立的两者之中有一个是(或者应该是)居主导地位的,❷法官相对于控辩双方而言,则居于主导地位,因为法官既是案件事实的发现者,也是审判程序的主导者。控辩双方的对立关系,相对于与法官之间的对立关系而言,显得微不足道,这种对立关系仅仅只是职权主义模式结构中法官活动的补充。在职权主义诉讼模式结构中,揭示了纠纷事件真相也就等同于实现了诉讼程序的价值(外在价值),在此,价值实现要么依赖于案件事实真相的发现,要么发现真实成为

---

❶ [英]霍克斯:《结构主义和符号学》,瞿铁鹏译,上海译文出版社1997年版,第15页。
❷ 关于二元对立结构中一方主导一方从属的非对等、非平衡关系在法学(律)中的反映,参见刘星:《西方法学中的"解构"运动》,《中外法学》2001年第5期。

实现正义的题中应有之义。在一种"目的合理性"❶要求下，职权主义模式下诉讼程序的运作过程如果说还要符合某种程序规范性要求，那么这类程序规范更多地则是以一种技术规则❷的形式表现出来，诉讼程序在一种目的理性状态下运作，在此，对技术规则的选择不存在太多的价值约束和限制性要求，或者说，诉讼程序围绕发现真实的最终目标而被设计，它不需要考虑过多的价值因素（程序价值），这种技术规则本性的诉讼程序"是那种能够增加获得实体法上正确的结果之可能性（或者最大化这种可能性）的程序，而不是那种能够成功地体现公平理念或保护某些并列的实体性价值的程序"。❸ 因此，在该种正义程序模式中，遵循目的逻辑的技术规则就优位于体现公正精神的程序规范。由于职权主义模式下的诉讼规则更多地体现为技术规则的属性，从而该种程序理念中，程序效率优位于程序公正，为了实现实质公平之目的，"特殊的规则、政策和程序逐渐被当作是工具性的和可牺牲的"。❹

　　当事人主义模式结构之"中心主义"是形式正义理念，职权主义模式结构中的诸种二元对立关系在当事人主义模式结构中一一存在，只不过二元对立要素间的主次关系完全发生了逆转。形式正义的基本内涵就是要求程序规则是体现了正义价值的规则，程序的运行是一个恪守程序规则的过程，在此，程序所追求的主要不是对法律事件之真实状况的准确揭示（外在价值），而是追求程序本身所固有的公正性（内在价值），程序本身有其独立于实质正义之外的价值，有论者将这种程序正义的价值区别于实质正义的"结果价值"，"程序的本质特点既不是形式性也不是实质性，而是过程性和交涉性。"因此，程序正义的价值是一

---

❶　韦伯认为，人之行为有四种合理性类型：目的理性的，价值理性的，情感理性的和传统理性的。其中，行为的目的合理性，"即通过外界事物的情况和其他人的举止的期待，并利用这种期待作为'条件'或者作为'手段'，以期实现自己合乎理性所争取和考虑的作为成果的目的。"因此，目的合理性行为及其规则是价值无涉的。［德］韦伯：《经济与社会》（上卷），林荣远译，商务印书馆1997年版，第56页。

❷　一般而言，技术规则"是人类改造自然以达到某种目的而制定的行动规则"。潘天群：《论技术规则》，《科学技术与辩证法》1995年第4期。技术规则是一种反映主体与对象之间关系的范畴，尽管技术规则的制定者是技术人员（技术家）共同体，从而也蕴涵了共同体成员间的相互关系和一定的价值取向，但是，根本而言，技术规则的成立决定于它能否有助于实现目的，从而技术规则与旨在调整人与人之间的权利义务关系的法律规范是存在本质差异的。

❸　［美］达玛什卡：《司法和国家权力的多种面孔》，郑戈译，中国政法大学出版社2004年版，第221页。

❹　［美］诺内特、塞尔兹尼克：《转变中的法律与社会：迈向回应型法》，张志铭译，中国政法大学出版社2004年版，第87页。

种"过程价值"。❶ 这样,在"形式正义"之中心理念的整合力量下,诉讼程序奉行"司法竞技主义"并按照对抗式构造进行制度设计,控辩双方之间的对立关系较之控辩双方与法官之间的对立关系更为突出并更具重要性。在控辩双方与法官的关系上,凸显了控辩双方的诉讼行为对诉讼程序运行的主导性,程序的进行过程,证据的提出,事实的调查,是否和解或相互妥协,选择怎样的调解程序等,均由控辩双方操控,法官成为消极的裁判者。在当事人主义诉讼模式中,对当事人程序选择权的尊重以及对诉讼程序规则的遵循优先于对法律事件真相的发现,程序的公正性价值就优位于程序的效率价值。这样,程序规则便不是对旨在发现真实和实现实质公平为逻辑内涵的技术规则的简单确认和吸收,而是首先考虑规则本身的公正性内涵,倘若一项技术规则与形式平等、权利保障、公平对抗以及与道德伦理或文化习惯相背离,那么,无论这项技术规则怎样有利于案件事实的发现,它也将被程序法排除。因此,当事人主义模式结构中的技术规则与程序规范的二元对立关系上,前者要么成为后者的一种依附性成分,要么成为被后者约束和取舍的对象,总之后者具有主导性地位。

(二)司法论坛结构的自我解构

两种竞立性程序模式都是按照某种理性主义中心理念进行制度设计的产物,然而,在"解构主义"❷者看来,这种理性主义逻辑中的诉讼程序文本似乎喻示了某个作者,他/她赋予诉讼程序结构以某个"中心",一旦抱以某个"中心主义"理念,也就要强调"二元对立"结构关系及其地位等级以巩固和维护那个中心主义理念。职权主义和当事人主义分别有两个中心——实质正义和程序正义,在这两个中心的统摄下,上文所及的多种类别的二元对立既得到了推崇,似乎也得到了解释。结构中的一切二元对立关系似乎都在某个中心的捕捉和限界之下饱和了、守恒了、稳定了。然而,诉讼程序作为文本,其意义或中心并非能够为某个作者一劳永逸地设计和确定下来的,某个程序模式即便被人为地赋予了

---

❶ 参见肖建国:《民事诉讼程序价值论》,中国人民大学出版社 2000 年版,第 159 页;季卫东:《法治秩序的建构》,中国政法大学出版社 1999 年版,第 20 页。

❷ 波林·罗斯诺认为:"解构蕴涵着既破解了某文本的神秘,又拆开了那个文本以揭露其内在而又任意的层系和它的前提的意思。它展示了某文本的缺陷及其隐藏的形而上学结构。对文本的解构性解读活动旨在发现文本的两重性、盲目性和逻各斯中心性。"[美]罗斯诺:《后现代主义与社会科学》,张国清译,上海译文出版社 1998 年版,第 177 页。

某个中心,程序的二元对立结构及其等级关系即便在制度上被暂时地进行了确立,但是,这种中心理念和二元对立结构必将遭遇一个个背离中心和逾越结构的实践事件,最终拆解结构并颠覆中心。

为了贯彻"实质正义"的中心叙事,那么,作为职权主义模式结构之二元对立要素的法官、效率、技术规则将分别对应优位于当事人、公正、程序规范,后一类范畴仅仅只是前一类范畴的补充,处于从属性地位。然而,这种从属性要素的实践命运恰恰总是要获得主导性和权威性地位。要实现实质正义,首先要发现真实,这样,法官主动的证据收集和事实调查活动似乎是十分重要的。然而,法官毕竟不是法律事件的经验者和制造人,证人也不会知道得太多,这样法官的调查和证据收集活动也就只能依赖作为纠纷事件制造者因而也是最为主要的案件信息来源的当事人,即,法官的调查最好还是"听听当事人的陈述和理由"。这样,愈是要发现真实,便愈是要从当事人那里获得根据,即便当事人是各怀目的的,但是只要他们能够对抗辩论,事实(真理)就会越辩越明。由此,当事人悄悄地改变了依赖于法官权威的从属地位,暗暗颠覆了位置。于是,法官发现真实(真理)的主导地位也就渐渐让位于当事人对抗和辩论了,只要当事人辩论、对抗下去,那么其结果便很有可能是强者获胜或话语霸权本性的,作为为话语所型构的法律事实(legal fact)到底还是否是那个自在之物——客观发生的法律事件(legal event),那是由被称作对抗或辩论的程序决定的,词与物是否一一对应吻合一致已不再重要,重要的在于作为形式理性的程序法规范是否得到了切实的遵从,当事人双方是否严格按照既定的程序法规范进行了充分而合理的论辩。本来,为实现实质公平,职权主义模式并不重视实现目标的过程性价值,而追求目的实现的效率。然而,对程序规则相对轻视的结果,则是职权行为本身的合法性遭遇了疑问,因为过于注重结果而放弃程序过程正当性要求的职权行为本身将成为一种侵犯权利损害利益的行为,甚至会出现职权行为本身所造成的损害远远大于行为所能够实现的实质利益的情形,这样,职权行为本身的必要性、比例性问题便凸显出来,职权行为的合法性要求日益成为一种民众呼吁和理论话语。职权主义模式下的技术规则本来是要优位于程序规范的,因为要达到发现真实的目的,程序只不过是一种工具或手段而已,在此,价值是无涉于程序制度的,价值准则应该保持对实现实质真实的技术规则的中立化立场。技术规则作为人在处理其与客观事物之关系的一种方法论范畴,是一个表征工具理性或目的理性的术语,技术及其规则似乎是可以中立的或中性的。本来,职权主义模式对发现真实之优位目标的推崇,诉讼程序只不过是一种按照技术规则或工具理性而设计的操作手续而已。然而,职权主义模式之"实质正义"中心主义理念却始终不能摆脱这样一种追问的纠缠:为什么选用这种技术规则而不是其他? 或者干脆问:所选用的技术和所遵循的技术规则体现了怎样的价值? 难道选择某种技术规则的标准仅仅只是一个唯一的效率准则? 对此,马尔库塞认为:"技术理性的概念,也许本身就是意识形态。不仅技术理性的应用,而且技术本身就是(对自然和人的)统治,就是方法的、科学的、筹划好了的和正在筹划着的统治。统治的既定目的和利益,不是'后来追加的'和从技术之外强加上的;它们早已包含在技术设备的结构中。技术始终是一种历史的和社会的设计;一个社会和这个社会的占统治地位的兴趣企图借助人和物而要做的事情,都要用技术加以设计。统治的这种目的是物质的,因此他属于技术理性的形式本身。"❶在知识论语境中,技术是一种知识,福科的权力理论得出了知识和权力的同构同型、从而技术同样是一种权力的结论。❷ 这样,技术规则就不再是一个中性的力量,它逃不开价值的牢笼。在职权主义模式中,因为法官缺失关于法律事件的经验(不仅仅是经验),因而他垄断不了真理,那些证据收集和调查事实的方法和手段也只能是在一种他所置身其中的社会语境的当下有效且可行的技术规则,因此,法官已经对技术规则作出了价值选择,尤其是在他要去听听控辩双方的声音乃至社会的声音的时刻,技术规则便完全嬗变为价值规范——程序规范了。这样,实现实质公平的技术规则不再纯粹是一个效率——目的法则,只要法官需要就事实问题倾听当事人双方的论辩话语,那么这种倾听的态度和论辩话语形成和处置的权利和公正成分必将渗入本来应该纯粹目的理性和效率至上的技术规则。这样,由于巩固实质正义之中心理念的二元对立结构要素间的优位等级关系——发生了倒置,从而职权主义之"实质正义"中心主义理念也最终崩溃。

"形式正义"之中心理念,就是将程序设计得能够保障控辩双方有效对抗和充分辩论。一言以蔽之,当事人主义就是对抗制或辩论主义。在此结构中,当事

---

❶ 转引自[德]哈贝马斯:《作为"意识形态"的技术与科学》,李黎、郭官义译,学林出版社 1999 年版,第 39~40 页。

❷ 参见[法]福科:《规训与惩罚》,刘北成、杨远婴译,生活·读书·新知三联书店 1999 年版,第 29 页以下。

人、公正和程序规范等结构要素便要对应优位于法官、效率、技术规则。当事人主义倡导法官中立兼听并消极裁判,然而,这个消极的裁判者并不完全消极,甚至可以说他根本就不是退隐到幕后,而是完全的在场。一方面,他要有效而严格地组织证据展示、陈述、论证、质证和辩论等程序的有序进行;另一方面,对于控辩双方所提出的证据有效性和可采性决定是否动用采纳权或排除权;另外,采取陪审团制度的国家,还要对陪审活动进行引导。由此不难看出,当事人主义模式中的法官并非不调查事实、不收集证据,只不过是将收集证据调查事实的场合移转到法庭,并且是在控辩双方共同在场的情况下、借助双方激烈而富有成效的论辩以发现真实,这要较之职权主义模式中所进行的事实调查和证据收集更为有效。在此,法官在与控辩双方的二元对立关系中,决不是处于从属性的或依附性地位的,而是完全获得了主导性,控辩双方的充分论辩,那都是说给法官听的。与此同时,被假定保持中立而消极裁判的法官在认定事实和适用规范的过程中,是无法承诺其形式理性思维之纯粹化的,在此过程中,法官的"前见"始终会发生作用,"法官带进案件中的那些成见(preconceptions)并非外在的和无关的异己物。心智白板(tabula rasa)并不是司法的理想"。❶ 按照诠释学进路,无论是案件的事实真相还是实在法规范的意义始终只能是一种"效果历史(effective history)","在理解中所涉及的完全不是一种试图重构本文原义的'历史的理解'。我们所指的其实乃是理解本文本身。但这就是说,在重新唤起本文意义的过程中解释者自己的思想总是已经参与了进去"。❷ 因此,法官并非是绝对超然和完全中立的,他始终是一个主导程序进程、决断案件事实并决定法律适用的"在场者(presencer)",并在实质上优位于提出请求和陈述理由的当事人。出于公正优先于效率的价值考虑,当事人主义程序模式放任乃至纵容对抗双方激烈竞技,这种以古典自由主义为理论基础的形式法治之纠纷解决模式中,"自由成为程序的内在精神,程序进行遵循自由主义理念,以绝对的辩论主义、处分权主义、自由心证主义为理想范式,当事人双方拥有完全自由之意志,作为对立和对抗的两造,运用各种竞技手段相互攻击、防卫和斗争"。❸ 然而,形式平等倘若缺

---

❶ [美]波斯纳:《法理学问题》,苏力译,中国政法大学出版社2002年版,第158页。
❷ [德]伽达默尔:《真理与方法》(下卷),洪汉鼎译,上海译文出版社1999年版,第495~496页。
❸ 徐昕:《英国民事诉讼与民事司法改革》,中国政法大学出版社2002年版,第200页。

乏事实条件和经验基础,所带来的必将是一种程序异化后果。"纯粹的对抗制(adversary system)诉讼模式难以自发地保障接近正义,却与诉讼迟延、费用高昂、诉讼结果过分不确定等司法弊病难脱干系。"❶这样,当事人主义旨在追求的公正价值恰恰因为形式正义进路的实践命运最终丧失了公正性,因为它必将失去效率,而效率同样是一种不可或缺的价值。另外,由于形式正义和规则之治理念下的程序规范势必要求程序的设计必须兼顾一般化和体系化两个方面,从而,这种设计便应该考虑周详,细致入微,多方兼顾,最好能穷尽构想一切可能性事实,这样,这种程序便越来越繁复,越来越面广量大,因而也就越来越专业化了。最后,不是在律师或技术专家的帮助或代理下,常人是再也不可能独自走进法院打起官司,程序规范最终技术化了,法学家成为制度技术专家。这样,技术规则也就要优位于那个与其对立的正义价值取向的程序规范。同样,由于巩固形式正义之中心理念的二元对立结构要素间的优位等级一一发生了逆转,从而当事人主义之"形式正义"中心主义理念也最终崩溃。

对以上两种"正义"程序模式进行解构主义阅读的结果是:没有永恒有效的中心主义理念,也没有一成不变的二元对立等级。诚如德里达所言,中心是那种"在结构中构成主宰结构同时又逃脱了结构性的那种东西。这正是为什么,对于某种关于结构的古典思想来说,中心可以悖论地被说成是既在结构内又在结构外。中心乃是整体的中心,可是,既然中心不隶属于整体,整体就应该在别处有它的中心。中心因此也就并非中心了"。❷ 因此,中心并不必然存在,巩固中心主义理念的二元对立结构也无法永恒稳固,因为要强调这种二元对立等级,实质上也就肯定了中心。德里达为了进一步说明这种解中心(de-centering)进路的理由,提出了语词的踪迹(trace)理论,认为一个语词的意义必然地具有其他语词之意义的踪迹,譬如"言说"一词,人在思考、使用这个语词时,是将其与"说话"、"书写"这类相近语词的关联性背景联系起来进行理解和使用的,这样,每一个语词都会被无休止地关联下去,因此,最终谁也不是另一方的基础,谁也不可能成为优越、主导或权威的一方。❸ 因此,像本书所讨论的实质正义——形式

---

❶ 徐昕:《英国民事诉讼与民事司法改革》,中国政法大学出版社2002年版,第202页。

❷ [法]德里达:《书写与差异》,张宁译,生活·读书·新知三联书店2001年版,第503页。

❸ 参见[法]德里达:《论文字学》,汪家堂译,上海译文出版社1999年版,第86~88页;刘星:《西方法学中的"解构"运动》,《中外法学》2001年第5期。

正义、法官——当事人、公正——效率、技术规则——程序规范这类对立语词之间,最终都能被相互关联起来,谁也不是中心、不是基础、不是优位等级。据此,本书对两种程序模式所进行的颠覆性解读后果也就不再匪夷所思。

(三)公共理性机制与司法论坛的场域扩张

解构的目的或许不是为了重新建构(reconstruction),❶但是,解构主义进路倘若将旨趣仅仅定位在颠覆权威和消解结构本身,而完全无意于去奢望什么甚至建构什么,那么它的理论价值也是极其有限的。因此,面对两种竞立性纠纷解决程序模式在各自结构上所内在的缺陷,指出一条希望道路显然是具有积极意义的也是十分迫切的。当事人主义的根本缺陷在于对形式平等的过分倚重,而职权主义的理论困境则在于过于注重了实质公平,从而,弥补两种程序模式之弊病的唯一方案只能是一条程序主义道路,在这种程序主义道路中,形式和实质才获得了整合的可能。不过,这条程序主义道路已然不再是那种正义程序制度形态的唯一化设计,"任何规则都不能规定它自己的运用。一个适合某个规则的事态的构成,取决于根据运用于它的那个规范的概念对它进行的描述,而这个规范的意义,恰恰只有当它被运用于一个被变成规则之一例的事态时,才得以具体化"。❷ 因此,正义程序至少是"语境论"(contextualism)的,苏力站在语境论立场认为:"如果依据这一进路(语境论进路)分析理解程序正义,我们就可以发现强调程序是一种为了有效且基本公正地回应现代社会纠纷解决的制度装置,而不是因为程序正义本身要比实质正义更为正义。在这个意义上,我们甚至可以看出,程序正义只是在现代社会条件下的一种'无奈',它成为现代司法制度之首选仅仅因为现代的司法制度已经无法基于'实质正义'运作。"❸

正义程序如果是"语境论"的,那么它也是"语用学"的。正义程序没有永恒的语法,只要话语事件还会出现,原有的语法规则(游戏规则)便会被打破,诚如

---

❶ 对此,波林·罗斯诺指出:"解构不是仅仅因为揭示'错误'而设置的,因为这将假定有真理存在。""后现代主义者拒绝去'重构'一个文本,或者断言某个可取的见解,或去重新确定一个支配的范围。"[美]罗斯诺:《后现代主义与社会科学》,张国清译,上海译文出版社1998年版,第177、178页。
❷ [德]哈贝马斯:《在事实与规范之间:关于法律和民主法治国的商谈理论》,童世骏译,生活·读书·新知三联书店2003年版,第246页。
❸ 苏力:《语境论》,《中外法学》2000年第1期。

利奥塔尔所言:"如果定义每一种语言游戏和游戏'招数'的那些规则存在着共识,这种共识也'应该'是局部的,即它是从实际的对话者那里获得的,经常可以废除。"❶这样,纠纷者所欲求的正义,不见得一定要在法院、一定要通过诉讼程序才能购得,也不再有一种普世式正义程序能够满足多元化社会中纷繁多样异质纷呈的诉求。对此,M.盖朗塔批评说:"探讨正义的接近问题,作为基本的模式,是将人们的不平诉诸法院,这样简单地下结论是一种曲解,但却是一种有益的过分简单化。""通常不能认为诉讼一旦提出,法院就通过争讼进行典型诉讼活动,根据正式规则进行裁判。实际上,法院应该被认为是产生各种纠纷(或非纠纷)的场所。""不能把法院在解决纠纷中所做的贡献完全等同于根据判决来解决纠纷。法院的主要贡献是为了私人的、公共的场所所产生的交涉和秩序,提供规范和程序的背景。"❷诚然,通过统一的诉讼程序进行纠纷解决和实现正义,原有进路大致只有两种——职权主义和当事人主义,两种模式的融合即便不产生正负相加结果为零的效应,那也必然会是新中心、新对立和新结构的形成,这是靠不住的诉求。与其这样,不如让诉讼程序退居后台,除了一部分(也应该是很大比重的一部分)纠纷可以直入司法程序的剧场和殿堂,将其他众多的纠纷准许它们的制造者选择切近其秉性和心灵寄托的纠纷解决途径,将那些已经被闲置的机构、组织乃至个人的纠纷解决资源发掘出来,使得民间调节、仲裁、行政裁决作为切合于多种纠纷类别的解决途径。同时,即便是仍在前台作为纠纷解决机制的诉讼程序,它们仍然应当是灵活的,是富于张力和弹性的,在此,和解、简易程序、集团诉讼、小额诉讼、非讼程序功能的发挥,同样也消解了正义程序基本模式的结构。作为"宏大叙事"的"中心主义"的自我解构本性,决定了"小叙事"是富有想象力的发明创造所特别喜欢采用的形式,这在纠纷解决机制方面特别得到了体现。倡导正义程序的语境主义,实质上就是要否定程序模式的一元化形式结构的优先性,在具体的时代、世纪或国度的背景下,真实、公正、效率作为表征正义程序的基本指数,并没有统一的公式、操作规程和函数值,而是依赖于诸如地域的限界、文化的差异、信仰的多元、行业的距离、纠纷的类别、争议

❶ [法]利奥塔尔:《后现代状态——关于知识的报告》,车槿山译,生活·读书·新知三联书店1997年版,第138～139页。
❷ [美]盖朗塔:《不同情况下的正义》,载[意]卡佩莱蒂主编:《福利国家与接近正义》,刘俊祥等译,法律出版社2000年版,第126、128、132页。

的目的等等表现"地方性知识"的类别和愿望的杂复和多元,从而,正义程序的真正内容是作为一种"地方性知识"表征出来的具体纠纷解决的操作仪规,只要这种仪规切合于具体纠纷者的知识旨趣和理念寄托,只要这种仪规为纠纷者所置身其中的那个赋予他们的生命和存在以价值和意义的群体所认可,那么这种富于生活世界知识型本质的纠纷解决程序本身便蕴涵了正义,它是天生地具有合法性的。

由此观之,虽然我们还不能在法律或法学的视界中宣布一个后现代时代的来临,但是我们却可以肯定地说,那种传统的以"中心主义"理念和"二元对立"等级构架的正义程序模式并不能一统江湖,这不是一个时代或世纪的际遇,也非完全决定于社会纷争态势的日趋纷繁多样和杂乱无序,否则我们会将正义程序的演变完全理解为一种对社会纷争态势的回应了。真正的问题出在那个"中心主义"理念和"二元对立"等级,它从一开始就将法律和程序理解为(甚至兑现为)某个主体或作者的理性设计。如果司法的目的在于"维护一种不断展开的行动秩序",进而诉讼程序有别于作为"立法的法律"的"政府组织规则",❶那么,正义程序的中心主义观念和二元对立等级设计本身本来便是靠不住的,它建构了作为文本的正义程序模式,却也同时解构了文本自身。

五、司法权威性与协商性:合意促成和关系恢复

(一)协商性司法的理论内涵界定

近年来,关于协商性司法(negotiated justice)的理论内涵,我国学界已有一些探讨。有论者认为:"协商性司法的核心价值在于通过控辩双方的对话、协商,在合意的基础上谋求控辩审三方都乐于接受的司法结果。它并不受严格规则的刚性约束,也不把正统的诉讼价值目标奉为指针。在维持基本法制底线的框架内,该司法体系尽可能让不同利益诉求的控辩双方在诉讼过程中拥有更多的发言权,相互之间减少不必要的对抗而增加更多的对话与合作机会,力争把多

---

❶　参见[英]哈耶克:《法律、立法与自由》(第一卷),邓正来等译,中国大百科全书出版社 2000 年版,第156 页以下。哈耶克将司法程序规则区别于政府组织规则的理据,在于他认为法律更多地是人之行动的产物,不应等同于作为政府出于管理和控制社会的目的而刻意设计行动规则。

元化的价值目标都吸纳到程序之中。"❶"刑事司法领域中的协商性司法可以初步定义为,诉讼主体通过对话与相互磋商,达成互惠的协议,以此来解决刑事争端的一种司法模式"。❷ 有论者将协商性司法定义为"诉讼主体通过对话和相互磋商,达成互惠的协议,以此来解决刑事争端的一种司法模式。"❸另有相关研究结合我国近年来的刑事司法实践,概括了司法协商的主要特征:注重社会效果,不受规则的刚性约束而灵活适用规则,突破权威性和合规范性裁判定式,在法制底线的框架内注重对话与合作,通过控辩双方的协商达成具有合意性和互惠性的裁判,使多元价值目标能在法律程序之中得到展现。❹

协商性司法尽管已经在西方法治发达国家以多种样式表现,但由于协商性司法尚不是一种成熟、公认而定型的司法制度范式,其理论内涵尚需要深入研究界定,探讨协商性司法理论内涵的逻辑进路,首先要思考传统司法制度范式的理论基础内在着怎样的缺陷,其运行机制在变革中的社会秩序语境中陷入了怎样的困境,否则我们无须寻求和倡导一种新型司法理念和制度。其次,司法理念和制度不可能完全按照自身的理论逻辑永久地洁身自好,政治哲学和社会理论的最新发展,始终成为司法理念和制度置身其中的理论环境,甚至成为其理论根据,从而,当今世界政治哲学、法哲学和社会理论的最新学说势必要对司法理念重塑和制度创新产生重大影响。在笔者看来,协商性司法概念很大程度上则是当代政治哲学中的"协商性民主"学说、法哲学中的"法律商谈论"和社会理论中的"风险社会"学说的司法回应和表达。

按照以上思路,可以对协商性司法的理念要旨作如下初步归结。

1. 惩罚不是协商性司法的根本目标。报应性刑事正义理念不再是协商性司法的根本价值追求,程序正义、恢复性正义、妥协(合作)正义等多种正义价值开始被引入协商性司法理念之中。传统上刑事司法的报应性正义价值理念,"将犯罪看作是侵害国家的行为,犯罪被定义为违反法律,应受处罚的行为;对犯罪行为要进行谴责并让犯罪者感受惩罚带来的痛苦,从而使正义得到伸

---

❶ 马明亮:《正义的妥协——协商性司法在中国的兴起》,《中外法学》2004 年第 1 期。

❷ 马明亮:《协商性司法——一种新程序主义理念》,法律出版社 2007 年版,第 26 页。

❸ 任华哲、程媛媛:《试论合作式司法在中国刑事实践中的发展趋势》,《武汉大学学报》(哲学社会科学版)2008 年第 6 期。

❹ 陈爱蓓:《司法妥协的正义困境——以刑事诉讼程序为视角》,《江海学刊》2007 年第 4 期。

张"。❶ 报应性正义理念中犯罪式"孤立的个人反对统治阶级的斗争",传统刑事司法中的犯罪性质和背景,英国学者作了如下概括:"犯罪是一种对政府规则的违犯,是通过违法和有罪来定义的。司法决定谴责和给予惩罚,是在犯罪人与在系统的规范下的政府之间为背景的。"❷协商性司法不再认同传统刑事司法的以上价值基础,而是将多重价值目标予以了引进。其一,程序正义价值。传统刑事司法也将程序正义视为基本价值之一,也倡导控辩双方的平等对抗,但是由于国家追诉机关相对被追诉人而言具有天然的条件优势,无论程序设计上怎样贯彻程序平等原则,始终无法在事实上克服国家追诉机关对刑事程序的主导性状况,被追诉人的天然劣势并不因为追求程序平等价值而得到根本改变。协商性司法通过置换刑事程序的中心关系结构摆脱这种困境,将"犯罪人——国家追诉机关"的中心关系结构置换为"犯罪人——被害人"的中心关系结构,从而为程序平等性价值实现提供了制度设计上的可能性。其二,恢复性正义价值。恢复性价值主张通过对话、协商和和解等环节和渠道实现为犯罪所破坏的利益和社会关系,赔偿被害人利益,修复犯罪人与被害人以及社区的关系,设法使犯罪人能够重返社区。在这种价值目标下,惩罚和报应不再是刑事司法的根本价值。其三,妥协(合作)正义价值。妥协(合作)正义价值主张通过控辩双方的对话、协商和相互妥协达成具有合意性、互惠性、现实性的协议而解决刑事责任的承担程度和方式问题。注重妥协(合作)正义价值的直接原因,有论者将其归结为三条:尊重个人价值、保护个体权利;恢复正义的需要;追求司法效率。❸

2. 法院正式判决不是解决刑事犯罪案件的唯一途径和形式。部分刑事案件的处置,可以在正式诉讼程序之前或程序的某个阶段完成,部分刑事案件不通过正统的司法程序,而是通过诸如社区等中介组织的促合、主持、协助等形式最终达成刑事和解。法院裁判定罪量刑体现了司法权的终局性和权威性,奉行单边司法裁决主义。随着社会关系的复杂化和刑事犯罪的不断增加,刑事司法领域逐渐形成了辩诉交易制度、警察警告制度、警察交易制度、污点证人作证豁免制度、不起诉制度、宣告犹豫制度、刑事和解制度、恢复性刑事司法制度等。由警

---

❶ 王瑞君:《刑事和解:人本主义的对话型和解》,《齐鲁学刊》2008 年第 3 期。

❷ [英]麦高伟、威里逊主编:《英国刑事司法程序》,姚永吉等译,法律出版社 2003 年版,第 477 页。

❸ 参见陈爱蓓:《司法妥协的正义与困境——以刑事诉讼程序为视角》,《江海学刊》2007 年第 4 期。

察侦查机关和检察官提前处置刑事案件,甚至出现了由社区组织主持的社区会议解决刑事犯罪问题,这种做法并非意味着司法终局性和权威性受到了质疑,而是示意人们刑事犯罪问题的处置和解决也可以通过其他社会机制完成,其原因可以作如下归结。其一,国家司法权力资源面对高发的刑事案件显得极度匮乏,司法机关无法通过正式而完整的审判程序处置全部刑事案件,效率也开始成为司法制度的一种重要价值。其二,证据制度的系统化完善和证明标准的严格规范,反向提高了举证难度,迫使追诉和审判机关寻求解决刑事犯罪问题的新型机制。其三,社会关系的日益复杂化决定了大量新型犯罪的产生,它们不再是传统的自然犯罪,而是法定犯罪,刑事犯罪与民事侵权之间的界限已然经常十分模糊,这类新型犯罪未必需要通过刑罚加以惩罚,而是需要通过对话、协商、合作、和解等多种渠道寻求恢复为犯罪行为所破坏的社会关系。

3. 刑事司法程序是一个程序主体相互对话、磋商和彼此妥协的过程。对话、磋商和彼此妥协的过程与司法竞技主义理念下的对抗和辩论的性质形成鲜明差异,常规诉讼程序中基于证据、举证、质证和辩论的竞技性对抗过程不再适用于协商性司法,后者的运行过程表现为自愿参与、平等对话、相互协商、彼此妥协、互惠合作和达成和解的特征。传统刑事司法严格遵循法律程序规则,奉行严格的法律形式主义。在法律形式主义理念下,司法活动恪守规则模型,判决必须严格遵照一般化和体系化的法律规则,作出判决的保障条件是法律程序。法律形式主义中的司法程序不仅仅只是一种实现诉讼结果的行为规则,司法程序本身也成为一种目的,具备价值独立性。然而,这种形式理性主导下的司法程序逐渐注重控辩双方的对抗和竞技,司法程序沦为一场为优势证据、权力资源和雄辩技术所绑架的富人话语、智力游戏和竞技性争斗,控辩双方按照一种策略性行动对抗性地推进程序,最终的裁判结果建立在充裕金钱、优势技术、话语权力所支撑的证据之上。协商性司法倡导程序主体通过对话、磋商、和解、合作和相互妥协解决责任承担、利益赔偿和关系修复,在这种理念下,程序主体的地位平等性、参与自愿性、意志自主性、陈述真实性、论证的合理性等核心程序要素被突出强调。协商性司法的这种程序过程较之传统的刑事程序形成了极为鲜明的差异,一种以真诚对话、自愿协商、和解合作为特征的、兑现着交往理性(communicative rationality)的新型司法程序向传统司法程序提出了挑战。

（二）协商性司法的实践表现形态

协商性司法通过恢复性司法、辩诉交易、刑事和解等体现主体自愿参与、地位平等、真诚对话、追求共识、达成协议的各种具体的刑事司法制度形态而获得内涵表达，并且这种价值理念也兑现在刑事司法程序的各个具体阶段之中。因此，恢（修）复性司法、辩诉交易（认罪协商）、警察警告制度、污点证人作证豁免制度、不起诉（暂缓起诉）制度等，都应该归结到协商性司法名下。

1. 恢复性司法。恢复性司法（restorative justice）于 20 世纪 80 年代开始出现在澳大利亚、新西兰、加拿大、英国等西方法治发达国家。在法国，恢复性司法表现为刑事和解或刑事调解制度。在德国，表现为刑事和解程序。恢复性司法所内在的核心价值一方面表现为程序性价值：相互尊敬，各方都有权参与处理过程（除了促成者），促成者的中立性，可说明性，相互同意的、无强迫的参与和下决定，以及包含所有相关人员的有意义的对话；❶另一方面是实质性价值：预防犯罪，更有效地帮助受害人，重建社区，恢复犯罪人、受害人、社区三者作为犯罪关系要素主体因为犯罪而遭受的物质损失、情感损失和秩序破坏，恢复他们的安全感，恢复被破坏的关系、尊严和自尊。❷美国学者 Jennifer J. Llewllyn 和 Robert Howse 在《恢复性司法：一个概念性框架》一文中，对恢复性司法的内在要素进行了如下总结：所有与冲突有利害关系的各方纳入程序；接受和寻求对损害的处理；自愿参与程序；陈述必须真实；被害人、犯罪人、社区三方当面接触；保障被害人、犯罪人的各项权利；程序辅助者的参与，以保障更为广泛的参与；以犯罪人、被害人重新融入社区为目标；达成协议；不以惩罚为目标；以程序结果是否达到了恢复性效果为评价标准。❸由于恢复性司法以追求修复为犯罪所破坏的社会关系为根本目标，注重对被害人利益的赔偿，设法使得犯罪人重新融入社会，惩罚不再是恢复性司法的目标，其追求目标是恢复犯罪关系主体间的合理关系和社区正常秩序，实现犯罪人和被害人的和解或相互妥协，并努力帮助犯罪人和被害人重返社会，确认社区道德和伦理秩序，完善和修订社区行为规范，从而实现这一目标的过程就必然不可能通过常规司法程序进行。大陆法国家与英美法国

---

❶ 参见［英］麦高伟、威里逊主编：《英国刑事司法程序》，姚永吉等译，法律出版社 2003 年版，第 475 页。

❷ 参见［英］麦高伟、威里逊主编：《英国刑事司法程序》，姚永吉等译，法律出版社 2003 年版，第 476 页。

❸ Jennifer. Llewllyn & Robert Howse. , Restorative Justice：A Conceptual Framework，http：// www. lcc. gc. ca / en / themes / sr / rj / howse / index. htmal.

家略有不同,其相近实践形态是刑事调解或刑事和解,不像英美法国家的恢复性司法那样立意深远和目标宏大,而是比较注重实际地处理犯罪人和被害人之间的关系。恢复性司法所内在的协商性司法精神具体表现在:犯罪人首先承认错误,对犯罪所造成的危害予以充分认识;犯罪人与被害人构成协商解决问题的关系结构核心;对话和磋商目标主要是如何赔偿被害人损害和利益,以及如何恢复犯罪人与被害人之间的关系,并就如何处理犯罪人与社区甚至整个社会的关系提出方案;协商过程的促成者多元化,可以是社区组织、社区警察等;犯罪人、被害人以及其他利益相关者之间通过对话协商罪行的定性、造成损害的事实状况和危害程度、如何确认伤害等问题,最终达成和解协议、补偿方案,甚至对将来关系的构筑提出目标和方案。

2. 辩诉交易。辩诉交易是一种认罪协商制度,最早出现在 19 世纪中期的美国刑事司法实践中,当前在美国已经较为普遍化推行,并逐步为澳大利亚、加拿大、英国、南非等国家予以移植或效仿,就连德国、意大利、波兰等历史上奉行纠问制的国家,辩诉交易也逐渐成为刑事司法的重要组成部分。[1] 辩诉交易的根本性质是刑事追诉方与被告人之间在协商基础上的相互妥协。被告人通过辩诉交易,或获得较轻指控,或获得较轻量刑,或避免被追诉其他罪行。辩诉交易制度具有三种主要表现形式:其一,被告人同意进行有罪答辩,以换取一个较轻的指控,而控方则不必用证据来支持这一指控;其二,控辩双方基于被告人"恰当量刑"的请求达成一致,被告人针对自己所犯的罪行,要求换取检察官的有关量刑方面的承诺,检察官通常会帮助被告人争取宽大处理,或是承诺寻求一些特殊解决办法;其三,被告人就一项指控作出恰当的有罪答辩,以换取检察官放弃或终止其他指控的承诺。[2] 辩诉交易的以上三种形式体现出明显的协商性质,一旦进行认罪协商,被告方与追诉方之间在所认罪行方面的关系由对抗关系转变为协商关系,其中,对于被告认罪的事实,追诉方不再需要通过证据加以证明,去除了日后的证据开示以及法庭审理程序中的质证和辩论要求,改变那种繁复、费钱的程序状况。辩诉交易的协商性还表现在对案件事实的认定方面。通常情

---

[1]　参见[英]麦高伟、威里逊主编:《英国刑事司法程序》,姚永吉等译,法律出版社 2003 年版,第 321 页。

[2]　参见[美]拉费弗等:《刑事诉讼法》(下册),卞建林等译,中国政法大学出版社 2003 年版,第 1034~1035 页。

况下，被告人有效的有罪答辩将成为法院判决的事实根据，即被告人自白在获得检察官的认可后，有罪答辩将成为一种案件事实，判决将根据协商事实作出。辩诉交易实践下的案件事实其实已经成为被告人和检察官双方协商的结果，改变了传统刑事司法实践中那种职权探知事实真相的做法，案件事实也成为一种协商性事实。

3. 警察警告制度。警察警告制度在英国刑事司法领域较为成型。在英国，警察警告是一种由警方对刑事案件进行自主裁量处理的制度形式，警察机关根据犯罪类别和性质、严重性程度、犯罪人类型、前科、被害人愿望等情况作出判断，决定不再将案件移送起诉而给予犯罪人正式警告或非正式警告。正式警告将被作为犯罪记录，如果被告人再度犯罪并被起诉，法院判决作为量刑的一个考虑因素，警告将影响量刑结果。❶ 多种原因导致了警察警告制度的推行。首先，刑事案件数量的居高不下甚至逐年上升，在国家司法权力资源相对有限的情况下，需要寻求一种解决控诉与案件积压之间矛盾的案件分流办法。其次，对于轻刑犯罪、青少年犯罪以及一部分特殊性质的犯罪案件，通过公诉、审判程序最终判处刑罚也经常不是最为有效的控制犯罪的方案选择，按照犯罪学的"标签理论"，起诉和刑罚经常不会成为阻止重新犯罪的有效办法，恰恰还经常强化罪犯的自我认同感(self-identity)。第三，警察在刑事犯罪领域的自由裁量权之大显见不争，面对大量积压的刑事案件，警方"必然能形成一套自成特色的警告制度，来对付那些他们认为已经犯罪但并不适宜起诉的人"。❷ 按照美国警察学者的观点："自由裁量权使警官和警察机构可以区分警务的轻重缓急，最有效地利用有限的资源。自由裁量权使警察能够对具体司法问题进行具体分析，避免刑法的过度使用问题。"❸警察警告制度所内在的司法协商性质在于：其一，警察警告意味着警方的一种承诺，只要犯罪人不再重新犯罪和继续犯罪就不再被起诉；对于犯罪人而言，是否协商则是自愿性的，尽管犯罪人是否自愿参与协商并非一项法律义务，并不影响警告的作出，但是，如果犯罪人拒绝参与协商，该情况因继续犯罪而受审判时将被引证。其二，警察警告的作出通常要附加一个方案，这个

---

❶ 参见马明亮：《协商性司法———一种新程序主义理念》，法律出版社 2007 年版，第 29 页。

❷ ［英］麦高伟、杰弗里·威里逊主编：《英国刑事司法程序》，姚永吉等译，法律出版社 2003 年版，第 141 页。

❸ ［美］兰沃西、特拉维斯：《什么是警察———美国的经验》，尤小文译，群众出版社 2004 年版，第 22 页。

方案通常是一个协议,这个协议的核心内容是如何给予被害人赔偿、犯罪人日后如何约束自己的行为、如何回归社会、怎样接受警方或其他社区组织的监督等问题。其三,警察警告决定的作出,通常都要邀请犯罪人、被害人以及其他相关人员和社区组织多方主体共同参与讨论。因此,警察警告制度的实质是在刑事司法程序的早期阶段妥善处理案件,并且这种处理案件的性质很大程度上带有恢复性司法的成分,将部分刑事案件以协商、承诺、协议、警告等方式加以处理,将协商性司法精神在警察侦查阶段予以贯彻。

4. 污点证人作证豁免制度。在共同犯罪、有组织犯罪、职务犯罪、经济犯罪刑事案件中等,追诉机关经常需要获得常规证人以外的其他特殊证人的供词,这些特殊证人或者是共同犯罪案件中的其他被追诉人,或者是另案中的被告,甚至是警方预先安插的线人。污点证人(tainted witness)作证豁免制度(immunity of witness)的基本含义是指被告人向追诉机关提供一些自己没有参与的犯罪情报,以获得追诉机关对其正在被指控的犯罪予以更轻的指控甚至不起诉。污点证人作证豁免制度的催生机理是国家强制取证权与赋予被告人反对强迫自我归罪权之间的对立博弈,其契机是英美法国家反对被告人自我归罪原则的确立。1742年的英国普通法确立了国家有权获得每个人的证据的法律原则,这是在刑事犯罪领域国家公权力的极度膨胀。公权力过分强制化带来严重侵权和无视被告人权利的后果,对被告人过分的作证义务要求驱使相对人必然选择一条对抗侦控方并设法隐瞒、毁灭证据之路。由于该原则的确立,也随着现代社会关系状况的日益复杂化,追诉机关取证的难度明显加大,伴随着沉默权制度的确立,大量刑事案件难以结案,尤其像有组织犯罪之类的案件,不通过犯罪组织成员的相互揭发,要想有效实现追诉目标几乎是不可能的。这样,保障被告人权利与打击刑事犯罪之间形成了尖锐的矛盾,侦查机关滥用权力强制获取口供或证言的现象以及采取某些规避法律的秘密侦查手段引发了民众的担忧和不满。化解这种矛盾的路径之一,就是让涉嫌犯罪者提供他所参与犯罪或者他所知悉犯罪的供词,将他作为控方证人对待,控方放弃对污点证人的部分指控换取他向追诉机关提供犯罪证言。污点证人作证豁免制度的根本性质是被告人与追诉方之间激烈对抗关系转变为协商、妥协和合作关系,作证供词与刑事罪责之间形成一种交易,协商性司法精神在此也得到了明显体现。

（三）协商性司法的语境秩序和话语背景

除了要从对抗制刑事司法模式的内在缺陷方面探讨协商性司法的产生原因，还应该从政治哲学和社会理论的语境秩序和理论背景中思考协商性司法的孕育条件。

福科在考察了18世纪欧洲在惩罚犯罪形式方面所发生的重大变化——由酷刑转变为监禁——后得出了这样一个关于惩罚犯罪形式与政治哲学和社会发展的关系的结论："通观18世纪，无论在司法机构内外，无论在日常的刑罚实践中，还是在对现行制度的批判中，我们都会发现一种关于惩罚权力运作的新策略。就其严格意义而言，无论是法学理论中提出'改革'，还是各种方案中规划的'改革'，都是这种策略在政治上或在哲学上的体现，其首要目标是：使对非法活动的惩罚和镇压变成一种有规则的功能，与社会同步发展；不是要惩罚得更少些，而是要惩罚得更有效些；或许应减轻惩罚的严酷性，但目的在于使惩罚更具有普遍性和必要性；使惩罚权力更深地嵌入社会本身。"❶在笔者看来，协商性司法的孕育和发展，同样是一个关于惩罚权力运作的模式转型问题，刑事司法的运作模式始终与国家政治哲学和社会关系秩序保持着十分紧密的关联。

当今时代，关涉协商性司法的语境秩序和话语背景极为复杂，因素多元，关系极为繁复。在此，仅对其中某些关键问题作一简要列述。

1. 国家公权力追诉和惩罚犯罪之合法性、合理性理念的嬗变。倡导通过法院判决惩罚犯罪的现代司法基于若干理念。首先是现代国家的合法性理念。这种理念认为，只有国家才是垄断强制力的主体，并且这种垄断通过一整套法律规则体系进行。法院在对这套规则的运作中具有特殊地位，通过法律程序并依据法律规则判决犯罪，被视为法院的一种职责，被认为是摆脱了政治化的形式，"作为纠纷的解决者，法官通过鼓励和平地解决民间冲突来服务于政治秩序。无论他们作出'调解'还是'判决'，他们的职能都应该是把争端非政治化，要不然这些争端就可能以民间争战或其他形式爆发"。❷ 其次是刑事报应性正义理念。现代法秉持报应性正义立场，"报应性正义将犯罪看作是侵害国家的行为，

---

❶ ［法］福科：《规训与惩罚——监狱的诞生》，刘北成、杨远婴译，生活·读书·新知三联书店1999年版，第91页。

❷ ［美］诺内特、塞尔兹尼克：《转变中的法律与社会：迈向回应型法》，张志铭译，中国政法大学出版社2004年版，第64~65页。

犯罪被定义为违反法律,应受处罚的行为;对犯罪行为要进行谴责并让犯罪者感受惩罚带来的痛苦,从而使正义得到伸张"。❶ 犯罪最终被界定为"孤立的个人反对统治关系的斗争",对犯罪实行国家追诉并惩罚犯罪人成为最基本的刑事制度模式,实现犯罪人承担刑事责任的形式就是刑罚,校正利害损益的关系就嬗变为只发生在犯罪人与国家之间,被害人则处于一种边缘化角色。国家垄断强制力理念与报应性正义理念结合,使得司法程序和法院判决成为报复犯罪人的基本正义形式,它通过罪行法定原则和无罪推定原则获得了近乎"绝对命令"式的充分表达。随着人权运动的深入和公民基本权利在宪法上的确认,作为基本权利的生命权、人身自由权、财产权等成为只有通过司法程序才能进行处置的重要权利。第三,国家过高估计了控制和惩罚犯罪的条件和能力。借助理性、制度和技术,现代国家的公权力无以复加地强化,随着现代社会关系秩序这种"扩展秩序"(哈耶克语)的全面铺开和日趋复杂化,国家设计和控制社会秩序的愿望和行动都进一步强化,诚如卡佩莱蒂所言:"一个社会越富裕、城市化、技术先进、经济活跃以及在具有发明创造力,则外部性和需要政府干预、控制的问题就会变得越复杂、越紧迫。"进而,现代国家这个福利国家,"最初基本上是一个'立法国家',但因此已经且正在变成越来越行政化,事实上是官僚化的国家,还伴有堕落为'警察国家'之险。"❷正是在这种"理性的自负"(哈耶克语)驱动下,现代国家将控制和惩罚犯罪的权力垄断于国家专门机关,将追究刑事责任的过程限定于司法程序规则,排除了通过其他社会渠道和借助相关社会资源解决刑事犯罪问题的可行性。

今天,理论界逐步认识到报应性正义理念的局限性,认为将犯罪所侵害的利益界定为抽象的国家利益过于虚幻,仅仅将刑罚作为实现刑事责任的主要形式是有失偏颇的。近年来兴起的刑事和解理论中,不再将犯罪行为所侵害的利益从抽象的国家利益角度进行界定,取而代之的是被害人利益和社区利益。在这种新型罪责关系理论中,犯罪人因犯罪行为而对被害人和社区造成损害,从而犯罪人构成刑事责任不可推卸的第一责任主体。近年来的犯罪社会学界和警察学

❶ 王瑞君:《刑事和解:人本主义的对话型和解》,《齐鲁学刊》2008年第3期。
❷ [意]卡佩莱蒂:《比较法视野中的司法程序》,徐昕、王奕译,清华大学出版社2005年版,第16～19页。

界,对社区与犯罪的关系给予了高度关注。安东尼·吉登斯指出:"预防犯罪和减少对犯罪的恐惧都与建设强大的社区紧密关联。……近些年来犯罪学中最重要的创新之一是发现了日常理解的衰落与犯罪行为的直接相关。长久以来人们的注意力几乎都集中在严重的犯罪上——抢劫、殴打或强奸。然而,情节较轻的犯罪和社会混乱形式却往往会产生累积的效果。"❶与此同时,刑事和解理论进一步提出:"社区也必须对整个犯罪事件承担责任,因为犯罪既是社区关系破碎或弱化的原因,也是社区关系破碎或弱化的结果。犯罪的产生,部分地归因于社区的失败,归因于社区环境的影响。"社区内在的各种缺失是造成犯罪的重要原因的一个方面,甚至"社区成为了犯罪的孕育者与创造者,因此,在犯罪回应中,社区不仅构成受害人,而且也构成责任人。社区必须竭尽所能,重建社区伦理与行为规则,发展社区安全项目,培养和提升犯罪人的人际交往能力与劳动能力,帮助犯罪人重返社区"。❷ 在这种意义上,通过法院适用法律实现刑罚权已然不再是追求法律实效的唯一形式,甚至法律本身也未必是必然被要求加以遵照适用的对象。按照哈特的思想:"法律作为一种社会控制的主要作用,不是在私人诉讼或公诉中见到的,这些活动虽然至关重要,却始终是补救法律失败的辅助性措施。法律存在于在法院之外被用以控制、指导和计划生活的各种方式中。"❸在转换了犯罪利害关系主体结构之后,一种新型刑事责任和刑事司法价值理念应运而生:刑事和解和恢复。刑罚不再被认为是实现刑事责任的唯一形式,刑事司法制度的根本目标也不再完全是追诉和惩罚犯罪,刑事司法制度的根本目标被从三个维度加以重塑:对于被害人而言,是获得物质赔偿,加以心灵创伤的抚平,帮助其重新回归社区生活;对于犯罪人而言,是承担责任,转变生活态度和行为模式,提高相关社会交往能力,重新复归社会;对社区而言,是重构社区道德,完善交往规则,加强社区安全建设,维护社区安全秩序。

2. 后传统社会的形成与程序法范式的兴起。风险社会阶段,司法竞技主义所置身其中的语境发生了重大变化。在规范论意义上,风险社会与工业社会的根本区别在于:工业社会是围绕财富生产和合法分配主题运行的;风险社会的根

---

❶ [英]吉登斯:《社会学》,赵旭东等译,北京大学出版社2003年版,第284页。
❷ 杜宇:《刑事和解与传统刑事责任理论》,《法学研究》2009年第1期。
❸ [英]哈特:《法律的概念》,张文显等译,中国大百科全书出版社1996年版,第42页。

本要求在于风险生产和威胁如何避免、减弱或疏导。❶

　　风险社会必然生发出一种新的规范期待,对于这种规范期待的具体内涵和基本精神。吉登斯和贝克的"反思性"社会理论以及哈贝马斯的"交往合理性"理论和法律上谈论都对风险社会中的规范性要求提出了理论方案。这种理论的规范性方案既非市民社会主体间的自我协调,亦非政治国家的强行干预,而是国家与社会的融合,是全方位的合理性社会交往,来自国家、多元利益集团以及公民个体之间的广泛而平等的对话和商谈。在法律和司法层面,风险社会时代既没有纯粹的形式正义,也没有永恒的实质公平,只有通过以提问、举证、论证、辩论、对话、交往、商谈、妥协、协同、合作等语用学形式表现出来的程序合理性法律和司法,才真正切合风险社会的规范性要求。在这个没有中心、价值多元、关系繁复、风险如影随形、"主体性"让位于"主体间性"的风险社会,复杂性已然成为其根本性征,而解决复杂性问题的理论方案,在协商性民主理论家看来,唯有通过协商性民主政治方有可能,"复杂性并不总是与意图性和协商性合作相对立。在很多情况下,复杂的制度只有依靠合作机制才能存在下去"。❷ "相比之下,协商民主以分化发展的社会为出发点。"❸无论是刑事犯罪的行为性质还是其所涉及的关系和后果,我们已然无法按照传统价值标准、认识立场加以对待,协商性司法根本上是对风险社会中刑事犯罪关系处理的一种制度回应,导致刑事司法理念正从以下三个维度发生着深刻变化。

　　其一,对话、合作、协商、妥协在刑事程序价值要素中的滋长。对话协商型刑事司法并不完全否定控辩双方的对抗和竞技,但是,这种对抗和竞技必须以控辩双方的举证能力的相应性为条件,避免雄辩等于真理、金钱决定胜诉的诉讼富人游戏现象,并通过一系列制度保障这种平等交往权的切实实现。协商性刑事司法追求程序主体通过平等对话和协商就刑事责任、被害人利益赔偿、证据和事实、犯罪性质及后果达成意见和方案,它没有预定的事实和法律标准,注重对话主体的地位平等和意志自由,各方主张建立在合理性和具有说服力的论据和事实之上。其二,刑事制裁和追诉犯罪机制的多元化。风险社会的一个重要特点就是因为关系的复杂化而导致的举证困难和证据确定性的衰减,看似因果关系

❶　[德]贝克:《风险社会》,何博闻译,译林出版社2004年版,第16页。
❷　[美]博曼:《公共协商:多元主义、复杂性与民主》,黄怀湘译,中央编译出版社2006年版,第131页。
❸　[加]华伦:《协商性民主》,孙亮译,《浙江社会科学》2005年第1期。

明晰的事实和专家鉴定其实更多地只是一种话语权威乃至话语暴力,关于证据的证据将导致无休止的回归,事实不再能够被证实,也难于证伪。因此,风险社会中倡导协商、对话、合作、和解、调解、妥协,达成共识是一种重要目标,实现共识目标的程序也相应地是一种多元化机制景象,不同的共识目标,要求实现目标的程序也应该是异彩纷呈的,诉讼程序不再被限定为相对单调和统一的状况,而是分解为灵活多样的多元化机制状况。当代刑事司法领域出现的恢复性司法、辩诉交易、警察警告、污点证人作证豁免等协商性司法形态,恰恰表现出刑事制裁和实现刑罚权、追究刑事责任机制和路径的多元化状况。其三,犯罪认定规范依据的语境主义。按照协商性民主理论立场,"公共协商常常关涉的是怎样把给定的规范或原则应用到特定的情形中。这种协商具有克劳斯·巩特尔所说的'应用的话语'的一般结构。这种话语的目标不是对某些规范进行正当化,而是怎样在特定的冲突或新的社会情形中应用这些规范"。❶ 而是强调语境的亚规则意义,这种语境从地域向度、时间向度,或者从某种实用主义向度限制着也兑现着形式法规则或价值论原则的现实意义。司法判决的语境主义倾向并不仅仅意味着就事论事和对法律规则的语境化适用,在刑事司法领域,其精神内核在于对控辩双方或犯罪人与被害人之间就证据、刑事责任等关键问题所达成意见或协商结果的一种默认或许可。这种默认或许可潜在地背离了罪行法定、无罪推定原则和司法终局性和权威性的要求,法院将最终的裁判权与侦控方分享,或者尊重犯罪人和被害人的磋商、妥协后的和解选择,成为一种刑事和解的调停者、组织者和促成者。

---

❶ ［美］博曼:《公共协商:多元主义、复杂性与民主》,黄怀湘译,中央编译出版社 2006 年版,第 55 页。

结语　反思现代性与中国司法现代化

一、反思现代性的性质及其实践逻辑

　　现代性的精神动能源泉是反思的力量。笛卡儿哲学的怀疑态度孕育了现代主义胚胎,它把感知的对象、信念和制度都作为必须加以怀疑的对象,一种以怀疑态度实现意识的审慎自明的哲学和科学方法嵌入了现代性的最初萌芽。神启信仰向世俗关怀的世界观解咒和合理化历程根本上就是一个人的自主过程,也是一个理性反思过程。霍克海默和阿道尔诺指出:"启蒙总是把神人同形论当作神化的基础,即用主体来折射自然界。由此看来,超自然物,比如精神和神灵都是人们自身畏惧自然现象的镜像。"❶启蒙运动和现代主义通过理性确立了主体与世界的关系,在世界成为主体的一个意识镜像的同时,主体并没有使意识迷恋于世界或对象的精彩纷呈,而是自觉地反躬自问,意识是什么? 主体又是什么? 从而现代主义不只是理性的自负,也是理性的反思,福科精到地指出:"现代思想所构建的人的存在方式能使人的存在方式起两个作用:他在成为所有确实性的基础的同时,又以一种深知不能说成是特许的方式出现在经验物的要素中。……这个认识体系把作为经验存在的人当作自己的客体。"❷因此,反思性不只是现代性的一种成分,它更是孕育现代性的母体,是燃烧现代性的能量。

　　对现代性的一种恰当理解,就是将现代性看做一种不断进行自我反思和否证的理性主义的文化意识构造。艾森斯塔特指出:"现代性文明最初在西方产生时,从刚开始,就受到内在悖论和矛盾的困扰,进而引发出持续不断的批评话语,这些批评话语集中于它的前提之间以及这些前提与现代社会的制度发展之

---

❶　[德]霍克海默、阿道尔诺:《启蒙辩证法》,渠敬东、曹卫东译,上海人民出版社2003年版,第4页。

❷　[法]福科:《词与物——人文科学考古学》,莫伟民译,上海三联书店2001年版,第449页。

间的关系、紧张和冲突。"❶然而,二战以后的现代化运动在一种社会历史实践冲动中暂时遗忘了自我反思要求,自然成为认知和改造的客体,社会成为权力和知识加以设计和建构的对象,在这个短暂的时间段,理性主义膨胀到仿佛无须自我检视的地步,资本与技术的联姻所创造的财富以及权力与知识的合谋所创造的政治和社会秩序使理性主体自身所获得的满足,足以令反思意识逐步淡漠,似乎现代性的能量是永不枯竭的。如果不是风险秩序的日益令人不安,或许理性主义的命运最终将真正成为致命的自负。

因为风险秩序的深化和人类安全风险的加大,现代化进程渐渐呈现出"自反性",即征服自然和改造社会的现代化进步逻辑不再按照原先的理想目标行进,生态危机、增长极限、核威慑、文明冲突等不仅渐渐成为理论探讨和政治抉择的主题,它们也成为一类大众话语对象,从而,构成现代性精神结构的理性主义、科学主义、个人主义等要素开始成为一类反思对象,这种反思的一个焦点就是以理性主义为核心的西方现代性文明的普适性疑问以及是否应当宣告现代性的终结。对现代性的激进化发难属于后现代主义题域,不过,后现代主义并没有显示出丝毫超越现代性的希望,甚至它仅仅只是现代性的一个变种,或是现代性话语秩序中的一种迷惑和困惑,哈贝马斯指出:"我们无论如何也不能先验地认为,后现代思想只是自以为处于超越的位置上,而事实上他们仍然滞留在由黑格尔所阐明的现代性的自我理解的前提之中。"❷据此,我们不必过分热衷于后现代主义者解构和颠覆现代性的反叛策略,尽管它也是反思现代性的一条路线,但是,由于他的技术路线并没有逾越现代性知识学的审慎性自我理解(反思)之逻辑前提的笼罩,从而,更具意义的学术使命,或许是对反思现代性的另一个向度——对西方现代性的普适性质问,进而何以重塑现代性——的探问更具积极意义。

韦伯式西方现代性文明的普世式关怀不只是为大量理论立场所拒斥,更为现代性进程的社会历史实践所否证,艾森斯塔特关于现代性的世界实践命运的下列总结有效描述了一个多元现代性实践景象:

---

❶ [以]艾森斯塔特:《反思现代性》,旷新年、王爱松译,生活·读书·新知三联书店2006年版,第23页。

❷ [德]哈贝马斯:《现代性的哲学话语》,曹卫东等译,译林出版社2004年版,第5页。

在非西欧社会,对最初的西方现代文明的不同主题和制度模式的挪用,并不必按照他们最初的形式接收。更确切地说,它带来了对这种主题的不断选择、重释和重构,这导致了现代性的新的文化、政治方案的不断形成和新的制度模式的发展与重构。在这些社会中一直不断发展的文化方案,带来了对现代性最初文化方案和现代性基本观念和前提的不同解释和深刻重述;带来了对这一方案的不同成分、独特的制度模式的悖论及其相应的成形间的不同紧张关系的不同强调。它们带来了对集体认同象征的不同建构;有关自我和自身作用的构想;以及对于一般而言的现代性,特别是西方现代性的消极或积极的态度。❶

可见,在实践命运上,西方现代性方案并没有按照普适主义者的设计蓝图进行普遍化贯彻,它变成了一个实践选择,西方现代性方案成了一个参照对象,不能说它完全失效,而是非西方社会已经按照一种布迪厄所说的"实践逻辑"重新兑现着,也不断解释性地建构出一种多元现代性图景。布迪厄说:"理论谬误在于把对实践的理论看法当作与实践的实践关系,更确切地说,是把人们为解释实践而构建的模型当作实践的根源。"❷西方现代性的普适性要求难道不就是一个误将理论模型时作实践根源的一次实践误读? 至此,我们不难看出,现代性的反思性内涵,不仅要按照一种基础主义思维追问现代性的根据或基础,还需要对现代性这种兴盛于西方世界的文化意识结构一旦遭遇另一种文明场域,其可欲性和适宜性怎样? 彻底贯彻还是解释性重构?

布迪厄给出的答案是实践逻辑:"实践有一种逻辑,一种不是逻辑的逻辑,这样才不至于过多地要求实践给出它所不能给出的逻辑,从而避免强行向实践索取某种不连贯性,或把一种牵强的连贯性强加给它。"❸如果说布迪厄的实践逻辑学说有助于否证理论至上,在现代性问题上则有力地反击了现代性方案上的西方中心主义。但是,这种学说却又走向了另一个极端,即这种学说又将造成理论与实践隔离、现代性与传统型非此即彼的反事实后果。由于布迪厄提出实

---

❶ [以]艾森斯塔特:《反思现代性》,旷新年、王爱松译,生活·读书·新知三联书店 2006 年版,第 27 页。

❷ [法]布迪厄:《实践感》,蒋梓骅译,译林出版社 2003 年版,第 125 页。

❸ [法]布迪厄:《实践感》,蒋梓骅译,译林出版社 2003 年版,第 133 页。

践逻辑学说的方法论选择是通过一种部落（Kabylia 部落）秩序考察的人类学方法，而部族社会恰恰是一个反理论特例，从而布迪厄只能得出一种实践拒绝理论的结论：

> 实践逻辑是自在逻辑，既无有意识的反思又无逻辑的控制。实践逻辑概念是一种逻辑项矛盾，它无视逻辑的逻辑。这种自相矛盾的逻辑是任何实践的逻辑，更确切地说，是任何实践感的逻辑：实践离不开所涉及的事物，它完全注重于现时，注重于它在现时中发现的、表现为客观性的实践功能，因此它排斥反省（亦即返回过去），无视左右它的各项原则，无视它所包含的且只有使其发挥作用，亦即使其在时间中展开才能发现的种种可能性。❶

按照这种逻辑，我们就无法解释，为什么西方现代性精神却深刻影响了，也在事实上有力作用于非西方社会的现代化进程？这种逻辑中，现代与传统就将成为一对二者择其一的决疑性选项，甚至能推导出现代性与非西方社会无涉、传统必将拒绝现代的命题结论。显然，这不是一个社会现代化实践事实。

截然区分理论逻辑与实践逻辑在现代化题域上的后果将是现代性与传统性两者之间的严格分野、不相兼容和无法对话，在这种理路中，全盘西化和本土资源作为两种理论立场本来就不应该发生碰撞和论争，从而也就无从谈论现代化之于中国的意义以及中国到底是否需要现代化的问题。理论之于实践的影响，在于它在总结实践的基础上建构性地解释了实践，从而实践因此而获得了一种崭新的路径示向和目标引领，甚至理论经常以一种强制推行的方式要求实践贯彻其模型化方案。但是，并不能因此就认为实践逻辑将完全失去其社会行动的构成性作用，实践逻辑也极有可能背离理论逻辑的要求，关键在于理论逻辑通过怎样的力量和途径对实践逻辑提出要求和发生影响。不过，综观理论逻辑与实践逻辑的关系可以发现，普遍化的理论逻辑从来就没有在实践行动得到不折不扣的贯彻，实践行动从来也没有完全放弃或拒绝理论逻辑的要求，理论与实践是相互解释的，绝对的二元分野从来就不是一种客观事实。正是在这种意义上，我们才可以讨论和理解现代与传统、西化与本土之间的关系。按照吉登斯的见解，

---

❶　［法］布迪厄：《实践感》，蒋梓骅译，译林出版社 2003 年版，第 143 页。

现代化确实是一个西方化工程,因为从现象上看,现代化已经席卷了整个世界,从原因上看,关键在于西方国家借助现代性力量所创造出一种权力,对于这种权力,"在全球发展的趋势之外,在维持全面自主方面,没有其他更传统的社会形式能够与这种权力抗争"。❶ 这种权力就是基于经济优势的政治、文化、法律的话语权力。由此可见,现代性的全球化趋势的一个重要动因是西方国家的权力话语霸权地位,这种霸权地位无论是韦伯式的、以自由主义精神为要旨的、作为"理性的宗教"的现代论立场,还是华勒斯坦式的、以资本主义世界性扩张和政治——经济不平等为论据的依附——世界体系论学说,都内在地予以了表达。在论述中国社会的现代转型问题上,刘小枫同样表达了吉登斯的这种判断:"现代世界的政治、经济和社会机体形态,是由西方资本主义殖民扩张引入中国的,从这一意义上说,中国资本主义形成的偶然因素是已然确定的。"❷

不过,我们却不应因此而对非西方国家的现代化道路选择作出决定论判断,我们必须直面多元现代性的社会实践现实,吉登斯在肯定了现代性的西方化工程性质的同时又转而指出:"现代性,从其全球化倾向而论,是一种特别的西化之物吗? 非也。……因为无论是现代性的激进化还是社会生活的全球化都决不是一个已经完成了的过程。既然世界文化的多样性是一个整体,对现代性这种制度作出多种反应是可能的。"❸

关键就在于此! 多元现代性事实意味着现代性的全球化趋势着实主要是经由西方经济和权力的霸权性扩张而促成的,但是,这并不意味着非西方社会对现代性的蔓延就应当放弃选择和重释的立场,这种选择和重释现代性的力量从来是在场的,这种力量的性质就是反思性。

二、反思现代性的法学转译和表达

现代性的中国命运突出表现出这种反思性质。事实上,以形式主义为其核心特征的西方现代性学说来解说乃至引领中国的现代化实践显然是缺乏理论合

---

❶ [英]吉登斯:《现代性的后果》,田禾译,译林出版社 2000 年版,第 152 页。
❷ 刘小枫:《现代性社会理论绪论》,上海三联书店 1998 年版,第 82 页。
❸ [英]吉登斯:《现代性的后果》,田禾译,译林出版社 2000 年版,第 153 页。

法性的。按照黄宗智的见解，全盘西化——本土资源、现代——传统的二元对立话语并不适合中国语境，中国自近代以来一直是一个混同不同类型的社会，"正是这样一个多种社会类型并存的社会迫使我们抛弃简单的理念化的类型分析和结构分析，而着眼于混同体中的历史演变过程本身。'转型'一词，用于中国，不应理解为目的先导的从一个类型转成另一个类型，从封建主义转到资本主义，或社会主义转到资本主义，而应认作一种持久的并存以及产生新颖现象的混合"。❶ 进而，黄宗智以民事调解为例，探讨了中国法律的实践历史，指出中国法律实践并不符合全盘西化或本土资源的任何一种模式，近代以来的中国法律实践（现代化）性质毋宁是按照一种反思逻辑，既消解着西方法律形式主义与中国传统法律的实质主义之间的范畴性对立，也按照一种自创生逻辑推进着中国自身的法制现代化道路。

　　黄宗智的路线颇具典型意义地表达了一种现代法的反思性要求，这种反思性要求主要是立足于非西方国家的法制现代化道路选择问题上提出的，它意味着现代西方法范式作为现代性的全球化趋势的一个组成部分，并不必然地成为非西方社会无条件继受的对象。当然，反思性并不仅仅只是非西方社会法制现代化进程中的一项要求，对于西方法治国家而言，也存在一个反思性问题。关于当下西方国家法治范式的反思性质及其内涵，前文已有所阐述，这种反思活动既内在于历经自然法学——历史法学——法律实证主义——法律实在论——法律解释学等阶段的现代西方法学思潮演化过程，也内在于从形式法范式到实质法范式的现代西方法治实践过程，更是在后现代秩序和风险社会背景下，进行未来法治范式的创生性思考。非西方社会的法律现代性反思，则又体现出独特性质和特定内涵。对于非西方社会而言，由于传统法理念和制度的始终在场，现代法作为一种来自异域的文化型态和制度体系，法律/法学的反思性要求根本上就转变为一个如何架构法律的现代与传统、西方与非西方的关系问题。

　　如果说反思性法治正成为西方社会法治事业的主导理念，甚至已成为法律秩序事实，那么，中国的法治进程现状显然与反思性法治的理念要求还存在极大的差距，甚至没有对反思性法治与中国法治国家建设方略之间的密切关系进行

---

❶　黄宗智：《认识中国——走向从实践出发的社会科学》，《中国社会科学》2005 年第 1 期。

深刻思考。在法律制度实践和法律秩序事实方面,突出存在着按照法律形式主义思维通过大规模立法运动建构系统性法律体系与按照法律实质主义思维执法和司法的法律运行秩序现实之间的尖锐对立。在法学理论研究和学术探讨方面,形成了以权利本位论、法条主义、法律文化论、本土资源论等多种试图主导和引领中国法律发展的完备性学说的竞立局面。如果不去深究法律程序主义那种具有一定先验性质的理论论证进路的可欲性,而是将其视作西方现代化进程进入自反性现代化(后现代社会)阶段法律秩序演化的必然方向甚或制度实践现实,那么过分强调法律程序主义之于中国法治事业的意义显然有些不合时宜。然而,现代化之路已然成为中国国家建设和社会发展的不二选择,尤其是在这个全球化时代,我们已然很难说那种切合法律程序主义的西方社会关系和秩序特征就没有在当下中国得以反映和表现,进入全球化时代,按照吉登斯的理解,"我们日复一日的活动日益受到发生在世界另一端的事情的影响。相反,本土的生活方式习惯已经具有了全球性的影响"。❶ 我们可以认为,不能说当下中国已经步入一种类同于西方的后现代社会,但是至少因为以下因素,我们已经开始生活在一个接近于西方国家的后传统社会中:经济的快速增长、科技的迅猛发展、个人主义的彰显、世俗主义的滥觞、工具理性的蔓延、科学(实证)主义的兴盛、传统文化的式微、社会关系的繁复、信仰状况的多元、利益阶层的分化、市民社会的壮大、全能国家的退缩,等等。我们郑重指出,我们已经迫切需要一种制度资源以实现社会关系的整合和社会主体的团结,这种制度资源最初我们选择了政治权力——计划经济,进而选择了货币(经济)杠杆——市场经济,而现在,在市场经济进入一个深度发展阶段,法治作为一种制度资源已然凸现其价值,吴敬琏指出:"要想争取一个好的市场经济,就需要把交易建立在规则的基础上,也就是要有法治。"❷哈贝马斯指出:"团结——货币和行政权能之外的第三个社会整合源泉——当然是间接地产生于法的。"❸

关键在于中国需要怎样的法治,它是何种范式? 如果说西方国家的法治现

❶ [英]吉登斯:《超越左与右——激进政治的未来》,李惠斌、杨雪冬译,社会科学文献出版社 2003 年版,第4~5页。
❷ 吴敬琏:《建立法治的市场经济》,《读书》2004 年第 3 期。
❸ [德]哈贝马斯:《在事实与规范之间:关于法律和民主法治国的商谈理论》,童世骏译,生活·读书·新知三联书店 2003 年版,第 685 页。

代化进程轨迹是自由竞争时期的形式法范式——福利国家时期的实质法范式——后现代社会的程序法范式,那么,中国的法制现代化进程到底是因循一条西方道路三阶段推进,还是可以逾越这种宿命? 至此,我们必须看到法律程序主义那种超验式理论论证的实践价值——法律的形式和实质的范畴对立必须通过程序的整合而予以消解,现代性的理性主义和理性实质主义的横沟需要通过交往性的商谈主义消弭。事实上,西方社会法治现代化历程表明,形式法范式和实质法范式均无法承诺那个现代化进程中的社会团结的可欲秩序问题,唯有程序法范式才使人们看到了希望。需要指出的是,程序法范式的适应语境不应被限定于后现代社会,否则就陷入一种法律的社会决定论思维,对此,伯尔曼鲜明地指出:"应当把法律看做物质基础的一部分还是意识形态的上层建筑的一部分,对这个问题的回答是:在西方,法律既是前者的一部分又是后者的一部分。"❶因此,我们还应该将法律这种制度装置作为一种建构社会关系和创生社会秩序的资源。后现代社会并非法律程序主义的唯一契合语境,哈贝马斯导出法律程序主义的论证进路是从对话切入的,通过对话机制引出交往理性,最后将交往理性导入法律制度。罗尔斯的"原初状态"和"无知之幕"理论假定其实也是一种从对话导出正义原则的理路,而他后期的政治自由主义其实根本上就是一种被称作宪政的民主对话制度原则。因此,法律程序主义是普适性的,尽管它几乎已经成为后现代社会的不二法门,但对任何现代社会而言应当也是可欲的,因为对于任何社会而言,通过平等对话和合理论证化解矛盾、解决纠纷、达成共识、作出选择,无疑是一种最为理想的秩序状态。吉登斯列出了任何社会情境中解决价值冲突的四种途径:传统的嵌入;与敌对的他者分离;话语或对话;强制或暴力。对于现代社会而言,与敌对的他者分离、强制或暴力显然都不是解决价值冲突可欲方式,而传统也"只能坚持到其接受推论式证明的考验时为止"。❷ 因此,现代社会解决价值冲突的唯一办法便仅有对话了,而对话的法律确证就是法律程序主义的价值弘扬和制度兑现。

当下中国迫切需要倡导和落实反思性法治的理由并不仅仅因为它已然是一

❶　[美]伯尔曼:《法律与革命》,贺卫方等译,中国大百科全书出版社1993年版,第684页。
❷　[英]吉登斯:《生活在后传统社会中》,载贝克等:《自反性现代化》,赵文书译,商务印书馆2001年版,第131～132页。

个现代社会,更在于这个现代化进程已经起步的国家,其法律发展和法学理论突出存在着一组二元论对立结构:"传统——现代"、"中国——西方"、"形式——实质"、"权力——权利"、"国家——社会"、"事实——价值"、"经验——理性"、"效率——公平"、"一元化——多元论"、"法律移植——本土资源"、"法律精神——政治意志",等等。这种二元对立局面形式上似乎因循着所谓的辩证思维,实质上却赋予了或预定了结构的某个中心理念。在结构主义者看来,每一个结构都有一个中心,每一组二元对立要素中必有一方处于优势等级地位,这个中心是作为整合结构之构成要素的力量之源而被赋予的,否则结构之所以具有结构性质便无法得到解释,诚如解构主义大师德里达所言:"结构,或毋宁说结构之结构性,虽然一直运作着,却总是被一种坚持要赋予它一个中心,要将它与某个在场点、某种固定的源点联系起来的姿态中性化了并且还原了。"❶以传统——现代的对立结构为例,"现代"总是能获得中心理念的地位确认,邓正来指出:"这种按照'传统'和'现代'判准对各个国家做专断且非此即彼的两分处理,在我看来,紧要之处在于这样一个隐而不显的问题,即'谁有资格'、'根据什么'以及'如何'对'现代'给出界定?众所周知,'传统——现代'这种话语本身的提出,就已经规定了'有资格'做出这一界定的只能是西方论者,而且对'现代'的界定所依据的也正是从西方发展经验及其成就中抽象概括出来的若干结果性因素。"❷这种中心理念的确立,不但阻隔了两种对立范畴之间的融合可能性,而且事实上单一地选择了某种价值而偏废了另一种价值。破解中国法律发展和法学理论中所内在的二元论对立思维的方法论选择其实就是一条法律程序主义进路,就像消解形式与实质的范畴对立那样,反思性法治同样能够解决以上多个二元论范畴对立问题。反思性法治消解以上二元论对立的有效机制根本上在于要求抛弃法律的实在论和建构论思维,进而主张一种法律商谈论(discourse theory of law)立场,既不把法律完全视作发现的结果,也不认定为政治意志或主权者的命令,法律的合法性基础是民主的立法程序,而民主的立法程序的合法性基础则在于它是否兑现了社会交往理性,即这种立法程

---

❶ [法]德里达:《书写和差异》(下册),张宁译,生活·读书·新知三联书店2001年版,第502页。
❷ 邓正来:《中国法学向何处去——建构"中国法律理想图景"时代的论纲》,商务印书馆2006年版,第100页。

序"使得议题和提议、信息和理由能自由得地流动,确保政治意志形成过程具有一种商谈的性质"。❶ 在这种反思性法治理路中,"传统"不必一定就要恪守,"传统必须自我解释,公开接受质问或对话"。❷ "现代"也并不表示西方的时刻在场,它经常基于特定的时代语境被建构出来。"中国——西方"、"权力——权利"、"国家——社会"、"事实——价值"、"经验——理性"、"一元化——多元论"、"法律移植——本土资源"、"法律精神——政治意志"等对立关系应当作出新的理解。诚如刘星所言:"'法律与政治'的应然关系是指:法律的建设从来都是政治解决方案的基本方式,因此,法律的生产应当在政治的自由交往、平等对话之中获得自己的正当性。"❸反思性法治的根本要旨就是对话和反思,这种对话之于当下中国的法制建设所提出的突出要求在于两个主要方面:一是加快推进一种以保证平等对话和民情信息之流向国家上层自由流动为根本内涵的宪政建设步伐;二是通过反思西方法制现代化历程并内省自身的法律文化进而创生一条独特的中国法制现代化道路。

三、中国司法现代化的反思性内涵和向度

司法现代性的超越并非一种浪漫主义的学术想象,而是一种对司法理念前提有效性追问和演绎化适用的融贯性检视的知识逻辑性反思过程,也是社会秩序的性质嬗变对司法这个决断社会主体行为合规则性与否的权力装置所提出的功能要求,即司法对社会环境的回应。因此,反思性成为司法现代性超越的不二法门。按照系统论法学代表托依布纳的"法律自创生理论"(theory of autopoietic system),法律是一个其法律运行形成一个闭合网络的自治系统,他治(法律与其他众社会领域之间的相互关系)被看成是"结构耦合"。❹ 这种理论所表达的意思,主要指明法律和司法的运行和变化既有其内在而独立的自有逻辑机制,也始

---

❶ [德]哈贝马斯:《在事实与规范之间:关于法律和民主法治国的商谈理论》,童世骏译,生活·读书·新知三联书店 2003 年版,第 684 页。

❷ [英]吉登斯:《超越左与右——激进政治的未来》,李惠斌、杨雪冬译,社会科学文献出版社 2003 年版,第 5 页。

❸ 刘星:《重新理解法律移植——从"历史"到"当下"》,《中国社会科学》2004 年第 5 期。

❹ 参见[德]托依布纳:《法律:一个自创生系统》,张骐译,北京大学出版社 2004 年版,第 9 页。

终保持着与其他社会系统之间的和谐关系并保持对外部系统的信息开放和回馈。所谓司法的反思性,既是一种知识学证伪,也是一种社会学回应。

西方社会中的司法正在实现范式转型和理念重塑根本上是通过两个反思性向度进行的,一是对现代主义知识逻辑中的形式司法和实质司法之预设前提的追问,二是对作为现代司法之环境的后现代社会秩序的回应。从而,西方社会实现司法现代性超越目标所凭借的司法反思性机制既是在西方现代司法的特有知识逻辑中运作的,也是在它所置身其中的社会秩序环境中启动的。那么对于当下中国而言,司法现代化的反思性又当如何界定其内涵以及如何获得其实现方法呢?

在笔者看来,司法现代性超越在中国语境中的提出,首先不是因为我们的司法已经足够现代化了,或司法现代性精神在中国已然浓郁到需要疏导其能量的更有效爆发阶段。显见不争的是,当下中国的司法现代化进程刚刚起步,现代性意识刚刚激发和萌生,从而,中国的司法现代性反思既非一种漫长的现代化实践的回望,亦非合理化和系统化了的司法学知识逻辑的前提质疑。中国语境中的司法现代性反思其实是学习式的,或借鉴性的,即,当全球化趋势要求中国司法制度建设和理念塑造必须将现代性这个西方化工程作为思考对象,通过对西方社会司法现代性理念检视和司法现代化制度演化历程评价,将视角对准中国司法实践及其社会环境状况,解释性地创设出一条中国的司法现代化道路。季卫东指出:"中国在进行'自我'的现代法制秩序建构时离不开西欧这个'他者',无论是在寻找改革榜样的意义上,还是在确认已有成就的意义上,甚或是在抵制变动的意义上。"❶这种见解无疑是说,西方司法现代性精神及其现代化历程,构成了中国反思地对待司法的重要思考对象。

其次,断不能认为,清末改制以来的中国司法现代化推进状况,因还不够"现代"或现代性意识依然只是处于萌发阶段而可以作为一个无须自省的历程,恰恰相反,怀疑和检视自身构成了社会进化的一种根本机制。尽管反思能力是与一定社会的现代化程度之间存在一种正相关关系,但是,这并不意味着一个没有足够"现代"的社会,其反思能力为零并无法意识自身的存在。在贝克的学说中,反思能力是与现代化程度成正比的,"社会越是现代化,能动者(主体)越是

---

❶ 季卫东:《宪政新论》,北京大学出版社 2002 年版,第 61 页。

能够获得对其生存的社会状况的反思能力并能据此改变社会状况"。❶ 这种学说并没有否定那种现代性不足乃至较为传统的社会就不会将自身作为一个思考对象。况且,中国的法律和司法现代化道路已然迈出了很大的一步,现代性精神在法律和司法维度已然不再是懵懂无觉的。

　　第三,司法现代性的超越并非意味着对现代司法精神的完全否定和改弦更张,或者按照那种新保守主义理路求助本土资源甚至复古式还原。我们认为,司法现代性的超越只能借助内在于现代司法自身的反思性机制实现,从而司法现代性逻辑既决定了司法现代化的实践样式,也成为有效重释和建构新型司法范式的一种根本力量。在这种意义上,司法现代性超越其实不是什么本土资源的发掘和运用,也不是那种"现实的就是合理的"智慧懒惰和想象力阙如心性。如果说西方社会司法现代性超越根本上则是通过对其理论前提预设和社会实践效果的不断反思和改进进行的,那么,对于中国而言,司法现代性超越则变成了一个反思西方社会司法现代化历程及其后果,以及反思中国司法现代化实践和社会语境背景问题。在这种反思行动中,对象是多层而复杂的,结论也是无法预定的,不可能构想一种实质化的中国司法现代化未来的理想图景,只存在重释、重构、重创机制。因此,中国对司法现代性的超越没有实质化蓝图,只有方法论路径,全盘西化和本土资源之间不是一种非此即彼的抉择,而是成为反思性整合对象。至于这种整合的实质化景象(诸如什么是司法的公平和正义?)必将是什么,我们并没有答案,一切都要留待司法的反思性机制获得。如果一定要对这种反思结果的实质内涵作出说明,那么,我们也只能类似罗尔斯关于什么是"政治的正义理念"的界定那样,答案是一种多元化价值主张和各种完备性学说之间的"反思平衡"或"重叠共识",❷司法现代性的中国超越,其实质内涵也只能笼统地判断为一种反思平衡或重叠共识。

　　第四,反思作为一种方法论选择,构成了中国实现司法现代性超越的根本性质,其作用领域是全方位的,既有知识和学术层面上的中西学术交流,也有学术与实践之间的对话,还有司法实践对社会政治、经济、文化等环境的体验和慎思,以及社会主体关于司法权力和制度的意见信息输入与反馈。季卫东在探讨法治

---

❶　[德]贝克:《何谓工业社会的自我消解和自我威胁?》,载贝克等:《自反性现代化》,赵文书译,商务印书馆 2001 年版,第 224 页。

❷　[美]罗尔斯:《政治自由主义》,万俊人译,译林出版社 2000 年版,第 154 页。

中国的可能性时,对目前中国的法秩序状况的构成要素进行了列述:多元化规范体系、司法过程的选择空间、特殊的当事人主义、交换性(经济交换和社会交换)的泛化、强调说理工作、注意权力结构的弹性和反思化、把实践理性嵌入意识形态之中,等等,并把这种法秩序状况判断为"现代的超克"或"超现代"性质,认为它与现代主义精神是相洽的,甚至是有过之而无不及的,关键的问题在于,"中国传统的选择、交换、说理、反思都非常缺乏制度性条件的保证,容易为一时一地事实上的力量对比关系左右,公共决定的过程带有太大的任意性,对事实的偶然性因素不能进行有效的非随机化处理,因此社会缺乏相对确定的行为预期。"❶进而,季卫东主张通过一种程序主义的交涉、议论和论证机制的建立,以减少行为预期的不确定性,降低社会秩序的复杂性和以程序共识解决价值多元化日益突出的问题。在这种意义上,法学/法律就像后现代社会中的其他社会科学和实践理性事业一样,也应当成为一种"松散的社会实践",❷交流论坛的制度构筑和对话机制的程序规则构成了这场反思性事业的物质基础。

因此,通过反思性实现司法现代性的中国超越根本上是一种方法论性质的,并且这种方法论选择关涉众多作用维度,不过,在笔者看来,福科关于现代司法的理性化动力主要源自司法实践系统内部的观点尽管有些偏颇,❸但也在一定程度上说明,司法实践本身将担当中国这场司法现代性超越的主要使命。为此,有必要对司法实践系统在实现司法现代性超越事业中的角色担当及反思方法的重点环节作出简要说明。

四、反思性司法现代化的路线和方法

庞德早就关注到并十分重视法律领域存在的追求传统指向与过激的西化指向之间的冲突,他告诫中国的法律家不要无限度地追求立法层次上的西化,而必须发展法律的解释和应用技术,使新的法律制度适应社会现实,成为地道的属于

---

❶ 季卫东:《宪政新论》,北京大学出版社 2002 年版,第 83 页。

❷ [英]德兰逊:《社会科学——超越建构论与实在论》,张茂元译,吉林人民出版社 2005 年版,第 156 页。

❸ 参见[法]福科:《规训与惩罚》,刘北成、杨远婴译,生活·读书·新知三联书店 1999 年版,第 90 页以下。

中国的法律。❶ 庞德的这种关注和告诫首先提示非西方社会的法制现代化道路的性质根本上是一种西方现代法范式与非西方传统法范式的整合,进而突出强调了司法在整合现代与传统两种法范式过程中的重要功能地位,最后暗示了中国的司法是身处中国语境并用于解决中国问题的。庞德的提醒直到今天也没有过时,当下中国的司法实践及关于司法实践的学术,主题依然还是:西方是什么司法制度——中国是什么司法现实。

　　诚然,非西方国家的反思性法制现代化道路无疑是由多种功能机制协同选择的结果,政治话语、大众话语、法律家精英话语等共同交涉于这个法范式创生的场域,法律的移植或本土资源的发掘成为这场反思行动的焦点议题。不过,在非西方社会,政治强势话语在国家管理和社会治理的规范性方案筹划中经常扮演着主要角色。以中国为例,已为公认的是,中国的法制现代化道路基本上是由国家自上而下推动而行的,法制现代化道路成为政治阶层强国富民的一种任务担当。在这一点上,我们的法制现代化道路既与普通法国家法治范式很大程度上是从司法权力在社会秩序实现方面的功能强化方向逐步建构的样式形成鲜明差异,也与大陆法国家按照逻辑实证主义理路而推演出一个国家治理的规范体系的样式存在一定不同。庞德指出:"普通法的力量来自它对具体争议的解决,而它的对手,现代罗马法的力量则在于抽象概念的逻辑发展。"❷这就提示我们,西方社会在创生现代法范式上的反思机制很有不同。在普通法国家,反思的对象是具体的、特定的,是社会实践,这种反思主要依靠法官在纠纷解决中的规范发现和归结而完成,正如卡多佐所言:"普通法的运作并不是从一些普适的和效力不变的前定真理中演绎推导出结论。它的方法是归纳的,它从具体中得出它的一般。"❸在大陆法国家,反思的形式是抽象的、一般的,这种反思并不意味着它就是一种政治话语表达,尽管在形式上它通过政治阶层的立法活动表现出来。但是,在实质上,反思主体并非政治强势集团,而是一种无形的学理逻辑力量。黑格尔关于法律是一个伦理事实的看法有效说明了这种性质:"法律就是法,即原来是自在的法,现在被制定为法律。"❹普通法范式中,通过司法的法律反思之

---

❶　参见季卫东:《宪政新论》,北京大学出版社2002年版,第90页。
❷　[美]庞德:《普通法的精神》,唐前宏等译,法律出版社2001年版,第2页。
❸　[美]卡多佐:《司法过程的性质》,苏力译,商务印书馆1998年版,第10页。
❹　[德]黑格尔:《法哲学原理》,贺麟、张企泰译,商务印书馆1996年版,第227页。

于现代法的发展意义已然毋庸置疑,但是并不能由此而认为大陆法国家中的司法在法律反思方面功效甚微,事实上,司法在大陆法国家对现代法发展中的促进作用功勋卓著,尤其是随着现代化不断深入进程中社会关系的日新月异对一般性立法所带来的沉重负担,使得大陆法国家的司法在担当法律反思方面的功能日益突出。茨威格特和克茨提醒那些英美法律家,不要认为大陆法国家法官的主要职能是机械适用极为严格周密的制定法规则,从而没有为法官留下任何重要的发展法律的余地,他们认为至少有两个原因为大陆法法官反思性地创造法律提供了理由:一是制定法不可能是系统而周密的,法律空隙始终存在;二是社会关系的崭新变化使得许多法律日显陈旧,立法日益不堪重负。茨威格特和克茨指出:"在大陆法国家,法官在法律的发展中正在逐渐发挥较大作用,这确实不可否认。""因为在欧洲大陆,非法典化的法律发展日益落在法官身上。对大陆法来说,最重要的是注意某些技术和方法,以便借助它们使法官创制的法律能够把法律稳定性的要求同使规则适合不断变化生活条件的需要两者协调一致。"❶

西方国家司法在反思性地创生法律中的重要功能担当促发我们必须思考这样一些问题:在中国这个法制现代化进程刚刚起步并主要是通过政治上层推进的法治国家建设方略中,司法的反思性功能将如何实现? 与此同时,作为法制现代化事业的一个重要组成部分,中国的司法将如何促进法治进程并将如何实现自身的现代化?

在笔者看来,司法在中国法制现代化进程中的功能期待尤其强烈,这不只是因为司法已经在西方法制现代化进程中所发挥的功效对我们的启示和促动,更是因为中国的司法并没有在促进法制现代化事业进程中显著地发挥作用。这种不尽如人意的状态不仅表现在它对立法和行政权力的制约方面,而且还表现在司法并没有在社会关系日益复杂、新型事件不断出现的中国这个现代化进程不断展开的宏大历史事件中真正有效地发挥规则发现、规范背景营造和公共理性交往平台提供等方面的重要作用。甚至可以认为,在反思性地推进中国法制现代化的范式创生主题上,司法是不在场的。偶尔几个司法事件(诸如零口供事件、教育权判决事件、刘涌案事件等)仅仅只是中国司法反思地思考法律和挑战

---

❶ [德]茨威格特、克茨:《比较法总论》,潘汉典等译,法律出版社 2003 年版,第 392 页。

权威的意识萌发的昙花一现。司法秩序更多地还是被动地适用着法律,即便在案件审理中"通融"着规范与事实的范畴鸿沟,但是这种"通融"经常不是基于某种积极的理念重塑和先进的技术操作,而经常是将人情、利益、长官意志入法,误将权谋、私利和圆滑解读为中国国情并作为技术缝隙进行钻研。司法制度在组织地位、资源保障、法官权威、诉讼程序等方面都谈不上已经现代化了,甚至它还仅仅只是被理解为一个用于解决民事纠纷和刑事判决问题的、政府多个组成单元中的一个特定组织。

　　反思地对待法律,中国司法必须担当特别的权力角色,承受特别的功能担当。论述这个主题,学界总是会说遭遇到政治体制架构的瓶颈,这诚然是一个事实,也确实是一个中国国情。不过,这不是全部理由,法律和司法的反思性很大程度上则是一个方法论问题,况且,非西方国家的反思性法制现代化进程本身就是一个多元现代性的建构性诠释和创生,那种试图等待获得与西方国家同样政治架构条件方去讨论中国的司法现代化及其反思性方法的认识立场显然是一种责任推卸。因为我们可以简单发问,以立法的一般化与案件的特定性为例,在我国当前这样一种社会发展变化节奏加快秩序中,那种类似甚至雷同于西方发达国家的立法负担和法律空白状况难道不是一种事实?如果承认这个事实,那么法院合理地创造规则的积极景象为什么一再没有出现?不能指望司法的地位是一下子获得的,更不能认为司法的权威性完全是外力赋予的。如果信守这种逻辑,我们就无法想象就因为一个马伯利案和一个马歇尔法官就促成了那么一个世界闻名的司法审查制度。苏力指出:"制度形成的逻辑并不如同后来学者所构建的那样是共时性的,而更多是历时性的。制度的发生、形成和确立都是在时间的流逝中完成的,是在无数人的历史活动中形成的。"❶

　　因此,中国司法现代化的反思性要求首先要从方法论上入手。这种方法论的性质内涵,在笔者看来,不是不去思考那些诸如中国宪法法院设立、司法审查制度确立、法院和法官独立、诉讼程序的职权主义或当事人主义模式选择等宏大问题,而是更要从具体的案件审理切入,将案件审理作为渐进式推进中国司法现代化进程的根本方案选择。因为那些关于司法制度宏大叙事的前提,诸如政治体制改革并非是由法院和法官所能决定和左右的,为司法制度现代化进行那种

---

❶　苏力:《制度是如何形成的》,中山大学出版社1999年版,第92页。

宏愿式理论鼓呼的学术宣扬,也只不过是旁观者的敲边鼓,畅想很为动人,却又画饼充饥,真正成了中国法律的"理想图景"。

注重通过具体案件审理逐渐推进中国法律和司法现代化的方法论性质,在知识语用学语境中,利奥塔尔称其为"小叙事"。所谓"小叙事"其实就是规则背景下的一个新的语用"招数",它的出现也将对既有游戏规则的有效性提出了挑战,这种"小叙事"游戏"招数"对既有规则的挑战,利奥塔尔把他理解为后现代社会的一种秩序性质,也是知识产生、真理答案、规则创造和秩序生成的真正源泉。❶ 注重个案判决的反思性司法其实就是一种推进中国司法现代化进程的"小叙事"和"招数"。因为只有在具体案件的审判中,抽象一般法律与特定案件事实、法律的形式与事实、法律的现代精神与传统习惯、社会秩序与个体行为、法官的专业话语与公民的生活话语、理论畅想与社会现实、法规范与潜规则等二元对立结构才真正在场,也正作为棘手矛盾需要加以解决。

---

❶ [法]利奥塔尔:《后现代状态——关于知识的报告》,车槿山译,生活·读书·新知三联书店1997年版,第130页以下。

参考文献

1. ［德］考夫曼:《法律哲学》,刘幸义等译,法律出版社 2004 年版。

2. ［德］考夫曼、温弗里德·哈斯默尔:《当代法哲学和法律理论导论》,郑永流译,法律出版社 2002 年版。

3. ［德］考夫曼:《后现代法哲学——告别演讲》,米健译,法律出版社 2000 年版。

4. ［德］魏德士:《法理学》,丁小春、吴越译,法律出版社 2003 年版。

5. ［美］伯尔曼:《法律与革命——西方法律传统的形成》,贺卫方等译,中国大百科全书出版社 1993 年版。

6. ［美］庞德:《法律史解释》,邓正来译,中国法制出版社 2002 年版。

7. ［美］庞德:《普通法的精神》,唐前宏等译,法律出版社 2001 年版。

8. ［英］密尔松:《普通法的历史基础》,李显东等译,中国大百科全书出版社 1999 年版。

9. ［德］K. 茨威格特、H. 克茨:《比较法总论》,潘汉典等译,法律出版社 2003 年版。

10. ［英］弗里德利希·冯·哈耶克:《法律、立法与自由》(第一、二、三卷),邓正来等译,中国大百科全书出版社 2000 年版。

11. ［美］波斯纳:《法理学问题》,苏力译,法律出版社 2002 年版。

12. ［美］波斯纳:《法律、实用主义与民主》,凌斌、孙国庆译,法律出版社 2005 年版。

13. ［美］波斯纳:《法律的经济分析》,蒋兆康译,中国大百科全书出版社 1997 年版。

14. ［美］波斯纳:《法律与文学》,李国庆译,法律出版社 2002 年版。

15. ［美］德沃金:《法律帝国》,李常青、徐宗英译,中国大百科全书出版社 1996

年版。

16. ［英］韦德:《行政法》,徐炳等译,中国大百科全书出版社 1997 年版。

17. ［美］诺内特、塞尔兹尼克:《转变中的法律与社会:迈向回应型法》,张志铭译,中国政法大学出版社 2004 年版。

18. ［美］博登海默:《法理学、法哲学与法律方法》,邓正来译,中国政法大学出版社 1999 年版。

19. ［英］哈特:《法律的概念》,张文显等译,中国大百科全书出版社 1996 年版。

20. ［美］昂格尔:《现代社会中的法律》,吴玉章、周汉华译,译林出版社 2001 年版。

21. ［德］阿列克西:《法律论证理论——作为法律证立理论的理性论辩理论》,舒国滢译,中国法制出版社 2002 年版。

22. ［美］帕特森:《法律与真理》,陈锐译,中国法制出版社 2007 年版。

23. ［美］戈尔丁:《法律哲学》,齐海滨译,生活·读书·新知三联书店 1987 年版。

24. ［比］卡内冈:《法官、立法者与法学教授——欧洲法律史篇》,薛张敏敏译,北京大学出版社 2006 年版。

25. ［美］卡多佐:《司法过程的性质》,苏力译,商务印书馆 1998 年版。

26. ［美］卡多佐:《法律的成长——法律科学的悖论》,董炯、彭冰译,中国法制出版社 2002 年版。

27. ［美］菲尔德曼:《从前现代主义到后现代主义的美国法律思想》,李国庆译,法律出版社 2005 年版。

28. ［比］胡克:《法律的沟通之维》,孙国东译,法律出版社 2008 年版。

29. ［英］阿蒂亚、［美］萨默斯:《英美法中的形式与实质》,金敏等译,中国政法大学出版社 2005 年版。

30. ［德］托依布纳:《法律:一个自创生系统》,张骐译,北京大学出版社 2004 年版。

31. ［美］古德里奇:《法律话语》,赵洪芳、毛凤凡译,法律出版社 2007 年版。

32. ［英］梅因:《古代法》,沈景一译,商务印书馆 1959 年版。

33. ［英］洛克:《政府论》(下),叶启芳、瞿菊农译,商务印书馆 1964 年版。

34. ［美］汉密尔顿、杰伊、麦迪逊:《联邦党人文集》,程逢如等译,商务印书馆

1980 年版。

35. ［英］罗素:《西方哲学史》(上、下卷),何兆武、李约瑟译,商务印书馆 1963
年版。

36. ［美］罗尔斯:《正义论》,何怀宏等译,中国社会科学出版社 1988 年版。

37. ［美］罗尔斯:《政治自由主义》,万俊人译,译林出版社 2000 年版。

38. ［德］哈贝马斯:《交往行动理论》(第一、二卷),洪佩郁、蔺青译,重庆出版社
1994 年版。

39. ［德］哈贝马斯:《交往与社会进化》,张博树译,重庆出版社 1989 年版。

40. ［德］哈贝马斯:《作为"意识形态"的技术与科学》,李黎、郭官义译,学林出
版社 1999 年版。

41. ［德］哈贝马斯:《后形而上学思想》,曹卫东、付德根译,译林出版社 2001
年版。

42. ［德］哈贝马斯:《在事实与规范之间:关于法律和民主法治国的商谈理论》,
童世骏译,生活·读书·新知三联书店 2003 年版。

43. ［德］哈贝马斯:《现代性的哲学话语》,曹卫东等译,译林出版社 2004 年版。

44. ［法］福科:《规训与惩罚》,刘北成、杨远婴译,生活·读书·新知三联书店
1999 年版。

45. ［法］福科:《词与物——人文科学考古学》,莫伟民译,上海三联书店 2001
年版。

46. ［法］福科:《知识考古学》,谢强、马月译,生活·读书·新知三联书店 1998
年版。

47. ［法］德里达:《论文字学》,汪家堂译,上海译文出版社 1999 年版。

48. ［德］德里达:《书写和差异》,张宁译,生活·读书·新知三联书店 2001 版。

49. ［英］波普尔:《科学知识进化论——波普尔科学哲学选集》,纪树立编译,生
活·读书·新知三联书店 1987 年版。

50. ［英］波普尔:《历史主义贫困论》,何林等译,中国社会科学出版社 1998
年版。

51. ［奥］维特根斯坦:《哲学研究》,李步楼译,商务印书馆 1996 年版。

52. ［德］伽达默尔:《哲学解释学》,夏镇平、宋建平译,上海译文出版社 1994
年版。

53. [德]伽达默尔:《真理与方法》,洪汉鼎译,上海译文出版社 1999 年版。

54. [法]利奥塔尔:《后现代状态——关于知识的报告》,车槿山译,生活·读书·新知三联书店 1997 年版。

55. [美]罗蒂:《后哲学文化》,黄勇编译,上海译文出版社 2004 年版。

56. [美]普特南:《事实与价值二分法的崩溃》,应奇译,东方出版社 2006 年版。

57. [美]麦金太尔:《谁之正义?何种合理性?》,万俊人等译,当代中国出版社 1996 年版。

58. [美]麦金太尔:《德性之后》,龚群、戴扬毅译,中国社会科学出版社 1995 年版。

59. [美]桑德尔:《自由主义与正义的局限》,译林出版社 2001 年版。

60. [美]博格斯:《政治的终结》,陈家刚译,社会科学文献出版社 2001 年版。

61. [瑞士]皮亚杰:《结构主义》,倪连生、王琳译,商务印书馆 1996 年版。

62. [瑞士]皮亚杰:《发生认识论原理》,王宪钿等译,商务印书馆 1996 年版。

63. [瑞士]皮亚杰:《人文科学认识论》,郑文彬译,中央编译出版社 1999 年版。

64. [英]贝尔特:《二十世纪的社会理论》,瞿铁鹏译,上海译文出版社 2002 年版。

65. [美]凯尔纳、贝斯特:《后现代理论——批判性的质疑》,张志斌译,中央编译出版社 1999 年版。

66. [美]华勒斯坦:《开放社会科学》,刘锋译,生活·读书·新知三联书店 1997 年版。

67. [美]华勒斯坦:《所知世界的终结——二十世纪的社会科学》,冯炳昆译,社会科学文献出版社 2002 年版。

68. [英]霍克斯:《结构主义和符号学》,瞿铁鹏译,上海译文出版社 1997 年版。

69. [德]韦伯:《经济与社会》(上、下卷),林荣远译,商务印书馆 1997 年版。

70. [德]韦伯:《新教伦理与资本主义精神》,于晓、陈维纲等译,生活·读书·新知三联书店 1987 年版。

71. [英]吉登斯:《现代性的后果》,田禾译,译林出版社 2000 年版。

72. [英]吉登斯:《超越左与右——激进政治的未来》,李惠斌、杨雪冬译,社会科学文献出版社 2003 年版。

73. [英]吉登斯:《社会学方法的新规则》,田佑中、刘江涛译,社会科学文献出版社 2003 年版。

74. [德]贝克:《风险社会》,何博闻译,译林出版社 2004 年版。

75. [德]贝克等:《自反性现代化》,赵文书译,商务印书馆 2001 年版。

76. [法]布迪厄:《实践感》,蒋梓骅译,译林出版社 2003 年版。

77. [英]鲍曼:《立法者与阐释者》,洪涛译,上海人民出版社 2000 年版。

78. [英]德兰逊:《社会科学——超越建构论与实在论》,张茂元译,吉林人民出版社 2005 年版。

79. [英]多德:《社会理论与现代性》,陶传进译,社会科学文献出版社 2002 年版。

80. [美]罗斯诺:《后现代主义与社会科学》,张国清译,上海译文出版社 1998 年版。

81. [美]博曼:《公共协商:多元主义、复杂性与民主》,黄相怀译,中央编译出版社 2006 年版。

82. [以]艾森斯塔特:《反思现代性》,旷新年、王爱松译,生活·读书·新知三联书店 2006 年版。

83. [美]福山:《大分裂:人类本性与社会秩序的重建》,刘榜离等译,中国社会科学出版社 2002 年版。

84. [美]格里芬:《后现代精神》,王成兵译,中央编译出版社 1998 年版。

85. [美]达玛什卡:《司法和国家权力的多种面孔》,中国政法大学出版社 2004 年版。

86. [日]棚濑孝雄:《纠纷的解决与审判制度》,中国政法大学出版社 2004 年版。

87. [美]克里斯托弗·沃尔夫:《司法能动主义》,黄金荣译,中国政法大学出版社 2004 年版。

88. [英]麦克尼尔:《新社会契约论》,雷喜宁、潘勤译,中国政法大学出版社 2004 年版。

89. [美]斯诺威斯:《司法审查与宪法》,谌洪果译,北京大学出版社 2005 年版。

90. [英]麦高伟、杰弗里·威尔逊主编:《英国刑事司法程序》,姚永吉等译,法律出版社 2003 年版。

91. [美]哈泽德、塔鲁伊:《美国民事诉讼法导论》,张茂译,中国政法大学出版社 1999 年版。

92. [美]史蒂夫·苏本、玛格瑞特·伍:《美国民事诉讼的真谛》,蔡彦敏、徐卉译,法律出版社 2002 年版。

93. [意]卡佩莱蒂:《比较法视野中的司法程序》,徐昕、王奕译,清华大学出版社 2005 年版。

94. [意]卡佩莱蒂:《福利国家与接近正义》,刘俊祥等译,法律出版社 2000 年版。

95. 曹卫东:《交往理性与诗性话语》,天津社会科学院出版社 2001 年版。

96. 杨大春:《文本的世界》,中国社会科学出版社 1998 年版。

97. 张国清:《中心与边缘》,中国社会科学出版社 1998 年版。

98. 陈嘉映:《语言哲学》,北京大学出版社 2003 年版。

99. 刘北成:《福科思想肖像》,上海人民出版社 2001 年版。

100. 张凤阳:《现代性的谱系》,南京大学出版社 2004 年版。

101. 刘小枫:《现代性社会理论绪论》,上海三联书店 1998 年版。

102. 阮新邦:《批判诠释与知识重建——哈贝马斯视野下的社会研究》,社会科学文献出版社 1999 年版。

103. 公丕祥主编:《法理学》,复旦大学出版社 2002 年版。

104. 公丕祥:《法制现代化的理论逻辑》,中国政法大学出版社 1999 年版。

105. 张文显主编:《法理学》,法律出版社 1997 年版。

106. 张文显:《法哲学范畴研究》(修订版),中国政法大学出版社 2001 年版。

107. 张文显:《二十世纪西方法哲学思潮》,法律出版社 1996 年版。

108. 沈宗灵主编:《法理学》,高等教育出版社 1994 年版。

109. 沈宗灵:《比较法研究》,北京大学出版社 1998 年版。

110. 徐爱国、李桂林、郭义贵:《西方法律思想史》,北京大学出版社 2002 年版。

111. 苏力:《送法下乡——中国基层司法制度研究》,中国政法大学出版社 2000 年版。

112. 苏力:《制度是如何形成的》,中山大学出版社 1999 年版。

113. 季卫东:《法治秩序的建构》,中国政法大学出版社 1999 年版。

114. 季卫东:《宪政新论——全球化时代的法与社会变迁》,北京大学出版社 2002 年版。

115. 邓正来：《中国法学向何处去——建构"中国法律理想图景"时代的论纲》，商务印书馆 2006 年版。

116. 高鸿钧：《现代法治的出路》，清华大学出版社 2003 年版。

117. 高鸿钧、马剑银：《社会理论之法：解读与评析》，清华大学出版社 2006 年版。

118. 高中：《后现代法学思潮》，法律出版社 2005 年版。

119. 葛洪义：《法律与理性——法的现代性问题解读》，法律出版社 2001 年版。

120. 颜阙安：《法与实践理性》，中国政法大学出版社 2003 年版。

121. 张千帆：《西方宪政体系》（上册·美国宪法），中国政法大学出版社 2004 年版。

122. 朱景文主编：《全球化条件下的法治国家》，中国人民大学出版社 2006 年版。

123. 王利明：《司法改革研究》，法律出版社 2000 年版。

124. 陈瑞华：《刑事审判原理论》，北京大学出版社 1997 年版。

125. 陈瑞华：《刑事诉讼的前沿问题》，中国人民大学出版社 2000 年版。

126. 肖建国：《民事诉讼程序价值论》，中国人民大学出版社 2000 年版。

127. 汪海燕：《刑事诉讼模式的演进》，中国政法大学出版社 2004 年版。

128. 齐树洁主编：《英国民事司法改革》，北京大学出版社 2004 年版。

129. 徐昕：《英国民事诉讼与民事司法改革》，中国政法大学出版社 2002 年版。

130. 马明亮：《协商性司法——一种新程序主义理念》，法律出版社 2007 年版。

131. James White, Legal Imagination: Studies in the Nature of Legal Thought and Expression, Boston: Little, Brown & Co. 1973.

132. M. Ryan. Marxism and Deconstruction, Baltimore, Johns Hopkins University Press, 1984.

133. Roger Smith Edited, Achieving Civil Justice, Legal Action Group, London, 1996.

134. Gary Minda, Postmodern Legal Movements: Law and Jurisprudence at Century's End, New York University Press, 1995.

135. Michel Foucault, Power / Knowledge, New York: Pantheon Books, 1980.

136. James Bohman and William Rehg Edited, Deliberative Democracy: Essays on Reason and Politics, Massachusetts Institute of Technology, 1997.

后　记

本书是对我的博士学位论文进行修改完善而成。

五年前，当我确定了这篇博士论文的选题方向并在开题报告中初步构架完写作提纲之时，并没有对自己能否足以具备完成这篇论文的能力进行必要的反思。恩师夏锦文教授当时并非没有洞悉到这个问题，只是他的学术宽容态度默认了我那颇有些自命不凡的放纵。直到真正开始进行论文的写作，我才深深地意识到要交出这份答卷的艰难，写作变成了一个膨胀的自信与低下的能力之间的一场博弈式心路历程，每一个既定写作主题都变成了横亘在面前的一座几乎无法逾越的山峰。直到真正进入了写作过程，我才清醒地意识到，学术之路，只有在真正遇到难题时，才知道自己智慧的限度，才感到思考的艰难和书读得太少。如果不是导师的至微关怀、热情鼓励、时时叮嘱和疑问解答，当时我真不敢想象自己是否能够按时完成这部书稿。

六年的随园生活本来应该是涤荡和净化我心灵的一个难得的人生历程，然而，我却直到告别在南师的研究生生活之时，才深深痛悔自己的学术浮躁，韦伯所说的学术应当作为一项志业的道理，直到此刻我才渐渐有所领悟。好在我仍在南京工作和生活，随园法学的养分已经渗入了我的肌体和血液，恩师夏锦文教授以及公丕祥教授、李力教授、李浩教授、李建明教授、龚廷泰教授、刘旺洪教授、刘敏教授、蔡道通教授等所开创的法制现代化学术研究道路已经以一种极具磁性的力量，将我牢牢地吸引在他们的周围，使我渐渐开始养成一种志业于学术的心路倾向，即便我还会偶尔在学术的道路上心猿意马，浓郁的随园法学氛围必将永远萦绕于我的心灵，叫我无法另入他途。对此，我无限感恩。

告别随园的求学生涯，意味着我不再有更多的机会在课堂上直接汲取老师们的学术养分。不过，恩师夏锦文教授的那句"在社会中研究法律和通过法律解读社会"的解释学箴言教诲，将永远成为我在今后学术道路上的一个信条，也是一个方法论准则。如今，对法律的理解已经越来越不可能按照兰德尔形式主义法学思维而具有可能,虽然不能完全像霍尔姆斯那样放弃逻辑而将法律理解为经验,法律实在论立场至少要求我们更多地去考虑法律对社会秩序及关系的拟态性。"在社会中研究法律"首先要求我在今后的学术道路上能够更为深入地去洞悉和慎思我所置身其中的这个社会的秩序,并判断和抽象其规范性内涵。随着中国法制现代化进程的深入,欲把握这个社会之真谛,放弃法律/法学路径已渐渐没有可能,"通过法律解读社会"的社会认识论方法于我不仅是一种人生路提醒,更对我的学术研究提出了更高要求。虽然我已经完成法学博士学业,但欲深悟法学的精义和堂奥,唯有倍加勤奋。

这是一部或许应该将其界定为法学理论属性的著作,因为虽以司法的现代性和现代化作主题,但在内容上已涉入现代性题域,通篇文字或许很难界定是在法律和司法阵地进行现代性理论思考,还是在现代性、后现代性语境中谈论法律和司法论题。其实这并不矛盾,在解释学语境中,语境与话语对象需要实现"等置"(Gleichsetzung)和融合;要以德里达的解构主义立场,文本的意义更多地是由"能指"之间的"嬉戏"所决定的。因此,最终我分不清我是要论述法律和司法,还是要思考现代性理论,反正我已经这么做了,至于文本的意义,或许真的应该像后现代主义者所宣称的那样,是由读者赋予的,作为作者的我,虽然有能力回答这个问题,但并不想刻意为之,否则就强加于读者一种作者的"原意",这样做在一种后现代阅读习惯中,未必能讨好读者。

这部著作的问世,或许会引起某些注重法律制度实践甚至具体法条规则研究者的不满,因为作为一部以司法为主题的著作,通篇不去论述具体而特定的司法制度问题,而是将重心置于司法的现代性精神、后现代思潮以及反思性超越这类深藏于司法制度现象背后的理念性问题,这似乎并不遵循法学这门规范性学科的学术范式。需要交代的是,近年来,不知不觉间,我的学术兴趣越来越远离具体的制度实践。我逐渐形成一个观念,觉得具体的制度或规则的研究,虽然是法学研究的一种惯例和常态,可是我们不能不去思考,那些具体的制度完善和规则修订,到底是否为法学家义不容辞的责任? 它们应该真正交由实践自行解决,还是应由法学家们以一种"理性的自负"向实践承诺真理和正义? 考夫曼指出:"法律哲学家如果能够关心人类的未来,将会比单纯关注于论述规则上,要来得适当。"❶这种

---

❶ [德]考夫曼:《法律哲学》,刘幸义等译,法律出版社2004年版,第425页。

见解或许一语中的。我并不反对那种以具体制度和特定实践为对象的研究趣味,我担心的是,那种研究结论到底有多少真正指引了实践的方向?抑或误导了实践? 关于人文社会科学这样一类事业,吉登斯说:"社会学关注的不是一个'预先给定的'(pre-given)客体世界,而是一个由主体的积极行为所构造或创造的世界。"❶按照这种解释社会学理路,即便研究成果针对特定制度或实践,其效果也决定于实践的反向理解和解释性应用,甚至实践的自身逻辑和巨大动能,有时会把那种自诩为面向实践的自信研究者卷入其中而乐不思蜀。审慎!

韩德明

二〇一一年初夏

---

❶ [英]吉登斯:《社会学方法的新规则——一种对解释社会学的建设性批判》,田佑中、刘江涛译,社会科学文献出版社 2003 年版,第 277 页。

责任编辑:李春林
装帧设计:周涛勇
责任校对:吕　飞

图书在版编目(CIP)数据

司法现代性及其超越/韩德明 著. -北京:人民出版社,2011.12
(现代司法文丛)
ISBN 978－7－01－010311－2

Ⅰ.①司…　Ⅱ.①韩…　Ⅲ.①司法-研究-中国　Ⅳ.①D926

中国版本图书馆 CIP 数据核字(2011)第 200152 号

司法现代性及其超越

SIFA XIANDAIXING JIQI CHAOYUE

韩德明　著

人民出版社 出版发行
(100706　北京朝阳门内大街 166 号)

北京新魏印刷厂印刷　　新华书店经销

2011 年 12 月第 1 版　2011 年 12 月北京第 1 次印刷
开本:710 毫米×1000 毫米 1/16　印张:19.25
字数:297 千字　印数:0,001-3,000 册

ISBN 978－7－01－010311－2　定价:39.00 元

邮购地址 100706　北京朝阳门内大街 166 号
人民东方图书销售中心　电话 (010)65250042　65289539